BASTEI LÜBBE

Orestes Lorenzo Pérez

FLUG INS MORGENROT

Aus dem Amerikanischen von
Hedda Pänke

BASTEI
LÜBBE

BASTEI-LÜBBE-TASCHENBUCH
Band 61 312

Deutsche Erstveröffentlichung
Die amerikanische Ausgabe erschien 1994 unter dem Titel
WINGS OF THE MORNING bei St. Martin's Press, New York

Printed in Great Britain, Oktober 1994
Einbandgestaltung: Manfred Peters
Titelfoto: St. Martin's Press
Satz: hanseatenSatz-bremen, Bremen
Druck und Bindung: Cox & Wyman, Ltd.
ISBN 3-404-61312-0

Nähme ich Flügel der Morgenröte
und ließe mich nieder zuäußerst am Meer,
So würde mich doch deine Hand
daselbst führen und deine Rechte mich halten.

I

Willkommen in den Vereinigten Staaten

Alabama, 20. März 1991, 10.45 Uhr

Colonel Barton blieb vor der Tür stehen, warf einen Blick auf das Zahlenschloß links von ihm und gab schnell den Code ein. Über dem Türrahmen leuchtete ein grünes Licht auf und gleichzeitig ertönte von irgendwoher das Surren eines Elektromotors. Ächzend setzte sich die fünfzehn Tonnen schwere Tür in Bewegung und gab einen hellen Raum frei. Es war nicht zu erkennen, woher das Licht kam.

Mit den Rücken zu ihm saßen die Operatoren in bequemen Sesseln vor großen Schalttafeln mit zahllosen Schaltern und Myriaden farbiger Signale und hatten den Blick auf einen Sechzigmeterbildschirm über sich gerichtet. Über diesen Schirm mit den Umrissen der Vereinigten Staaten von Amerika huschten und zuckten Hunderte leuchtender Pünktchen mit Zahlen und Symbolen in alle Richtungen. Das unheimliche Hochspannungssummen und die gelegentlichen Pieptöne betonten die Atmosphäre konzentrierter Stille, die nur hin und wieder durch kurze Lautsprecherdurchsagen unterbrochen wurde. Obgleich man meinen könnte, in einem Science-fiction-Film zu sein, bildete die Operationszentrale etliche Stockwerke unter der Erde mit den massiven Wänden aus verbleitem Beton und den Kommunikationsmöglichkeiten — beides technologische Glanzleistungen — das Nervenzentrum eines sehr realen Frühwarnsystems der Vereinigten Staaten. Im Kontrollraum unter dem Southern Strategic Air Command Headquarter waren gerade die Frauen und Männer der Frühschicht auf ihren Posten.

Der Colonel wartete, bis sich die Tür hinter ihm geschlossen hatte, und ging mit schnellen Schritten auf den zentralen Bildschirm zu. Er stellte sich hinter einen der Operatoren vor dem Funkortungssystem, blickte zum Schirm und den angeschlossenen Datenmonitoren auf, die die gesamte Wand einnahmen, legte seine Hand auf die Schulter des jungen Offiziers und fragte mit kaum hörbarer Stimme:

»Wie steht's, Captain?«

»Alles in Ordnung«, erwiderte Captain Lee.

»Ist das Relais an Point Three inzwischen repariert?«

»Ja, Sir. Ich habe mich selbst davon überzeugt.«

»Gut. Haben Sie die heutigen Berichte abgezeichnet?«

»Ja, Sir.«

Trotz der Zuverlässigkeit und der außerordentlichen Fähigkeiten seiner Untergebenen überzeugte sich Colonel Barton gern persönlich davon, daß alles glatt lief.

Vor ein paar Jahren war er in die Staaten zurückgekehrt, um eines der Operatorenteams auf dem Kommandoposten in Alabama zu leiten. Diese Versetzung hatte er erfreut zur Kenntnis genommen, da sie ihn zumindest von dem ständigen Streß des Militärdienstes in Südostasien und Europa befreien sollte, wo die Raketen und Panzer des Warschauer Paktes nur wenige Kilometer hinter dem Eisernen Vorhang stationiert waren. In Alabama gab es im Umkreis von fast achttausend Kilometern keinen Feind mit Atomwaffen, und es herrschte ein ganz ausgezeichnetes Klima. Darüber hinaus wohnte seine Tochter Kathy, die nach ihrer Heirat in die USA zurückgegangen war, zufällig weniger als drei Stunden von seinem neuen Posten entfernt. Als er seiner Frau Elizabeth die Neuigkeit überbrachte, hatte sie ihn spontan umarmt und Freudentränen geweint.

In jüngster Zeit aber machte er sich gewisse Sorgen.

Nach Aussagen von Rafael del Pino, eines 1987 in die Vereinigten Staaten geflüchteten kubanischen Brigadegenerals, plante Fidel Castro für den Fall eines offenen Konflikts mit den USA einen MIG-Angriff auf den Kernreaktor Turkey Point in Florida, was einem Atomschlag gegen die Südflanke der USA gleichkommen würde. Castros MIGs waren nur wenige Minuten von ihrem möglichen Ziel stationiert.

Nur noch wenige Stunden bis zum Ende seiner Schicht. Danach erwarteten ihn fünf Tage Urlaub, in denen er mit seiner Frau Elizabeth ihre Tochter besuchen wollte. Sein Schwiegersohn hatte ihm versprochen, mit ihm fischen zu gehen, und darauf freute er sich ebenso wie auf das Spielen mit seiner kleinen Enkeltochter. Er sah die Vierjährige schon über den Rasen auf sich zurennen und mußte unwillkürlich lächeln. Mit den Armen würde er sie auffangen und auf die unvermeidliche Frage warten: »Hast du mir was mitgebracht, Grandpa?« Er kam in die Gegenwart zurück und ließ den Blick von dem großen Bildschirm auf die Digitaluhr darüber wandern. Zehn Uhr fünfzig . . .

Knapp tausendzweihundert Kilometer weiter südlich warteten vierzehn MIG-23 unter der sengenden Sonne darauf, daß ihre Piloten an Bord kamen. Die Bomberflotte stand für die Aufgaben des Tages bereit.

»Bitte um Erlaubnis, Herrn Major ansprechen zu können!«

Die Bitte wurde direkt hinter mir heruntergeschnarrt und riß mich aus meinem Studium der Wetterkarte, anhand derer ich mich gerade über die metereologischen Bedingungen nördlich von Kuba informierte.

»Nur zu«, erwiderte ich und drehte mich um.

»Nummer Sieben-zwei-zwei ist startklar, Sir!«

»Haben Sie das Inertialsystem überprüft?«

»Ja. Es funktioniert tadellos, Major.«

»Vielen Dank, Gutiérrez. Na, dann wollen wir es mal

ausprobieren«, sagte ich zu dem jungen Techniker, schlug ihm auf die Schulter und lud ihn ein, mich aufs Flugfeld hinauszubegleiten. Vermutlich würde ich ihn nie wiedersehen.

Sonnenüberflutet wartete Nummer 722 auf mich – und auf ihren Jungfernflug nach einer kompletten Überholung, zu der auch ein neuer Farbanstrich in Dunkelgrün und Blau gehört hatte. Es würde auch mein erster Flug mit einer 23 sein. In den vergangenen zehn Jahren hatte ich lediglich am Knüppel der nicht so hoch entwickelten MIG-21 gesessen. Aber jetzt besaßen wir vierzehn MIG-23 BN, die alle erst kürzlich auf dem Stützpunkt eingetroffen waren, und ich stand vor meinem ersten Flug in einer solchen Maschine – vermutlich aber auch meinem letzten mit einer MIG überhaupt.

Ich begab mich auf die gefährlichste Mission meines Lebens. Aber diesmal würde es weder Orientierungspunkte auf meiner Navigationskarte geben noch irgendwelche Hinweise auf Ziel, Fluggeschwindigkeit, Höhe oder Treibstoffverbrauch. Nichts über Route und Ziel waren in den Flugcomputer eingegeben worden. Ich konnte mich nur auf die Daten in meinem Kopf verlassen: zwei alternative Routen zu meinem geheimen Ziel, eine Reihe numerischer Daten in meinem Hirn. Meine irdische Habe bestand aus zwei Photos, die ich in der Nacht zuvor peinlich genau auf die Größe meiner Taschen zusammengeschnitten hatte, und die mich an meine Liebsten erinnerten, meine Frau Vicky und meine neun und vierjährigen Söhne Reyniel und Alejandro.

Als ich auf den Düsenjäger zuging, warteten dort schon der Flugtechniker und seine Mechaniker in Habachtstellung auf mich. Sie salutierten und wollten mich darüber informieren, daß für meinen Flug alles bereit sei. Ich kürzte das Verfahren ab, schüttelte ihnen schnell die Hand und trat auf die Leiter zu, um ins Cockpit zu kletterten.

»Sechs-eins hört Sie, Vier-sieben.«

»Falke ruft Sie.«

»Sagen Sie Falke, daß ich ihn nicht hören kann.«

»An Falke: Hier Vier-sieben. Sechs-eins erklärt, er könne Sie nicht hören«, berichtete der Pilot dem Kontrollturm und fügte hinzu, daß er sich in rund fünftausend Meter Höhe befand und auf eine Instrumentenlandung eingestellt sei.

»Sechs-eins, Falke erfragt Ihre Position«, meldete er sich nach einer kurzen Pause.

»Mitten in Zone eins«, erwiderte ich, »und gleich werde ich in den Sturzflug übergehen.«

Wieder übermittelte Vier-sieben Falke meine Antwort und erklärte einige Sekunden später: »An Sechs-eins: Falke mit weiterem Vorgehen einverstanden.«

»Verstanden, Vier-sieben«, gab ich zurück.

Mit weiterem Vorgehen einverstanden . . . na prima!

Das war mein letzter Funkkontakt mit den Falken in Santa Clara.

Alabama. 11.10 Uhr.

Das Aufheulen der Alarmsignale in der Kontrollzentrale zerstörte Colonel Bartons Urlaubspläne jäh. Verwirrt forschte er auf dem Bildschirm nach irgendwelchen Hinweisen, aber diese Reflexreaktion wurde durch die laute Stimme eines seiner Offiziere unterbrochen:

»Feindliches Objekt nähert sich in Meereshöhe. Quadrant zweifünfdreizwei, Kurs dreifünfzig, Geschwindigkeit fünfhundertfünfzig Knoten . . .«

Südöstlich von Key West bewegte sich ein leuchtender Punkt mit großer Geschwindigkeit Richtung Norden. Der Colonel wurde von einer düsteren Vorahnung gepackt. Es war durchaus nicht ungewöhnlich, daß sich Flugzeuge aus südlicher Richtung näherten und versuchten, der Radarüberwachung zu entgehen. Aber dabei handelte es sich ausnahmslos um kleine Maschinen mit mäßiger Geschwindigkeit, die klammheimlich in den Luftraum der Vereinigten Staaten eindrangen, um Drogen aus Mittel und Südamerika einzuschmuggeln. Das Objekt, das nun auf die Küste von Florida zuhielt, deutete eine weit größere Gefahr an. Es handelte sich um ein Überschallflugzeug, war sehr wahrscheinlich mit Bomben und Raketen ausgestattet, und befand sich in ausgesprochener Angriffspose! Jetzt war es kaum noch fünfundzwanzig Knoten von Key West entfernt. Dieses Prachtexemplar brauchte nicht einmal drei Minuten, um den Marineluftstützpunkt Boca Chica zu überfliegen... Und weniger als zehn Minuten, um die Kernkraftanlage von Turkey Point anzugreifen!

Das Ausmaß der möglichen Katastrophe ließ ihm das Blut in den Adern gefrieren. Obwohl höchst unwahrscheinlich, durfte die Möglichkeit eines Überraschungsangriffs Castros gegen die Vereinigten Staaten nie ausgeschlossen werden. Als Berufsoffizier mit der Verteidigung seines Landes beauftragt, wußte er, daß keine Möglichkeit zu abwegig war – auch die geringste Fehleinschätzung wäre unverzeihlich.

»Alarmstart für die Abfangjäger in Homestead und höchste Alarmbereitschaft für die Boden-Bord-Kräfte der Southern Strategic sowie für die Abfangjäger in MacDill«, ordnete er gelassen und ohne hörbare Nervosität an, aber sein Befehl versetzte sein Team eindeutig in hektische Betriebsamkeit.

Einer der Offiziere wollte über die Gegensprechanlage von einem entfernten Radartechniker genauere Angaben über das sich nähernde Flugobjekt haben, doch der schien die Antworten nicht parat zu haben. Ein anderer schrie Anordnungen in sein Kommunikationssystem, als hoffe er, durch sein Geschrei wertvolle Zeit zu gewinnen. Der Colonel suchte auf dem Bildschirm weiterhin nach Informationen des an die Luftüberwachung angeschlossenen Computers – um sich in seinen schlimmsten Befürchtungen bestätigt zu sehen. Er spürte, wie ihm kalte Schauer über den Rücken rieselten.

Inzwischen war rund eine Minute seit dem Auftauchen des Objekts auf dem Radarschirm vergangen. Inzwischen befand es sich knapp fünfzehn Kilometer weiter nördlich. Eine weitere Minute würde vergehen, bis die für eine militärische Reaktion notwendigen Anordnungen erteilt und von den entsprechenden Einheiten der Streitkräfte ausgeführt würden. Die Boden-Bord-Raketen benötigten bis zum Einsatz weitere vier Minuten sowie zusätzliche sechzig Sekunden, um das Objekt zu lokalisieren und zu zerstören. Auch die Piloten auf dem Luftstützpunkt Homestead brauchten etwa drei Minuten, um in die Cockpits ihrer Maschinen zu gelangen, weitere zwei Minuten, um aufzusteigen und das fremde Flugobjekt zu orten und zu vernichten, das sich mit wer-weiß-welchen Absichten immer noch näherte.

Die Entscheidung, auch die Flugstaffeln in MacDill in Alarmbereitschaft zu versetzen, erfolgte im Hinblick auf die durchaus vorstellbare Möglichkeit, daß diese einzelne Maschine nur die Vorhut einer wesentlich größeren Streitkraft war, ein Manöver zur Ablenkung von einem noch verheerenderen Angriff aus einer anderen Richtung. Nichts war unvorstellbar . . .

Sicher war nur, daß sich das feindliche Flugzeug weiter auf sein unbekanntes Ziel zubewegte, während die Sekunden verstrichen. Falls es die Absicht hatte, den Marineluftstützpunkt Boca Chica anzugreifen, konnte nur der Stützpunkt selbst Abwehrmaßnahmen ergreifen, denn es war unmöglich, die Maschine vom Himmel zu holen, bevor sie Key West erreicht hatte. Aber wenn sie tatsächlich den Auftrag hatte, den Reaktor in Turkey Point anzugreifen, dann gab es zumindest eine kleine Chance, sie abzufangen und zu zerstören, bevor sie eine noch größere Katastrophe auslöste als der Reaktorunfall von Tschernobyl.

Der Colonel dachte plötzlich an seine Enkeltochter und

die Millionen anderen Kinder und Erwachsenen, die an ihren Arbeitsstätten waren oder an den Stränden entspannten und keinerlei Ahnung von der Gefahr hatten, die sich Florida schnell näherte. Und er verstand mehr denn je, was ihn seine militärische Laufbahn gelehrt hatte: daß man sich Fehler nicht leisten konnte. Anstatt ihn einzuschüchtern, gab ihm die außerordentliche Verantwortung, die ihm innerhalb von Sekunden aufgebürdet worden war, den Mut zu entschlossenem Handeln. Er griff zum Hörer der Direktleitung mit dem Generalstabschef des Southern Strategic Air Command und schilderte seinem Vorgesetzten die Situation. Der reagierte ähnlich knapp und direkt.

Geheime Mitteilungen ergingen über die abhörsicheren Kommunikationsleitungen an die verschiedenen Militäreinheiten überall im südlichen Florida. Mit zunehmender Dringlichkeit wurden Anordnungen hin und her übermittelt. Was unzählige Male geübt worden war, bis es fast zu einem programmierten Reflex geworden war, fand nun mit einer Art Erregung statt, wie sie letztendlich nur wirkliche und unmittelbare Gefahr bewirken kann. Diesmal hatte der Adrenalinspiegel bei den Männern und Frauen unter Bartons Leitung eine andere Qualität, von Barton selbst ganz zu schweigen. Diesmal war es keine der unerwarteten Überraschungen bei den regelmäßigen Übungen. Die Veränderung im Kontrollzentrum wirkte selbst für Barton dramatisch.

»Wir werden das feindliche Objekt gleich an der zweiten Linie vernichten.«

Seine Stimme klang fest, sicher. Es war die Stimme eines Kommandeurs, der Vertrauen in die Fähigkeiten seiner Untergebenen und in die Effektivität seines Arsenals hat.

Die F-16 aus Homestead konnten ihr Objekt nur wenige Kilometer südlich von Turkey Point ausschalten, aber die Boden-Bord-Raketen konnten es sehr viel früher abfangen – eigentlich sobald es die zweite Linie der Luftabwehr überquert hatte. Sowohl Piloten als auch Raketenmannschaften eilten inzwischen zu ihren Maschinen und Silos. Die militärische Reaktion war eingeleitet. Jetzt konnte Colonel Barton nur noch abwarten, wer als Sieger aus diesem Kräftemessen hervorging. Das Element der Überraschung gab dem Feind einen Vorteil, wie er wußte.

Als der Alarm Boca Chica erreichte, war es jedoch bereits zu spät.

Höchste Zeit, etwas höher zu gehen und die Geschwindigkeit zu drosseln, sagte ich mir. Inzwischen mußte ich ungefähr fünfzig Knoten vor Key West sein. Ich hatte nicht die Absicht, die Institutionen der Vereinigten Staaten mehr als nötig zu alarmieren und glaubte, in sicherer Entfernung auf rund zweitausendfünfhundert Meter aufsteigen und meine Geschwindigkeit auf etwa dreihundert Knoten reduzieren zu können. Derartige Flugbewegungen würden mit Leichtigkeit von Radareinrichtungen aufgenommen, und mit den daraufhin von Boca Chica aufsteigenden F-16 könnte ich mich mit Sicherheit freundlich verständigen. Sobald mich die nordamerikanischen Kampfflieger erreicht hatten, konnte ich ihnen mittels Blickkonakt und international anerkannter Zeichen meine Absichten deutlich machen. Funkkontakte waren unmöglich, da mir nur die zwanzig voreingestellten Kanäle mit codierten Militärfrequenzen zur Verfügung standen, die vom Cockpit aus nicht veränderbar waren. Daher würde alles davon abhängen, wie das militärische Frühwarnsystem mein Auftauchen interpretierte . . .

Key West sollte ich besser nicht überfliegen, sagte ich mir.

Doch als ich höherstieg, kam am Horizont Key West in Sicht . . . und es war sehr viel näher, als ich angenommen hatte, stellte ich erschrocken fest. Bisher war ich »per Daumenpeilung« geflogen, da ich es nicht riskieren konnte, meine Pläne irgendwo anders niederzulegen als in meinem

Kopf, und der hatte mich getäuscht. Ich war von einer längeren Flugzeit ausgegangen, aber nun befand ich mich bereits über den Keys, und mir blieb keine andere Wahl, als den Marineluftstützpunkt Boca Chica zu überfliegen.

Sie haben bestimmt schon Anordnungen erteilt, mich beim geringsten Eindringen in den Luftraum weiter nördlich abzuschießen, sagte ich mir, entsetzt über meinen Schnitzer. Also halte dich gefälligst von Key West so fern wie möglich, wenn du am Leben bleiben willst. Fluchend suchte ich den Horizont nach möglichen Pipers oder Cessnas ab, die mir in die Quere kommen konnten.

Ich ging mit der Geschwindigkeit zurück und schwenkte auf einen Linkskurs ein, um die Perimeter nicht zu überfliegen, die ich mir gesetzt hatte. Ich ging hinunter, um die Runway No. 07 des Stützpunkts zu überfliegen und mit eindeutigem Flügelschwenken meine friedlichen Absichten zu bekunden. Doch erst einmal sollte ich einen Blick auf den Treibstoffanzeiger werfen, um zu wissen, was noch in den Tanks war . . .

Zuviel Gewicht . . . Um landen zu können, würde ich weitere zweihundertfünfzig Gallonen verbrauchen müssen . . .

Ich ließ die Flügel sechzehn Grad ausfahren und aktivierte die Luftbremsen, ließ das Fahrwerk hinab und die Klappen auf fünfzehn Grad.

Noch eine langsame, niedrige Runde über die Rollbahn, damit sie wissen, daß ich beim nächsten Mal landen werde . . .

Um elf Uhr achtzehn landete vor den verblüfften Augen der Fluglotsen, Marine und Luftwaffenangehörigen eine kubanische MIG-23 in Boca Chica. Der Pilot bog von der ihm unbekannten Landebahn auf die erste Rollbahn links ab und stoppte seine Maschine. Dann wartete er ab.

Ich fühlte, daß mir die Beine zitterten. Wo waren die Colonel Bartons und Captain Lees aus meinen wilden Vorstellungen über den Florida Straits? Ich konnte mir die Stille um mich herum nicht erklären. Sie gefiel mir ganz und gar nicht.

Berieten sie sich etwa erst einmal mit der kubanischen Regierung, bevor sie eine Entscheidung trafen? Wie auch immer! Nichts kann schlimmer sein als dieses Warten.

Plötzlich bemerkte ich, daß ich aus dem Kontrollturm heraus durch ein Fernglas beobachtet wurde. Es war der Fluglotse, und er hatte offenbar gewisse Schwierigkeiten, am Telephon – vermutlich seinem Vorgesetzten – zu schildern, was er da sah:

»Ein MIG-BN-Kampfflugzeug mit Kennzeichen der kubanischen Luftwaffe steht direkt vor mir auf der Rollbahn neben Landebahn Nummer sieben und wartet offenbar auf irgendwelche Instruktionen. Am Heck hängt ein Fallschirm, mit dessen Hilfe der Pilot seine Maschine auf die Landebahn gesetzt hat.«

Der Fallschirm hob sich, wenn die Abgase aus den Heckdüsen des Flugzeugs oder ein gelegentlicher Windstoß ihn blähten, und sank wieder in sich zusammen. Er hing da, hob sich und fiel zuckend wieder auf den Beton zurück wie ein sterbender Vogel. In der öden Umgebung des Stützpunktes wirkte er wie ein verzweifelter Gefangener.

Schließlich fuhr ein leichter Lastwagen mit gelbem Blinklicht über dem Führerhaus zu dem Flugzeug und bedeutete dem Piloten, ihm zu folgen. Durch den Fallschirm behindert, setzte ich die Maschine langsam und schwerfällig in Bewegung. Hinter dem Laster überquerte ich in der glühenden Sonne das gesamte Flugfeld, als wären er und meine MIG-23 die letzten Überlebenden auf dieser Welt. Als wir eine kleine Rampe am anderen Ende des Stützpunkts erreicht hatten, stieg der Fahrer aus seinem Wagen, hob die Arme über den Kopf und verschränkte sie zum Zeichen, daß ich die Motoren ausschalten sollte. Doch vorher drehte ich das Heck der Maschine Richtung Grasfläche und trennte mich mit einem Knopfdruck vom Fallschirm, der mit einem letzten Abgasschwall davontrieb. Sekunden später, nachdem das Jaulen der Turbine verklungen war, hielt ein rotes Auto neben meinem Flugzeug. Am Steuer saß ein Offizier, der Kommandant des Stützpunkts. In seiner Begleitung war ein Sergeant, der ein Latino zu sein schien. Beide verließen das Auto, als sie sahen, wie sich die Cockpithaube der MIG öffnete und das ängstliche Gesicht eines kubanischen Piloten sichtbar wurde, der seine Aufregung nicht verbergen konnte.

Ich nahm den Helm ab, ließ ihn ins Cockpit fallen, sprang auf die Rollbahn und grüßte vor dem Offizier. Dann erklärte ich mit bebender Stimme auf Spanisch:

»*Mi nombre es Orestes Lorenzo.*«

»Sein Name ist Orestes Lorenzo«, übersetzte der Sergeant.

»*Soy mayor de la Fuerza Aéra Kubana . . .*«

»Er sagt, er sei Major der kubanischen Luftwaffe.«

»*. . . y pido protección a las autoridades de este país . . .*«

»Er bittet um den Schutz der Behörden.«

»*. . . por razobes políticas.*«

»Um politisches Asyl.«

Der Colonel quittierte die Übersetzung des Sergeants mit wiederholtem Kopfnicken. Dann sah er mich fest an. Plötzlich überzog ein Lächeln sein Gesicht, er trat einen Schritt vor, streckte die Hand aus und sagte:

»Willkommen in den Vereinigten Staaten.«

II

Kindheit auf der Zuckerinsel

Meine frühesten Erinnerungen betreffen meinen Geburtsort Cabaiguàn, eine kleine Stadt fast genau in der Mitte Kubas. In jenen Tagen war Cabaiguàn für seinen Tabak und seine Frauen berühmt. »Die schönsten Frauen Kubas kommen aus Cabaiguàn«, sagten die Erwachsenen immer wieder. »Die schwarze Erde hier ist die fruchtbarste der ganzen Insel. Wir haben das beste Gemüse und den feinsten Tabak.«

Aber wenn ich mit meinen Eltern außerhalb der Stadt unterwegs war, hörte ich mehr als einmal die Frage: »Du kommst also aus der Stadt der *berracos*, ja?« Dann schämte ich mich, denn *berraco* bedeutete auf Kuba »Idiot«. Für die Bewohner von Cabaiguàn leitet sich der Spitzname der Stadt jedoch von ihren ausgezeichneten Zuchtschweinen ab, die ebenfalls *berracos* genannt werden.

Cabaiguàn rühmte sich auch etlicher *escogidas* oder Tabakhallen, in denen die Tabakblätter sortiert und bewertet wurden. Dabei wurden die Mittelrippen mit der Hand entfernt und die Blätter mit Wasser besprengt, damit sie sich einfacher bündeln und zu den Zigarrenfabriken schicken ließen, in denen sie die *torcedores* mit flinken Fingern zu den typischen *puros* aus Cabaiguàn rollten. Üblicherweise arbeiteten Frauen in den Hallen und Männer in den Zigarrenfabriken.

1950 lernten sich meine Eltern in der Zorilla-Escogida kennen. Meine Mutter war das siebte von zehn Kindern aus der Ehe zwischen María, einer jungen Landarbeiterin aus Pedro Barba, und Casildo, einem spanischen Immigranten von den Kanarischen Inseln. Meine Großmutter María war erst zwölf Jahre alt, als ihre Mutter im Kindbett starb und ihr Vater aus Verzweiflung den Verstand verlor und verschwand, und María mit neun kleinen Brüdern und Schwestern zurückließ. Ein Onkel kam ihr zu Hilfe und übernahm die Verantwortung, die vielen hungrigen Münder zu stopfen. Vom frühen Morgen bis zum späten Abend schuftete er sich auf den Feldern eines gepachteten Bauernhofs ab, schaffte es aber bei aller Anstrengung kaum, genügend Essen auf den Tisch zu bringen.

Da tauchte ein unbeschwerter junger Mann mit blitzenden blauen Augen namens Casildo auf, der aus Spanien geflohen war, um dem Militärdienst zu entgehen und nun nach Arbeit suchte, um auf der Insel überleben zu können, auf der er weder Verwandte noch Freunde hatte. Marías Onkel bot ihm gegen ein Lager im Pferdestall und einen Platz am mager gedeckten Tisch eine Stellung als Landarbeiter an, und der junge Mann akzeptierte. In den folgenden Monaten harter Arbeit unter der energischen Anleitung des Onkels fühlte sich Casildo von Tag zu Tag mehr zu der vierzehnjährigen María hingezogen, die am Herd schaltete und waltete wie eine Mutter und seine Blicke scheu erwiderte, wenn sie ihm sein Essen servierte.

Als María eines Nachmittags im Patio Wäsche wusch, gab er vor, Wasser aus dem Brunnen holen zu wollen, trat zu ihr und sagte: »María, ich möchte dich heiraten.«

Sie hob stumm die Schultern, senkte den Kopf und rubbelte das schmutzige Hemd, das sie in den Händen hielt, noch heftiger als zuvor. Da wußte er, daß sie einverstanden war. Er lief zu dem Feld, auf dem der Onkel gerade säte, und bat ihn um die Hand meiner Großmutter. Doch der reagierte anders als erhofft. »Du Schuft!« schrie er mit zornrotem Gesicht. »Ich will dich nie wieder in meinem Haus sehen!«

Damit deutete er mit der einen Hand auf die Royal Road, während seine andere zu seiner Machete griff.

In dieser Nacht weinte María in ihrer Hängematte, während Casildo in den Bergen unter den Sternen schlief, da er entschlossen war, sich nicht allzu weit zu entfernen. Er wußte, daß die pure Notwendigkeit den Onkel schließlich zum Einlenken bewegen würde. Drei Tage später ging mein Großvater zurück, bat erneut um die Hand meiner Großmutter, und diesmal stimmte der Onkel widerstrebend der Eheschließung zu, die unverzüglich vorgenommen wurde.

Casildo stellte sich als kluger, fleißiger junger Mann heraus, und als er hörte, daß einige Männer um jeden Preis Arbeit suchten, überredete er den Onkel dazu, sie gleichfalls einzustellen. Und so schliefen bald weitere Arbeiter im Stall, saßen in der Küche neben Casildo und dem Onkel am Tisch und aßen die ausgezeichneten Mahlzeiten, die die junge María zubereitete, während sie sich nebenbei um ihre kleineren Geschwister kümmerte. Langsam ging es mit der kleinen Landwirtschaft bergauf, in der nun auch die Brüder meiner Großmutter Aufgaben übernahmen, während sie jedes Jahr eine Tochter nach der anderen zur Welt brachte, bis sie dann, als neuntes Kind, einen Sohn bekam. Weder meinen Großvater noch den Onkel scheint es besonders bekümmert zu haben, immer mehr Frauen in der Familie zu haben. Sie nahmen sie morgens mit auf die Felder hinaus, teilten ihnen leichtere Arbeiten zu, und die Mädchen waren nur allzu froh, helfen zu können.

Die kleine Landwirtschaft wurde so ertragreich, daß sie den Pachtvertrag um weitere zehn Jahre verlängern konnten, und mit der Zeit erlangten sie einen bescheidenen Wohlstand, der es meinem Großvater gestattete, sechs Monate im Jahr einen Lehrer aus der Stadt kommen zu lassen, der seine Töchter abends nach der Arbeit auf den Feldern unterrichtete. Als sie mit ihrer kleinen Farm so verwurzelt waren wie die Obstbäume neben dem Haus, beschloß der Besitzer des Landes, ihre Pacht nicht mehr zu verlängern.

»Es tut mir sehr leid, Casildo, aber du wirst gehen müssen«, erklärte er meinem Großvater.

An diesem Tag kehrte Casildo ohne sein übliches Lächeln nach Hause zurück, und seine Töchter schlossen sich seinem kummervollen Schweigen schnell an – nur unterbrochen von dem gelegentlichen Seufzer: »Was soll nur aus uns werden?«

»Jetzt reicht es!« explodierte meine Großmutter ebenso plötzlich wie unerwartet. »Tränen helfen uns auch nicht weiter!« Sie warf den Kopf zurück, blickte Casildo entschlossen an und verkündete: »Wir werden in die Stadt ziehen!«

Ein paar Tage später kamen sie mit ihren Bündeln auf den Rücken und ihren Ersparnissen in den Taschen in Cabaiguàn an, um in der Stadt nach einem Haus und Arbeit für die Töchter zu suchen, in der vier Jahre zuvor die Familie meines Vaters ebenfalls mit ihren Habseligkeiten eingetroffen war.

Meine Großeltern väterlicherseits, María und Christino Lorenzo, hatten es sich nicht leisten können, auch nur ein kleines Stück Land zu pachten. Mit ihren neun Kindern hatten sie auf einer Farm gelebt, deren Besitzer ihnen gestattete, eine Hütte zu errichten, deren Boden aus festgetretener Erde bestand, und von dem meine Großmutter nachmittags die Asche der Holzkohle fegte, die sie zum Kochen benutzte. Eines Tages verkaufte der Besitzer die Farm, und die neuen Eigentümer bestanden darauf, daß meine Großeltern ihr Land verließen. Daraufhin ließ sich die Familie an der Royal Road nieder, da ihnen ein Leben in der Stadt Unbehagen einflößte, und sie hofften, ihre fünf jungen Söhne würden genug verdienen, um ein Haus bezahlen zu können, wenn sie sich zusammen mit meinem Großvater als Landarbeiter verdingten.

Meinem Vater kam es zu, für die Schweine zu sorgen, die sie hinter dem Haus hielten, und traurig sah er seine Hoffnungen auf einen Weihnachtsbraten dahinschwinden, da sie ein Schwein nach dem anderen verkauften, um die Lebensmittel bezahlen zu können, die sie in diesem Jahr in der nahegelegenen Bodega auf Kredit erwerben mußten. Wieder einmal würden sie das Fest ohne festlichen Braten begehen müssen.

Als mein Vater eines Nachmittags mit meinem Großvater auf dem Pferd von den Tabakfeldern zurückkehrte, hörte er ein merkwürdiges Geräusch, beugte sich vor und sah zum ersten Mal in seinem Leben ein Eisenungetüm mit vier Rädern auf sich zukommen. Der Mann am Steuer des Automobils drückte warnend auf die Hupe, mein Vater sprang vom Pferd und floh in panischer Angst vor dem »entsetzlichen Tier« – begleitet von den überraschten Blicken und dem Lachen meines Großvaters.

Damals war mein Vater vierzehn Jahre alt und hatte noch nie in seinem Leben Schuhe besessen, da sie zu teuer waren, und er brüstete sich vor anderen Kindern, brennende Zigaretten mit seinen nackten Füßen austreten zu können. Er hatte eine kleine Schule an der Royal Road zwar nur bis zur dritten Klasse besuchen können, an der ein Lehrer die Landarbeiter unterrichtete, dort jedoch bereits einen Vorgeschmack auf das bekommen, was eine der großen Leidenschaften seines Lebens werden sollte: Lesen.

Von Schulden und Verzweiflung getrieben, beschlossen meine Großeltern schließlich doch, in die gefürchtete Stadt zu ziehen, in der mein Vater wenige Jahre später eine Anstellung als »Vorleser« in der Zorilla-Escogida fand. Dort arbeitete auch meine damals vierzehnjährige Mutter und verdiente in den drei Monaten, in denen das Verarbeitungsdepot jährlich in Betrieb war, sechs Pesos wöchentlich dafür, daß sie Tabakblätter von den Rippen riß und sortierte. Und dort saß nun ein junger Mann von zwanzig Jahren inmitten des Raums voller junger Arbeiterinnen und hob von Zeit zu Zeit die Augen von der Zeitung, aus der er laut vorlas, und richtete seinen Blick auf das heranwachsende Mädchen, das den Kopf über den Tisch mit den Tabakblättern gebeugt hielt.

Eines Tages blieb mein Vater am Fenster neben dem Arbeitsplatz meiner Mutter stehen und bemerkte zu einem Freund: »Dieses Mädchen wird die Mutter meiner Kinder.«

Meine Mutter hörte es, errötete und warf meinem Vater einen arroganten Blick zu, der ihn in helles Lachen ausbrechen ließ.

Meine Mutter war inzwischen fünfzehn Jahre alt, durfte einen Lippenstift benutzen und mit ihrer älteren Schwester die Filme ansehen, die sonntagmittags in dem einzigen Kino der Stadt gezeigt wurden. Voller Neugierde betrat sie an der Hand ihrer Schwester den Vorführraum, dessen Halbdunkel ihr vorübergehend Angst einflößte. Dann nahmen sie in einer der fast leeren hinteren Sitzreihen Platz.

»Darf ich mich hier setzen?« fragte wenige Minuten später die bekannte Stimme des Vorlesers neben ihr.

»Warum nicht? Es ist schließlich ein öffentliches Theater«, erwiderte sie so ruppig, als hätte sie gerade erst die Felder von Pedro Barba verlassen, und beobachtete verstohlen, wie er zwei Plätze entfernt Platz nahm. Er schien sich jedoch überhaupt nicht für das zu interessieren, was vor ihm auf der Leinwand ablief. Statt dessen fing er mit ihr eine Unterhaltung über das Verwertungsdepot an und erklärte, daß er sie gern zu Hause besuchen würde. Gespielt gelangweilt wandte sie sich zu ihm um und fragte: »Sagen Sie – stellen Sie mir eigentlich nach?«

»Nein, nein. Wie kommen Sie denn darauf? Zu so etwas bin ich doch gar nicht fähig.«

Kurze Zeit später verlobten sie sich, und mein Vater besuchte meine Mutter zu von Casildo festgelegten Zeiten: Er war unermüdlich darauf aus, sie zu küssen, und sie stets entsetzt, er könnte es tun, bevor die vorgeschriebenen sechs Monate vergangen waren.

1955 bezogen sie nach ihrer Heirat ein kleines, baufälliges Holzhaus in einer Gegend, die »De La Cafetera« genannt wurde, weil sich dort die einzige Kaffeerösterei der Region befand. Dort verbrachten sie ihre ersten gemeinsamen Jahre und drehten jeden Centavo ihres kärglichen Lohns dreimal um, um essen und die Miete bezahlen zu können. Zu dieser Zeit hatte die Regierung auf entsprechende Forderungen hin ein Gesetz erlassen, das die Eigentümer von Tabakverwertungsdepots dazu verpflichtete, ihren Arbeitern höhere Löhne zu zahlen. Doch die Besitzer verlegten ihre escogidas lieber in andere Städte, in denen sie billigere Arbeitskräfte fanden. Plötzlich sahen sich meine Eltern in der verzweifelten Situation, nicht einmal die fünf Centavos zu haben, um ihrem plärrenden Nachwuchs, der 1956 das Licht der Welt erblickt hatte, den täglichen Liter Milch kaufen zu können.

Zu diesem Zeitpunkt befanden sich die Mitglieder der Bewegung vom 26. Juli bereits in den Bergen und versprachen, durch eine Revolution im Land die Gerechtigkeit herzustellen. Mein Vater begann, mit den Aufständischen zusammenzuarbeiten, indem er Obligationen zur Finanzierung der Revolution verkaufte. In den letzten Tagen des Jahres 1958 hielten die von Ché Guevara kommandierten Truppen nach ein paar Gefechten siegreich Einzug in Cabaiguàn, um ganz in der Nähe unseres Hauses, im Manuel Gutiérrez-Escogida, ihr Hauptquartier zu errichten. Drei Tage zuvor hatte sich mein Vater den kämpfenden Truppen angeschlossen, und nun kauerte meine Mutter, die im achten Monat mit ihrem zweiten Sohn schwanger war, mit bleichem Gesicht in einer Küchenecke und lauschte angstvoll auf das gelegentliche Gewehrfeuer in der Nähe. Sie sorgte sich um meinen abwesenden Vater, als sie plötzlich die verzweifelten Schreie ihrer Nachbarin hörte. Die kranke Frau hatte ihren halbwüchsigen Neffen zwei Stunden zuvor zur Apotheke geschickt und erhielt nun die Nachricht, daß der Junge bei dem Versuch, die Straße zu überqueren, von einem auf dem Dach eines Hauses stationierten Heckenschützen erschossen worden war. Erschüttert über den Schmerz der Nachbarin eilte meine Mutter mit mir auf den Armen wieder ins Haus zurück, als sie über sich die vertrauten Geräusche eines Flugzeugs im Tiefflug und eine Reihe von Explosionen hörte.

»Alles in die Häuser! Das Hauptquartier ist unter Beschuß!« hörte sie jemanden rufen. Sie eilte ins Haus und versteckte sich mit mir unter dem Bett, in der Hoffnung, dort ausreichend geschützt zu sein. Als meine Mutter nach dem Ende der Schießerei in den Patio ging, um die Matratze dort zum Trocknen in die Sonne zu legen, die ihr Zweijähriger durchnäßt hatte, stellte sie zu ihrem Entsetzen fest, daß sie von mehreren Einschüssen durchlöchert war.

Die Regierung floh, die Guerilleros hielten triumphalen Einzug in der Hauptstadt und wurden von den begeisterten Massen wie Helden gefeiert. Alle escogidas kehrten nach Cabaiguàn zurück und ihre Besitzer waren nun bereit, den auf rund zwanzig Pesos festgesetzten Lohn zu zahlen. Die Mieten waren beträchtlich gesenkt worden und täglich wurden neue Gesetze zugunsten der Armen erlassen. Der Jubel war groß: Die Revolution hatte gesiegt!

Mein Vater war jetzt als »Vorleser« in der Bouzac-Tabakfabrik beschäftigt. Er hatte einen kleinen Raum unter dem Fabrikdach, das über eine enge Stiege zu erreichen war. Im dem Raum gab es einen riesigen gußeisernen Verstärker mit einem alten Mikrophon vor einem kleinen Stuhl. Auf ihm verbrachte mein Vater die Arbeitsstunden damit, daß er aus den Werken großer Schriftsteller von Cervantes bis Victor Hugo und Hemingway vorlas, während die *torcedores* sorgfältig die Zigarren rollten. Auf diese Weise erhielten die Zigarrenarbeiter von Cabaiguàn eine bemerkenswerte literarische Bildung.

Zu dieser Zeit wohnten wir bei meinen Großeltern in einem kleinen Haus, dessen Holzwände später mit Hilfe des jüngeren Bruders meines Vaters durch massiven Stein ersetzt wurden, der in den Vereinigten Staaten lebte und das Geld auf einer seiner Urlaubsreisen mit nach Kuba brachte. Das Haus lag am Ende einer schmalen gepflasterten Straße, die sich über einen sanften Berghang schlängelte. Diese Straße wurde fast ausschließlich von unseren Nachbarn benutzt, und unser Haus war von ihr nur durch eine schmale Terrasse und einen flachen Graben getrennt, durch den reichlich Wasser floß, sobald es regnete. Ich liebte es, auf die Terrasse hinauszulaufen und die nackten Füße ins warme, schlammige Wasser zu stecken. »Du wirst dir noch eine Krankheit einfangen, Junge!« rief meine Großmutter von der Türschwelle aus und zitierte mich umgehend ins Haus zurück.

Den Patio hinter dem Haus beschatteten zwei Mangobäume, über deren Früchte meine Cousins und ich jeden Juni herfielen. Eines Tages entdeckte ich in einer Ecke des Patios einen weggeworfenen Mangokern, der einen grünen Schößling getrieben hatte. Ich fragte meinen Großvater, was das war, und er erklärte mir ein wenig über das Wachsen und Werden, indem er den Kern tiefer ins Erdreich drückte. Daraufhin nahm ich die Centavos, die ich von meinen Onkeln erhielt und »säte« sie ebenfalls. Doch trotz meiner inständigen Hoffnung, meinen Großeltern ein Geschenk machen zu können, wuchs nie ein Geldbaum auf unserem Patio.

Ich verbrachte viel Zeit mit meinen Großeltern und sah zu, wie sie ihre eigenen Zigarren rollten, deren Blätter sie in einer Holzkiste auf dem Eßzimmertisch im hinteren Teil des Hauses aufbewahrten und argwöhnisch bewachten. Meine

Großmutter rauchte ihre grob beschnittenen *puros* vor allem in der Küche, während mein Großvater für diesen Genuß einen alten Armsessel neben dem Wohnzimmerfenster bevorzugte, von wo er einen bräunlichen Sud ins Freie spuckte, der auf der Terrasse dunkle Flecken hinterließ.

Tabak beeinflußte damals unser ganzes Leben. Als ich vierzehn Monate alt war, nahm mich mein Vater mit in ein Photostudio, wo ich prompt mit einer Zigarre zwischen den Lippen abgebildet wurde.

Mein Großvater begann mit jedem ein Gespräch, der gerade vorbeikam. Und oft hörte ich ihn meiner Großmutter scherzhaft zurufen: »Komm her, María, sieh dir das Mädchen an, das gerade vorbeigeht. Verdammt, ist das ein hübsches Frauenzimmer!« Meine Großmutter, die beim ersten Satz aus der Küche gekommen war, drehte beim zweiten mit einem »Bah!« unter dem Gelächter ihres Mannes wieder um und fuhr knurrend mit ihrer Hausarbeit fort.

Gute Bekannte sagten, mein Großvater sei immer treu gewesen, aber er konnte es sich nie verkneifen, ihre Eifersucht anzustacheln. Und sie stöhnte stets: »Christino, wann wirst du endlich erwachsen werden?«

Als er Jahre später plötzlich starb, versank meine Großmutter in tiefe Resignation und wartete auf ihren Tod, der prompt innerhalb eines Jahres eintrat. Immer wieder betonte sie, wie gern sie mit ihm zusammen wäre – wo er auch sei. Ohne ihn verfiel sie, siechte dahin und wartete auf den Tod, der sie wieder vereinen würde.

Wenn mein Vater abends von der Arbeit nach Hause kam, wartete ich schon an der Tür auf ihn. Ich weiß noch, wie angestrengt ich nach ihm ausschaute, bis er endlich die Straße entlang kam, immer mit irgend etwas in der Hand. Dann schoß ich auf ihn zu, er bückte sich, fing mich auf, und ich küßte ihn auf beide Wangen. Er trug mich nach Hause, setzte mich auf den Tisch und zeigte mir, was er mitgebracht hatte. Manchmal war es eine Süßigkeit, manchmal

Fruchtsaft. Als er mir zum erstenmal Tomatensaft mitbrachte, schmeckte er mir überhaupt nicht, aber mein Vater erklärte, er stärke die Manneskraft. Seither war ich geradezu wild auf Tomatensaft, und heute wende ich diese Methode bei meinen Söhnen an, wenn sie sich weigern, vitaminreiche Nahrung zu sich zu nehmen.

Eines späten Abends weckte mich jemand mit einem Kuß. Es war mein Onkel Orlando, der jüngste Bruder meines Vaters und als einziger der Brüder noch Junggeselle. Er kam gerade aus den Vereinigten Staaten und hatte mir ein großes Flugzeug mitgebracht. An diesem Abend saßen wir alle noch lange im Wohnzimmer, und niemand konnte mich dazu überreden, wieder ins Bett zu gehen. Ich kroch mit meinem neuen Spielzeug auf dem Fußboden herum, schob es zwischen den Beinen meiner Eltern und Großeltern hindurch, ließ mich von dem wundervollen Flugapparat rund um die Welt tragen und hatte nicht die Absicht, dieses Abenteuer zu unterbrechen, um schlafen zu gehen. Wenn mich nach diesem Abend jemand fragte, was ich später einmal werden wolle, sagte ich stets: »Ein Pilot!« Dieses Flugzeug, in dem ich im Alter von vier oder fünf Jahren erstmals auf den Flügeln meiner Phantasie geflogen bin, sollte mein letztes Spielzeug bleiben.

Es war Dezember 1960 oder 1961, und Orlando der erste von vielen Verwandten, die für die Weihnachtsfeiertage eintrafen. Die drei weiteren Brüder und vier Schwestern meines Vaters hatten alle eigene Kinder, die unser Haus in diesem Jahr mit einem frohen, unbeschwerten Leben füllten, wie ich es in den späteren Jahren meiner Kindheit nie mehr erleben sollte.

Auch Miladis, die jüngste Schwester meines Vaters, kam mit ihrem Mann und ihren Kindern aus den Vereinigten Staaten. Eines Nachmittags schleppten sie einen Diaprojektor mit Aufnahmen »aus dem Norden« an. Am Abend wurden die Dias an die weiße Mauer des gegenüberliegenden Hauses geworfen und erregten großes Aufsehen bei Kindern und Erwachsenen aus der Nachbarschaft.

Am Heiligen Abend saßen die Männer mit meinem Großvater hinter dem Haus zusammen. Die Frauen waren in der Küche, während wir Jungen mit unseren neuen Knallpistolen durchs ganze Haus stürmten. Schließlich stifteten die älteren Jungen uns zu einem Überfall auf das Puppenhaus an, das die Mädchen im Patio hinter dem Haus aufgebaut hatten. Daraufhin beklagten sich die Mädchen lautstark bei unseren Tanten, die die Beschwerden ebenso prompt an die Männer draußen weitergaben:

»Würdet ihr bitte die Jungen endlich zur Ordnung rufen, bevor sie uns alle in den Wahnsinn treiben?!«

Mein Großvater und meine Onkel hatten sich bereits um die rechteckige Feuerstelle versammelt, nahmen gelegentlich einen Schluck aus ihren Bierflaschen, juxten und lachten, während das Festtagsschwein vor sich hinbrutzelte.

Mit der Vorbereitung dieses Festbratens hatten sie bereits vor zwei Tagen begonnen. Das lebende Schwein war in den hinteren Patio gebracht worden, und wir Kinder ließen uns das Schauspiel nicht entgehen. »Sie bringen das Schwein um!« schrie einer der kleineren Jungen, und wir anderen stürzten herbei, um mitzuerleben, wie der Tod ist.

Das Schwein war mit einem Seil an einen in den Boden getriebenen Pfahl gebunden, um jede Flucht zu verhindern, stöberte mit der Schnauze in der Erde und grunzte leise vor sich hin. Unterdessen schärfte Großvater sein langes Messer. Zunächst goß er mit einer alten Blechkanne Wasser über die Klinge und auf einen runden Stein, an dem er dann das Messer wetzte. Von Zeit zu Zeit wischte er die Klinge ab, fuhr mit dem Daumen prüfend über die Schneide und murmelte: »Immer noch nicht fertig . . .« Als das Messer endlich scharf genug war, hielten wir Kinder den Atem an. Großvater ging auf das Schwein zu, ergriff es bei einem

Bein und warf es mit Schwung auf den Rücken. Dann kniete er sich auf die Rippen des ohrenbetäubend quiekenden Tieres und hob eines der Vorderbeine an, um das Herz zu orten. Er streckte die rechte Hand nach hinten aus und bat einen meiner Onkel um das Messer. Das packte er fest am Griff und trieb es ebenso entschlossen wie treffsicher in die Brust des Tieres. Vor unseren entsetzten Blicken schoß Blut aus der Wunde, die Zuckungen und Schreie des Tieres wurden leiser und verstummten schließlich ganz.

Dann goß ein Onkel kochendes Wasser über den Oberkörper des Schweins, das mit einem letzten Aufbäumen reagierte. »Es lebt ja noch!« schrie jemand. Sobald es endgültig tot war, entleerten meine Onkel kannenweise kochendes Wasser über das Tier, erfrischten sich zwischendurch immer wieder mit Bier, und schrubbten den schwarzen Körper mit porösen Steinen sauber, bis er fast schneeweiß war. Nun öffneten die Männer den Bauch des Schweins, um die Eingeweide zu entfernen, und gossen eimerweise Wasser hinein, um das Blut herauszuwaschen. Schließlich hängten sie das Tier in der Küche über einer großen Schüssel an einen Haken, damit es über Nacht ganz ausbluten konnte.

Am nächsten Tag schnitten sie die Schwarte in regelmäßigen Abständen tief ein und marinierten das Fleisch mit einer Mischung aus Orangen, Kreuzkümmel, Knoblauch und Salz. Sie legten das Schwein auf den Tisch, bedeckten es mit einem Tuch und ließen die Marinade über Nacht einziehen.

Während unser Weihnachtsbraten am darauffolgenden Tag hinter dem Haus brutzelte, setzte sich mein Vater vor einen Kasten mit leeren Bierflaschen. Er nahm eine Flasche heraus, umschlang sie in der Mitte mit einer Kunstseidenschnur, machte einen festen Knoten und wirbelte die Flasche mehrmals erst in die eine, dann in die andere Richtung. Dann tauchte er die Flasche schnell in eine Schüssel mit kaltem Wasser. Sie zersprang genau in der Mitte und ließ den unbrauchbaren Hals, aber auch ein sehr nützliches »Glas« für das Festmahl zurück.

Zum Weihnachtsessen versammelten wir uns stets im Wohnzimmer um einen Tisch, der mit Kisten und Brettern verlängert und mit einer Vielzahl weißer Tischtücher gedeckt wurde. Kinder und Erwachsene saßen gemeinsam um den Tisch, ließen sich das Spanferkel schmecken und hörten Großvaters Dankgebeten und seinen Wünschen für das Wohlergehen unserer Familie zu. Das sind die letzten und einzigen Weihnachtserinnerungen, über die ich verfüge.

Eines Tages kamen die Führer der Revolution zu der Erkenntnis, daß weihnachtliche Traditionen importiert waren und sich auf die Wirtschaft des Landes nachteilig auswirkten, da das Fest in die wichtigste Zeit der Zuckerernte fiel, in der das Rohr den höchsten Zuckeranteil aufwies. Außerdem gab es ihrer Meinung nach keinen vernünftigen Grund dafür, daß die Kinder am 6. Januar den Dreikönigstag begingen. Die Feier der Kinder konnte auf Ende Juli verschoben werden, um des Angriffs auf die Moncada-Kasernen zu gedenken, der vom Maximo Lider angeführt worden war. Die wundervollen Gestalten auf ihren Kamelen, die unsere Wunschzettel damit beantworteten, daß sie im Morgengrauen des 6. Januar Geschenke auf unseren Betten zurückließen, hatten daher aus unseren Träumen zu verschwinden.

Nie wieder sollte sich die ganze Familie um den Tisch versammeln, nie wieder sollte Gott gedankt werden. Und schon bald sollte ich abends nicht einmal mehr einen Segensspruch vor dem Einschlafen zu hören bekommen.

Unser Leben kehrte gerade zur gewohnten Routine zurück, als die neue Stadtverwaltung meinem Vater das Angebot machte, ihn auf die Schule für revolutionäre Unterweisung zu schicken, da sie neue Kader brauchten, um die kreativen Aufgaben der Revolution zu erfüllen. Und so sahen wir ihn zu neuen Horizonten aufbrechen, die weiter waren als die eines Vorlesers in einer Tabakfabrik.

Nachdem mein Vater geraume Zeit auf der Schule verbracht hatte und inzwischen eine Stellung im Bildungsministerium angenommen hatte, sah ich ihn eines Tages wütend mit einem Bild der Jungfrau Maria aus meinem Zimmer gestürmt kommen, das dort über meinem Bett gehangen hatte. »Ich habe dir gesagt, daß ich diesen Unsinn nicht mehr im Zimmer des Jungen dulde!« schrie er und warf das Bild fluchend in den Patio hinaus. Meine Mutter brach in Schluchzen aus, während mein Großvater weiterhin scheinbar ungerührt in seinem alten Sessel am Fenster verharrte. Ängstlich und verwirrt flüchtete ich in die Küche zu meiner Großmutter und verbarg mein Gesicht in ihrem Rock. Sie ließ ihre Töpfe und Pfannen im Stich, legte die Arme um mich und tröstete mich.

Bevor ich abends ins Bett ging, saßen meine Großeltern häufig dicht am Radioapparat und lauschten einem fernen Sender. Aus meinem Zimmer rief ich ihnen mein »Gute Nacht« zu, und sie antworteten fast unisono:

»Gott segne dich, mein Junge.«

Nachdem meine Eltern morgens zur Arbeit gegangen waren, tauchte für gewöhnlich Großmutters Bruder Modesto bei uns auf, ein mürrischer Zeitgenosse, der nie ein Wort zu mir sagte, aber regelmäßig die Radiosendungen des vergangenen Abends zur Sprache brachte, während er auf Großmutters köstlichen Kaffee wartete. Damals hatte ich noch keine Ahnung, worüber sie redeten und weshalb sie den Apparat immer so leise einstellten.

»Wenn doch nur endlich die Amerikaner kommen würden, um hier Ordnung zu schaffen«, erklärte Modesto.

»Dieser Kerl ist ja noch schlimmer als Batista«, pflichtete meine Großmutter dann ihrem Bruder bei, und Großvater nickte dazu.

Eines Tages wurde mein Vater fast bewußtlos nach Hause gebracht. Meine Mutter, Großmutter und Tante schafften ihn ins Bett, wo er sich über einen eiligst bereitgestellten Eimer beugte und heftig erbrach. »Er ist sinnlos betrunken«, hörte ich meine Tante sagen. Anlaß sei die Rettung von Camilo Cienfuegos gewesen, erzählten die Freunde, die ihn zu Hause abgeliefert hatten, eines Helden der Sierra Maestra, der ein paar Jahre später während eines Unwetters mit seinem Flugzeug auf mysteriöse Weise verschwand. Es war das einzige Mal, daß ich meinen Vater betrunken erlebte.

Im folgenden Jahr zog mein Vater in eine andere Provinz und kam schließlich mit einem russischen Lastwagen zurück, um uns zu holen. Am Steuer saß ein kräftiger junger Fahrer namens Mario. Seinen Brüdern und Freunden gegenüber bezeichnete mein Vater seine neue Position stolz als »Ausbildungsdirektor«. Unsere wenigen Habseligkeiten wurden auf der Ladefläche des Lasters verstaut, wir – mein Vater, meine Mutter, mein kleiner Bruder, ich und der Fahrer – zwängten uns im Führerhaus zusammen und brachen auf nach Matanzas. An diesem Tag stellte ich fest, daß die Welt nicht nur aus Cabaiguàn bestand.

Während der Fahrt hingen mein Bruder und ich fasziniert an den Lippen des Fahrers, der pausenlos Geschichten von Boxkämpfen erzählte, aus denen er ausnahmslos als Gewinner hervorging. Wochen später erzählte uns mein Vater bei der Heimkehr von der Arbeit, daß Mario einem Unfall zum Opfer gefallen sei. Bei seiner Tätigkeit als Schulwächter hatte sich aus seiner Waffe ein Schuß gelöst. Meinem Bruder und mir kam es höchst unwahrscheinlich vor, daß etwas so Kleines wie eine Kugel einen Riesen wie Mario umbringen sollte, und konnten uns lange Zeit nicht beruhigen.

Unsere Wohnung in Matanzas befand sich in der vierten Etage eines modernen Apartmenthauses, in dem wir die ersten Mieter waren. Meine Eltern und mein Bruder leben noch immer dort. Vom Balkon aus sahen wir zum ersten Mal das Meer – das Meer, das zum Mittelpunkt all unser Abenteuer und zur Quelle größter Sorge für meine Mutter werden sollte. Schon bald zogen auch in die anderen Wohnungen Mieter ein: blonde, blauäugige Fremde, die unsere Sprache nicht sprachen. »Es sind deutsche Techniker«, sagten die Leute, und von da an hieß unser Haus »Technikerunterkunft«. Wenn sie nicht gerade feierten, waren die Deutschen recht reserviert und wortkarg. Wenn sie ein Fest hatten, warfen sie Gläser und Bierflaschen die Treppe hinunter, räumten das zerbrochene Glas am nächsten Morgen aber stets wieder auf. Als sie einmal eine Hochzeit feierten, warfen sie anstelle der Gläser und Flaschen Münzen hinunter, und alle Kinder der Nachbarschaft – auch ich – klaubten sie auf.

Nachmittags schnappte ich mir häufig einen Autoreifen und tauchte mit ein paar anderen Jungen in der Bucht nach Meeresschnecken. Die Deutschen gaben uns dafür Schokolade und andere Süßigkeiten, und je mehr Schnekken wir ihnen brachten, desto mehr wollten sie. Schon bald beteiligten sich auch Jungen aus der weiteren Umgebung – angelockt von der Verheißung von Süßigkeiten – an unserem Tauchunternehmen.

Abends ging ich mit meinen Freunden in einen kleinen Park in der Nähe unseres Wohnhauses. Wir spielten Verstecken oder Gangster, dachten uns aber auch eigene Spiele aus, beispielsweise unsere Glühwurmjagd. Dabei ging es darum, wer von uns die meisten Glühwürmchen von den Sträuchern auf der anderen Straßenseite fangen konnte. Einmal tauchte Pedrito mit weit von sich gestreckten Händen und fluchend wieder aus den Büschen auf. Jemand hatte die Äste eines kleinen Baumes mit Exkrementen beschmiert, und darin hatte sich ein Glühwürmchen verfangen. Als Pedrito in der Dunkelheit nach dem Insekt griff, faßte er mit beiden Händen mitten hinein. »Verdammt, das ist ja Scheiße!« schrie er. »Wer ist das gewesen?« Das haben wir zwar nie herausgefunden, aber das Spiel auch nie wieder gespielt.

Hinter unseren Wohnhäusern durchquerte die Eisenbahn das felsige, mit Agaven bewachsene Hügelgelände. Dort warteten die größeren Jungen auf die mit Zuckerrohr beladenen, langsam vorbeirollenden Güterzüge. Sobald sie eine Lokomotive hörten, rannten sie an den Waggons entlang und rissen überhängende Pflanzen herunter. Wenn der Zug vorüber war, hockten wir uns auf die Gleise und sogen den Zuckersaft aus den Stengeln.

Zwischen den Agaven ließen die Kleinbauern der Umgebung ihre Pferde weiden, die wir zu kleinen Ausritten nutzten. Mehr als einmal suchten wir entsetzt das Weite, wenn uns ein Bauer wütend mit der Machete bedrohte, weil wir seine Arbeitspferde überanstrengten. Als wir wieder einmal eins der Pferde einfangen wollten, keilte das Tier aus und spaltete Luis Alberto mit dem Huf die Unterlippe. Die Narbe behielt er fürs Leben.

Luis Alberto war ein Träumer, dessen Phantasien noch verrückter waren als meine und die meines Bruders. Einmal erzählte er uns, er habe ein Weltraumlaboratorium eingerichtet und hoffe auf Kontakt zu außerirdischen Zivilisationen. Er führte uns zu den Überresten eines Neubaus, der nie fertig geworden war. In einem der Räume hatte Luis Alberto ein paar Kabel, Röhren und anderen Krimskrams installiert, mit deren Hilfe er sich mit den Marsbewohnern unterhalten wollte. Mit der Zeit verwandelte sich Luis Albertos Laboratorium in eine Art Minizoo, in der wir all die Tiere hegten und pflegten, die wir unseren Müttern nicht in die Wohnung bringen durften. Zu unseren Lieblingen gehörte eine Schlange, die in einer kleinen Pappschachtel hauste. Wir schoben die Schachtel überall im Raum herum und sahen dann zu, wie die bedauernswerte Kreatur auf der Suche nach ihrem Zuhause herumkroch. Mein Bruder und ich nahmen die Schlange auch einmal mit nach Hause, um unserer Mutter ihre Künste vorzuführen. Aber als wir das Tier vor ihr auf den Fußboden setzten, sprang sie auf einen Stuhl und schrie entsetzt: »Eines Tages werdet ihr mich mit euren Späßen noch umbringen!«

So drohte sie uns zwar mitunter den möglichen Entzug ihrer schier unendlichen Geduld an, sah uns aber selbst unsere haarsträubendsten Streiche nach, wenn sie prinzipiell wohltätige Gründe hatten.

Eines Nachmittags schickte uns unsere Mutter mit einem Rezept für ein Medikament zur Apotheke, das sie benötigte. Auf dem Rückweg entdeckten Faure und ich eine streunende Katze, deren Fell mit zahlreichen Wunden bedeckt war, auf denen ekelerregende Würmer saßen. Voller Mitgefühl untersuchten wir das arme Tier und zögerten keine Sekunde lang, es in den Genuß unserer gerade geholten Arznei kommen zum lassen.

»Mama wird es verstehen«, sagten wir uns, als wir die Medizin auf die Wunden träufelten.

Inzwischen wartete unsere Mutter ungeduldig auf uns und sah uns endlich mit einer leeren Arzneiflasche, aber einer widerstrebenden Katze in den Armen zurückkehren. Wenige Minuten später verabreichte sie dem armen Tier mit großer Sorgfalt die richtige Medizin, um seine Wunden zu heilen.

In dieser Zeit war mein Vater unermüdlich überall in der Provinz unterwegs und kam oft schmutzig und erschöpft nach Hause. Dann erzählte er beispielsweise, daß er in Ciénaga de Zapata gewesen war, um eine kleine Schule für die dort lebenden analphabetischen Köhler zu eröffnen. Unsere Familie verreiste jedoch selten, nicht einmal für einen Tag oder gar für ein Wochenende. Für meinen Vater war seine Arbeit fast eine Obsession. Ständig sprach er von der Revolution, die seinem Leben einen Sinn gäbe, wie er gegenüber mir und meinem Bruder sagte.

Bei den wenigen Malen, an denen wir ins Kino oder ein Restaurant gingen, gerieten meine Mutter und er regelmäßig darüber in Streit, daß er sich nicht umziehen wollte. Er zog es vor, bei diesen Anlässen seine graue Khakiuniform oder das schlichte blaue Milizhemd anzubehalten, das er täglich zur Arbeit trug.

»Orestes, bitte tu mir den Gefallen und zieh dir etwas anderes an. Wir gehen schließlich aus«, beschwerte sich meine Mutter.

»Der Wert eines Menschen zeigt sich nicht in Äußerlichkeiten«, entgegnete er. »Sich herauszuputzen ist eine bourgeoise Angewohnheit, und davon halte ich nichts.«

III

Der neue Mensch

Als ich sieben Jahre alt war, erklärte mir mein Vater, daß ich auf eine neue Schule geschickt werden würde. Erschreckt erkannte ich, was er damit meinte: daß ich nicht mehr zu Hause wohnen konnte. Das war meine erste Feuerstaufe.

»Ich konnte nie eine Schule besuchen«, fuhr er fort, »aber heutzutage sorgt die Revolution für die Kinder. Im Pensionat erhältst du eine Ausbildung, Kleidung und Essen – alles kostenlos. Und nicht nur du, sondern jedes Kind. Völlig unabhängig davon, ob du der Sohn eines Ministers oder eines Schuhmachers bist. Das ist die Gerechtigkeit der Revolution.«

Das Pensionat lag ein wenig entfernt von Matanzas in den Bergen. Unsere Unterrichtswoche begann sonntagabends um acht, wenn die Eltern ihre Kinder am Schultor ablieferten. Erst am folgenden Sonnabend durften wir gegen Mittag wieder für anderthalb Tage nach Hause. Wir schliefen zu sechzig in einem großen Schlafsaal mit zwei Reihen von Kojen. Unsere Betten machten wir um sechs Uhr morgens, nachdem unser Lehrer mit dem Ruf: »Auf die Beine!« den Raum betreten hatte.

Wenn wir uns die Zähne geputzt hatten, stellten wir uns auf dem Schulhof in zwei Reihen auf und marschierten unter dem Kommando unseres Lehrers in den Speisesaal: »Stillgestanden! Vorwärts, Marsch! Eins-zwei, eins-zwei-drei-vier . . .« Dabei sangen wir die revolutionären Lieder, die man uns beigebracht hatte: »Wir marschieren voran, ausgerüstet mit der Wahrheit und dem Wissen, daß wir die Lösung finden . . . Vereint stehen wir, die kubanische Jugend, mit unserem Vertrauen in die Revolution . . .« Manchmal sangen wir aber auch die Lieder der Jungen Pioniere: »Eehh, Malembe, Schüler ergeben sich nicht . . . Eehh, Malembe, Schüler lassen sich nicht für dumm verkaufen . . . Eeehh, Malembe!«

Nachmittags nach dem Unterricht wuschen wir uns in einem Raum in der Nähe des Schlafsaals. Dabei wurden wir von einer großen Schwarzen beaufsichtigt, die wir »Hausmeisterin« nannten. Sie hatte dafür zu sorgen, daß wir wirklich sauber waren und jagte uns eine Höllenangst ein. Täglich hielt sie etliche große Kanister Wasser parat, mit dem sie uns überschüttete, sobald wir nackt und ordentlich eingeseift waren. Es war immer ein sehr heikler Moment, wenn wir bange darauf warteten, daß das kalte Wasser uns den Atem verschlug. Ein vierzehnjähriger Junge vom Lande namens Osvaldo besuchte trotz seines reifen Alters mit uns die zweite Klasse. Er war der einzige, dem die Hausmeisterin die kalte Dusche ersparte, da es für einen jungen Mann in der Pubertät als zu peinlich erachtet wurde, sich nackt vor ihr zu präsentieren.

Nachts stand stets ein Lehrer mit einem uralten Gewehr Wache. Er erklärte uns, daß man jederzeit auf eine nordamerikanische Invasion gefaßt sein müsse und daß Konterrevolutionäre darauf aus seien, uns wieder zu Sklaven zu machen. Unablässige Wachsamkeit sei vonnöten, und er bewache unseren Schlaf mit seinem großen Gewehr, um uns vor imperialistischer Aggression zu verteidigen.

Als wir uns eines Nachmittags auf unsere Waschzeremonie vorbereiteten, hörten wir eine ohrenbetäubende Explosion. Einer der Jungen hatte sich in den Wachraum neben dem Schlafsaal geschlichen, um mit dem auf dem Bett liegenden großen Gewehr zu spielen, die Waffe war losgegangen und hatte ein riesiges Loch in der Matratze hinterlassen. Als wir an den Ort des Geschehens kamen, sahen wir einen fassungslosen Esteban. Er war weiß wie die Wand. Beim Anblick des Loches mußte ich an Mario denken und begriff endlich, wie eine kleine Kugel einen so riesigen Mann töten konnte.

Waren Vergehen zu ahnden, so geschah das abends. Am Ende des Tages überreichte jeder Lehrer der Nachtwache eine Liste der Sünder, und die wurden dann zu ihm zitiert und mußten stundenlang in militärischer Haltung zubringen. Auch ich mußte einmal bis in den frühen Morgen hinein in Habachtstellung verharren, bis ich mich zu Tode erschöpft auf den Weg in mein Bett machen konnte. Doch kaum hatte ich meinen Kopf auf das Kissen gebettet, wurde das ganze Gebäude von zwei fernen Explosionen erschüttert, die Türen und Fenster des Schlafsaals fast aus den Angeln hoben. Am nächsten Morgen erfuhren wir, daß ein Flugzeug aus Miami zwei Bomben auf die Fabrikanlagen im Hafen geworfen hätte. An diesem Morgen dachte ich zum ersten Mal darüber nach, wie böse die Amerikaner doch eigentlich waren, wenn sie uns nicht einmal in Ruhe schlafen ließen.

Oft hatte ich Heimweh und träumte während des Unterrichts bereits vom kommenden Sonnabend, an dem ich endlich wieder nach Hause durfte. Diese Wochenenden waren die glücklichsten Augenblicke meines Lebens. Ich stromerte mit meinem Bruder Faure durch die »Berge«, wie meine Mutter die Agavenfelder nannte, oder tauchte in der Bucht nach Schnecken.

Als mich mein Vater mit Faure an einem Sonnabend mittag abholte, verkündete er: »Du hast einen neuen Bruder! Er wurde gestern geboren und heißt Orlando.« Unverzüglich fuhren wir drei mit dem Jeep zum Krankenhaus. Aber wir durften nicht zu meiner Mutter hinein. Sie lehnte sich in ihrem Zimmer im vierten Stock aus dem Fenster und winkte uns zu. Später mußten wir erfahren, daß unser kleiner Bruder sehr krank war und mehr als eine Woche zwischen Leben und Tod schwebte. »Sein Blut mußte ausgetauscht werden«, erklärte mein Vater seinen Freunden. Später sagte mir meine Mutter: »Es gab Probleme mit dem Rhesusfaktor.«

Alle zwei oder drei Monate verbrachten wir ein paar Tage bei unseren Großeltern in Cabaiguàn. Faure und ich freuten uns schon lange vorher auf diese Besuche, denn wir vermißten unsere Geburtsstadt und die Großeltern, die uns sehr verwöhnt hatten. Bei einem unserer Aufenthalte fanden wir eine traurige Atmosphäre vor. Meine Großmutter saß mit rotverweinten Augen auf dem Küchenhocker, während mein Großvater an seinem Fensterplatz mit Nachbarn über die Tragödie sprach, die unsere Familie getroffen hatte. Mein Onkel Edelso, der in der Hauptstadt lebte, war wegen Beteiligung an einem Diebstahl zu zwanzig Jahren Gefängnis verurteilt worden.

Der älteste Bruder meines Vaters war Rechtsanwalt und erklärte, daß das Vergehen an sich keine so strenge Bestrafung verdiene, daß der Führer der Revolution aber bedauerlicherweise kürzlich eine Erklärung abgegeben habe, die inzwischen Gesetz geworden war: »Wird dein Fuß bei einer Untat ertappt, reißen wir ihn aus; wird deine Hand ertappt, werden wir sie abhacken.« Erst Jahre später begriff ich, daß in diesem in »perfektem Kubanisch« vorgetragenem Satz der Unterschied zwischen der Strafe für einen jungen Revolutionär wegen Korruption – was in ihrem Falle »Beurteilungsfehler« genannt wurde – und der Strafe für einen von einem Normalbürger vorsätzlich begangenen Diebstahl definiert wurde. Meine Großeltern nahmen ihre Scham darüber, daß einer ihrer Söhne im Gefängnis war, mit ins Grab.

Seit wir nach Matanzas gezogen waren, hatte sich mein Vater sehr verändert. Ich sah ihn nicht mehr so häufig, und wenn er überhaupt mit mir sprach, dann vor allem, um mich zu schelten und seine harte Kindheit mit meiner zu vergleichen. »In deinem Alter war ich bereits ein Mann«, hielt er mir vor. Ich begann mich meiner jugendlichen Streiche zu schämen, war aber gleichzeitig zu schüchtern, ihn danach zu fragen, was er eigentlich von mir erwartete. Und nie vertraute ich ihm irgendwelche meiner Probleme an – aus Angst vor seinen Vorhaltungen.

Als mich meine Eltern eines Sonntags abends zur Schule zurückbringen wollten, überwand ich meine Angst und sagte meinem Vater, daß ich unendlich viel lieber zu Hause bleiben würde.

»Sei keine Memme«, erwiderte er. »In der Schule hast du alles, was du brauchst.«

»Bitte, Orestes – warum behalten wir ihn nicht ausnahmsweise in dieser Woche zu Hause?« mischte sich meine Mutter ein.

»Onelia, laß diesen Unfug. Er ist jetzt ein großer Junge und sollte endlich mit dem Jammern aufhören. Als ich in seinem Alter war, habe ich mich von Sonnenaufgang bis Sonnenuntergang mit meinem Vater auf den Feldern abgeschuftet. Ich durfte nicht einmal davon träumen, zur Schule zu gehen. Und ist dir eigentlich klar, wieviele Kinder auf der Welt auch heute noch auf einen Schulbesuch verzichten und in Unwissenheit und Elend leben müssen? Millionen!«

Mein Vater wurde immer erregter, seine Stimme immer lauter: »Was würden diese Kinder nicht für die Chancen geben, die die Revolution unserem Orestico heute bietet!« Er drehte sich zu mir um, der niedergeschmettert auf dem Rücksitz hockte. »Wir dürfen nie vergessen, daß es viele Leben gekostet hat, dorthin zu kommen, wo wir heute sind, und daß es immer noch großer Anstrengungen bedarf, das zu bewahren, was wir errungen haben. Also werden wir Orestico nicht verhätscheln.«

»Aber Orestes, bemühe dich doch um ein bißchen Verständnis. Du bist doch kaum mit den Jungen zusammen. Du arbeitest doch Tag und Nacht, ohne dir eine Ruhepause zu gönnen«. Meine Mutter wollte ihm deutlich machen, daß wir uns schon lange nicht mehr wie Vater und Sohn unterhalten hatten. Wenn wir miteinander sprachen, dann eher wie Revolutionär zu Revolutionär, was mich mit meinen sieben Jahren ziemlich verbitterte.

»Will es denn nicht in deinen Kopf, Onelia, daß meine Söhne nicht die einzigen Jungen auf der Welt sind, nicht einmal die besten. Ich arbeite hart, weil ich das der Revolution schuldig bin, die Schulen für alle ermöglicht hat, Schulen, die ich nie hatte . . .«

»Aber Orestes, die Familie . . .«

Meine Mutter konnte ihren Satz nicht beenden, er wurde ihr durch eine schnelle Ohrfeige meines Vaters abgeschnitten, der – außer sich vor Wut über ihre Beharrlichkeit – mit fast erstickter Stimme hinzufügte: »Merk dir eins, Onelia: erst die Revolution, dann die Familie.«

Ich sank auf dem Rücksitz des Jeeps in mich zusammen, fühlte mich unbedeutend und beschämt. Am besten wäre es, die Erde würde mich verschlingen – unwürdig und nichtsnutzig wie ich war. Aber nachdem sie mich am Schultor abgesetzt hatten, brach ich in Tränen aus, lief am Zaun entlang und rief dem sich entfernenden Jeep hinterher: »Papa, Mama, laßt mich nicht allein!« Dann ging ich in den Schlafsaal, wo mich ein kaltes Bett erwartete und weinte mich unter der Decke in den Schlaf. Nach diesem Ausbruch meines Vaters fand ich nie mehr den Mut, ihn offen um seine Zuneigung zu bitten, auch wenn ich oft danach jammerte, wenn er außer Hörweite war.

Mit Beginn der vierten Klasse besuchte ich eine neu eröffnete Schule in Varadero, einem beliebten Urlaubsort. Diesmal war Faure mit von der Partie, und in den nächsten Jahren hatten wir unsere gemeinsamen Abenteuer auf den vielen Fahrten zwischen Varadero und Matanzas. Die neue

Schule hatte sich auf den Schwimmunterricht spezialisiert und umfaßte eine ganze Reihe von Villen am östlichen Rand von Varadero, das für seinen feinen weißen Sand berühmt ist. Es waren Häuser der Reichen, die in die Vereinigten Staaten gegangen waren, weil ihnen – wie es hieß – die Revolution verwehrte, die Armen wie bisher auszubeuten. Die Villen standen an einer Straße mit Palmen und Kakaosträuchern und unterschieden sich im Stil, aber nicht im Luxus ihrer Ausstattung. Die Häuser mit dem herrlichen Strand dahinter lagen nördlich der Straße, während sich der Kanal, der die kleine Halbinsel durchschnitt und schnellen Zugang zur Bucht von Cardenas gewährte, südlich von ihr befand. Wir wohnten im Haus Nummer drei, das einst das Landhaus eines ehemaligen Präsidenten namens Grau San Martín gewesen war, wie wir von unseren Lehrern erfuhren. In den Villen befanden sich kostbare Möbel und Spiegel, aber es dauerte nicht lange, bis die Schüler – meist Kinder aus eher einfachen Verhältnissen – ihnen den Garaus machten. Nachdem abends das Licht ausgeschaltet war, warf unverweigerlich einer den ersten Schuh, dem ein ganzes Bombardement folgte, unter dem Kristall und Spiegel zu Bruch gingen. Wenn am nächsten Morgen unsere Lehrer nach den Schuldigen fahndeten, sahen sie sich ausnahmslos einer Gruppe harmloser Jungen gegenüber, die züchtig die Köpfe senkten und sich an die Vorgänge der Nacht nicht erinnern konnten.

Da die Schule neu eröffnet war, trafen jede Woche weitere Schüler ein. Eines Tages tauchte ein Junge namens Nelson auf, der später ein erstklassiger Schwimmer werden sollte und an den nationalen Schulwettkämpfen teilnahm, die allsommerlich in der Hauptstadt abgehalten wurden. Aber damals war er ein dünner, verschlossener Neunjähriger, ein Köhlersohn aus Ciénaga de Zapata. Nachdem er sich vorgestellt und sein Bett mit Beschlag belegt hatte, ging er ins Bad. Bald hörten wir rätselhafte Geräusche und gingen ihm nach. Er hatte ein Handtuch um den Hals, einen Fuß im Bidet und versuchte das Wasser abzudrehen, das in alle Richtungen spritzte. Er wandte uns das tropfnasse Gesicht zu und murrte: »Junge, die Reichen haben es wirklich zu arg getrieben. Die lassen das Wasser doch einfach nach oben sprudeln, nur um sich die Füße zu waschen!«

Nachmittags wurden wir per Bus zu den feinsten Hotels von Varadero zum Schwimmunterricht gefahren. Doch schon bald wurde auf dem Schulgelände ein Becken mit Olympiaausmessungen errichtet, in dem wir dreimal täglich trainieren konnten. Unser Alltag wurde ein beständiges Hin und Her zwischen Schwimmbecken, Klassenzimmer und Speisesaal – stets unter den Kommandorufen unserer Lehrer, stets unter dem Absingen revolutionärer Lieder. Nach dem Abendessen liefen wir in der Dämmerung zum Kanal, wo Fischer viele Stunden mit ihren Netzen und Laternen verbrachten, um die Krabben zu fangen, die mit der Flut hereinkamen. Wir setzten uns zu den sehnigen Männern mit ihren wettergegerbten Gesichtern und lauschten ihren phantastischen Geschichten von der berüchtigten Cornuda Mocha, die in den Tiefen des Kanals lebte und bereits etliche Opfer gefordert hatte. Mit offenem Munde hörten wir, daß das legendäre Ungeheuer jeden verschlang, der dumm genug war, es fangen zu wollen, und wie es einmal sogar aus dem Wasser gesprungen war, um einen unbedachten Fischer von der Kanalböschung zu schnappen und auf Nimmerwiedersehen mit sich in die Tiefe zu ziehen.

Morgens überflog in aller Frühe ein silbernes Flugzeug die Schule und landete auf dem nahen Flugplatz. In jener Zeit verließen die Emigranten Kuba von Varadero aus, um in die USA zu fliegen. Eines Tages fragte jemand unseren Schwimmlehrer nach dem silbernen Flugzeug, das unsere ganze Aufmerksamkeit beanspruchte. »Das ist der Fäkalienlaster, der seine Fracht aufnimmt«, erwidert er und pfiff uns wieder zum Training. Sechsundzwanzig Jahre später erfuhr ich, daß die Kubaner, die in die Vereinigten Staaten emigrierten, diese Flüge »Freiheitsflüge« genannt hatten. Später verließen zahllose Auswanderer Kuba vom Hafen Camarioca aus, einem kleinen Fischerdorf zwischen Matanzas und Varadero, das wir sonnabends und sonntags auf unserem Weg nach Hause und zurück durchquerten.

Die Schwester meiner Mutter, Felicia, wohnte noch immer in Cabaiguàn, wo sie und ihr Mann Raúl ein kleines Geschäft unterhielten, das ihnen einen bescheidenen Lebensunterhalt sicherte. Nachdem es ihnen von der Regierung fortgenommen wurde, beschlossen sie, mit ihren beiden kleinen Kindern in die Vereinigten Staaten zu emigrieren. Mein Vater äußerte sich häufig zum Thema Auswanderung und erklärte, diese Menschen tauschten ihre Liebe zu ihrer Familie und ihrem Land für die Dinge ein, die sie in den Vereinigten Staaten kaufen konnten. Ausreisewillige waren für ihn *gusanos* oder »Würmer«, die am Boden herumkrochen und nicht in der Lage waren, den Kopf hochzuhalten. »Wer hier bleibt, lebt zwar bescheiden, aber würdevoll, und unsere Würde ist unser kostbarster Besitz«, sagte mein Vater.

Eines Tages hörte ich, wie er mit meiner Mutter stritt. »Auch wenn sie deine Schwester ist, werden sie auf gar keinen Fall die Nacht in diesem Haus verbringen.« Meine Tante Felicia wollte Kuba von Camarioca aus verlassen, und da sie weit entfernt in Cabaiguàn wohnten, hatte jemand aus der Familie gefragt, ob sie die Nacht vor der Ausreise bei uns verbringen dürften. »Mit Gegnern der Revolution will ich nichts zu tun haben«, erklärte mein Vater. Meine Mutter lief weinend in ihr Zimmer und konnte nicht begreifen, warum sie nicht eine Nacht mit ihrer Schwester verbringen durfte, die sie unter Umständen nie wiedersehen würde.

Während dieser Zeit nähte meine Mutter auf einer alten

deutschen Nähmaschine Kleider nach Maß. Eine junge hübsche Frau hatte sich mit ihr angefreundet und unterhielt sich gern mit ihr, während sie an ihren Kleidern arbeitete. Eines Sonntag morgens sagte diese Frau meiner Mutter, sie würde sie herzlich gern zu sich einladen, aber zunächst müsse sie von der Staatssicherheit überprüft werden, da ihr Mann keine Feinde der Revolution unter seinem Dach dulde. Bei dem Ehemann handelte es sich um Joaquín Quinta Solás, den Oberbefehlshaber der Zentralen Streitkräfte. Meine Mutter hörte sich das alles wortlos an, aber ich fragte mich gekränkt:

»Sind wir denn nicht alle Revolutionäre?«

Sonntags traf sich mein Vater manchmal mit Freunden – *dirigentes* oder Beamte wie er selbst – bei uns zu Hause und diskutierte stundenlang über politische und geschichtliche Themen, während ich aufmerksam zuhörte. Die Ansichten meines Vaters gaben den Theorien erst einen Sinn, die wir in der Schule lernten. Immer drehten sich die Gespräche um den mächtigen, aber arglistigen Feind, die Ehre unseres Landes und Fidels Größe. Der Feind war ein großes mächtiges Land mit dem Namen Vereinigte Staaten, das uns verachtete und uns dadurch demütigen wollte, daß es uns seine Launen aufzwängte.

Seit mehr als einem Jahrhundert gelüstete es dem Riesen im Norden nach unserer Insel, ohne jede Rücksicht auf die Intelligenz und die Würde ihrer Bewohner. Als Beweis zitierten unsere Lehrer Artikel aus New Yorker Zeitungen von vor hundert Jahren, in denen Journalisten für eine Annektion Kubas plädierten und die Kubaner abschätzig für geistig und moralisch minderwertig erklärten. Doch heutzutage hätte unser Leben durch die Revolution eine neue Dimension erhalten. Wir hatten unsere Würde und niemand dürfte uns jemals wieder als minderwertige Menschen bezeichnen. Eher würden wir sterben, als eine solche Demütigung über uns ergehen zu lassen. Das Schauspiel eines betrunkenen respektlosen Angehörigen der US-Marine auf der Statue von José Martí in Havanna – durch ein berüchtigtes Photo aus den vierziger Jahren verewigt – würde sich nicht wiederholen. Wer heute nach Kuba kam, hatte seine Überheblichkeit gefälligst zu Hause zu lassen.

Mein Vater und seine Freunde träumten auch von einer glänzenden Zukunft für alle Kubaner.

»Seht euch die Sowjetunion an«, sagte mein Vater, »ein Land, das den Sprung vom Feudalismus zum Sozialismus geschafft hat und als erstes einen Menschen in den Weltraum schickte ... Wir müssen uns vor Augen halten, daß sie ihre ersten Traktoren selbst bauen mußten, während wir sie heute zu Tausenden bekommen. Warum sollten wir in ein paar Jahren nicht auch etwas zustandebringen?«

In der Schule wurde uns tiefe Verehrung für die Revolution beigebracht, und es verging kein Tag, an dem wir nicht daran erinnert wurden, daß die Söhne der Kleinbauern und Landarbeiter wie mein Vater früher nie in der Lage waren, eine Schule zu besuchen. »Heute jedoch«, erklärten uns die Lehrer, »genießt ihr die Vorteile einer Ausbildung, und zwar in den Häusern jener, die sich am Leid der Armen bereichert haben.« Meine Mitschüler waren Söhne von Wissenschaftlern, Offizieren, Kleinbauern und Arbeitern, von denen einige bereits Medaillen bei den Nationalen Schulwettkämpfen gewonnen hatten. Ich schätzte mich glücklich, unter einer Revolution zu leben, die allen gleiche Rechte garantierte, und wo das Einkommen unserer Eltern nicht zählte.

Manchmal forderte mich mein Vater auf, vor seinen Freunden zu irgendwelchen Fragen Stellung zu beziehen, denn es machte ihn stolz, daß ich in so jungen Jahren bereits soviel über Politik wußte. So fragte er mich bei einem Gespräch über die *gusanos*, die Kuba verließen, und über die Wichtigkeit, in Kindern die Liebe zu ihrem Land zu wekken: »Was würdest du sagen, wenn deine Mutter und ich morgen zu dem Entschluß kämen, in die Vereinigten Staaten auszureisen?«

»Bevor ihr zu Verrätern an unserem Land werdet, sähe ich euch lieber tot«, erwiderte ich ernst und ohne mit der Wimper zu zucken. Mein Vater lächelte, seine Augen funkelten vor Stolz.

Durch die enormen körperlichen Anstrengungen des Schwimmunterrichts hatten wir stets und ständig Hunger und schlichen uns spätabends in kleinen Gruppen über den Strand in den Speisesaal, um dort die Brötchen für den nächsten Morgen zu stiebitzen. Doch unser Heißhunger hielt uns nicht davon ab, uns bei unseren Streifzügen am Strand zu verstecken und die Schildkröten zu erschrecken, die an Land kamen, um ihre Eier zu legen.

Als Junge Pioniere hatten wir eine militärische Einheit als Paten. Von Zeit zu Zeit besuchten ihre Vertreter die Schule und brachten uns bei, wie man ein M-52-Gewehr zusammensetzte und lud. Während unseres Pionierfestivals organisierten sie später immer Wettbewerbe unter den Schülern, wer die Gewehre am schnellsten zusammensetzen und wieder zerlegen konnte.

Sonnabends fuhren alle Schüler nach Hause, und meinem Bruder Faure und mir gelang es fast immer, einen Taxifahrer dazu zu bewegen, uns umsonst nach Matanzas zu bringen. Trotz seiner sechs Jahre war Faure nicht auf den Kopf gefallen. War ein Fahrer einmal nicht zu einem kostenlosen Transfer bereit, tat er so, als hätte er die nötigen *pesos,* um dann in Matanzas höchst verblüfft seine Taschen zu durchwühlen und unendlich verlegen zu erklären: »Das begreife ich nicht . . . Ich muß mein Geld verloren haben.«

Eines Sonnabends erfuhren wir bei unserer Heimkehr, daß Vater ins Krankenhaus gebracht worden war. Seine Schwestern waren aus Cabaiguàn gekommen, um meiner

Mutter zu helfen, die sich nicht gleichzeitig um ihn und unseren kleinen Bruder kümmern konnte. Vater hatte sich übergeben und dabei Blut gespuckt. Die Ärzte diagnostizierten Magengeschwüre und empfahlen ihm einen Berufswechsel, da seine nahezu besessene Pflichterfüllung der Grund für seine Krankheit sei. Bei seinen Reisen durch die Provinz, um neue Schulen zu eröffnen und Landarbeiter zu unterrichten, kam er kaum zum Essen und noch weniger zum Schlafen.

Zu dieser Zeit begannen Faure und ich unter Sodbrennen zu leiden, das mit Milch und einem Mittel gegen Übersäuerung behandelt wurde. Diese leichte Form von Gastritis hatte ihre Ursache in dem Essen, das wir in der Schule erhielten, und in der Art seiner Zubereitung. Jahre später nannte man diese Krankheit »Internatssyndrom«.

Während der Krankheit meines Vaters statteten uns Parteifunktionäre und Vertreter des Erziehungsministeriums aus Sorge um seinen Gesundheitszustand Besuche ab. Überrascht stellten sie fest, daß es bei uns weder ein Fernsehgerät noch einen Kühlschrank gab, denn aufgrund der Position meines Vaters hätten sie ihm zugeteilt werden müssen. Sie verstanden nicht, daß mein Vater stolz auf seine Bedürfnislosigkeit war. »Je bescheidener ein Mensch ist, desto mehr Größe beweist er«, hatten wir ihn oft sagen gehört. Doch während er noch im Krankenhaus war, wurden uns eines Tages ein Fernseher und ein Kühlschrank ins Haus gebracht. »Damit wird es ihm leichter fallen, sich gesund zu ernähren«, erklärte der Mann, der ihn geliefert hatte, und deutete auf den Kühlschrank, der in den Geschäften nicht erhältlich war, sondern vom Staat zugeteilt wurde.

Unsere größten Abenteuer erlebten wir in den Ferien. In den Agavenfeldern von *La Loma*, wie wir das von der Eisenbahn durchschnittene Hügelgelände nannten, gab es eine Reihe von Höhlen, die für uns unendliche Geheimnisse bargen. Natürlich hatten wir alle die berühmten und nicht allzu weit entfernten Bellamar-Höhlen besucht. Uns faszinierte die Vorstellung, »Entdecker« einer neuen Höhle zu werden – voller kristalliner Stalaktiten und vielleicht sogar mit einem geheimen Schatz, der vor Jahrhunderten von Piraten dort versteckt worden war.

Eines Morgens starteten wir unsere eigene Expedition: Faure, Alfredo Formero, sein Bruder Rolando und ich. Ausgerüstet mit Taschenlampe und einer von meiner Mutter klammheimlich entliehenen Wäscheleine machten wir uns auf, die faszinierendste Höhle von allen zu erforschen. Neben dem Eingang gab es einen Quellenschacht, der »Falsche Quelle« genannt wurde, denn es dauerte lange, bis ein hineingeworfener Stein unten ins Wasser klatschte. Es hieß, daß da unten in der Höhle ein Bach dahinfloß, und das wollten wir uns mit eigenen Augen ansehen.

An einer kleinen Felsformation namens »Hundezahn« gab es hinter einigen Sträuchern eine Öffnung, die zu einer kleinen Grotte mit einer tiefen Höhlung in der Mitte führte. Obwohl wir mit unserer Taschenlampe nicht bis auf den Boden leuchten konnten, hielten wir den Schacht für sicher genug und – nachdem wir probeweise ein paar Steine hinuntergeworfen hatten – auch nicht zu tief für die Länge unserer Wäscheleine. Wir befestigten das Ende unserer Leine an einem Felsen und begannen unseren Abstieg in den Abgrund, der sich als ungewöhnlichste Höhle der ganzen Umgebung erweisen sollte. Nacheinander kletterten wir mit Hilfe der Leine an der felsigen Wand hinunter und trafen anstatt auf festen, ebenen Boden auf einen weichen Erdhang, der sehr viel weiter unten am Ufer eines klaren Bachs endete, der zwischen den Kalksteinen dahinplätscherte. Dort spielten wir Robinson Crusoe und erforschten immer neue Felskammern und Grotten am Bachverlauf. Wir badeten im Bach, tranken sein Wasser und verschwendeten keinen einzigen Gedanken an die Lebensdauer von Taschenlampenbatterien.

Plötzlich knipste Alfredo unabsichtlich die Lampe aus. Die totale Finsternis erschreckte uns zutiefst – und erinnerte uns daran, daß wir besser umdrehen sollten. Erst als wir uns auf den Rückweg machten, erkannten wir, in welcher Gefahr wir waren. Plötzlich sehnten wir uns nach unseren Eltern, die uns so oft davor gewarnt hatten, diese Höhlen zu betreten. Als wir den Hang hinaufklettern wollten, rutschten wir wegen unserer nassen Kleidung ab und landeten immer wieder am Bachufer. Die Taschenlampe wurde schwach und schwächer, aber schließlich erkannten wir, daß wir mit unseren Schuhen eine Art Treppe in den weichen Lehm treten mußten, um so den Hang bewältigen zu können. Schließlich schafften wir es auch, aber aus irgendeinem Grund war unsere Wäscheleine geschrumpft und hing nun außer Reichweite. Als ich hochsprang, um sie zu erhaschen, verlor ich den Halt und fand mich unten am Bachufer wieder. Alfredos kleiner Bruder geriet in Panik und schrie weinend nach seiner Mutter. Wir versuchten ihn zu beruhigen, waren aber nicht weniger verängstigt als er.

In einem letzten, verzweifelten Versuch kletterte Faure auf meine Schultern, während ich mich oben auf dem Hang mit beiden Händen an den Felswänden abstützte, zwischen denen die rettende, aber noch unerreichbare Leine hing, und mich bemühte, nicht wieder wegzurutschen. Pfiffig und behende wie immer griff Faure nach der Leine, bekam sie zu packen und kletterte wie ein Eichhörnchen daran empor.

Als ich sah, daß es mein Bruder nach oben geschafft hatte, war ich zwar über die Aussicht auf Rettung erleichtert, jedoch sehr viel weniger über die, unseren Eltern gegenübertreten zu müssen. Wir waren frühmorgens losgezogen, ohne einer Menschenseele etwas von unseren Plänen zu sagen, und gerade hatte Faure von oben heruntergerufen, daß es bereits dunkel war. »Faure, hör mal!« rief ich ihm zu.

»Wir brauchen vor allem ein langes, stabiles Seil. Lauf zur Polizeistation in der Nähe unserer Wohnung und erzähle ihnen, was uns zugestoßen ist. Sag ihnen, daß uns nichts fehlt, daß wir nur ein Seil brauchen. Aber was du auch tust – kein Sterbenswörtchen zu unseren Eltern!«

»In Ordnung, Oré«, versprach er und zog los, während ich mir Sorgen darüber zu machen begann, was meinem kleinen achtjährigen Bruder entlang den Eisenbahngleisen alles zustoßen konnte. Faure fürchtete sich in der Dunkelheit, und die zahllosen Geschichten über Geister und Gespenster zwischen den Hügeln jagten ihm Angst ein. Ich stellte mir vor, wie er sich bei jedem Schritt furchtsam umsah. Unterdessen hockten Alfredo, Rolando und ich in der finsteren Höhle. Die Batterie unserer Taschenlampe hatte endgültig den Geist aufgegeben, und die Stille wurde nur von Rolandos Schluchzen unterbrochen.

Schließlich hörten wir von ferne Stimmen. »Das ist die Polizei!« flüsterte Alfredo. »Sie kommen uns holen . . .« Die Stimmen kamen näher, und ich erkannte die meiner Mutter, die laut mein mutmaßliches Schicksal beklagte.

»Nun, ich verdiene es nicht anders«, sagte ich mir und überlegte, welche Entschuldigungen ich gegenüber meinen Eltern vorbringen konnte. Plötzlich fiel Licht in den Schacht, Männerköpfe beugten sich zu uns herunter. Sie erkundigten sich nach unserem Befinden und warfen uns ein starkes Seil zu, an dem wir mit Leichtigkeit nach oben klettern konnten.

Als mich meine Mutter erblickte, nahm sie mich in die Arme und küßte mich. Sie mußte schreckliche Momente durchlitten haben. Die Polizei hatte jemanden zu unserer Wohnung geschickt, der meiner Mutter erzählte, wir wären in eine Höhle gestürzt. Alle Erklärungen, die Faure auf dem Weg zum Ort des Geschehens abgab, führten zu nichts. Meine Mutter war felsenfest überzeugt, wir seien tot. Nachdem sie mich mit Küssen überschüttet und an ihre

Brust gezogen hatte, ließ sie mich abrupt wieder los und rief: »Ich sage dir, Junge, eines Tages wirst du mich noch umbringen!«

Die Geschichte von unserem Höhlenabenteuer an der »Falschen Quelle« verbreitete sich wie ein Lauffeuer im ganzen Ort. Und oftmals, wenn ich jemand das erste Mal traf, meinte er: »Ach, du mußt einer von den Höhlenjungs sein.«

Am Ende der sechsten Klasse wurden wir für fünfundvierzig Tage aufs Land geschickt, um für die Revolution auf den Feldern zu arbeiten. »Schule auf dem Lande« nannte man das, und alljährlich mußten die Schüler aller Sekundarschulen eine bestimmte Zeit in der Landwirtschaft arbeiten. Unser Lager befand sich in Hoyo Colorado im Nordwesten der Provinz Matanzas, und wir schliefen in zwei großen Baracken mit Asbestdecken auf Pritschen aus verlöteten Stahlstangen, über die Jutesäcke gezogen waren. In diesem Teil des Landes fallen die Temperaturen nachts stark ab, und man spürte die Kälte der Eisenstangen durch die Jute hindurch. Eine dritte Baracke diente als Speisesaal und Küche, und an der Rückwand der Küche stand ein Holzschuppen mit einem großen Vorhängeschloß, der Speisekammer genannt wurde. Das Lager war von einem ein Meter zwanzig hohen Zaun umgeben, in den man einen Durchgang geschnitten hatte, der den stolzen Namen Eingangstor trug. In der Nähe, und vom Lager durch ein paar nahezu blattlose Bäume getrennt, gab es einen einsamen landwirtschaftlichen Betrieb, auf dessen Weiden eine Herde ausgezehrter Milchkühe graste. Aber wir sahen nie, daß sie gemolken wurden.

Um fünf Uhr morgens kam der diensthabende Lehrer in den Schlafsaal gestürmt und rief sein gefürchtetes: »Auf die Beine!« Wir standen hastig auf und begaben uns zu unserem Frühstück, das allzu oft nur aus Brot und gezuckertem

Wasser bestand. Draußen warteten bereits sechs Heuwagen auf uns, die von zwei Traktoren gezogen wurden. Wir kletterten auf die Wagen und wurden auf die Felder befördert, wobei unser Zuggespann aussah wie irgendein urzeitlicher Lindwurm, der sich durch den Schlamm windet.

Bei Sonnenaufgang begann die Arbeit auf den Süßkartoffelfeldern, die so riesig waren, daß ihre Furchen bis an den Horizont zu reichen schienen. Zwei oder drei Landarbeiter auf Pferden erwarteten uns und teilten Berge von Hacken aus. Dann begannen wir langsam die endlosen Reihen von Süßkartoffeln auszumachen, senkten unsere Hacken in den Erdboden – immer bereit, bei jeder sich bietenden Gelegenheit eine Pause einzulegen. In den Vormittagsstunden wurde die Sonne unerträglich, und wir starrten sehnsüchtig die Straße hinunter, ob da nicht endlich der von zwei Ochsen gezogene Wasserwagen auftauchte. Dieser »Wagen« hatte keine Räder, sondern bestand aus zwei Baumstämmen in V-Form mit zwei Planken, die als Querstücke und als Basis für den Wasserbehälter dienten. Verblüffenderweise glitt das Gefährt problemlos über den Erdboden.

Auf den Kartoffelfeldern lernten wir große, schwarze Insekten kennen, die noch lästiger als Moskitos waren und in der Hitze über uns herfielen. Wir ließen die Hacken fallen, um sie abzuwehren oder uns wie wild zu kratzen, wenn sie zugestochen hatten. Wir fanden auch Geschmack an den rohen Süßkartoffeln, rieben sie ab, bissen die Schale herunter und aßen sie, um unseren Hunger zu stillen. Gegen Mittag erschien der Traktor mit dem Mittagessen, über das wir uns gierig hermachten, obwohl es selten etwas anderes als Stockfisch, Kichererbsen und Reis gab. Danach hieß es weiter Kartoffeln ausmachen, bis es abends wieder das gleiche gab. Wenn man ins Bett ging, hatte man außer Essen nur einen Wunsch: nach Hause!

Eines Abends stellten wir fest, daß das Schloß am Vorratslager verschwunden war. Neugierig und hungrig öffneten wir die Tür und stöberten im Schein eines Streichholzes in der Dunkelheit herum. Wir fanden Hunderte kleiner Kartons mit Milchpulver, aber als wir einen davon öffneten, krabbelten Grillen darin herum. Da es unmöglich war, die zahllosen Insekten mit den Fingern herauszubekommen, holte einer von uns ein Moskitonetz und wir benutzten es als Sieb, um die Viecher loszuwerden. An diesem Abend gingen wir zwar mit vollen Mägen zu Bett, aber ich verstand einfach nicht, warum man das Milchpulver verrotten ließ, anstatt es uns morgens anstelle des Zuckerwassers zum Frühstück zu geben.

Wegen der dürftigen Verpflegung während des Ernteeinsatzes brachten manche Eltern ihren Kindern bei Wochenendbesuchen Lebensmittel mit. Doch einige Schüler stahlen aus Hunger Dinge, die ihnen nicht gehörten. Deshalb brachten die Kinder in jener Zeit kleine, verschließbare Holzkisten mit, in denen sie ihre Schätze – Kondensmilch, selbstgemachte Bonbons, Kekse und auch das beliebte *gofio* (süßes, geröstetes Maismehl) – verwahrten und sorgsam bis zum nächsten Besuch ihrer Eltern rationierten.

Ich dachte die ganze Zeit über an diese Wochenendbesuche und hoffte, dann auch mit meinen Eltern ein Picknick unter den Bäumen jenseits des Zauns veranstalten zu können. Es wurde Sonntag, andere Eltern trafen ein, begrüßten ihre Kinder und verschwanden mit ihnen, um auf dem Gras Dekken auszubreiten, miteinander zu plaudern und die Gerichte zu sich zu nehmen, die liebevoll vorbereitet worden waren. Bald war ich allein im Schlafsaal zurückgeblieben, hoffte aber noch immer inständig, daß meine Eltern jeden Moment auftauchen würden. Sie kamen nie. Dann und wann fiel einem meiner Freunde auf, daß ich allein war, und er lud mich in seinen Familienkreis ein, aber ich lehnte dankend ab, da ich mich schämte, daß meine Eltern nicht gekommen waren.

Vier einsame, traurige Sonntage vergingen, und ich konnte mir nicht erklären, warum mich meine Eltern nicht besuchten. Schließlich schrieb ich in meiner Verzweiflung an meine Mutter: »Mama, wir haben hier alle entsetzlichen Hunger. Schick doch jemanden aus Matanzas, damit er mir etwas bringt, selbst wenn es nur brauner Zucker ist.« Aber der Hunger war nicht der eigentliche Grund für meinen Brief. Ich wollte wissen, daß sie mich liebten, und daß sie ihre Liebe so zeigten wie die anderen Eltern. Aber das wagte ich nicht zu schreiben – aus Angst, von meinem Vater als Memme bezeichnet zu werden. Ich bat die Eltern eines Mitschülers, meinen Brief abzuschicken.

An einem verregneten Nachmittag drei Tage später erschien meine Mutter, bis zu den Knien mit Schlamm bespritzt, weil sie von der Autobahn aus fast fünf Kilometer zu Fuß gelaufen war. Sie umarmte mich mit Tränen in den Augen und sagte: »Mein armer Junge, wie dünn du geworden bist!« Damals war ich zwölf Jahre alt, nach dem Maßstäben meines Vaters bereits ein Mann, und so schluckte ich meine Tränen tapfer hinunter. Ich klammerte mich an sie, küßte sie und war ihr unendlich dankbar für ihren Liebesbeweis. »Dein Vater ist so stur wie eh und je«, erzählte sie mir. »Ich habe ihn angefleht mitzukommen, aber er weigerte sich und erklärte, du wärst jetzt erwachsen und solltest dich endlich wie ein Mann benehmen. Er hat sich sehr über mich erregt und lehnte es ab, mich im Jeep herzufahren. Also blieb mir nichts anderes übrig, als an der Autobahn darauf zu warten, daß mich jemand mitnahm.«

Als ich das hörte, bekam ich furchtbare Gewissensbisse und schämte mich, ihr das zugemutet zu haben. Wie egoistisch von mir, sie dazu zu bringen, aus mütterlicher Liebe und Sorge heraus eine Auseinandersetzung mit meinem Vater zu riskieren.

Bei Sonnenuntergang verabschiedete sich meine Mutter von mir und lief die fünf Kilometer über die gewundene Straße zur Autobahn zurück. Sie wirkte so traurig und hilflos. Ich sah ihr ebenso traurig nach und fragte mich, warum uns Schule und Arbeit so weit voneinander trennen mußten. Als ich in den Schlafsaal zurückging, erinnerte ich mich an die Zeit bei meinen Großeltern in Cabaiguàn, an die unbeschwerten Weihnachtstage mit all meinen Verwandten, und fragte mich, ob ich das alles wirklich erlebt hatte oder ob es nur ein Traum gewesen war.

Am letzten Sonntag erlebte ich dann doch noch eine Überraschung. Meine Eltern und meine Brüder kamen im glänzenden Jeep des Erziehungsministeriums zu Besuch. Nie zuvor war ich so stolz gewesen. Ich wollte, daß alle meine Freunde meine Eltern kennenlernten und führte sie über das ganze Lagergelände. Meine Mutter war froh, daß es ihr gelungen war, meinen Vater zum Kommen zu überreden und erkundigte sich ausführlich nach den Bedingungen unseres Arbeitseinsatzes. Offenbar wollte sie, daß mein Vater die Antworten hörte. In der Zwischenzeit rannten meine Brüder herum und spielten. Für sie war das, was später auch ihre Realität werden sollte, jetzt noch ein Abenteuer: die Schule auf dem Lande.

Mein Vater wischte die Beschwerden meiner Mutter über die Situation einfach beiseite. »Unsinn«, bemerkte er lachend, »den Kindern geht es hier besser, als du es dir vielleicht vorstellst. Ich wünschte, ich hätte die Ferien auf dem Lande gehabt, die Orestico jetzt genießt.« Aber seinen Augen sah ich an, daß er seinen eigenen Worten nicht glaubte. Es war seine Art der Verdrängung, eine Art Selbstschutz. Kurz bevor sie abfuhren, drehte er sich am Steuer zu mir um und sagte: »Halte durch. Du schaffst es. Du bist ein Mann.« Als der Jeep über die holprige, pfützenübersäte Straße davonfuhr, hatte ich unvermittelt das Gefühl, es mit der ganzen Welt aufnehmen zu können. Ich fühlte mich nicht mehr allein.

Als ich zwei Wochen später nach Hause zurückkehrte, war mein Vater sehr stolz darauf, daß ich die Prüfung bestanden hatte. »Du bist zwar dünner, aber auch männlicher geworden«, erklärte er und klopfte mir auf die Schulter. »Du wirst langsam ein Revolutionär«, fuhr er fort. »Wenn ich sage: erst die Revolution, dann die Familie, darfst du das nicht gegen dich gerichtet auffassen. Im Gegenteil. Du gehörst zu einer Welt, die ich als Revolution bezeichne. Du bist ein Teil davon, die leidenden Menschen dieser Erde, die Menschenwürde, die Kinder – das alles ist die Revolution. Ich bin streng zu dir, weil ich nicht will, daß du selbstsüchtig wirst, unempfindlich gegenüber dem Leid anderer Menschen. Täglich gehen überall auf der Welt Millionen von Menschen wegen der egoistischen Interessen einiger weniger elendiglich zugrunde. Diese Menschen brauchen uns. Sie brauchen dich, mich – alle freien und aufrechten Menschen ... Wenn dir dein Essen nicht schmeckt, denke an jene, die hungern müssen ... Wenn du dein Leben als zu hart empfindest, denke an Ché Guevara ... Ein Revolutionär trachtet nicht danach, Privilegien für seine eigenen Kinder zu schaffen. Was uns auszeichnet, ist die ständige Bereitschaft, für andere Opfer zu bringen.« Während mein Vater die Bedeutung seiner Worte ausführlich erläuterte, begann ich an jene zu denken, die gar nichts haben ... Erst sie, dann wir. Ja, das ist es! Erst die Revolution, dann die Familie!

Nachdem ich die Prüfungen der Schule auf dem Lande bestanden hatte, war ich im Alter von zwölf Jahren zu fast allem bereit. Für meinen Vater war ich keine Memme mehr, und auch wenn ich mich ihm noch immer nicht besonders verbunden fühlte, war er für mich doch der klügste, bedeutendste Mann der Welt. Ich fühlte mich als vorbildlicher Revolutionär, wie der »Neue Mensch«, der nach Aussage unseres Führers Ché Guevara möglichst ähnlich sein sollte. Ich wollte dem legendären Revolutionär gleichen: stark und gerecht und immer zum Opfer bereit. Und so bat ich meine Eltern, mich auf die angesehenste Militärakademie des

Landes zu schicken. Die erst kürzlich eröffnete Schule trug den Namen eines der charismatischsten Führer der Revolution: Camilo Cienfuegos, anläßlich dessen angeblicher Rettung ein paar Jahre zuvor mein Vater sich das einzige Mal in seinem Leben betrunken hatte. Mit ein bißchen Glück würde ich unter Umständen sogar eine Ausbildung zum Kampfflieger absolvieren können. Das lag natürlich noch in ferner Zukunft, aber ich befand mich auf dem besten Wege: in der Militärschule. Die neue Akademie mit ihren eindrucksvollen fünfgeschossigen Gebäuden lag außerhalb von Matanzas. Die elegante Uniform der Kadetten – olivgrün, und mit einem goldenen Wappen auf Knöpfen und Mütze – erregte den Neid eines jeden Jungen. Und der Lehrplan war im Vergleich mit den anderen kubanischen Schulen jener Zeit einsame Spitze. Während ich zwei Monate im Ernteeinsatz verbrachte, hatte das Schuljahr längst begonnen, aber auf Fürsprache eines Freundes meiner Eltern wurde ich noch aufgenommen. So begann mein erstes großes Fiasko.

Energiegeladen und voller Tatendrang hielt ich Einzug in die Akademie, und während die anderen Schüler kurze Ferientage genossen, arbeitete ich eifrig, um das Versäumte nachzuholen. Als mich der Schuldirektor, Capitano Palacios, eines Tages allein vor mich hin büffeln sah, fragte er: »Wie alt bist du, mein Sohn?«

»Zwölf, Capitano«, erwiderte ich schüchtern.

»Ich glaube, wenn du dreizehn bist, werden wir dich in den Bund Junger Kommunisten aufnehmen.«

Mein Vater wäre außer sich vor Stolz. Um Junger Kommunist zu werden, mußte man mindestens vierzehn Jahre alt sein, aber für mich wollten sie eine Ausnahme machen. Ich würde zur Elite der Akademie gehören, und jedermann würde meinen Eltern gratulieren. Ein schöner Traum . . . Als die Schüler aus ihren Ferien kamen, fand ich mich in einer anderen Welt wieder.

Die Schule selbst bestand aus zwei Gebäuden um einen asphaltierten Hof, auf dem wir unsere militärischen Übungen absolvierten. Wir wurden so gut trainiert, daß nicht einmal Armeeoffiziere unsere Disziplin und Schneidigkeit erreichten. Demzufolge lud man uns häufig zur Teilnahme an offiziellen Paraden ein, für die wir jedesmal stundenlang übten, um im Gleichschritt marschierend revolutionäre Parolen zu rufen. Es war schon was, wenn mehr als hundert junge Kehlen unisono schmetterten: »Oberbefehlshaber! Gleichgültig, welche Aufgabe uns wo erwartet . . . Komme, was mag – wir erfüllen sie!«

Jeden Morgen um sechs wurden wir mit »Auf die Beine!« geweckt. Uns blieben fünf Minuten, um in Kompanien auf dem Hof anzutreten. Unverzüglich erfolgte der Anwesenheitsappell, und jeder, der sich auch nur um eine Sekunde verspätete, verlor seinen Wochenendurlaub. Wir wurden rund eine halbe Stunde gedrillt, dann blieben uns fünfundzwanzig Minuten, um uns zu waschen und wieder auf dem Hof zum Marsch in den Speisesaal aufzureihen, der unter dem zackigen Kommando von Sargento García erfolgte. Wir kannten da bereits schon die Anekdoten, die ältere Schüler über ihn kursieren ließen.

García, ein extrem sturer und einfältiger Mann, widmete sich der Kunst des Marschierens mit aller ihm zur Verfügung stehenden Hingabe. Er achtete auf eiserne Disziplin unter seinen Kadetten, die so weit ging, daß er uns während der langen Wartezeiten vor dem Speisesaal in Habachtstellung verharren ließ, die Augen unverwandt auf einen eingebildeten Punkt vor uns gerichtet. Die kleinste Bewegung wurde unverzüglich und streng geahndet. Aber wir Kadetten erfanden immer wieder neue Ausreden, die Formation verlassen zu können, um wenigstens einen Moment lang den Qualen unter der brütenden Sonne entfliehen zu können. Daher seine ständige Warnung, nachdem er uns in Reih und Glied gebracht hatte: »Damit ihr's wißt: Es wird keinem erlaubt, Wasser zu holen oder pinkeln zu gehen. Und wenn ihr platzt – keine Ausnahme!« Eines Tages meldete sich ein Schüler: »Bitte um Erlaubnis, H_2O zu mir nehmen zu dürfen.« – »Aus medizinischen Gründen, in Ordnung. Genehmigung erteilt, Kadett.«

Abends gingen die meisten Lehrer und Ausbilder nach Hause, nur wenige blieben zurück, um nach dem Rechten zu sehen. Dann übernahmen die »Offiziere« unserer Bataillone das Kommando, Kadetten der oberen Klassen. Sie verhielten sich überaus despotisch, erschienen manchmal in den Unterkünften der jüngeren Kadetten, um einen aufmüpfigen Schüler zusammenzuschlagen oder öffentlich zu demütigen. Eines Tages hatten sie es auf Gustavo abgesehen, einen Dreizehnjährigen, der es gewagt hatte, einem von ihnen zu widersprechen. Sie baten ihn herauszukommen, um die Sache zu bereinigen. Gustavo hörte ihnen schweigend zu und rührte sich nicht, da draußen bereits eine ganze Bande von »Offizieren« darauf wartete, die »Schmach« zu rächen. Daraufhin begannen sie über ihn zu frotzeln, beschimpften ihn und beleidigten seine Mutter. Als Gustavo noch immer keine Anstalten machte, ihnen zu folgen, brandmarkten sie ihn als miesen Feigling. Von diesem Tag an wurde das Leben für Gustavo zum Alptraum. Wohin er auch ging, überall wurden ihm Schimpfwörter zugerufen. Nirgendwo in der Schule gab es einen Ort, an den er sich zurückzuziehen konnte. In der Klasse bewarf man ihn mit Gegenständen, bei den militärischen Übungen schubste man ihn aus der Reihe. Wenn er schlief, schoben sie Zeitungsstreifen zwischen seine Zehen und zündeten sie an. Er erwachte schreiend und rannte ins Bad. Jedermann machte sich einen Spaß daraus, Gustavo zu beschimpfen und zu quälen. Alle lachten wir über ihn – grausam wie Heranwachsende eben sind.

Schließlich konnte es Gustavo nicht mehr ertragen. Eines

Montag morgens packte er in Begleitung seiner Mutter seine Habseligkeiten zusammen. In Windeseile verbreitete sich die Nachricht: »Gustavo gibt auf!« Eine Gruppe von Schülern versammelte sich vor dem Büro des Direktors, in dem seine Mutter die Abmeldeformalitäten erledigte. Es war gerade eine Viertelstunde Pause, und ich beobachtete aus einem Fenster im dritten Stock, was sich da unten abspielte. Als Gustavo in Zivilkleidung und mit gesenktem Kopf endlich herauskam, schrie einer der Jungen: »Gustavooo, duuu Drückeberger!« Sofort fiel der ganze Chor ein: »Feigling! Drückeberger!« Gustavo und seine Mutter gingen auf den Ausgang zu und versuchten, ihre lärmenden Verfolger zu ignorieren. Plötzlich wurde aus der Menge ein Stein geschleudert. Er traf Gustavo am Kopf – mit einem dumpfen Geräusch, das ich bis in die dritte Etage hörte. Gustavo griff nach seinem Kopf und schwankte, aber seine Mutter faßte schnell nach seinem Arm, um ihn zu stützen. Gustavo betrachtete seine blutige Hand, und ich sah, daß ihm Blut den Hals hinunterlief. Die beiden durchquerten langsam das Tor, ohne sich auch nur einmal zu der johlenden Menge umzublicken.

An diesem Tag lernte ich die aufputschende Grausamkeit des Mobs kennen. Der Steinwerfer war ein Junge, der ohne die anderen dazu nie in der Lage gewesen wäre, denn so etwas entsprach nicht seinem Charakter. Und doch sollte sich diese Szene mehr als einmal wiederholen – gegenüber anderen Jungen, die sich zum Verlassen der Akademie entschlossen hatten. Sie wurden als Verräter betrachtet und ausgegrenzt, als Schwächlinge und »Drückeberger« gebrandmarkt. Und die Lehrer unternahmen nichts, um diesem kollektiven Wahnsinn Einhalt zu gebieten. Mitunter hatte ich den Eindruck, daß sie ein solches Vorgehen sogar insgeheim billigten.

Alle schulischen Aktivitäten unterlagen einer strengen militärischen Disziplin. Die Lehrer hatten stets kleine Notizbücher bei sich, »für Meldungen«, wie sie sagten. Auch die kleinsten Banalitäten konnten zu einer »Meldung« führen: Folgte man dem Ruf eines Vorgesetzten nicht schnell und beflissen genug, wurde man als »träge und nachlässig« bezeichnet; waren die Stiefel nicht auf Hochglanz poliert, war man »unsauber«; wollte man sich deutlicher erklären, »gab man Widerworte«. Wir gewöhnten es uns an, einen gewissen Sicherheitsabstand zu wahren, sobald wir einen Lehrer erblickten. Alle vierzehn Tage hatte wir Anrecht auf einen Wochenendurlaub, doch zuvor mußten wir vor dem gefürchteten »Gericht« erscheinen. Die Sitzungen fanden freitags nach dem Mittagessen in den Schlafsälen statt. Wir waren gehalten, uns vor dem militärischen Ausbilder unseres Bataillons in Reih und Glied aufzubauen. Dann rief er uns nacheinander anhand der »Meldungen« auf. Und nacheinander traten die Beschuldigten vor und erwiderten: »Kadett Soundso meldet sich zur Stelle.«

»Rühren!« entgegnete der Ausbilder und beobachtete genau, auf welche Weise wir den Befehl befolgten.

Häufig handelte man sich durch »Fehlverhalten« vor Gericht eine weitere Meldung ein, und verlor auf diese Weise gleich zwei oder mehr Wochenendurlaube auf einmal. Daher erschienen wir so geschniegelt und gebügelt wie möglich und nahmen die Anschuldigungen hin, auch wenn diese unberechtigt waren oder auf einem Mißverständnis beruhten. Jeder Versuch einer Verteidigung endete mit einer weiteren »Meldung« – wegen Aufmüpfigkeit.

»Gegen dich liegt eine Meldung wegen Sprechens während des Appells an dem und dem Tag um die und die Zeit vor. Schuldig oder nicht schuldig?« fragte der Ausbilder und sah dem Angeklagten tief in die Augen. »Schuldig, Sir«, war die unausweichliche Antwort des Schülers.

Ich kann mich nicht erinnern, je einen Wochenendurlaub erhalten zu haben. Kaum war nach Ferienende der Schulalltag eingekehrt, führte ich auch schon die Liste der Schüler an, die am häufigsten diszipliniert wurden. »Schmutzige Stiefel«, »Sprechen während der militärischen Übungen« und besonders »Widerworte« waren die Gründe, wegen denen mir das Verlassen der Akademie verweigert wurde. Und jeder Auftritt vor dem Gericht verlängerte mein Sündenregister, weil ich es nicht schaffte, angesichts ungerechter Beschuldigungen den Mund zu halten. So verbrachte ich Wochenende auf Wochenende in der Schule in »ständiger Bereitschaft« und wartete auf die Nachtstunden, um mich vom Schulgelände zu stehlen und durch das ausgetrocknete Flußbett, das sich an der Akademie entlangwand, nach Hause zu laufen. Zu Hause stieß ich auf die altvertrauten Probleme. Mein Vater warf mir vor, aufsässig und undiszipliniert zu sein. »Du bist einfach unverbesserlich«, tobte er und schickte mich zur Schule zurück, die ich aus ganzem Herzen zu hassen begann.

Ich muß hier weg, sagte ich mir und vergaß meinen Traum, Kampfflieger zu werden. Aber ich erschauerte bei der Vorstellung, von einer johlenden Schülermeute verfolgt, gedemütigt und als Drückeberger verhöhnt zu werden – möglicherweise mit meinem Vater als Anführer.

Langsam, aber sicher wurde meine Liste von »Meldungen« immer länger und mein Ruf, ich würde immer Widerworte geben, verbreitete sich unter den Lehrern, die alles daransetzten, mein aufrührerisches Temperament zu zügeln. Für mich wurde die Schule immer schrecklicher – aber wohin hätte ich gehen sollen?

In meiner Verzweiflung brach ich eines Nachmittags einen Zweig von den *Guao*-Sträuchern, die am Flußufer wuchsen, und ließ mir den Saft auf den Arm tropfen. Mir war es gleichgültig, ob ich krank wurde: Hauptsache, ich konnte die Schule verlassen. Man brachte mich zur Krankenstation der Schule, wo mir stundenlang die verschiedensten Umschläge gemacht wurden. Auf die Fragen der Ärzte stellte ich das Ganze als Unfall hin. Bedauerlicherweise war mein Arm bald kuriert und damit jede Hoffnung dahin, die Schule aufgrund einer Vergiftung verlassen zu können. Ich mußte mich wieder mit den traurigen Gegebenheiten abfinden, erhielt neue »Meldungen«, und immer mehr Lehrer fühlten sich berufen, mich wegen »ständigen Widersprechens« zur Ordnung zu rufen. Inzwischen war ich fest entschlossen, der Schule unter allen Umständen zu entkommen. Es war mir egal, von meinen Mitschülern verhöhnt und als Drückeberger gebrandmarkt zu werden. Aber wie würde mein Vater auf die Bitte seines Sohnes reagieren, die Schule verlassen zu wollen? Nein, das würde er nie akzeptieren. Alles, was ich damit erreichte, wären bittere Vorwürfe, überhaupt eine solche Bitte geäußert zu haben. Welche Demütigung wäre größer? Die durch die Mitschüler oder die durch meinen Vater? Aber ich muß hier raus, sagte ich mir immer wieder. Koste es, was es wolle.

Und so schloß ich mich eines Tages in den Baderaum ein, holte eine Rasierklinge aus der Tasche und schnitt mir zweimal in den Unterarm. Als jemand Blut unter der Tür hervorsickern sah, schrie er um Hilfe, und ich wurde auf einer Trage ins Militärkrankenhaus gebracht. Endlich hatte ich meinen Willen und brauchte nie wieder zurückzukehren.

Meine Mutter wurde fast verrückt, als sie davon erfuhr. Während meines gesamten Krankenhausaufenthaltes wich sie nicht von meiner Seite und überschüttete mich mit Zuwendung. Mein Vater zog es vor, das Thema mir gegenüber nicht anzuschneiden, aber seine Augen waren noch lange Zeit voller Schmerz. Psychiater und Psychologen lieferten nach gründlichen Untersuchungen medizinische Gründe für eine Entlassung aus der Akademie und beendeten damit auch meine Krankheit.

Die verbleibenden zwei Monate bis zum Ende des Schuljahres begleitete ich meinen Vater auf seinen Fahrten durch die Provinz, besuchte Bauern und half freiwillig bei der Zuckerrohrernte. Eines Tages bemerkte ich, daß er ungewöhnlich froh, aber auch geistesabwesend wirkte. Er war als Mitglied für die Kommunistische Partei vorgeschlagen worden. Viele Jahre lang hatte er sich insgeheim darüber gegrämt, der Partei nicht angehören zu dürfen, von der großen Familie der Revolutionäre ausgeschlossen zu sein, der er sein Leben gewidmet hatte. Irgendwie schien er zu befürchten, man setze nicht genügend Vertrauen in ihn. Jetzt sollte sein Traum endlich in Erfüllung gehen. Dennoch quälte ihn eine Sorge: Im Jahr vor dem Sieg der Revolution hatte er seine Stimme bei Wahlen abgegeben, zu deren Boykott die Rebellen der Sierra Maestra aufgerufen hatten. Wenn es ihm nicht gelang, die damalige Entscheidung schlüssig zu begründen, würde er vielleicht doch nicht in die Partei aufgenommen. Von Tag zu Tag wirkte er nachdenklicher und pessimistischer. Aber dann kam die gute Nachricht: Er war in die Reihen der KP aufgenommen. Außer sich vor Freude lief er los, um seinen engsten Freunden zu berichten, daß die Revolution ihr Vertrauen in ihn setzte.

Und ich brauchte nun auf den Aufnahmeformularen für eine Schule nicht mehr zu lügen, deren erste Frage lautete: »Revolutionäre Mitgliedschaft der Eltern?« Bisher hatte ich gemogelt, indem ich meinen Vater als »Kämpfer für die Partei« bezeichnete.

In diesen zwei Monaten, in denen ich meinen Vater begleitete, ihn in seinen Gesprächen und Diskussionen mit den Menschen erlebte, war ich glücklich. Mein Vater hatte sich sehr verändert, und ich fühlte mich ihm nahe, spürte sein Vertrauen. Viele Jahre später kam mir der Gedanke, daß die Psychologen, die mich behandelten, vielleicht auch mit ihm gesprochen hatten. Wie auch immer: Er hatte sich verändert und widmete später unserem jüngsten Bruder eine Aufmerksamkeit, die Faure und ich nie erhalten hatten, als Orlandos Schulzeit gekommen war.

Ich glaube nicht, daß ich wirklich sterben wollte, als ich mir den Arm aufschnitt. Jahrelang mußte ich immer wieder an diesen Schritt denken und sah ihn als Folge meiner Feigheit. Nie habe ich mit jemandem darüber gesprochen. Ich versuchte, es zu verdrängen, bis eine gewisse, aus bitterer Erfahrung gewonnene Härte mich die Dinge anders sehen ließ. Mit zwölf Jahren war ich noch weit davon entfernt, ein Mann zu sein.

Ich verstand das alles ein bißchen besser, als ich selbst Vater wurde . . .

Nach den Reisen mit meinem Vater setzte ich meine Ausbildung auf der örtlichen Oberschule fort. Nachmittags nach Hause kommen zu können, war das Paradies . . . Langsam fing ich an, an Mädchen und modische Kleidung zu denken. Das letztere gestaltete sich jedoch reichlich problematisch. Das Bezugsscheinsystem zeichnete sich in meinem Fall durch eine gewisse Realitätsferne aus. Im vergangenen Jahr war ich extrem in die Höhe geschossen, und die meinem Alter entsprechenden Sachen waren alle zu klein. Meine Mutter flehte die Verkäuferinnen an, verhandelte sogar mit den Geschäftsführern, hörte aber immer wieder das gleiche: »Es tut uns leid, aber gegen einen Kupon für Minderjährigen können wir keine Erwachsenenkleidung herausgeben.« Demzufolge war ich häufig gezwungen, nicht passende Schuhe zu tragen, die sich unter dem Druck meiner großen Füße so ausweiteten, daß es aussah, als wäre der Absatz zu weit vorn angebracht. Mit Schuhen, die aus den Nähten zu platzen drohten, und Hosen, die stets über den Knöcheln endeten, wirkte ich absolut lächerlich und schämte mich fast zu Tode. Zu ihrer Ehre muß gesagt werden, daß meine Mutter auf ihrer Nähmaschine wahre Wunder vollbrachte, indem sie meine Kleidungsstücke mit Flicken verlängerte, die jedoch bedauerlicherweise stets eine andere Farbe hatten.

Eines Tages erschien eine Delegation des Erziehungsministerium in unserer Schule und erklärte, die Revolution brauche dringend Lehrer. »Die vorrangige Aufgabe eines Revolutionärs ist es, ein Revolutionär zu sein«, sagten sie und forderten uns auf, uns an einem ihrer Alphabetisierungsprogramme zu beteiligen. Ohne lange zu überlegen, entschied ich mich für eines davon, das eine einjährige Ausbildung am Lehrerkolleg von Varadero beinhaltete. Wieder einmal mußte ich in ein Internat, aber diesmal würde ich nicht um meine Wochenenden betrogen werden. Die Schule befand sich in dem berühmten »Granma«-Apartmentkomplex, der ursprünglich für Touristen errichtet worden war, inzwischen aber als Studentenwohnheim diente und daher ziemlich heruntergekommen war.

Inzwischen ist der Idealismus der Revolution pragmatischen Überlegungen gewichen. In der Schule, an der ich einst studierte, sind inzwischen wieder Luxusapartments für ausländische Touristen eingerichtet. Dort ist kein Platz mehr für Landarbeiter oder die Kinder der Armen. Es gibt auch keine allgemein zugänglichen Strände mehr. Die Jahre sozialistischer Euphorie, in denen jedem alles offenstand, gehören der Vergangenheit an.

Die Apartmentblöcke, in denen jeweils vierzig Schüler untergebracht waren, verfügten lediglich über je ein Bad. Sonnabends mußten wir den Boden des obersten Stockwerks von den Exkrementen säubern, die dort von jenen hinterlassen worden waren, die es mit ihrer Notdurft allzu eilig hatten. Das war eine der unangenehmsten Aufgaben, an die ich mich erinnere, und sie mußte stets vor unserer Heimfahrt getan sein. Langsam gewann ich den Eindruck, daß ich mein Leben lang dazu verdammt war, widerwärtige Arbeiten zu übernehmen, um nach Hause fahren zu dürfen.

Als ich im Alter von sechzehn Jahren das Ausbildungsprogramm beendet hatte, wurde ich mit einem Mitschüler namens Victor an die regionale Schule der Kommunistischen Partei geschickt, auf der Parteimitglieder – Arbeiter und Landarbeiter – unterrichtet wurden. Unsere Schüler waren alle älter als vierzig und hatten in den meisten Fällen als Kinder höchstens ein oder zwei Jahre die Schule besucht. Obwohl sie im klassischen Sinne ungebildet waren, habe ich von ihrer Lebensweisheit sehr viel lernen können. Diese einfachen Menschen hatten ihr ganzes Leben lang hart gearbeitet, um ihre Familien zu ernähren und sich nie groß um Politik gekümmert, aber die Revolution hatte sich ihrer angenommen, sie zu Parteimitgliedern gemacht und schickte sie nun wieder zur Schule, um ihren Bildungsgrad zu heben. Gemeinsam standen wir um fünf Uhr morgens auf, um auf die Felder zur *Zafra*, zur Zuckerrohrernte zu fahren, und dort wurden unsere Schüler unsere Lehrer, die sich oft genug über unsere Ungeschicklichkeit amüsierten. Nachmittags war Unterricht. Victor und ich vermittelten Grundkenntnisse wie Mathematik und Spanisch, während die älteren Lehrer als ideologischer Arm der Partei politischen Unterricht gaben. Es war erstaunlich, mit wieviel Ehrgeiz diese Schüler abends Marx, Engels und Lenin lasen und sich bemühten, deren abstrakte Theorien zu begreifen.

Rund drei Kilometer vom Ort Limonar entfernt, war die Schule von Zuckerrohrfeldern umgeben, deren Ernte in den regionalen Fabriken verarbeitet wurde. Nach dem Abendessen unternahmen die Schüler häufig Spaziergänge in den Ort. Eines Abends beschlossen Victor und ich, einigen von ihnen auf dem Rückweg einen Streich zu spielen. Wir hüllten uns in weiße Bettlaken und liefen den schmalen Pfad entlang, bis wir sie kommen hörten. Schnell versteckten wir uns im Zuckerrohr, und als sie auf unserer Höhe waren, sprangen wir unter gespensterähnlichem Geheul wieder hervor. »Ich werde euch gleich in richtige Geister verwandeln, ihr kleinen . . .!« brüllte einer, zog seine Machete und machte in der Dunkelheit einen Satz auf uns zu – angefeuert von den Rufen seiner Begleiter: »Schnapp sie, diese kleinen Halunken!« Aber alles, was sie sich greifen konnten, waren zwei Laken, die wir bei unserer heillosen Flucht nach Limonar abschüttelten. Wir waren diejenigen, die Gespenster gesehen hatten.

In dieser Zeit zogen meine Eltern nach Havanna, um Vaters Arbeitsstätte näher zu sein, und ich sah mich wieder mit den bekannten Schwierigkeiten konfrontiert: Nahrungsmangel und Transportprobleme. An den Wochenenden ging ich zur Bushaltestelle und bemühte mich, einen Platz in den meist überfüllten Bussen zu bekommen, aber meistens resignierte ich nach ein paar Stunden und verbrachte die Freizeit im leeren Haus meiner Eltern in Matanzas. Da stand ich dann vor der Aufgabe, für mein leibliches Wohl sorgen zu müssen. Die langen Schlangen der Hungrigen vor den Pizzerien entmutigten mich regelmäßig ebenso wie die Aussicht, schließlich vor einem Teller langweiliger Nudeln, einem Stück Pizza und einem Glas Wasser zu sitzen. Da es kein einziges Restaurant ohne Warteschlangen gab, war es schließlich das »Gefrorene«, das meine Wochenenden rettete. Diese Art Eis war seinerzeit in Matanzas sehr beliebt und wurde mit neuinstallierten italienischen Maschinen hergestellt, die Vanille-, Schokolade- oder Erdbeerpulver mit Wasser zu einer Paste verrührten und so kühlten, daß es Eiscreme zumindest ähnlich sah. Stillte das »Gefrorene« lediglich meine ärgsten Hungergefühle, sah das bei den Eistüten ganz anders aus: Sie schmeckten köstlich und knusprig, eine herrliche, aus Italien importierte Leckerei. Und so marschierte ich mit einem Krug unter dem Arm zu einem der Coppelita-Stände und kaufte ein Dutzend Portionen »Gefrorenes«, die ich dann als Wochenendverpflegung ins Tiefkühlfach steckte.

Am Ende des Schuljahrs hatte ich absolut nichts dagegen, meine endlose Warterei an der Bushaltestelle und das »Gefrorene« aufzugeben, um zu meinen Eltern in der

Hauptstadt zu ziehen. In Havanna nahm ich meine provisorische Arbeitserlaubnis und suchte beim Erziehungsministerium um einen neuen Arbeitsplatz nach. Man schickte mich an die Parteischule in Havanna-Mitte. Doch kaum hatte ich mich dort der jungen Direktorin vorgestellt, fragte sie auch schon: »Bist du im Bund Junger Kommunisten aktiv?« Als ich das verneinte, wollte sie wissen: »Warum nicht?«

»Keine Ahnung«, erwiderte ich. »Sie haben mich nie überprüft.« Damit meinte ich die Routineüberprüfung, die einer Mitgliedschaft vorausgeht, und bei der am Wohn-, Ausbildungs- und Arbeitsort Nachforschungen angestellt werden und durch eine Nachfrage beim Innenministerium sichergestellt wird, daß man keine Vorstrafen hat.

»Laß deine Papiere hier und komm morgen früh wieder. Punkt acht«, erklärte sie bestimmt.

Am nächsten Morgen empfing mich neben der Direktorin auch die Generalsekretärin der Jungen Kommunisten der Schule. Sie beäugten mich mißtrauisch, dann fragte die Generalsekretärin: »Wie kommt es eigentlich, daß du mit siebzehn Jahren noch immer kein Mitglied der Jungen Kommunisten bist?«

»Das habe ich schon gestern erklärt«, erwiderte ich und merkte, daß ich rote Ohren bekam. »Sie haben mich nie überprüft.«

»Und warum hat man dich nie überprüft?« erkundigte sie sich skeptisch.

Darauf wußte ich keine Antwort.

»Wenn das so ist, können wir dich nicht in unser Kollektiv aufnehmen«, entschied die Direktorin so abrupt, als spräche sie mit einem Feind.

Mit dem deprimierenden Gefühl, nicht für würdig befunden worden zu sein, verließ ich die Schule.

Als ich meinem Vater von den Vorfällen erzählte, sagte er: »Schwachköpfe! Kommunist zu sein ist etwas, was man in sich trägt, nicht am Revers. Es gibt Mitglieder, die keine sein dürften, und Nichtmitglieder, die welche sein sollten.« Dann schrieb er schnell etwas auf einen Zettel und gab ihn mir. »Geh zum Nationalrat für Erwachsenenbildung und frage nach Isabel. Gib ihr diese Nachricht, und sie wird dich an einer der Schulen unterbringen.«

Am nächsten Tag suchte ich Isabel auf und erhielt eine Stelle an der Provinzschule für Parteifunktionäre. Meine Jungenstreiche und pubertäre Aufmüpfigkeit lagen endgültig hinter mir. Jetzt war ich ein Mann, und meine Eltern reagierten mit großem Stolz darauf, daß ich arbeitete, aber gleichzeitig an der Universität Havanna mit dem Biologiestudium begann.

Abends erhielt ich nun viele Anrufe, und meine Mutter konnte ihre Neugierde nicht lange zügeln. »Und wann wirst du uns endlich das Mädchen vorstellen, mit dem du dich triffst?« erkundigte sie sich.

»Woher willst du wissen, daß ich eine Freundin habe?«

»Glaubst du, in deiner Abwesenheit klingelt das Telephon nicht?« fragte sie zurück.

»Dafür ist es noch viel zu früh, Mama«, sagte ich und küßte sie auf die Wange. »Ich stelle dir nur das Mädchen vor, das ich auch heirate.« Aber es sollte nicht mehr lange dauern, bis meine Mutter genau dieses Mädchen kennenlernte. Und das geschah, als die Mieter unseres Wohnblocks mit Musik und Bier den Gründungstag der Komitees für die Verteidigung der Revolution feierten. Ich bemerkte, daß ein Mädchen im angrenzenden Patio mit ein paar kleinen Kindern Versteck spielte. Es war in das Spiel so vertieft, daß es gar nicht bemerkte, wie es beobachtet wurde. Es hatte wundervolle große Augen, freundlich und offen.

»Wer ist dieses Mädchen?« fragte ich den neben mir sitzenden Jungen.

»Wer . . . die da? Bist du verrückt, Mann? Halt dich bloß

von der fern, oder ihr Vater bringt dich um . . . Sie behandeln sie, als wäre sie aus Porzellan.«

»Gut und schön, aber wie heißt sie?«

»Vicky.«

»Vicky«, wiederholte ich flüsternd und sah ihr weiter beim Spielen zu.

Näher kam ich ihr an diesem Abend nicht, aber als ich ins Bett ging, mußte ich noch immer an sie denken.

IV

Vicky

Jetzt lebten wir in der Hauptstadt, und jeder Tag brachte ganz neue Erlebnisse: die neuesten Filme, das Theater, klassische Konzerte. Havanna bot mir ein ganz anderes Leben, als ich es bislang gewohnt war. Frühmorgens trafen sich in den Straßen von Vedada die Nachtschwärmer aus den Clubs mit den Arbeitern, die zur Frühschicht gingen. Und abends war die Rampa voller junger Leute, die stundenlang durch Coppelia flanierten, in Gruppen plaudernd zusammenstanden und in den neuesten Kleidungsstücken herumstolzierten, die ihnen jemand aus dem Ausland mitgebracht hatte. Es war keineswegs ungewöhnlich, daß einige von ihnen riesige Kassettenrecorder mitschleppten, die die Luft mit den Klängen von Led Zeppelin, Chicago, Credence Clearwater Revival und Blood, Sweat and Tears erfüllten. Ältere Leute fanden ein solchen Verhalten häufig unmoralisch und schimpften, die Jugend sei »verworfen.« Es war eine andere Generation, die da unbekümmert zu nordamerikanischem Hard-Rock-Rhythmen oder den Protestliedern von Silvio Rodríguez und Pablito Milanés, den Troubadouren der Revolution, durch die Straßen schlenderte.

Anders als für unsere Eltern war Musik für uns etwas, das wir nicht mit Politik verbanden. Jeder mochte singen, wonach ihm zumute war. Der Traum eines jeden jungen Mannes war ein tragbares Tonbandgerät, mit dem er protzen und sein Selbstwertgefühl steigern konnte. Doch einen derartigen Luxus konnten sich nur jene leisten, deren Familienangehörige ins Ausland reisten. Demzufolge bildeten die Söhne von Diplomaten und hohen Staatsbeamten sowie junge Männer mit reichen Verwandten im Ausland die Elite unter den Flaneuren auf der Rampa. Um Ansehen zu genießen, mußte ein Jugendlicher ein Kleidungsstück, eine Uhr oder irgend etwas anderes besitzen, das aus dem Ausland stammte. Und so zerfiel die Jugend von Havanna in zwei Kategorien: in die »Habenden« und die *guachos* (eigentlich »Verwaiste«, »Hilflose«, aber abfällig auch Provinzler, Tölpel), die unglückseligerweise das tragen mußten, was die Revolution in den Geschäften von Havanna anbot.

»Ihre Eltern sind Parasiten, die auf Kosten der Revolution leben«, schimpfte mein Vater, als ich ihn darum bat, mir mit seinem Einfluß zu schickerer Kleidung zu verhelfen. »Sie erziehen ihre Kinder zu Idioten, aber die Geschichte wird mit ihnen abrechnen«, prophezeite er und fügte hinzu: »Es gibt wichtigere Dinge im Leben als Putz und Tand, und du solltest inzwischen wissen, welche das sind.«

Dann und wann veranstaltete die Polizei Razzien im Bezirk Coppelia, nahm jede Menge Jugendlicher fest und transportierte sie in Mannschaftswagen ab. Zu jener Zeit gab es ein Gesetz »gegen Vagabundiererei«, demzufolge jeder Staatsbürger eine Arbeitsstelle nachweisen mußte. Und da viele der jungen Leute weder arbeiteten noch studierten, wurden sie in sogenannte Besserungslager gesteckt. Das war einer von vielen Versuchen der Revolution, die Gesellschaft von unerwünschten Elementen zu befreien. Nachdem Zehntausende von Jugendlichen in diese Lager gebracht worden waren, wurde das Gesetz schließlich aufgehoben. Wie so oft siegte die Realität über die romantischen Ansichten unserer Anführer.

Die Provinzschule der Partei, an der ich Biologieunterricht gab, befand sich im Westen der Stadt, so daß ich morgens sehr früh aufstehen mußte, um den Bus zu erreichen. Mit mir an der Haltestelle wartete ein imponierender, reservierter Mann, den ich stets mit einem »Guten Morgen« und einem Lächeln begrüßte. Den Gruß erwiderte er, das Lächeln nicht. Er hieß Gerardo und war Vickys Vater. Aber so sehr ich mich auch um ein Gespräch bemühte, seine knappen, ausweichenden Antworten hielten mich sicher auf Abstand.

Aber dann war die Wahlversammlung unseres Komitees für die Verteidigung der Revolution, auf der die Posten neu vergeben wurden: Präsident, Sekretär, Ideologe, die Sekretäre für Kultur, Sport, Gesundheit, Wachsamkeit . . . kurz und gut, Titel für nahezu jeden einzelnen aus dem Wohnblock. Als ich eintraf, entdeckte ich Vicky mit ihren Eltern. Sie wirkte extrem schüchtern und machte während des Treffens kaum einmal den Mund auf. Ihre Eltern schienen sie mehr zu bewachen als zu begleiten. Die Versammlung wechselte zwischen der Wahl der Kandidaten und der üblichen Tagesordnung hin und her, während ich verstohlen das Mädchen beobachtete, das ich so bezaubernd fand. Als sich unsere Blicke einmal begegneten, errötete Vicky so tief, daß es ihrem Vater nicht verborgen blieb. Vom nächsten Morgen an verwandelten sich die morgendlichen Begegnungen an der Bushaltestelle zu einer Art von Verhören, in denen Gerardo nahezu alles über meine Herkunft und meine Zukunftsaussichten zu erfahren trachtete.

Obwohl wir Nachbarn waren, traf ich Vicky nie zufällig auf der Straße. Unsere Tagesabläufe waren so unterschiedlich, daß ich sie nicht einmal auf ihrem Schulweg erspähen konnte. Manchmal saß ich nachmittags stundenlang vor dem Haus in der vergeblichen Hoffnung, sie zu sehen. Offenbar ging sie nie aus.

Schließlich traf ich sie auf einer dieser langweiligen Komiteesitzungen wieder.

»Wie heißt du?« fragte ich sie in einer Pause.

»Vicky. Und du?«

Ihre Stimme zitterte, als hätte sie Angst. Das amüsierte mich. Nach dem Ende der Versammlung kam sie auf mich zu.

»Sie prüfen mich für die Mitgliedschaft bei den Jungen Kommunisten. Bald habe ich mein Aufnahmegespräch, weiß aber kaum etwas über Politik. Ich bin sicher, daß sie mich nach Dingen wie der Ölkrise fragen werden. Könntest du mir vielleicht mit entsprechendem Material aushelfen?«

»Jederzeit, in Ölfragen bin ich fast Experte«, log ich unverfroren. »Wenn es dir recht ist, kann ich mit dem Zeug auch zu dir kommen, dann können wir gemeinsam daran arbeiten«, fügte ich hinzu, erpicht darauf, sie schon vor der nächsten Komiteeversammlung wiederzusehen.

»Ich werde meine Mutter fragen. Ich glaube, das geht schon in Ordnung. Ich wüßte nicht, weshalb mich ein Freund nicht besuchen sollte.«

So begannen meine Besuche bei Vicky. Wir führten lange und ausführliche Gespräche miteinander, aber stets in Anwesenheit ihrer Mutter. Die internationale Ölkrise erwähnten wir kaum.

Wenn ich nachmittags vor dem Haus das neue Dienstauto meines Vaters wusch, sagte immer jemand Vicky Bescheid, und sie erschien bald darauf mit zwei kleinen Wassereimern, um zu einer nahe gelegenen Zapfstelle zu gehen. In Havanna herrschte Wasserknappheit, und ihr Vater hatte auf dem Dach zwei Tanks mit je zweihundert Litern Inhalt installieren lassen. Nun übernahm Vicky die Aufgabe ihres Bruders, diese Tanks aufzufüllen. Während ihrer Wanderungen zur Zapfstelle und zurück führten wir kleine Gespräche, die uns allmählich näherbrachten. Auch meine Besuche bei ihr zu Hause wurden immer häufiger, und wir unterhielten uns über klassische Musik und das Theater. Vicky nahm Klavierunterricht, und sie spielte hervorragend. Ich liebte es, neben ihr zu sitzen, wenn sie Mozart und Tschaikowski spielte.

Als wir eines Abends während des Wachdienstes für das Komitee zusammen mit einer Nachbarin am Rinnstein saßen, fuhr ich ihr zärtlich mit der Fingerspitze über den Handrücken und begann von meinen Gefühlen für sie zu sprechen.

»Vicky, ich habe schon nach dir gesucht, als ich noch gar nicht wußte, daß es dich gibt.«

Sie brachte ihre Hand hastig in Sicherheit und zog sich schüchtern zurück, als habe sie Angst vor meinen weiteren Worten – ließ mich aber nicht eine Sekunde aus den Augen.

»Ich habe immer nach dir gesucht ... und kannte dich bereits, bevor ich dich kennenlernte.«

Sie machte ganz große Augen, als wäre sie überrascht worden.

»Mein ganzes Leben lang habe ich nach dir gesucht, weil du die einzige bist, mit der ich mein Leben verbringen möchte.«

Sie senkte die Augen und richtete ihren Blick auf irgendeinen Punkt auf dem Straßenpflaster.

»Darf ich mit deinen Eltern sprechen? Ich liebe dich, und möchte das nicht länger verheimlichen.«

»Ich ... Ich weiß nicht ... Das ist ...«, stammelte sie.

Ermutigt ergriff ich wieder ihre Hand und bat: »Sag jetzt nichts, laß uns später ausführlicher darüber sprechen. Aber denk darüber nach.«

»Ja, es ... Ich werde darüber nachdenken«, sagte sie sichtlich erleichtert.

Der Wachdienst war vorüber, und ich brachte sie nach Hause – noch immer unter den wachsamen Augen unserer freundlichen Nachbarin. Als wir uns voneinander verabschiedeten, sah ich ein glückliches Leuchten in ihren Augen. Auch ich ging an diesem Abend glücklich zu Bett.

Vicky dachte in den nächsten beiden Wochen nach.

»Werden wir bald für immer vereint sein? Und eine Menge Kinder bekommen?« erkundigte ich mich mit schamloser Freude und genoß ihr nervöses Erröten bei jeder Erwähnung unserer Zukunft.

»Ich muß darüber nachdenken«, beschied sie mich.

Als wir in Begleitung einer Tante ins Kino gingen, begann ich im Halbdunkel des Zuschauerraums auf eine Antwort zu drängen und wanderte mit meinen Finger sanft über ihren Arm. »Also gut«, hauchte sie und entzog mir ihren Arm, als wäre ihre Antwort auch eine Bitte, mit meinen Zärtlichkeiten aufzuhören.

Gott, war ich glücklich!

Schnell legte ich ihr den Arm um die Schultern und zog sie an mich. Sie zuckte zusammen. »Ich liebe dich«, flüsterte ich ihr ins Ohr – mehr nicht, um sie nicht zu erschrecken.

Immer wenn ich Vicky besuchte, blieb ihr Vater unsichtbar. An der Bushaltestelle schien er gegen eine Unterhaltung mit mir nichts zu haben, aber unter seinem Dach, wo ich seiner Tochter den Hof machte, war es wohl etwas anderes.

»Weiß es deine Mutter?« fragte ich Vicky im Flüsterton, als sie gerade Klavier spielte.

»Was?«

»Daß wir verlobt sind ...«

»Ja«, sagte sie, ohne von den Tasten aufzublicken.

»Und dein Vater?«

»Nein. Meine Mutter traut sich nicht, es ihm zu sagen.«

»Dann werde ich mit ihm reden. Jetzt gleich.«

»Nein, bitte nicht. Ich habe eine Todesangst.«

»Angst? Wovor?«

»Ich habe keine Angst, es ist mir nur so peinlich«, tadelte sie meine fehlende Sensibilität.

»Aber wir können es doch nicht auf ewig für uns behalten. Schließlich bist du siebzehn Jahre alt, und er sollte dir inzwischen vertrauen. Und ich liebe dich wirklich, also brauchst du dich nicht zu fürchten. Um dich heiraten zu können, nehme ich es mit tausend Drachen auf.«

»Mein Vater ist kein Drache!«

»Das weiß ich, aber ich bin auch kein Schuft. Also werde ich mit ihm sprechen.«

»Gut, aber bitte, wenn ich nicht hier bin.«

»Also wann?«

»Morgen nachmittag, wenn ich Klavierstunde habe.«

Am nächsten Nachmittag klingelte ich bei Vicky und bat ihre Mutter, mit Señor Gerardo sprechen zu dürfen. Während ich unten wartete, hörte ich sie oben miteinander reden.

»Ich werde mit niemandem sprechen!«

»Aber Gerardo, der Junge wartet da unten. Du kannst ihn einfach nicht so behandeln!«

»Ich habe ihm nichts zu sagen!« Aber nach einer Pause hörte ich: »Also gut, María, ich gehe hinunter.« Schnell kam er die Stufen herunter.

Die Treppe befand sich hinter einer Wand, daher sah ich ihn erst, als er direkt vor mir stand.

»Guten Tag!« sagte er nicht gerade freundlich und sah mir direkt in die Augen. Ich stand auf und hielt dem Blick stand. Sein Verhalten kränkte mich. Ich war stolz darauf, ein junger, ernsthafter Arbeiter zu sein und hatte keine Lust, mich so abschätzig behandeln zu lassen. Ein paar Sekunden vergingen, in denen mich Vickys Vater schweigend musterte. Schließlich streckte er lächelnd die Hand aus und forderte mich auf, mich zu setzen.

»Señor Gerardo, ich liebe Ihre Tochter und möchte sie eines Tages heiraten. Mir ist bewußt, wie wichtig es für Sie beide ist, daß Vicky ihre Ausbildung beendet. Auch für mich ist es wichtig. Bitte lassen Sie mich Vicky hier in Ihrem Haus, in Ihrer Familie besuchen, für die ich den größten Respekt habe – zu einer Zeit, die Ihnen genehm ist.«

Gerardo hörte mir aufmerksam zu. In seinen Augen lag

eine gewisse Melancholie, als wäre er überrascht vom schnellen Lauf der Zeit und verblüfft darüber, daß seine Tochter kein Kind mehr war. Aber vielleicht dachte er auch schon an ihren Abschied von diesem Haus, in dem sie geboren und aufgewachsen war.

Nach meinen Worten richtete er sich in seinem Sessel auf, als erwache er aus tiefem Traum und rief: »María, bitte bring uns etwas zu essen.« Dann stellte er mir tausend Fragen über meine Eltern und Großeltern, über die Orte, aus denen wir kamen, über unsere spanischen Vorfahren, über meine Interessen und Zukunftspläne. Er philosophierte noch ein bißchen über das Leben und die Bedeutung der Familie, um dann mit den Worten zu schließen: »Also gut ... Sie können Vicky mittwochs und sonnabends von sieben bis neun Uhr abends besuchen.«

Fast benommen vor Glückseligkeit lief ich nach Hause und rief Vicky in der Musikschule an. »Dein Vater hat mich von oben bis unten gemustert und schrie: ›Wie kommt Vikky auf die Idee, ich könnte ihr je gestatten, sich zu verloben?‹ Und dann hat er mich rausgeworfen.«

»Was? Tatsächlich? Und was jetzt? Wie kann ich meinem Vater unter die Augen treten? Und wie wollen wir uns von jetzt an treffen?«

Lachend erzählte ich ihr die Wahrheit. »Keine Angst, ich habe deinen Vater überzeugen können. Ich darf dich mittwochs und sonnabends besuchen.«

Jetzt lachte auch Vicky.

»Bist du glücklich?« fragte ich.

»Der glücklichste Mensch der Welt.«

Von diesem Tag an waren wir uns »offiziell versprochen«, und ich begann meine Besuche als Vickys Verlobter. Die kurzen Stunden, die ich an diesen Abenden in ihrem Haus verbrachte, waren wie kostbare Relikte einer Tradition, die auf Kuba am Verschwinden war, nachdem die jungen Mädchen mit der Revolution aus der Geschlossenheit ihrer Familien ausbrachen. Wir waren eine Art lebender Fossilien in einer Zeit, in der uns die Promiskuität der Jugend um uns herum nahezu absurd wirken ließ.

An den Tagen, an denen ich zu Besuch kam, gab sich Vickys Mutter ganz besondere Mühe mit ihrem Haushalt, und jeder kleidete sich fast festlich. So ging unser erster Monat als Verlobte vorüber.

Stets waren Vickys Mutter oder einer ihrer Brüder im Raum, und so ergab sich nie eine Möglichkeit für die kleinen Zärtlichkeiten, derer sich Verlobte normalerweise erfreuen. Ich schrieb ihr leidenschaftliche kurze Liebesbriefe, die sie errötend sofort wieder zerriß. Ein Monat verging, ohne daß es zwischen uns zum ersten Kuß gekommen wäre, und ich konnte kaum noch an etwas anderes denken als an Vickys Lippen. Schließlich durften wir in Begleitung einer Tante von Vicky wieder einmal ins Kino zur Erstaufführung des amerikanischen Films ›Warte, bis es dunkel ist‹, in dem eine junge blinde Frau mit ihrem Mörder allein in der Wohnung ist. Vicky reagierte entsetzt auf die Story – und verlegen abwehrend auf meine beharrlichen Versuche, sie zu küssen. Aber in dem Moment, als allen Kehlen im Zuschauerraum ein Schreckensschrei entwich, weil sich der Schurke aus der Dunkelheit auf sein hilfloses Opfer stürzte, drehte ich Vickys Gesicht zu mir um und küßte sie zum ersten Mal auf die Lippen. Nun hatten wir ein echtes Geheimnis und planten insgeheim bereits den nächsten Kuß. Jetzt waren wir wirklich verlobt.

Als ich an einem Sonntag nachmittag nach Hause kam, saß mein Vater kreidebleich und schweigsam im Wohnzimmer. »Dein Vater hat sich in eine sehr unangenehme Lage gebracht«, erklärte meine Mutter besorgt auf meine Fragen.

»Was ist denn geschehen?«

»Er hat einem Arbeitskollegen das Auto geliehen, und

der hat einen Unfall gebaut. Die Beifahrertür ist eingedellt.«

»Was ist denn daran so schlimm?«

»Das ist noch nicht das Problem. Das Problem besteht darin, daß dein Vater die Tür in einer Werkstatt richten lassen wollte, weil sie nicht mehr richtig schloß. Dieser Mechaniker erledigt diese Dinge schwarz, und dein Vater mußte warten, weil da bereits eine Schlange anderer Autos war . . .«

»Und?«

»Plötzlich erschien ein Wagen der Staatssicherheit, und sie fingen an, alle Autos und Leute vor der Werkstatt zu photographieren.«

»Haben sie irgend etwas zu Papa gesagt?«

»Nein, aber er hat eine Todesangst. Stell dir vor, was geschieht, wenn herauskommt, daß er in irgendwelche illegalen Aktivitäten verwickelt ist. Schwarzarbeit ist nicht erlaubt. Und was meinst du, woher dieser Mann das Acetylen und den Sauerstoff für seine Reparaturarbeiten hat? Er muß das von einer staatlichen Firma gestohlen haben, denn der Staat gibt derlei Produkte nicht einfach an jeden aus. Also handelt er illegal.«

»Aber damit hat doch Papa nichts zu tun.«

»Du scheinst nicht zu begreifen! Dein Vater ist Kämpfer für die Partei und eine ihrer Führungspersönlichkeiten! Und da er ein staatseigenes Auto dort reparieren lassen wollte, macht ihn das zum Komplizen. Er hat illegale Dienste in Anspruch genommen, anstatt sie zu melden.«

»Was?«

»Dein armer Vater bringt nicht einmal sein Mittagessen hinunter.«

Ich drehte mich zu meinem Vater um, und es schmerzte mich, ihn so zusammengesunken in seinem Sessel zu sehen. Sein Gesicht drückte nur ein Gefühl aus: Angst. In einem solchen Zustand hatte ich ihn noch nie erlebt, und er wirkte sich auf die gesamte Familie aus. Alle hatten wir das Gefühl, ein Verbrechen begangen zu haben, das jederzeit entdeckt werden konnte. »Das Verhalten deines Vater war stets untadelig«, wiederholte meine Mutter immer wieder nervös. »Nie hat er ihnen auch nur den geringsten Anlaß zur Klage gegeben. Und nun wird ihn diese Geschichte vernichten . . .«

Mein Vater, das Vorbild eines ergebenen Revolutionärs, sah sich über Nacht aufgrund eines Vergehens ruiniert, das zwar in keinem Gesetzbuch stand, nach den ethischen Maßstäben der Revolution aber dennoch als Verbrechen betrachtet wurde. Jeden Tag warteten wir darauf, daß mein Vater mit der Nachricht nach Hause kam, daß unsere Untat entdeckt worden war. Aber die Zeit verging und nichts geschah. Nach und nach gewann mein Vater seine Zuversicht wieder und wurde wieder der alte. Aber wir anderen hatten durch diese bittere Erfahrung gelernt, daß man sich schuldig fühlen kann, ohne schuldig zu sein. Alles, was nicht vom Staat unterstützt wurde, konnte als Verbrechen betrachtet werden, und sich dem nicht entgegenzustellen, konnte gleichfalls ein Verbrechen sein.

Meine Besuche bei Vicky dehnten sich langsam immer mehr aus, bis sie schließlich nicht mehr an einen bestimmten Zeitplan gebunden waren. Als wir uns ein bißchen besser kennengelernt hatten, legten ihr Vater und ich unser anfängliches Mißtrauen gegeneinander ab und knüpften haltbare Bande von Respekt und Zuneigung zueinander.

Gerardo arbeitete als Installateur für ein Bauunternehmen, das vor allem Projekte außerhalb von Havanna errichtete. Täglich war er stundenlang unterwegs, um zu seiner Arbeitsstelle und wieder zurück zu kommen. Da sein Lohn nicht ausreichte, um in Havanna eine fünfköpfige Familie zu ernähren, wartete Gerardo ungeduldig auf das Wochenende, um nach Fontanar hinauszufahren, wo einer seiner

Brüder wohnte. Dort in der Nähe hatte er ein steiniges Stück Land gefunden, auf dem er die einzigen Gemüse anbaute, die dort wachsen wollten: Mais und Kürbis. Die Sonntage, die Gerardo dort in der heißen Sonne verbrachte, an diesem felsigen Hang mit viel Unkraut, aber wenig Mais und Kürbissen, weckten in mir eine tiefe Zuneigung zu diesem bemerkenswert bescheidenen und großzügigen Mann, für den die Familie das wichtigste im Leben war. Seine Tage bestanden in einem immerwährenden Ringen um das Wohlergehen seiner Lieben, die er mit nahezu obsessivem Eifer vor allen neuen Einflüssen zu bewahren suchte, die den Zusammenhalt der Familie beeinträchtigen konnten. Gerardos Leben bestand nur aus Arbeit: auf den Baustellen, auf dem steinigen Acker, dem er nicht mehr als ein paar Maiskolben und eine Handvoll Kürbisse abringen konnte, und in den Wohnungen unseres Bezirks, wo er mit gelegentlichen Klempnerarbeiten sein Einkommen aufzubessern trachtete. Sobald er sich etwas Geld zusammengespart hatte, fuhr er bis nach Pinar del Río, um einen Kleinbauern dazu zu überreden, ihm etwas Gemüse und – wenn er Glück hatte – sogar Schweinefleisch zu verkaufen. Häufig genug wurde ihm das Fleisch dann auf der Rückfahrt von der Polizei konfisziert, weil es während der Maul- und Klauenseuchenepidemie auf Kuba verboten war, Schweinefleisch in die Hauptstadt zu bringen.

Gelegentlich trafen Vickys und meine Familie zusammen, aber Gerardo und mein Vater hatten nicht viel gemein und tauschten für gewöhnlich nicht mehr als die üblichen Höflichkeitsfloskeln aus. Diese Distanziertheit belastete mich, denn ich hatte sie beide sehr gern.

»Ich habe nichts gegen ihn, aber wir haben uns wenig zu sagen«, erwiderte mein Vater, als ich ihn einmal darauf ansprach. »Er lebt in einer total anderen Welt.«

Das stimmte. Jeder der beiden lebte in seiner eigenen Welt. Für Gerardo, einen einfachen und halbgebildeten Installateur, bestand das Leben aus Loyalität gegenüber Angehörigen und Freunden, und für meinen Vater, einen Parteiführer und Geschichtsprofessor standen die Revolution, die Partei und Fidel Castro im Mittelpunkt. Gerardos tägliche Sorge war der Unterhalt seiner Familie, die meines Vaters die Aufgaben der Revolution, internationale Politik, Geschichte und marxistische Philosophie. Mit der Zeit sollte die einfache Welt Gerardos über die meines Vaters siegen, und dessen ältesten, überaus indoktrinierten Sohn davon überzeugen, daß alles, was sich gegen die vorrangige Wichtigkeit der Familie richtet, mit einer Schwächung der ganzen Gesellschaft endet.

Meinen Eltern gefiel es in Havanna nicht besonders, und am Ende des Jahres beschlossen sie, wieder nach Matanzas zu ziehen. Wegen Vicky paßte mir das natürlich ganz und gar nicht. Ich beschloß, so lange wie möglich in der Wohnung zu bleiben, die meinen Eltern von der Regierung für ihren Aufenthalt in Havanna zugewiesen worden war, und schrieb folgenden Brief an die Behörden: »Ich bin achtzehn Jahre alt und unterrichte an der Provinzschule der Partei. Meine Eltern sind nach Matanzas zurückgezogen, aber ich würde gern in den Räumen wohnen bleiben, die ihnen von der Regierung bereitgestellt wurden. Ich möchte bald heiraten und bitte um Erlaubnis, zunächst hier wohnen zu können. Sollte die Revolution die Wohnung benötigen, werde ich sie nach entsprechender Mitteilung unverzüglich räumen.«

Ich bekam nie eine Antwort und deutete das Schweigen als Zustimmung. Es war inzwischen September, und im nächsten Sommer wollten Vicky und ich heiraten. Zu dieser Zeit verdiente ich hundertvierzig Pesos im Monat und hoffte, pro Monat hundert davon beiseitelegen zu können, so daß ich im Juli rund tausend Pesos gespart haben würde. Gerardo nahm unsere Hochzeitspläne überrascht und ein bißchen zurückhaltend zur Kenntnis. »Ich fürchte nur, daß Vicky nach der Heirat ihre Ausbildung nicht fortsetzen kann«, sagte er zu mir. Als ich ihm daraufhin versicherte, auch für mich hätten Vickys Studien Vorrang, gab er seine Bedenken auf.

Die Neuigkeit von unserer bevorstehenden Heirat verbreitete sich in unserer Nachbarschaft wie ein Lauffeuer und stieß dort ebenso auf Zustimmung wie auf Ablehnung. »Sie sind doch noch Kinder«, warnten einige, »in ein paar Monaten lassen sie sich bestimmt wieder scheiden.« Worauf sie von anderen zur Antwort bekamen: »Wenn sie sich lieben und es ihnen ernst ist, wird nichts die beiden trennen können.« In den folgenden Monaten ging Vicky jeden Morgen zur Oberschule, während ich morgens Biologie unterrichtete und nachmittags an der Universität studierte. Es war eine schwierige, aber aufregende Zeit, in der uns unsere Träume und unsere Bereitschaft, uns eine gemeinsame Zukunft zu zimmern, die Opfer übersehen ließen, die wir zu bringen hatten.

Nach der Abreise meiner Eltern wurde ich in Vickys Familie fast so etwas wie ein Adoptivsohn. Ich schlief zwar in meiner Wohnung, verbrachte den Rest meiner freien Zeit aber in ihrem Haus. Bevor ich morgens zur Arbeit ging, klopfte ich bei ihnen, und Vicky machte mir eine Tasse Kaffee. Das Bild, wie sie strahlend die Treppe herunterkam, um mich zu begrüßen, trug mich durch den ganzen Tag. Abends gegen sieben war ich wieder bei ihr, und ihre Mutter hatte bereits eine ihrer schmackhaften Mahlzeiten für mich vorbereitet. Trotz der Lebensmittelknappheit schaffte es María immer wieder, auch mit den einfachsten Mitteln ein köstliches Essen zu zaubern. Sie brachte mich sogar dazu, meine Abneigung gegen Kichererbsen zu überwinden, die sie im Pensionat tonnenweise an uns verfüttert hatten.

Das Haus meiner neuen Familie lag hinter einem größeren Gebäude und war durch einen seitlichen Durchgang erreichbar. Dahinter erstreckte sich ein zementierter Innenhof, um den sich acht kleine Wohnbauten gruppierten, die von jeweils von einer Familie bewohnt wurden. Dieser Innenhof war typisch für Kuba, aber im Gegensatz zu vielen anderen erfreuten sich seine Anwohner ausgezeichneter Nachbarschaftsbeziehungen. Gerardos Haus, ein zweistökkiges Gebäude, lag dem Durchgang genau gegenüber. Im Erdgeschoß gab es eine kleine Wohnküche, aus dem eine Treppe ins obere Stockwerk führte, dessen Zimmer sich bis in ein kleines Nebengebäude erstreckten, in dem Gerardos Bruder mit seiner Familie wohnte. Auf der anderen Seite der Treppe führte eine steile Leiter hinauf aufs Dach. Vicky und María benutzten diese Leiter regelmäßig, und es war ein herrlicher Anblick, wie sie mit einem Eimer voller Wäsche in einer Hand dort hinaufbalancierten und sich mit der anderen festhielten, um das Gleichgewicht nicht zu verlieren. Auch Gerardo und Victor, Vickys jüngerer Bruder, vollführten häufig diesen Zirkusakt, um die zehn Hennen und zwei Hähne mit den Abfällen zu füttern, die Victor nachmittags in der Nachbarschaft zusammensammelte.

Es war für mich eine stete Quelle der Verwunderung, wie die Familie es schaffte, auf einem so winzigen Dach mitten in der Hauptstadt Hühner zu halten und dennoch die Regeln der Hygiene einzuhalten. Mit der Zeit entdeckte ich jedoch auch woanders in Havanna ähnlich unglaubliche Dinge, und heute sind es eher noch mehr. Um ihre Familien mit Fleisch versorgen zu können, hielten sich die Menschen Schweine im Badezimmer. Damit ihre Haustiere nicht die Behörden durch ihr Quieken und Grunzen aufmerksam machten, entwickelten sie eine höchst populäre Methode, ihnen die Stimmbänder zu entfernen.

Einer der Erfindungsreichsten bei der Ernährung ihrer Familien war Cando, Gerardos ältester Bruder, der mit ihm Tür an Tür wohnte. Cando war über sechzig und litt an Arthritis, weshalb er sich nur mit Hilfe eines Stocks vorwärtsbewegen konnte. Da er als Tagelöhner auf dem Land nie fest angestellt gewesen war, betrug seine Rente weniger als siebzig Pesos. Er hatte eine Art Schwarzen Markt aufgebaut, mit dessen Hilfe er über die Runden kam. Obwohl das natürlich illegal war, ließen ihn die Behörden gewähren – offenbar in der Erkenntnis, daß er nur ein alter Mann war, der schlicht und einfach überleben wollte. Frühmorgens zog Cando mit zwei leeren Säcken unter dem Arm los aufs Land und kehrte abends mit Bananen und anderen Produkten zurück, die er den Bauern abgekauft hatte. Dann standen die Nachbarn vor seiner Tür Schlange. Die Käufer kamen aus allen gesellschaftlichen Schichten. Unter ihnen befand sich ein Polizist, der eigentlich Cando wegen des Schmuggelns hätte festnehmen müssen, die Frau eines Parteiführers, ein Arzt, ein Zwischenhändler, der die Waren weiterverkaufte, und die Frau eines einfachen Arbeiters. Sie alle gingen in Candos Haus wie zu einem konspirativen Treffen, und ihre Angst war ihren Gesichtern ebenso abzulesen wie ihre Gewissensbisse.

Mit dem Wunsch, zum Unterhalt der Familie beizutragen, und in der Hoffnung, genug Geld für die Hochzeit anzusammeln, begleitete ich Cando an manchen Sonntagen vor die Stadt. Nahe der nach Westen führenden Autobahn befand sich ein staatseigenes Gelände, auf dem Kaffee angebaut worden war, der für uns zu einer bedeutenden Einnahmequelle wurde. Der Kaffee wurde an den Wochenenden von den üblichen Freiwilligen aus der Stadt geerntet, die dazu weder Lust noch Mühe aufwendeten. Und so wurden viele Bohnen auf dem Boden zurückgelassen, die Cando und ich (neben vielen anderen, die auf die gleiche lukrative Idee gekommen waren) eine oder zwei Wochen später aufgesammelt wurden. Nach halbtägiger mühsamer Arbeit hatten wir unsere beiden Säcke gefüllt. Zu Hause säuberten wir die Bohnen und breiteten sie auf dem Dach auf Jutesäkken zum Trocknen aus. Schließlich verkauften wir sie für zehn bis fünfzehn Pesos pro Pfund. Obwohl die Bohnen ohne uns verrottet wären, lebte ich in der beständigen Furcht vor der Festnahme. Noch später, als ich vor meiner Ausbildung zum Kampfflieger überprüft wurde, befürchtete ich, man käme dahinter, daß ich auf dem Schwarzen Markt Kaffee verkauft hatte. Heute weiß ich natürlich, daß es auf Kuba vermutlich keinen einzigen Menschen gab, der nicht aus diesem oder jenen Grund das Recht verwirkte hätte, als »untadeliger Revolutionär« bezeichnet zu werden.

Gegen Ende des Schuljahres begannen die Lehrerbewertungen. Dabei kam es allerdings nicht auf die Einschätzung des Direktors an. Die Revolution war gerecht, also kam dem Kollektiv das Urteil zu, nicht dem verantwortlichen einzelnen. Er – oder sie – konnte sich möglicherweise von persönlichen Emotionen beeinflussen lassen, aber nicht die Masse. Sie irrte nie. Daher hatte die Gewerkschaft das letzte Wort bei der Bewertung einer Arbeitsleistung, und zu diesem Zweck veranstalteten sie in jeder Schule eine Anhörung. Mittels eines Punktesystems wurden unter anderem Verhalten, Erscheinung, Arbeitshaltung, Disziplin, politische und ideologische Vorbereitung und berufliche Fähigkeiten ebenso bewertet wie revolutionäre Perspektive und die Fähigkeit zur Selbst- und zur Kollegenkritik. Diese Beurteilungen bildeten die Grundlage dessen, was schließlich in die Personalakte eines Lehrers eingetragen wurde, führten aber häufig zu einer Meinung, die sich an subjektiven Maßstäben orientierte und nicht an beruflichen Anforderungen. Bei diesen Anhörungen strengte sich jedermann ungeheuer an, einen Grund zu suchen – oder zu erfinden, um sich selbst an den Pranger zu stellen, denn wenn man das nicht tat, wurde einem »mangelnde Fähigkeit zur Selbstkritik« vorgeworfen. Hatte man es zuvor unterlassen, die anderen Lehrer zu bekritteln, wurde man wiederum »mangelnder Kritikfähigkeit« beschuldigt. Auf diese Weise verwandelten sich die Gewerkschaftsanhörungen in öffentliche Tribunale, auf denen Freunde und Kollegen zu gegenseitigen Anklägern wurden. Am Ende ging jeder mit dem bitteren Bewußtsein nach Hause, Einblick in die privatesten Belange anderer Menschen erhalten und eine Schwelle überschritten zu haben, die besser unbetreten geblieben wäre.

Bei meiner Bewertung bezahlte ich indirekt dafür, mit Gerardo an ein paar Sonntagen Mais und Kürbisse gesät und mit Cando Kaffeebohnen aufgeklaubt zu haben, anstatt mich an verschiedenen »freiwilligen« Arbeitseinsätzen zu beteiligen, denn das brachte mir den Vorwurf »fehlenden revolutionären Bewußtseins« ein. Verblüfft und betroffen nahm ich zur Kenntnis, wie meine Arbeit eines Jahres von Freunden und Kollegen auseinandergenommen wurde, die mein fehlendes revolutionäres Bewußtsein bemängelten, aber immerhin wohlmeinend genug waren, den Grund dafür in meiner Jugend und Unerfahrenheit zu sehen und nicht in mangelnder Revolutionsbegeisterung, die ich offensichtlich leidenschaftlich verteidigte.

Mit dem 16. Juli 1976 war endlich unser sehnlich erwarteter Hochzeitstag gekommen. Vicky hatte ihre Ausbildung erfolgreich abgeschlossen, und ich hatte Ferien. Bald würden wir das Alleinsein genießen können, auf das wir schon so lange warteten. Die Eheschließung im Heiratspalast war auf sechs Uhr nachmittags festgesetzt, aber gegen drei Uhr stand ich bereits vor Vickys Haustür, um ein paar letzte Einzelheiten mit ihr zu besprechen. Prompt tauchte Gerardo auf. Er blickte uns mißbilligend an und meinte: »Wenn ihr etwas zu besprechen habt, dann tut es wenigstens im Haus.« Er war bis zum letzten Augenblick fest entschlossen, seine Tochter vor jedem Klatsch zu bewahren. »Meine Tochter ist ein anständiges Mädchen, und niemand wird es wagen, ihren guten Ruf in Zweifel zu ziehen«, hörte ich ihn oft sagen.

Die Trauung fand in Anwesenheit von Angehörigen und

Freunden statt sowie eines Photographen, den uns jemand als Hochzeitsgeschenk geschickt hatte, und der uns nun auf Schritt und Tritt verfolgte. Danach fuhren wir nach Hause, um im Innenhof zu feiern. Das Bier floß in Strömen, und jedermann trieb seine Scherze mit dem Brautpaar. Wenigstens war ich umsichtig genug gewesen, unsere Koffer im Haus eines Nachbarn zu verstauen, denn es war üblich, daß Freunde das Gepäck der Neuvermählten versteckten, um sie so bis in den Morgen hinein zum Bleiben zu zwingen.

Wir hatten einen zehntägigen Aufenthalt im *Hotel Internacional* in Varadero gebucht, und dorthin begaben wir uns schließlich auch, als der Wunsch nach dem Alleinsein allzu mächtig wurde. Unsere Gäste ließen wir in der Gesellschaft meiner Schwiegerfamilie zurück, mit der sie bis zum Morgen weiterfeierten. Als wir bereits im Auto saßen, kam Gerardo auf uns zu, küßte seine Tochter und sah mich mit Tränen in den Augen an. »Paß gut auf sie auf, mein Sohn«, sagte er. Langsam setzte sich der Wagen in Bewegung und mit ihm die Konservendosen, die jemand an den Auspuff gebunden hatte, und die mit ihrem Geschepper nun aller Welt verkündeten, daß wir gerade geheiratet hatten.

Mitten in der Nacht drang Vickys Stimme an mein Ohr – so fern, als käme sie aus den Tiefen einer Höhle. Schluchzend machte sie mir irgendwelche Vorwürfe. Ich öffnete die Augen, und da war Vicky, sah mich mit den Augen einer Zweijährigen an und klagte: »Du hast mich alleingelassen!«

»Was meinst du damit, ich hätte dich alleingelassen?« erkundigte ich mich schläfrig.

»Da drüben, in der Ecke«, sagte sie und deutete auf den Rand des Bettes.

Erst da begriff ich, daß sie die Kühle unseres klimatisierten Zimmers geweckt hatte. Ich nahm sie fest in die Arme, und sie kuschelte sich an mich wie ein neugeborenes Kätzchen an seine Mutter.

Unsere Ehe war wie unsere Verlobungszeit – nur noch romantischer. Jeden Abend gingen wir auf der Malecòn spazieren, einer Allee, die im Norden von Havanna durch ein Gebiet führte, das dem Meer abgetrotzt worden war. Wir setzten uns auf eine Kaimauer und träumten von der Zukunft, von der Wohnung, die wir uns einrichten und den Kindern, die wir bekommen würden, sobald Vicky ihren Traum verwirklicht hatte, Zahnärztin zu werden. Jeden Tag machten wir gemeinsam ihre Hausaufgaben, wenn sie vom Unterricht zurück war.

Ich vertraute ihr an, daß das Unterrichten für mich eigentlich keine Berufung, sondern nur eine revolutionäre Pflicht sei. Mein Traum war es, Pilot eines der Überschallflugzeuge zu sein, die immer wieder in den Zeitschriften abgebildet waren, »aber darauf darf ich kaum hoffen. Die Berufung eines Revolutionärs ist es schließlich, ein Revolutionär zu sein«, fügte ich hinzu. Vicky hörte mir schweigend und mit einem traurigen Ausdruck in den Augen zu. Dann lehnte sie den Kopf gegen meine Schulter und erklärte, als wollte sie mich trösten: »Es gefällt mir, daß du ein Lehrer bist«.

Eines Abends tauchte ein ausgezehrter Mann bei uns auf, der mich an meinen Vater erinnerte. Es war mein Onkel Edelso, der wegen eines belanglosen Vergehens zu zwanzig Jahren Gefängnis verurteilt, aber aufgrund guter Führung nach der Hälfte der Zeit entlassen worden war. Jedermann freute sich über seinen Besuch, und da er danach häufiger kam, freundete ich mich wieder an mit dem Mann, den ich als Kind zum letzten Mal gesehen hatte, und er erzählte mir unglaubliche Geschichten aus dem Gefängnis. Edelso erwies sich als der naivste Mensch, den ich je kennengelernt hatte. Er war recht labil und konnte einfach nicht nein sagen und fiel prompt auf jeden Schwindel herein, der von kriminellen Elementen ausgeheckt wurde, die eine treffsichere Nase für ihre Opfer zu haben schienen.

Nach der Entlassung fand sich mein Onkel auf der Straße wieder, ohne Wohnung, ohne Lebensmittelkarte, ohne Arbeit. Er mußte zusehen, wie er durchkam, ohne erneut eine Straftat zu begehen. Mit der Zeit begriff ich, daß er keine Chance auf Wiedereingliederung in eine Gesellschaft hatte, die das Wort »Vergeben« aus ihrem kulturellen Bewußtsein gestrichen hatte. Edelso verbrachte lange Stunden bei uns, und man merkte, wie dankbar er für die Zeit war, die er im Kreis einer Familie verbringen konnte, die ihm das Gefühl vermittelte, wieder ein Mensch zu sein. Wenn ich ihm abends nachsah, wie er nach unseren langen Gesprächen davonging, hatte ich oft den Eindruck, er würde ein Stück von mir mitnehmen, um sich gegen seine Einsamkeit und Hoffnungslosigkeit zu wehren. Und ich sah mich einer Realität gegenüber, die ich nicht akzeptieren wollte: meiner Machtlosigkeit, zu ändern, was von einer starren, unbarmherzigen Welt diktiert wurde. Häufig versuchte ich meinen Onkel dazu zu überreden, zu meinen Eltern nach Matanzas zu ziehen oder nach Cabaiguàn zu seinem ältesten Bruder. Aber er weigerte sich, und ich spürte etwas von der überwältigenden Scham, die er wohl für immer mit sich herumtrug. Das Haus meiner Schwiegereltern schien der einzige Platz auf Erden zu sein, wo Edelso mit erhobenem Haupt den Mund aufmachen konnte.

An einem Oktobertag 1976 berichteten die Medien empört über ein abscheuliches Verbrechen: Terroristen aus Miami hatten an Bord eines Cubana-de-Aviación-Fluges aus Barbados eine Bombe deponiert, die gleich nach dem Start explodierte und alle dreiundsiebzig Passagiere tötete, darunter auch Mitglieder der Nationalmannschaft im Fechten. Die Ergebnisse einer ersten Untersuchung wurden im Fernsehen übertragen, wie auch Tonbandaufnahmen des letzten Kontakts zwischen Cockpit und Kontrollturm. Das ganze Land vernahm entsetzt, wie die Piloten von zwei Detonationen an Bord berichteten, und hörten ihre erregten Rufe, bevor die Maschine ins Meer stürzte und spurlos verschwand.

Schnell erfolgten die ersten Schuldzuweisungen. Fidel Castro behauptete, für das Verbrechen sei die CIA verantwortlich, die kubanische Exilanten in Miami ausgebildet und mit C-4-Sprengstoff für die Bomben versorgt habe. In den folgenden Tagen wurden in Venezuela Verdächtige festgenommen, sowie die ersten Opfer aus dem Meer geborgen und nach Kuba zurückgebracht. Der Staatschef rief sein Volk auf, den Märtyrern die letzte Ehre zu erweisen, deren mit der Nationalflagge bedeckte Särge auf dem Platz der Revolution aufgebahrt waren. Und das Volk kam seinem Aufruf mit einer Massendemonstration nach. Mein Vater kam eigens aus Matanzas und lief mit Vicky und mir die knapp fünf Kilometer von unserem Haus zum Platz, und mit uns strebten Hunderttausende mit gesenkten Köpfen und in tiefer Empörung durch die Straßen von Vedado dem Platz zu. Ihn zu erreichen war unmöglich: Bereits an der Kreuzung Pasea und Zapata blieben wir stecken und hörten den Abschiedsworten zu, die Castro im Namen des kubanischen Volkes an die Opfer richtete.

Fidel Castros Stimme aus Hunderten von Lautsprechern auf den den Platz umgebenden Gebäuden klang schmerzerfüllt und traf die vielen Hunderttausenden direkt ins Herz. Wenn der Oberbefehlshaber eine Pause machte, schien es, als würde die Zeit stillstehen. Nur das leise Rauschen des Meeres war in der Stille zu hören. Castro erinnerte an die lange Liste der CIA-Verbrechen gegen Kuba. Er erwähnte die Explosion der *Le Coubre*, im Hafen von Havanna, bei der Hunderte unschuldiger Kubaner das Leben verloren hatten. Er gemahnte an alle kubanischen Fischerboote, die auf hoher See von Piraten angegriffen worden waren, an das kleine Mädchen aus dem Fischerdorf Boca de Samá, das man im Schlaf erschossen hatte, an die Diplomaten, die von gekauften Attentätern ermordet worden waren. Er erinnerte uns an die Bombenangriffe auf die Flughäfen Santiago und Ciudad Libertad vor der Invasion in der Schweinebucht, an die brutale Ermordung der jungen Lehrer während ihrer Alphabetisierungskampagne in El Escambray. Mit der Aufzählung der unschuldigen Opfer erinnerte er uns daran, daß wir einen feigen Feind hatten, der zu Verschwörung und Konspiration Zuflucht nehmen mußte, um uns durch Terrorismus in die Knie zu zwingen.

»Unsere Athleten wurden an der Anteilnahme an den Olympischen Spielen gehindert«, hallte seine Stimme aus den Lautsprechern, »aber sie sind für immer in jenen größeren Olymp eingegangen – als Märtyrer für das Vaterland.« Männer, Frauen und Kinder lauschten mit geballten Fäusten und Tränen in den Augen. Wir alle fühlten uns eng verbunden, teilten angesichts dieser Tragödie unser Leid wie eine große Familie.

»Die nordamerikanischen Imperialisten sollten wissen, daß sie uns nie auf die Knie zwingen werden«, fuhr Castro fort, während wir noch näher zusammenrückten, um unserem Feind unsere Wut und unseren Haß entgegenzuschleudern, ». . . denn wenn ein starkes und vitales Volk wie unseres Tränen vergießt, gerät die Ungerechtigkeit ins Wanken!« Unseren Kehlen entrang sich ein einziger zorniger Schrei, dröhnte auf wie ein Kriegsruf, übertönte das Meeresrauschen mit einer donnernden Ovation. Wir waren unbesiegbar! Wir waren unbeugsam – weil wir im Recht waren.

Wir kehrten von der Trauerfeier in der Überzeugung heim, jahrelang herumgestoßen worden zu sein, ohne die Schmach je zu rächen. »Genug ist genug!« erklärten wir, empfanden einen fast überwältigenden Drang, gegen unseren Feind loszuziehen, und fragten uns gleichzeitig, warum Castro den Vereinigten Staaten nicht längst den Krieg erklärt hatte. Aber der weise und friedliebende *Revolutionsführer* zog es vor, die ständigen Übergriffe zu dulden, anstatt sein Volk zu den Waffen zu rufen. »Wenn es nach mir ginge«, sagte ich in meinem unendlichen Zorn, »würde ich auf der Stelle den Krieg erklären.«

In diesen Tagen warteten wir ungeduldig auf die Nachricht, ob Vicky für das Studium angenommen worden war, das sie sich erwählt hatte. Fast täglich gingen wir zur Universität, um die Anschläge zu überprüfen, aber immer wieder kehrten wir enttäuscht zurück, weil die Listen des Fachbereichs Zahnmedizin noch nicht erschienen waren. Als sie dann ausgehängt waren, konnten wir vor Aufregung Vickys Namen nicht finden. Immer wieder überprüfte ich die Spalten, bis Vicky endlich rief: »Oré, sieh mal, hier bin ich!« Wir umarmten uns, als wäre es ein Triumph für uns beide.

Eines Tages besuchte uns Vickys Cousin Adolfo, der gerade eine Ausbildung zum Kampfflieger absolvierte. Fasziniert erkundigte ich mich bei ihm nach den Auswahlkriterien, obwohl ich meine Hoffnungen längst aufgegeben hatte. »Du hättest durchaus noch Chancen«, erwiderte er. »Du bist erst zwanzig und trotz deiner Berufstätigkeit im Prinzip noch Student. Morgen frage ich unseren Gruppenleiter, wie und wo du dich bewerben kannst.«

Am nächsten Tag gab er mir einen Zettel mit einem Namen und einer Telephonnummer. »Ruf Oberstleutnant de la Paz an, den Chef der Pilotenrekrutierungskommission. Er wird dir sagen, was zu tun ist.«

Ich ging sofort zum Telephon.

»Warum wollen Sie Pilot werden, wenn Sie bereits als Lehrer tätig sind?« fragte mich der Oberstleutnant.

»Zunächst einmal bin ich Revolutionär, deshalb habe ich mich für den Lehrerberuf entschieden. Aber ich liebe die Fliegerei und glaube, als Pilot noch nützlicher sein zu können. Unser Land braucht Männer, die es verteidigen, und zu denen möchte ich gehören.«

Er stellte mir noch ein paar weitere Fragen und sagte

dann: »Melden Sie sich morgen früh um acht Uhr im Marianao Marinekrankenhaus. Dort bin ich mit einer Gruppe von Kandidaten. Bringen Sie ihre Unterlagen mit.«

Ich konnte mein Glück kaum fassen. Was ich immer für unmöglich gehalten hatte, stellte sich nun wesentlich einfacher als erwartet heraus. Ich rannte zu Vicky und erzählte ihr meine Neuigkeiten.

»Aber ich möchte nicht, daß du zur Ausbildung in die Sowjetunion fährst«, sagte sie mit Tränen in den Augen.

»Ich weiß, es ist ein Opfer, mein Liebling, aber es wird sich für uns auszahlen. Du weißt, daß mir meine Arbeit nicht besonders gefällt, und ich habe immer davon geträumt, Pilot zu werden. Außerdem ist das noch längst nicht spruchreif . . . Vielleicht bestehe ich die Prüfungen nicht, oder sie lehnen mich aus irgendeinem anderen Grund ab.«

Die medizinischen Untersuchen waren sehr intensiv, ganz zu schweigen von den Befragungen durch den militärischen Geheimdienst, der sich besonders an der Tatsache stieß, daß ich Verwandte in den Vereinigten Staaten hatte.

»Stehen Sie in irgendeiner Weise mit ihnen in Kontakt?« wollte der Offizier wissen. Wie alle Offiziere trug er sein kariertes Hemd über der Hose.

»Nein, nie.«

»Und Ihre Eltern? Haben Sie jemals Ihren Verwandten geschrieben?«

»Nein.«

»Was halten Sie von amerikanischen Jeans?«

»Ich trage sie nicht. Ich habe nie welche besessen.«

»Und was halten Sie von Leuten, die sie tragen? Jeans mit einem ledernen Firmenschild auf der Rückseite?«

»Es ist so, als hätte man die Flagge des Feindes auf den Hosen.«

Der Mann lächelte zufrieden und forderte mich auf: »Tragen Sie Namen und Adressen Ihrer engsten Freunde in dieses Formular ein.« Während ich es tat, fragte er unvermittelt: »Warum haben Sie in Camilitos versucht, sich das Leben zu nehmen?«

Die Frage nahm mir fast den Atem. Ich spürte, daß meine Ohren rot wurden. Wie hatten sie das herausbekommen? Ich blickte von dem Formular hoch und sah ihm direkt in die Augen. »Ich war damals zwölf Jahre alt und in keinem besonders guten Gesundheitszustand. Das ist eine Sache, für die ich mich noch immer schäme. Ich glaube, nur Feiglinge denken an Selbstmord . . .«

Aber schließlich bestand ich alle Prüfungen, Untersuchungen und Befragungen, und wenige Tage später gehörte ich zu den dreißig jungen Männern, die dazu ausersehen waren, sich in der Sowjetunion einer Ausbildung zum Kampfflieger zu unterziehen. Am selben Abend sollten wir zu einem Vortrag im Bezirk Miramar erscheinen. »Kommen Sie möglichst gut gekleidet«, instruierte man uns im Hauptquartier der Luftwaffe. »Und kommen Sie allein.« Als Vertreter unseres Landes im Ausland erhielten wir die Erlaubnis, uns in einem eigens dafür eingerichteten Geschäft einzukleiden. Als wir uns dann am Flughafen trafen, stellten wir fest, daß wir dreißig einander glichen wie ein Ei dem anderen, selbst unsere Koffer waren das gleiche Fabrikat. So blieben wir nicht unbemerkt.

In Miramar wurden wir in Anwesenheit des Oberbefehlshabers der Luftwaffe verabschiedet. Ein junger Oberst in seiner Begleitung war Luis Orlando Domínguez, der Erste Sekretär des Bundes Junger Kommunisten, der in jenen Tagen sehr beliebt und einflußreich war und Castro sehr nahe stand. Er überbrachte uns eine persönliche Botschaft des Staatschefs, in der er uns gratulierte und als Vorbild für die kubanische Jugend bezeichnete. »Sie haben sich das Privileg erkämpft, die Revolution in vorderster Front zu verteidigen, als Piloten und künftige Offiziere der Streitkräfte«, hieß es darin. Und wir konnten Fidel Castro nur bewundern, diesen bis ins Detail außergewöhnlichen Mann, der auf dem Flughafen erschien, um eine Sportmannschaft zu begrüßen, die mit Auszeichnungen aus dem Ausland zurückkehrte, und einer Gruppe junger Männer Grußbotschaften schickte, die auf dem Weg zur Ausbildung in der Sowjetunion war. (Zehn Jahre später sollte Domínguez, der dynamische junge Mann, der Castro so nahe stand, in einem Geheimverfahren wegen »Korruption« zu zwanzig Jahren Gefängnis verurteilt werden. Castro selbst übermittelte der Nation im Fernsehen die einzige Version des Falls, die wir je hörten.)

Ich war stolz und glücklich. Die Revolution hatte mir einen Vertrauensbeweis gegeben, wie er nur wenigen zuteil wurde. Und ich war begeistert über die Aussicht, die Sowjetunion kennenlernen zu können, das höchstentwickelte Land der Welt. Endlich würde ich ins Ausland reisen können, andere Sprachen und Kulturen kennenlernen. Doch vor dem Aufbruch gab es noch ein Treffen mit Offizieren des militärischen Geheimdienstes, die uns vor den Gefahren warnten, denen wir auf unserer Reise begegnen würden.

»Sie werden in Marokko zwischenlanden, einem kapitalistischen nordafrikanischen Staat. Bleiben Sie zusammen und sprechen Sie nicht mit Fremden. Halten Sie sich von Zeitungskiosken und kapitalistischer Literatur fern. Denken Sie daran, daß das Lesen ausländischer Publikationen ein Vergehen gegen Anordnungen des *Revolutionsführers* unserer Nation ist und Sie unverzüglich zurückgeschickt werden können.«

Weiter hieß es: »Falls es zu einer Notlandung kommen sollte, halten Sie die Augen offen, weil die CIA mit Sicherheit weiß, daß Sie an Bord sind und versuchen könnte, einen oder mehrere von Ihnen zu entführen, um eine große Propagandaschau mit der Behauptung abzuziehen, Sie seien geflüchtet.«

Und noch ein Rat: »In der Sowjetunion werden Sie mit jungen Menschen aus anderen Ländern zusammentreffen, aber von einigen von ihnen sollten Sie sich fernhalten. Das betrifft vor allen die Iraker, die Libyer, die Jemeniten und all jene, die nicht aus dem sozialistischen Lager kommen. Sie dürfen sich nur mit jungen Menschen aus Vietnam und den sozialistischen europäischen Ländern anfreunden, und das nur mit Erlaubnis des Offiziers für Spionageabwehr an der kubanischen Botschaft in Moskau.«

Vicky, meine und ihre Eltern begleiteten mich zum Flughafen. Vicky hatte die ganze Nacht in meinen Armen geweint, während ich ihr tröstend über die Haare gestrichen und an die Zeit unserer Trennung gedacht hatte. Auf dem Flughafen umarmte ich alle, einen nach dem anderen, zuletzt Vicky. Dann blickte sie mir nach, wie ich im Wartebereich für Auslandsflüge verschwand. In ihren Augen stand jetzt schon die Einsamkeit, die sie in den nächsten zwei Jahren empfinden würde, bevor ich zu einem ersten Besuch nach Hause kommen durfte. Es kam mir vor, als nähme ich ihr etwas weg, ließe aber gleichzeitig etwas von mir bei ihr zurück. Erst als das Flugzeug in der Luft war, traf mich die grausame Wirklichkeit mit aller Macht: daß ich sie zwei ganze Jahre lang nicht sehen würde, obwohl ich mich in jedem Augenblick nach ihr sehnte. Eine tiefe Trauer stieg in mir hoch und ich erkannte, wie sehr ich sie liebte.

Auf mich wartete der Vorkämpfer für Gerechtigkeit und Wohlergehen: die Sowjetunion. Einen größeren Beweis für das Vertrauen der Partei in mich konnte es nicht geben . . .

V

Im Mutterland des Sozialismus

»Ich bin Oberleutnant Popow vom Zehnten Oberkommando der Sowjetischen Streitkräfte«, sagte ein müde wirkender Mann in perfektem Spanisch, der uns an der Gangway der *Aeroflot*-Maschine erwartete. Es war nicht schwer für ihn, uns an diesem kalten Herbsttag zu identifizieren, denn wir waren die einzigen Passagiere in leichten Anzügen. »Vor dem Flughafengebäude wartet ein Bus. Wir werden die Nacht in der Artillerieschule verbringen, um morgen nach Krasnodar weiterzufliegen. Geben Sie mir jetzt bitte Ihre Pässe, dann können wir die Einreiseformalitäten hinter uns bringen . . .«

Bald darauf saß ich im kalten Bus und blickte auf eine Landschaft hinaus, die ich aus den Büchern von Schukow und Polevoj kannte. Hier war der Schauplatz einer der blutigsten Schlachten des Zweiten Weltkriegs. Hier hatte der sowjetische Pilot Alexej Merijesew mehr als zwanzig deutsche Flugzeuge abgeschossen, obwohl er im Luftkampf beide Beine verloren hatte und mit Prothesen fliegen mußte. Durch Polevojs ergreifendes Buch »Die Geschichte eines Mannes« war dieser Kampfflieger mit seinem Mut und seiner eisernen Willenskraft zum Helden meiner Jugendjahre geworden.

Rechts von uns tauchte ein Denkmal auf, das General Panfilow und seinen Soldaten gewidmet war, die vor den Toren Moskaus ihre Stadt tapfer gegen die heranrollenden deutschen Panzer verteidigt hatten. Bald fuhren wir an hinter rustikalen Zäunen liegenden Holzhäusern mit schwach erleuchteten kleinen Fenstern vorbei. Sie wirkten, als wäre die Zeit stehengeblieben, und ich konnte mich daran erinnern, sie schon einmal in einem Film über die Verteidigung Moskaus gesehen zu haben. Aber diesmal sah ich die Wirklichkeit: Hier war Geschichte zum Greifen nahe, die Schauplätze waren unverändert, genau noch so wie während des Großen Vaterländischen Krieges. Ohne zu wissen warum, fühlte ich mich niedergeschlagen und bedrückt.

Am nächsten Tag landeten wir nach zweistündigem, unruhigem Flug mit einer viermotorigen *Iljuschin* 18 in Krasnodar. Unser Ausbilder war Major Argatow, ein kleiner, stämmiger Mann mit fast durchsichtiger Haut, die seine feinen Äderchen durchscheinen ließen. Nachdem man uns unsere Unterkunft gezeigt hatte, erteilte er uns ein paar Instruktionen. Gallardo, der Leiter unserer Gruppe, fungierte als Übersetzer.

»Von jetzt an«, begann Argatow, »unterliegen Sie gemäß den Vereinbarungen zwischen den Regierungen von Kuba und der Sowjetunion den Bestimmungen der Streitkräfte unseres Landes.«

Das machte uns nichts aus, denn sie unterschieden sich kaum von denen zu Hause.

»In den ersten fünfundvierzig Tagen dürfen Sie das Schulungsgelände unter keinen Umständen verlassen. In dieser Zeit sollten Sie sich ein paar Sprachkenntnisse aneignen und sich ein wenig mit den Gegebenheiten in diesem Land vertraut machen. Danach erhalten Sie sonnabends und sonntags Ausgang, müssen jedoch jeweils um elf Uhr abends zurück sein. Übernachtungen außerhalb des Schulungsgeländes sind nicht gestattet. Jede Abwesenheit wird unverzüglich dem Hauptquartier in Moskau gemeldet und führt zur Ausweisung. Morgen werden Sie eingekleidet, dann erfolgt eine medizinische Untersuchung. Dann haben Sie Unterricht. Sie nehmen an einem Intensivkurs in Russisch – achthundertfünfzig Stunden – teil, abwechselnd mit Unterweisung in marxistischer Philosophie und der Geschichte der Kommunistischen Partei der Sowjetunion. Danach erhalten Sie Ihre technische Ausbildung.«

So begann unsere dreijährige Pilotenausbildung in einem Land, das für mich immer mehr zu einem Rätsel werden sollte.

Rund 1 200 Kilometer südlich von Moskau am Kuban gelegen, hatte das von Schwarzmeerkosaken gegründete Krasnodar rund eine halbe Million Einwohner. Auf der prächtigen Hauptstraße gab es eine Promenade mit Bäumen und Blumen, zu beiden Seiten von Brunnen begrenzt. Die Promenade begann am Oktober-Theater, das, auf einer künstlichen Anhöhe errichtet, die ganze Stadt zu beherrschen schien. Der Boulevard wurde von Regierungsbauten gesäumt, die sich mit kleinen friedlichen Parks abwechselten, in denen Bänke unter alten, mächtigen Bäumen standen. Am anderen Ende der Promenade blickte eine Lenin-Statue aus fast fünf Kilometern Entfernung zum Theater hinüber. Eine Hand hatte Lenin in der Tasche, die andere zeigte mit einer Geste des »Vorwärts!« in die Ferne. Dieser Hauptboulevard und die wenigen Nebenstraßen, auf denen Straßenbahnen und Busse verkehrten, waren die einzigen gepflasterten Straßen der Stadt. Die Altstadt dahinter bestand hauptsächlich aus Holzhäusern von der Art, wie wir sie bereits auf der Fahrt nach Moskau hinein gesehen hatten, während die Neubauviertel aus Fertigbauteilen errichtet waren und einander wie ein Ei dem anderen glichen. Im Frühjahr und im Herbst hatte jedermann lehmverkrustete Schuhe.

Die Fliegerschule lag am westlichen Rand der Stadt und nahm ein Gelände von etlichen Quadratkilometern ein. Eine breite Straße führte vom Tor mit seinem Wachhäuschen, in dem ein Offizier und ein Wachposten ihren Dienst versahen, quer über das ganze Gelände und endete in rund zwei

Kilometern Entfernung hinter einigen Hangars am Flugfeld. Links von der Straße stand hinter einer kleinen Grünanlage mit einem Denkmal für im Zweiten Weltkrieg gefallene Piloten das Schultheater. In seinen Räumen feierten wir als eine Form praktizierter Völkerfreundschaft die verschiedenen Nationalfeiertage der Schüler, die hier ihre Ausbildung erhielten. Rechts von der Straße stand ein weiteres Lenin-Denkmal vor einem alten, guterhaltenen viergeschossigen Gebäude mit Freitreppe, in dem sich die Verwaltungszentrale der Schule befand.

Montagmorgens traten wir zwischen Theater und Verwaltungsgebäude vor dem Kommandeur der Schule zum Appell an. Sobald er erschien, hieß es »Stillgestanden!«, und der diensthabende Offizier marschierte mit in der Stille weit hallenden Schritten auf den General zu. Nachdem der Tagesbefehl erteilt war, hob General Paulika – Lenin hinter, seine Kadetten vor sich – die Hand zum militärischen Gruß an die Mütze, woraufhin wir unisono zurückdonnerten: »Guten Morgen, Genosse Generalmajor!«

Diese montäglichen Appelle blieben unser einziger Kontakt zum Generalmajor, aber sie boten ausreichend Gelegenheit zum Studium seiner Persönlichkeit. Ziemlich klein und füllig, verfügte er über ein leicht reizbares Naturell, das jedermann so einschüchterte, daß er so schnell wie möglich das Weite suchte, wenn er ihn irgendwo auf dem Schulgelände erblickte. Er machte sich einen Spaß daraus, sich von hinten an einen Mann heranzuschleichen, um ihn dann irgendwelcher Dienstvergehen oder mangelnder militärischer Höflichkeit zu beschuldigen. Beim Montagappell fand er beispielsweise stets einen Grund, den diensthabenden Offizier – üblicherweise einer der zahllosen Obersten oder Oberstleutnants, die uns Unterricht gaben oder Fliegerstaffeln leiteten – zu maßregeln. Fand er an dem Diensthabenden selbst nichts auszusetzen, hatte sich mit Sicherheit ein Schüler unerlaubt bewegt oder ein Stück Papier fallengelassen – und natürlich war auch dafür der Offizier vom Dienst verantwortlich.

Als wir erstmals einen von Generalmajor Paulikas Ausbrüchen erlebten, entsetzten wir uns über seine tyrannische Art gegenüber Untergebenen. Als Kubaner waren wir an eine höfliche und respektvolle Behandlung gewöhnt, und so hielten wir es für einen Ausnahmefall.

Zu beiden Seiten des Verwaltungsgebäudes erstreckten sich zwei riesige Gebäude nach hinten, so daß der gesamte Komplex ein riesiges U bildete. In diesen Flügeln befanden sich die hervorragend ausgestatteten Ausbildungsräume mit kleinen Windkanälen, mit Cockpitausstattungen und sogar Flugzeugen. Am Ende des Ostflügels war die Krankenstation. Diese vernachlässigten Räume mit ihren veralteten Geräten und Instrumenten wurden von grobschlächtigen Sanitätern geleitet. Dort wurden wir untersucht, und dort machten wir unsere ersten Späße, denn wir dreißig jungen Männern mit karibischem Humor fanden stets und ständig irgendeinen Grund zum Lachen.

Zu unserer Gruppe gehörte ein dünner, mittelgroßer Bursche, der kaum den Mund aufmachte, und wenn doch einmal, dann so leise, daß er kaum zu verstehen war. Daher erhielt er bald den Spitznamen »der Stille«, und jeder versuchte vergeblich, ihn aus der Reserve zu locken. Während unserer Untersuchungen begaben wir uns in kleinen Gruppen von Facharzt zu Facharzt und zogen uns jedesmal aus. Als die Augenuntersuchung an der Reihe war, stellte irgend jemand fest, daß der Stille zurückgeblieben war. Und so warteten wir auf ihn, taten aber so, als würden wir uns wieder einmal ausziehen. Ohne ein Wort zu sagen, ließen wir dem entkleideten Stillen den Vortritt und konnten unser Lachen kaum zurückhalten. Prompt hörten wir Sekunden später einen spitzen Schrei. Die Tür flog wieder auf, der Stille kam herausgestürzt, gefolgt von einem empörten Sanitäter, der ihn wild auf Russisch beschimpfte.

Die Unterkünfte befanden sich in zwei vierstöckigen Gebäuden hinter dem Theater und hinter dem Verwaltungsgebäude. Sie wurden angesichts des Komforts, den sie ihren ausländischen Gästen boten, als »Hotels« bezeichnet. Im Eingang beider Gebäude saß eine alte Concierge, die wir liebevoll »Großmutter« nannten. Die Großmütter versahen ihren Dienst schichtweise und notierten peinlich genau das Kommen und Gehen der Schüler für die Verwaltung. Infolgedessen hingen sonnabends nach elf Uhr abends ein oder mehrere zusammengeknotene Bettlaken aus den hinteren Fenstern unseres »Hotels« für verspätete Mitschüler.

In unserer Unterkunft wohnten Schüler aus Vietnam, Afghanistan, Jemen, Irak, Libyen, Uganda, Kongo, Sambia, Mosambik, Ghana und Algerien. Besonders freundschaftliche Beziehungen unterhielten wir zu den Vietnamesen, da der kubanische Geheimdienst gegen diese Kontakte nichts einzuwenden hatte. Die vietnamesischen Schüler waren im allgemeinen feingliedrig und anspruchslos, aber überaus willensstark und diszipliniert, was sich in ihrem ungeheuren Fleiß ausdrückte. Endlose Stunden verbrachten sie mit dem Studium des Russischen, einer Sprache, die für sie besonders schwer ist. Aus aufrichtiger Sympathie und Respekt heraus nannten wir sie stets unsere »Cousins«. Im Gegensatz dazu war uns jeder Kontakt zu Libyern und Irakern ausdrücklich untersagt. Sie neigten dazu, alles zu kritisieren und äußerten sich verächtlich über die Sowjets, was uns sehr betroffen machte, denn unserer Ansicht nach gehörte es sich nicht, über Menschen abfällig zu sprechen, die einem helfen wollten. Darüber hinaus war es nicht ungewöhnlich, daß Offiziere aus diesen Ländern ihre Kadetten körperlich züchtigten. Als wir zum ersten Mal Zeuge wurden, daß ein libyscher Offzier bei zwanzig Grad minus einen seiner Kadetten mit einem Stock schlug, der nackt bis zur Taille vor ihm im Schnee kniete, wären wir fast explodiert. Im Lauf der Zeit »gewöhnten« wir uns an dieses

Schauspiel, schluckten unsere Empörung hinunter und sagten uns, daß es uns nicht zukäme, die Gepflogenheiten anderer Länder zu kritisieren.

Um sechs Uhr früh begann unser Tag als Flugschüler mit Lauf und anderen sportlichen Übungen im Freien. Nach Wintereinbruch wurden wir fast jeden Morgen vom Geräusch der Schaufeln geweckt, mit denen sowjetische Soldaten die Straße für unser tägliches Training vom Schnee freiräumten. Schon bald diskutierten wir mit unserem Vorgesetzten über die Kälte und konnten ihn schließlich davon überzeugen, daß es für uns als Tropenbewohner unzumutbar war, bei minus zwanzig Grad und darunter im Freien herumzuturnen. Auf diese Weise gelang es uns, im Winter zwanzig Minuten länger schlafen zu können.

Unser Frühstück nahmen wir im Speisesaal ein, und die Mahlzeiten waren erfreulich abwechslungsreich und schmackhaft. Danach hatten wir Unterricht bis sieben Uhr abends, mit Ausnahme einer Mittagspause. Der Unterricht erfolgte in russischer Sprache, und ich hatte große Mühe, den Wissensstoff zu verstehen. Meine Sehnsucht nach Vicky wurde von Nacht zu Nacht größer.

Sie schrieb mir jeden Tag, und manchmal erhielt ich zehn ihrer Briefe auf einmal. Ich verschlang sie, wenn ich allein war und träumte von meiner Frau und meinem geliebten Kuba. Vicky schrieb, daß sie mein gesamtes Monatsgehalt von hunderteinundvierzig Pesos sparte, das ihr die Regierung weiter überwies, da ich Armeeangehöriger war. Wir träumten davon, daß sie sich schließlich ein Flugticket kaufen konnte, um den Sommer mit mir in der Sowjetunion zu verbringen, da ich vor Ablauf der ersten beiden Jahre nicht nach Kuba zurückkehren durfte. Doch bei der Realisierung dieser Pläne stießen wir immer wieder auf bürokratische Hürden. Den einzigen Flug, den Vicky mit kubanischer Bewährung kaufen konnte, war eine der Pauschalreisen, die die Gewerkschaften verdienten Mitgliedern anboten, aber

Vicky war Studentin ... Wir hatten jedoch das große Glück, daß ein Gewerkschaftsmitglied dieses Anrecht an Vicky abtreten wollte. Voller Illusionen begannen wir mit neuen Plänen für den Sommer, doch da zeigten sich neue Probleme, dieses Mal von seiten der Sowjetunion. Als Touristin mußte Vicky bei ihrer Gruppe bleiben und durfte mich nicht in Krasnodar besuchen. Ich wiederum konnte mich nicht ihrer Reisegruppe so einfach anschließen. Nach einigen Monaten ließen wir alle Hoffnungen auf einen gemeinsamen Sommer fahren, fanden uns mit der zweijährigen Trennung ab und zählten die Tage bis zu dem Zeitpunkt, an dem mir ein erster Heimflug gestattet würde.

Einmal im Monat versuchten wir miteinander zu telephonieren, aber da mein Sold nicht für das Gespräch ausreichte, verbrachte ich die Nachtstunden in der Pförtnerloge bei »Großmutter« und wartete auf Vickys Anruf. Dann durften wir exakt sechs Minuten lang miteinander reden, konnten einander aber wegen der atmosphärischen Störungen und anderer Nebengeräusche kaum verstehen. Schwach drang Vickys Stimme an mein Ohr, immer wieder von Schluchzen unterbrochen, und ich spürte, wie mir die Kehle eng wurde, was ein deutliches Sprechen auch nicht gerade erleichterte, bis sich unsere Unterhaltung auf die dauernde Wiederholung der Worte »Ich liebe dich« beschränkte. Nachdem die Vermittlung unser Gespräch genau nach sechs Minuten erbarmungslos beendet hatte, ging ich wieder zu Bett, aber natürlich schlief ich nicht ein. Ich starrte an die Decke, atmete tief durch und bemühte mich, mein Heimweh zu verdrängen. Da muß ich durch, sagte ich mir. Dieses Opfer bringe ich für unser künftiges Glück. Und ich hielt durch. Ich widmete all meine Kraft meinen Studien und dem Sport und zählte die Tage, die mich noch von ihr trennten.

Sonnabends, um zwei Uhr mittags, war Unterrichtsschluß. Hastig vertauschten wir unsere Uniformen mit Zivilkleidung und brachen auf, die Welt zu erforschen, die sich Sowjetunion nannte. Wir durchwanderten Krasnodar vom einen Ende zum anderen und suchten die unmöglichsten Orte auf, um unsere Neugier auf dieses riesige Land zu befriedigen, das dem Besucher auf den ersten Blick so undurchschaubar erscheint. In den Straßen von Krasnodar versuchte ich auch zum ersten Mal mein Glück mit den beliebten Getränkeautomaten, einem großen Metalltank, in dem Sirup mit Kohlensäure aus einem hinten angeschlossenen Behälter und Wasser aus einer öffentlichen Pumpe gemischt wird. Im Sommer war die Nachfrage so groß, daß sich Schlangen von Passanten bilden, die ihren Durst mit der »Limonade« stillen wollten, die automatisch in zwei Gläser lief. Bevor sie ihre Münzen einwarfen, schoben die Kaufwilligen die Gläser auf ein horizontal angebrachtes Rad, das beim Rotieren durch Versprühen eines feines Wasserstrahls das Gefäß von möglichen Bakterien reinigen sollte. Durstig und voller Vertrauen in meine Abwehrmechanismen trank auch ich aus diesen Gläsern, die vor mir von Tausenden benutzt worden waren.

Als Kadetten erhielten wir monatlich einen Sold von zwanzig Rubeln von der Schule sowie dreizehn weitere Rubel als »zusätzliche Unterstützung« von der Kubanischen Botschaft. Mit diesen, für unsere Verhältnisse großzügigen Mitteln, stürmten wir die Geschäfte auf der Suche nach den elementarsten Artikeln, die auf Kuba nur selten zu bekommen waren, und sahen uns zum ersten Mal in der Lage, ohne die berüchtigten Lebensmittelkarten oder Bezugsscheine einzukaufen. Andere Schüler, beispielsweise die Libyer, bekamen von ihren Botschaften monatliche Stipendien von mehr als dreihundert Dollar, die sie auf dem Schwarzen Markt gegen acht Rubel pro Dollar eintauschen konnten. Sie hatten es gut . . . Einige von ihnen ließen ihre Bier- und Limonadenflaschen vor den Zimmertüren stehen, damit sie von den Reinigungskräften weggeräumt wurden. Aber wir

Kubaner waren nicht faul, sondern sackten diese Flaschen ein und brachten sie schließlich gegen ein Pfand von fünfundzwanzig Kopeken pro Stück in die Sammelstelle auf dem Schulgelände. In diesem Depot arbeitete eine etwa sechzigjährige Frau, eine Kriegsveteranin mit der Brust voller Orden und Ehrenzeichen. Sie machte alle unsere Versuche zunichte, die Flaschen möglichst unauffällig zurückzugeben, und zählte jedesmal laut und deutlich, als wollte sie auf unsere Notlage hinweisen. Sie zählte nicht nur laut, sondern auch falsch und verrechnete sich stets um zehn Flaschen zu ihren Gunsten. Aber sobald ein Kubaner sie auf diesen Betrug hinwies, bekam er einen so lautstarken Schwall von Gegenbeschuldigungen zu hören, daß er verlegen und ohne die ihm zustehenden zwei Rubel fünfzig den Rückzug antrat. Da es aber in der Nähe keinen anderen Laden gab, wo wir die Flaschen hätten zurückgeben können, stellten wir uns schließlich darauf ein und zogen von vornherein den Erlös der zehn Flaschen ab, den die durchtriebene Frau ohnehin für sich behielt. Als ich dann aber einmal zufällig einer Gruppe älterer Veteraninnen begegnete, deren zerlumpte Kleider mit Orden aus dem Zweiten Weltkrieg bedeckt waren, und sah, wie sie bei bitterster Kälte in den Straßen Schnee schippten, nur um die paar Rubel zum Überleben zu verdienen, verstand ich das Verhalten unserer Flaschenfrau sehr viel besser. Von diesem Tag an teilte ich meine gläserne Beute gerne mit ihr.

In dieser Zeit waren meine Fähigkeiten im Sparen sehr ausgeprägt. Mit den dreiunddreißig Rubeln im Monat sowie dem, was ich mit dem Flaschensammeln verdiente, konnte ich Seife, Zahnpasta und andere Dinge kaufen, die von der Schule nicht geboten wurden, sowie Kleidung und Schuhe für Vicky und die anderen Familienmitglieder. Es gelang mir sogar, ein paar Mitbringsel für Freunde zu erwerben. Waren sowjetischer Produktion waren zwar minderwertiger als die kapitalistischer Herkunft, mit denen die

Libyer und Iraki herumstolzierten, aber wir Kubaner waren schon von der Tatsache begeistert, daß sie überhaupt angeboten wurden. Alle schrieben wir unseren Familien von dem umfassenden Angebot in der Sowjetunion, in der man von einem Paar Strümpfe bis zu einem Boot praktisch alles kaufen könne – völlig ohne Berechtigungsscheine. Jedesmal, wenn uns diese Zustände wieder bewußt wurden, griffen wir auf Entschuldigungen zurück, die sich etwa so anhörten: »Offensichtlich hat das sowjetische Regime seine Ziele noch nicht vollständig erreichen können.« Als ob das alte Zarenregime, das bereits sechzig Jahre zuvor abgeschafft worden war, immer noch für diese Mißstände verantwortlich gemacht werden konnte.

Mit zunehmenden Russischkenntnissen verbesserten sich auch unsere Beziehungen zum Schulpersonal und zu den Bewohnern von Krasnodar. Nach und nach erfuhren wir mehr über den Sowjetalltag, der uns teilweise unglaublich und unerträglich erschien. Unsere Enttäuschung über diesen Staat, den man uns als Speerspitze der Zivilisation zu bewundern gelehrt hatte, begann in dem Moment, als die ersten Schüler einer medizinischen Behandlung bedurften. Einem jemenitischen Schüler wurde der Blinddarm ohne Narkose entfernt, und auch Zähne wurden mit mittelalterlichen Methoden gezogen. Die hygienischen Zustände in der Krankenabteilung waren erschreckend, und das medizinische Personal hatte oft Alkoholfahnen. In allen Schichten der Gesellschaft schien Korruption an der Tagesordnung und hinterließ in uns den Eindruck eines überwältigenden Niedergangs des moralischen Bewußtseins in der Sowjetunion.

Eines Montags informierte uns der Politkommissar der Schule während unserer Morgenübung darüber, daß eine bekannte Bande von »Rabauken« zwei unserer Schüler aus Uganda zusammengeschlagen hatten, als diese in der Stadt auf den Bus warteten.

»Bis auf weiteres darf kein Schüler das Schulgelände verlassen«, schloß der Kommissar seine Ausführungen.

Teils aus Solidarität, teils aus Neugierde besuchten einige von uns die Opfer im Krankenhaus, und ihr Anblick erschütterte uns. Ihnen waren Zähne ausgeschlagen und die Kiefer gebrochen worden. Nur das Auftauchen einer Polizeistreife hatte ihnen das Leben gerettet. Die Schläger hatten sie bewußtlos auf dem Bürgersteig zurückgelassen und waren geflüchtet. Zu unserer Verblüffung erfuhren wir später, daß Dutzende von Zeugen dabeigestanden, aber nichts unternommen hatten.

Mit der Zeit wurde uns klar, daß die jungen Russen ausgeprägte Antipathien gegen die ausländischen Schüler hegten, die sie als Eindringlinge und »Konkurrenten« um ihre Mädchen empfanden. Besondere Abneigung schienen sie gegen Afrikaner zu haben, die sie abschätzig als »Neger« bezeichneten. Angehörige dieser Straßenbanden sprachen auch häufig vor der Schule Kadetten an, um von ihnen Dollars, Kleidung oder ausländische Phonogeräte zu kaufen und zahlten ein kleines Vermögen für irgendeinen Gegenstand mit nordamerikanischem Firmennamen. »Wir können sehr viel bessere Produkte herstellen«, protzten sie, boten dann aber zweihundert Rubel für ein paar westliche Jeans oder tausend Rubel für einen Kassettenrecorder, den sie aus sowjetischer Produktion für fünfzehn beziehungsweise zweihundert Rubel kaufen konnten. Dieses Verhalten führte manchmal zu der Absurdität, daß sie einem Schüler für eine Sonnenbrille vierzig Rubel zahlten, die dieser ein paar Stunden zuvor für drei Rubel in Krasnodar gekauft hatte. Was ein Ausländer trug, konnte nicht aus sowjetischer Produktion stammen, schien ihre Logik zu sein.

Da Überfälle von Straßenbanden keine Seltenheit waren, wir aber aus Erfahrung wußten, daß Beschwerden über sie lediglich zu dem Verbot führten, sich in Krasnodar frei zu bewegen, beschlossen wir Kubaner, dieses Problem auf unsere Weise zu lösen. Wir trafen uns mit ihren Anführern in einer der vielen, schmuddeligen Kneipen, tranken ein paar Bier und aßen von den kleinen, rötlichen, nicht besonders guten Fischen, die es dort gab. Und so schlossen wir eine Art »Friedensvertrag«, der von den Banden im allgemeinen beachtet wurde. Einen Kubaner anzugreifen hätte Krieg zwischen ihnen und uns bedeutet, daher bekamen wir auf den Straßen kaum irgendwelche Probleme.

Mittlerweile hatte man mich zum stellvertretenden Leiter unserer Gruppe gemacht, und ich bemühte mich um die Einhaltung bestimmter Regeln, deren Nichtbeachtung den Zusammenhalt unserer ganzen Formation gefährden konnte. Eines Sonnabends kamen drei unserer Freunde erst nach elf Uhr abends zurück und hatten das Unglück, dabei von Major Argatow bemerkt zu werden. Es gelang ihnen zwar noch, in ihre Zimmer zu entwischen, aber unserem Ausbildungsleiter war es keineswegs entgangen, daß es sich bei ihnen um Kubaner handelte. Daraufhin wurden wir alle geweckt und hatten in zwei Reihen in der Halle anzutreten. Immer wieder wollte Argatow die Namen der Sünder wissen, aber keiner trat vor. Er wurde von Minute zu Minute ärgerlicher, drohte uns mit Ausweisung, mit einer formellen Beschwerde bei der Kubanischen Botschaft, mit Freizeitentzug für die gesamte Gruppe – noch immer trat niemand vor. Am nächsten Tag übte er weiterhin mit einer Beharrlichkeit Druck auf uns aus, die wir als fast unerträglich empfanden. Schließlich versprachen wir dem Major, daß sich die Schuldigen unter der Voraussetzung melden würden, daß sie nicht nach Kuba zurückgeschickt wurden.

»In Ordnung«, erwiderte Argatow. »Aber sie sollten damit nicht zu lange warten, denn langsam verliere ich die Geduld. Das Ganze macht auf mich langsam den Eindruck einer Verschwörung, und innerhalb der Streitkräfte ist kollektiver Ungehorsam ein Vergehen, also müssen Sie alle mit ziemlichen Schwierigkeiten rechnen . . .«

Dann setzten wir dreißig uns zusammen, Gallardo erklärte die Situation und versicherte, daß den Sündern keine Ausweisung drohe, daß sie sich aber melden müßten, damit eine sinnvolle Lösung gefunden werden könne. Wieder erfolgte keine Reaktion, und wir begannen uns zu fragen, wie es eigentlich um die Integrität unserer Gruppe bestellt war, wenn drei von uns nicht dazu fähig waren, für ihre Taten einzustehen. In ähnlichen Fällen hatten wir einander zwar immer gedeckt, aber jetzt war die Lage so, daß man die Haltung der drei Sünder nur als Feigheit deuten konnte. Und das ärgerte mich so, daß ich mit der Zeit noch neugieriger auf ihre Identität war als Major Argatow selbst.

Am Abend kam Robertico zu Gallardo und mir ins Zimmer. »Ich bin einer der drei«, sagte er mit gesenktem Kopf.

»Und wer sind die anderen?« wollte Gallardo wissen.

»Das geht mich nichts an. Das ist ihre Sache«, erklärte er kopfschüttelnd und hob abwehrend die Hände.

»Begreifst du denn noch immer nicht?« fragte Gallardo scharf. »Es geht nicht darum, sie zu bestrafen. Es geht darum, daß wir unbedingtes Vertrauen zueinander haben müssen. Wir sind schließlich so etwas wie eine Familie. Wenn wir einander schon nicht vertrauen, wem dann?«

»Ich weiß, aber dann werden sie alle sagen, ich sei ein Verräter.«

»Stimmt«, meinte Gallardo düster.

Wir schwiegen eine Weile, doch dann sagte Robertico fast aufgeregt: »Ich weiß, was wir machen könnten. Wenn ihr beide behauptet, ich sei ein Agent der Staatssicherheit, würde mir niemand Vorwürfe machen, die Namen genannt zu haben.«

Wir sahen ihn überrascht an. Er hatte recht. Für uns alle waren diese Männer geheimnisumwitterte Helden. Wenn sie Robertico als Mitarbeiter vertrauten, dann würde unsere Gruppe ihn respektieren und nicht als Verräter betrachten.

»Aber früher oder später wird diese Lüge mit Sicherheit

herauskommen«, sagte ich, um Robertico die ganze Tragweite seines Vorschlags begreiflich zu machen.

»Mag sein«, meinte Gallardo, »aber dann hat sich die erste Aufregung längst gelegt. Also sag uns, wer die anderen sind, und dann setzen wir uns nach dem Abendessen noch einmal zusammen.«

»Es sind Enrique und Jofre. Wir sind gemeinsam zurückgekommen, aber sie sind zu ängstlich, sich zu melden.«

Wir trafen uns um acht Uhr im Gemeinschaftsraum und warteten darauf, daß Gallardo das Wort ergriff. Über das Thema gab sich niemand von uns irgendwelchen Illusionen hin. »Ich will es kurz machen«, begann er. »Wir wissen, wer die drei Kadetten sind, aber sie sollen noch eine letzte Chance erhalten, sich selbst zu melden.«

Atemlose Stille legte sich über unsere Gruppe, forschende Blicke wurden ausgetauscht. Ein paar endlose Sekunden verstrichen, aber Enrique und Jofre verhielten sich so unbeteiligt wie alle anderen.

»Also gut«, sagte Gallardo. »Dann bleibt mir keine andere Wahl, als die Namen zu nennen. Enrique, Robertico, Jofre, tretet vor.«

Gallardo hatte alle drei aufgerufen, um Robertico zu schützen und vielleicht ohne die von ihm vorgeschlagene Taktik auskommen zu können. Aber Jofre und Enrique waren über ihre Entdeckung so überrascht, daß sie davon ausgingen, Gallardos Beschuldigung beruhe auf reinen Vermutungen, und vehement bestritten sie, zu den Schuldigen zu gehören. Nun mußte Gallardo doch auf Roberticos Vorschlag zurückgreifen.

»Einer von uns arbeitet seit geraumer Zeit für die Spionageabwehr . . .« Alle standen mit offenem Mund da, während Gallardo eine kleine Kunstpause machte, um dann fortzufahren: »Würdest du bitte zu mir kommen, Robertico?«

Mit energischen Schritten löste sich Robertico aus der

Gruppe, trat neben Gallardo und blickte uns alle selbstsicher an. Erst in diesem Moment gaben Jofre und Enrique alles Leugnen auf. Wie mit Major Argatow vereinbart, kamen sie mit einer mündlichen Ermahnung davon und konnten sich wieder ihrer Ausbildung widmen. Doch an Robertico ging der Zwischenfall nicht so glimpflich vorüber. Die Gruppe verzieh ihm nie, in ihrer Mitte mit einer falschen Identität gelebt zu haben.

Nach dem Ende unseres ersten Ausbildungsjahres fuhren wir alle für eine Woche Ferien nach Sotschi am Schwarzen Meer. Dieser Ferienaufenthalt gehörte zu der zwischen der kubanischen und sowjetischen Regierung getroffenen Vereinbarung, aber eine gerade neu eingetroffene Gruppe Libyer verlangte, gleichfalls nach Sotschi fahren zu können. Da keine zusätzlichen Unterkunftsmöglichkeiten zur Verfügung standen, beschloß die Schulverwaltung kurzerhand, den Libyern die Räume zuzusagen, die für die Kubaner und Vietnamesen vorgesehen waren. In diesem Fall hatte die »unverbrüchliche Freundschaft« zwischen Kubanern und Vietnamesen einerseits und den Sowjets versagt, und wir mußten unseren ganzen Ferienmonat in Krasnodar verbringen. In der Folge konnten wir immer wieder bemerken, daß die Schulleitung Militärangehörige aus kapitalistischen Ländern eindeutig bevorzugte.

Nach Ferienende wurde uns erklärt, wir hätten unsere Zimmer zu räumen, da unerwartet eine größere Anzahl von Schülern aus der arabischen Welt einträfe, was eine Veränderung unseres Ausbildungsprogramms bedinge. Die Araber wurden in den komfortablen Unterkünften in Krasnodar untergebracht, während wir nach Primoskastarskaja verfrachtet wurden, einem 150 Kilometer entfernten Dorf, um dort unsere theoretischen Studien des Flugzeugs fortzusetzen, das wir als erstes fliegen sollten: der L-29.

Primoskastarskaja liegt am Asowschen Meer, die einfachen Holzhäuser entlang der menschenleeren Straße waren von Apfel- und Aprikosenbäumen und von hölzernen Zäunen umgeben. Als wir im Herbst dort eintrafen, hatten wir den Eindruck, in eins der schmutzigsten Nester dieser Welt zu kommen. Die Dorfbewohner waren einfache Bauern, die keinen Hehl aus ihrer Abneigung gegen Fremde machten, die ihrer Meinung nach den ländlichen Frieden störten und der Dorfjugend mit neuen Moden den Kopf verdrehten. Die gut abgesicherte Schule selbst lag knapp fünf Kilometer außerhalb des Ortes und bestand aus zwei Gebäudekomplexen mit Sporthalle, Speisesaal und einem kleinen Flugfeld.

Wir trafen am Nachmittag dort ein und mußten uns vor dem Auspacken zunächst ein paar Anordnungen unseres neuen Ausbildungsleiters anhören, die da lauteten: »Im Moment ist es nicht ratsam, das Dorf zu besuchen, da es zu einigen Übergriffen von einheimischen Jugendlichen auf unsere Schüler gekommen ist.« Und der Schularzt fügte hinzu: »Wir raten Ihnen auch dringend, keine intimen Beziehungen zu den einheimischen Frauen aufzunehmen, da nach unseren Erkenntnissen achtzig Prozent von ihnen unter Geschlechtskrankheiten leiden.«

Ich fragte mich, wie das möglich war. Wir wußten inzwischen zwar, daß Hygiene in den südlichen Gebieten der Sowjetunion kleingeschrieben wurde, aber was ich nun aus dem Mund eines Militärarztes hörte, machte mich sprachlos. Offizielle Statistiken bestätigten also die furchtbare Rückständigkeit eines Landes, das wir stets als Musterbeispiel der Zivilisation betrachtet hatten.

Als Generalmajor Paulika später die Schule mit einem Düsenjäger besucht hatte, den er offenbar als Privateigentum betrachtete, und mit dem er von Schule zu Schule reiste, erfuhren wir, daß Korruption die Norm war. Die jungen Kellnerinnen im Speisesaal berichteten uns, daß Paulika in jeder Schule eine Privatwohnung zur Verfügung stand.

Schließlich entdeckten wir auch den Grund, weshalb die Serviererinnen auf jede Besuchsankündigung des Generals ausgesprochen nervös reagierten oder sich sogar krank meldeten: Paulika hatte die Angewohnheit, sich von einem der Mädchen das Essen in die Wohnung bringen zu lassen, wo er es dann vor die Wahl stellte, sich ihm gegenüber »freundlich« zu zeigen oder die Folgen zu tragen.

Es war 1978 und der Präsident der Sowjetunion gefiel sich darin, seinen Geburtstag mit der Selbstverleihung seines vierten Ordens als Held der Sowjetunion zu feiern. Unsere Lehrer für Marxismus und die Geschichte der KPdSU erklärten uns, in der Sowjetunion sei der Sozialismus bereits verwirklicht, und nun befände man sich auf der Schwelle zur kommunistischen Gesellschaft, von der Marx, Engels und Lenin geträumt hatten. Und doch waren auf Kuba Restriktionen undenkbar, die in der Sowjetunion eine alltägliche Gegebenheit waren. Unser medizinischer Standard war unvergleichlich höher, und wir lebten nicht isoliert vom Rest der Welt. Unsere Staatsbürger konnten sich ungehindert auf der Insel bewegen, ohne für die größeren Städte Zugangsvisa beantragen zu müssen, wie es die Sowjetunion von ihren Bürgern verlangte. Auf Kuba konnten wir amerikanische Filme im Fernsehen sehen und kapitalistische Rockstars im Radio hören. Wir kannten Barbara Streisand und Charles Bronson. Auf Kuba waren wir unserer Vorstellungen und Ideen sicher, hatten keine Angst vor kapitalistischen Kultureinflüssen. Wir konnten uns nicht vorstellen, daß wir auf unserer Insel in einem Geschäft so unverschämt übers Ohr gehauen wurden wie von der Flaschensammlerin in Krasnodar, oder daß ein Arzt ein Extrahonorar für die Besserbehandlung eines Patienten verlangte. Noch unvorstellbarer war es, daß ein kubanischer General ein junges Mädchen zum Sex nötigte und einen Düsenjäger der Streitkräfte als Privatbesitz betrachtete, oder daß ein Oberst einem libyschen Kadetten für einen Kassettenrecorder besondere Privilegien gewährte. Was für ein Betrug an der Menschheit, sagte ich mir, und wenn die osteuropäischen Länder nach sowjetischem Muster sozialistisch sind, dann ist der einzig wahre sozialistische Staat Kuba!

Nachdem wir fünf schier endlose Monate theoretischer Studien im nahezu unerträglichen Primoskastarskaja verbracht hatten, kamen wir nach Morosowsk, einem größeren Eisenbahnknotenpunkt zwischen Rostow und Wolgograd. Morosowsk war ein malerischer Ort mit freundlichen Bewohnern, die uns mit wohlwollender Neugierde entgegenkamen und uns das Gefühl vermittelten, bei ihnen willkommen zu sein. Wir wurden von Oberst Djiriskowskij begrüßt, dem Leiter der Katschenskoje-Schule, wohin wir verlegt wurden, um Platz für immer weitere Schüler aus arabischen und afrikanischen Ländern zu machen. Dort waren wir die ersten und einzigen ausländischen Kadetten, und das war ein Vorteil. Wir wohnten mit russischen Auszubildenden zusammen und wurden mit besonderer Gastfreundschaft behandelt.

Nachdem vier von uns die theoretischen Prüfungen nicht bestanden hatten und nach Kuba zurückgeschickt worden waren, umfaßte unsere Gruppe nur noch sechsundzwanzig Mann. Wir alle freuten uns über die Aussicht, bald fliegen zu können, verbrachten lange Stunden in der Sporthalle und im Flugsimulator und träumten von unserem ersten Alleinflug und den Ferien auf Kuba, die auf uns warteten, wenn wir unser zweites Ausbildungsjahr hinter uns gebracht hatten.

Unsere Fluglehrer waren jung, aber sehr professionell und verfügten über solide theoretische und praktische Kenntnisse. Jeden Nachmittag diskutierten sie mit uns die verschiedenen Details der Aero- und der Flugdynamik, demonstrierten uns anhand von Modellen die Manöver, die wir am nächsten Tag ausführen sollten, um uns danach gründlich darüber auszufragen, wieviel von dem Lernstoff wir behalten hatten. Am Ende jeden Tages zeichneten sie unsere Arbeitshefte ab und gaben uns ihre Zustimmung für den Flug des nächsten Tages. Nach unseren Flügen berichteten wir einander begeistert von unseren Erlebnissen. Endlich konnten wir tun, wovon wir während der anstrengenden fast zweijährigen Ausbildungszeit geträumt hatten.

Jeder Fluglehrer war für drei oder vier Kadetten verantwortlich, denen er Navigationstechniken sowie die verschiedenen Flugmanöver beibrachte. Nachdem die Schüler die für den Alleinflug notwendigen Übungen absolviert hatten, nannte der Ausbilder einem bestimmten Piloten vom Stützpunktkommando eine Liste der Schüler, die er für »flugfähig« hielt. Dieser Pilot unternahm mit jedem von ihnen noch einen Testflug, bevor er ihm die Erlaubnis zum Alleinflug erteilte.

Ich hatte meinen Flugkurs mit meinem Ausbilder in einer L-29 absolviert. Jetzt trat ich vor dem Piloten an, der mir meine Flugprüfung abnehmen sollte – nur er konnte entscheiden, ob ich bereit für meinen ersten Alleinflug war. Als wir gelandet waren und ich strammstand, um sein Urteil zu hören, legte er eine Hand auf meine Schulter und sagte: »Was machen Sie noch hier unten? Ab in die Luft mit Ihnen!«

Freudestrahlend rannte ich zum nächsten startbereiten Flugzeug. Zum ersten Mal sollte ich ganz allein fliegen. Jedes einzige Instrument im Cockpit dieses Flugzeugs würde ganz allein meinem Willen gehorchen.

»Ich bin gestartet! Ganz allein!« rief ich mir selbst zu, als die Maschine von der Startbahn abhob. Eine dunkle Wolkenfront hatte begonnen, sich auf den Flugplatz zuzubewegen, und ich wußte, daß man mich zurückrufen würde, wenn es zu regnen beginnen sollte.

»Null-acht, Rizhnoy.« Das war der Kontrollturm.

»Hier null-acht.«

»Wie ist das Wetter da oben?«

»Großartig.«

Sie ließen mir reichlich Zeit, meinen ersten Soloflug zu genießen. Es war schon immer so gewesen: Je mehr ich flog, desto größer wurde mein Verlangen zu fliegen. Die romantische Krankheit aller Piloten, für die noch niemand eine Heilmethode gefunden hat, hatte mich schnell gepackt: Ich war besessen vom Fliegen.

Bedauerlicherweise erwiesen sich acht unserer Gruppenmitglieder als unfähig, die Maschine in einer bestimmten Anzahl von Qualifizierungsflügen ordentlich zu steuern. Von den durchgefallenen Kandidaten berührte uns das Schicksal von Rafael ganz besonders. Seine Flugleidenschaft hatte ihn dazu befähigt, seine Ausbildung mit geradezu brillanten Ergebnissen hinter sich zu bringen, obwohl er seine Frau und Tochter aus Kuba schmerzlich vermißte. Seine medizinischen Untersuchungen, Streßtests und Flugsimulationen hatte er zur vollen Zufriedenheit bewältigt, aber in dem Augenblick, in dem er mit einer Sauerstoffmaske startete, mußte er sich übergeben. Ohne Maske konnte er zwar fliegen, doch das war für einen Kampfpiloten eine Unmöglichkeit, und so wurde er schließlich disqualifiziert. Und dann ließ auch noch sein Rückflugticket, das ihm die Kubanische Botschaft schicken sollte, unerklärlicherweise monatelang auf sich warten, so daß er gezwungen war, die ganze Zeit untätig auf dem Stützpunkt zu verharren.

In der Zwischenzeit bekam ich täglich Post von Vicky, und auch ich schrieb ihr jeden Tag und berichtete in Briefen von meinen Erlebnissen als Pilot – und von meinen Träumen, den Träumen von einer Zukunft, in der wir uns nicht mehr zu trennen brauchten. Sie war in jeder Sekunde meiner zwei Jahre in der Sowjetunion bei mir gewesen, und ich ersehnte nichts mehr, als sie endlich wieder wirklich in meinen Armen zu halten und ihr sagen zu können, wie sehr ich sie liebte.

Im Oktober 1979 verbrachten wir vor dem Rückflug

nach Kuba einige Tage in Moskau. In dieser Zeit fand ich kaum Schlaf: aus Vorfreude auf das Wiedersehen mit meinen Lieben, aber auch wegen meiner ausgedehnten Streifzüge durch die Metropole mit der prachtvollsten und leistungsfähigsten U-Bahn, die ich je gesehen hatte. Die Stadt selbst machte auf mich den Eindruck, als wären die Millionen Bewohner in ständiger Bewegung. Menschenströme ergossen sich in alle Richtungen – stets riskierte man, von ihnen erstickt oder erdrückt zu werden. Bei einem unserer Spaziergänge verspürte Enrique ein dringendes Bedürfnis, und wir rannten auf der Suche nach einem öffentlichen WC buchstäblich meilenweit herum. Nach Stunden ergebnislosen Forschens teilte uns ein hochroter Enrique schließlich mit: »Zu spät – jetzt brauchen wir nicht weiter zu suchen.« Seither nannten wir Moskau die Stadt ohne Toiletten.

Der Flug nach Havanna wollte kein Ende nehmen. Immer wieder sah ich ungeduldig aus dem Fenster, ohne etwas anderes als blaue Atlantikwellen entdecken zu können. Endlich setzten wir dann doch zur Landung an, und bald darauf tauchte unter der linken Tragfläche die Halbinsel Varadero auf. Ich dachte an die Worte Kolumbus' nach seiner Landung am östlichen Strand meiner Insel: »Das ist das schönste Land, das je ein Sterblicher erblickt.« Weiter vorn tauchte Matanzas auf, die Stadt meiner Jugend, in der meine Eltern noch immer lebten. Ich sah ihren Hafen, ihre Strände ... Tatsächlich, diese kleinen Häuser am Park, da wohnen meine Eltern! Wahrscheinlich warten sie bereits mit Vicky auf dem Flughafen ... Junge, Junge, ist das ein wunderbares Gefühl!

Als das Flugzeug landete, wurde ich endlich ein bißchen ruhiger. Auf diesen Augenblick hatte ich so lange gewartet. Endlich atmete ich wieder die feuchte Luft der Tropen, und plötzlich kam es mir so vor, als hätte ich Kuba erst vor kurzem verlassen. Ich hörte Vicky von der Galerie meinen Namen rufen und blickte verwirrt hoch, wie jemand, der aus langem Schlaf erwacht. Inmitten all der Menschen, die mit ausgestreckten Armen auf Angehörige und Freunde warteten, konnte ich sie zunächst nicht entdecken.

Nachdem wir die Einreiseformalitäten hinter uns hatten, mußten wir eine halbe Ewigkeit auf unser Gepäck warten, also ging ich zur Glaswand und zog den Vorhang zur Seite. Und auf der anderen Seite sah ich Vicky im Profil. Neben meinen Eltern reckte sie sich auf den Zehenspitzen, um über die Köpfe der vor ihr Stehenden hinwegblicken zu können. Ein paar Sekunden lang beobachtete ich sie schweigend durch die transparente Wand, und plötzlich, als hätte sie meine Anwesenheit gespürt, drehte sie sich um und kam auf mich zugerannt. Getrennt durch die Glasscheibe standen wir uns minutenlang gegenüber und sahen uns in die Augen. Eine Träne lief ihr über die Wange, dann riß mich eine Stimme hinter mir aus meiner Erstarrung: »Verzeihen Sie, aber es ist nicht gestattet, die Vorhänge zu öffnen. Bitte kehren Sie zur Gepäckausgabe zurück.« Wie immer überprüften sie meine fünfundzwanzig Kilo Tand und Kinkerlitzchen sehr sorgfältig, und als ich den Zoll endlich überstanden hatte, vergaß ich in meiner Hast prompt meine Gitarre.

Auf dem Flughafen in Havanna anzukommen ist stets ein großes Ereignis. Gleichgültig, woher man kommt und wie lange man fort war, immer erwarten einen Scharen von Angehörigen und Freunden, die einen freudeschreiend in die Arme nehmen wollen. Wir bildeten da keine Ausnahme, und als ich Vicky umarmte und küßte, hörte ich den – freundlichen und typisch kubanischen – Ausruf: »Himmel, was für eine Umarmung!«

Mein Vater arbeitete zu dieser Zeit als Leiter der Abteilung für Laienkunst im Kulturministerium in Matanzas, und in seinem neuesten Dienstwagen, einem klapperigen Moskwitsch, dessen Bremsen kaum funktionierten, fuhren wir zum Haus meiner Schwiegereltern.

»Hier haben wir den Sozialismus«, sagte ich ihm bei erstbester Gelegenheit, »aber in der Sowjetunion ist der Sozialismus nichts als ein großer Schwindel.« Nach allem, was ich zuvor über dieses »großartige« Land gehört hatte, war ich von der Realität so desillusioniert, daß ich meine Enttäuschung unbedingt loswerden mußte.

»Was meinst du damit?«

»Was ich gerade gesagt habe. In der Medizin hinken sie uns um fünfzig Jahre hinterher. Die Korruption ist ganz selbstverständlich, und der Wissensstand so niedrig, daß man uns gefragt hat, ob wir mit dem Zug aus Kuba gekommen sind . . .«

»Bist du verrückt? Du weißt ja nicht, was du sagst. Du urteilst offenbar nach Einzelfällen, die es hier wie da gibt. Wie kannst du behaupten, daß das weltweit in der Weltraumtechnik führende Land rückständiger ist als Kuba?«

»Ihre wissenschaftlichen Leistungen bestreite ich ja gar nicht. Aber ich kann dir versichern, daß diese Errungenschaften keinerlei Auswirkungen auf den Alltag haben. Die Grundversorgung klappt nicht. Der Lebensstandard ist unglaublich niedrig, die sanitären Verhältnisse, die Wohn- und Ernährungsbedingungen sind erschreckend, Alkoholismus und Ehebruch an der Tagesordnung. Familiäre Werte existieren praktisch nicht. Die angeblich hochverehrten Veteranen des Großen Vaterländischen Krieges müssen elendig auf den Straßen dahinvegetieren. Alte Frauen schippen frühmorgens Schnee, um überhaupt überleben zu können. Und bei der Armee drangsalieren die hohen Tiere die Untergebenen ausgesprochen despotisch und entwürdigend. Nicht wenige Menschen äußern sich unverblümt rassistisch und haben keine Ahnung, was außerhalb ihrer Staatsgrenzen vor sich geht, halten sich aber für die Besten und Klügsten in allen Dingen. Das alles ist so demagogisch. Ein Afrikaner kann es nicht einmal wagen, die Straße zu betreten – ohne Angst, körperlich angegriffen zu werden.«

»Du hörst dich an wie ein Feind des Sozialismus. Dutzende meiner Freunde sind mit ganz anderen Eindrücken aus der Sowjetunion zurückgekehrt.«

»Natürlich, aber die waren ja auch zu offiziellen Besuchen drüben und bekamen von den sowjetischen Behörden nur das gezeigt, was sie sehen sollten. Aber wir sind mit ganz normalen, einfachen Menschen zusammengekommen, haben sie in ihren Wohnungen besucht, ihren Alltag geteilt. Ich hoffe nur, daß du dieses Land nie unter den Bedingungen kennenlernst, die wir erlebt haben.«

»Du weißt nicht, wovon du redest, mein Sohn.«

»Papa, ich war zwei Jahre lang da drüben – nicht du. Ich schildere dir nur, was ich mit eigenen Augen gesehen habe ...«

»Ich brauche mich nicht durch eigenen Augenschein von Realitäten zu überzeugen. Ich habe Dutzende von Büchern über die Geschichte, die Kultur und die Entwicklung der Sowjetunion gelesen, die durch den Sozialismus von einem der rückständigsten Länder der Welt zur Weltmacht geworden ist. Ich wüßte zu gern, ob es den Vereinigten Staaten gelungen wäre, sich von den furchtbaren Auswirkungen des Zweiten Weltkrieges so zu erholen, wie es die Sowjetunion getan hat.«

»In Ordnung, Papa«, sagte ich leise, legte den Arm um Vicky und zog sie eng an mich. Ich sah ein, daß ich seine Meinung nicht ändern würde. Und schließlich war die Sowjetunion ein riesiges Land, aber ich hatte lediglich ein paar abgelegene Orte im Süden gesehen. Vielleicht traf ja zu, was wir Schüler so oft im Scherz gesagt hatten: daß der unaufhaltsame Vormarsch der Sowjetmacht in diesen Bereichen noch nicht angekommen war ...

Am Abend fuhren Vicky und ich nach Varadero Beach. Es war ihr gelungen, ein Zimmer in demselben Hotel zu buchen, in dem wir unsere Flitterwochen verbracht hatten.

Wir waren überglücklich und durchlebten die wunderbare Zeit, die wir vor über drei Jahren dort verbracht hatten, in ihrer ganzen Leidenschaft noch einmal.

Dann fuhren wir zu meinen Eltern nach Hause, und nach einer Woche brachten sie uns mit ihrem Auto nach Havanna zurück. Mein einziger Neffe war auch mit von der Partei. Fast die ganze Fahrt über lachten wir uns über die Späße des Dreijährigen halb tot. Während er fuhr, scherzte mein Vater mit dem Kleinen und stellte ihm all die Fragen, die er schon beantworten konnte.

»Sag mal, Faurito, bist du ein verraco?«

»Nein, Opa.«

»Was bist du denn?«

»Ein Revolutionär!«

»Und was noch?«

»Milizsoldat, Pionier, Kommunist«, erklärte der Junge, während wir lachten und sehr stolz auf unseren klugen Nachkommen waren.

In Havanna konnten wir wieder für kurze Zeit miteinander arbeiten, diesmal für Vickys nahe Zwischenprüfung in Biochemie. Bei meiner nächsten und endgültigen Rückkehr aus der Sowjetunion würde sie nur noch ein Jahr brauchen, um ihre Ausbildung abzuschließen. »Wenn ich das nächste Mal zurückkomme, können wir ja unser erstes Baby bestellen, falls du damit einverstanden bist«, sagte ich lächelnd, und sie umarmte mich zärtlich. Der Tag meiner Abreise rückte näher, erwies sich dann aber als nicht so qualvoll wie vor zwei Jahren, da ich diesmal nur zehn Monate fortbleiben würde. Außerdem sollte ich bald zum ersten Mal hinter dem Steuer eines echten Kampfflugzeuges sitzen.

Auf unserem neuen Stützpunkt außerhalb des Ortes Kuschiowskaja warteten die brandneuen MIG-21 auf uns. Nach dem theoretischen Unterricht wurden wir in Vierergruppen einem Ausbilder unterstellt, dann begannen unsere Flüge in diesen hochtechnisierten, temperamentvollen

Überschalldüsenjägern, bei deren Handhabung man sich nicht den kleinsten Patzer erlauben durfte.

Eines Abends luden mich der Leiter unseres Geschwaders und der Politkommissar des Stützpunktes dazu ein, bei einer Party in einer der Offizierswohnungen der Basis Gitarre zu spielen. Beide waren als Ausbilder auf Kuba gewesen und äußerten sich begeistert über die Gastfreundschaft, die sie dort genossen hatten. Da ich zuvor noch nie von sowjetischen Offizieren privat eingeladen worden war, warf ich mir meine Gitarre über die Schulter und folgte ihnen. Nachdem ich allen vorgestellt worden war, bat man mich, an dem reich mit Speisen, Wein und Wodka gedeckten Tisch Platz zu nehmen und brachte den ersten Trinkspruch auf mich aus. Meine Gastgeber waren Musterbeispiele typisch russischer Gastfreundschaft. Weitere Trinksprüche folgten: auf die Freundschaft zwischen dem kubanischen und dem sowjetischen Volk, auf die Brüder, die ihr Leben im Kampf gelassen hatten, damit wir Abende wie diesen genießen konnten, auf die Gesundheit unserer Lieben und so weiter. Nach ein paar Gläsern äußerten meine Gastgeber ihre Bewunderung für Kuba und unsere politische Führung.

»Wir brauchen einen Fidel Castro, um Ordnung in unser Land zu bringen«, erklärte der Politkommissar, nachdem er sich abfällig über Breschnew geäußert hatte. Also tranken wir auf Castros Gesundheit. Ich machte mir nicht viel aus Alkohol, wollte sie aber nicht vor den Kopf stoßen, daher nippte ich nach jedem Toast nur an meinem Glas. Die Zuneigung und Bewunderung, mit der diese beiden sowjetischen Offiziere über Kuba sprachen, berührten mich tief. Nach dem korrupten Verhalten mancher hochrangiger Militärs, die die Freundschaft zwischen unseren Völkern beschworen, aber jene privilegierten, die mit harter Währung bezahlen konnten, freute es mich, auch andere kennenzulernen, für die moralische Werte, die uns Kubanern so wichtig sind, Vorrang vor materiellen Dingen hatten.

»Unsere Führung ist verkommen und korrupt, weil dieser alte hinfällige Mann einfach nicht sterben will«, fügte der Oberst, unser Geschwaderchef, hinzu. Seine kalte Verachtung verblüffte mich. Aber sie verachteten ihre Führung nicht nur, sie verabscheuten sie auch. »Und darum brauchen wir hier einen Castro«, schloß er. Mit großer Erleichterung erkannte ich, daß ich endlich eine Erklärung für meinen Vater hatte: Der Grund für das Versagen des sowjetischen Sozialismus war der Mann an der Spitze, nicht das System an sich. Nicht alle waren korrupt, nur die wenigen, die ich bisher kennengelernt hatte. Die Mehrheit des Sowjetvolks hatte sich die Ideale aus Lenins Tagen bewahrt. Das gab mir Hoffnung und stellte mein Vertrauen in die UdSSR wieder her. Sie werden mit dem Übel aufräumen, das sich bei ihnen eingenistet hatte, dachte ich optimistisch.

Wir gerieten ins Schwärmen, sehnten uns alle nach meinem Heimatland und sangen kubanische Lieder, die ich auf der Gitarre begleitete. Dann begannen sie zu tanzen und tranken weiterhin riesige Mengen Wodka. Als mich der Geschwaderchef aufforderte, auch ein Tänzchen mit seiner Frau zu wagen, entschuldigte ich mich damit, das Bad aufsuchen zu müssen, und suchte nach einer Ausrede, die Party verlassen zu können, die ebensowenig ein Ende zu nehmen schien wie ihre Wodkavorräte. Als ich aus dem Bad zurück kam, sah ich die Frau des Politkommissars in leidenschaftlicher Umarmung mit dem Geschwaderchef in der Küche. Verstört kehrte ich ins Wohnzimmer zurück, wo ich die gleiche Szene in umgekehrter Besetzung auf dem Sofa erblickte. Trotz ihrer Bitten, doch noch ein bißchen zu bleiben, erklärte ich, am nächsten Morgen früh aufstehen zu müssen und vergaß in der Eile des Aufbruchs meine Gitarre. Zurück in meinem Quartier warf ich mich auf das Bett und starrte an die Decke. Ich hatte mich in dieser Gesellschaft zu Anfang so wohl gefühlt; sie hatten mir den Glauben an ihr Land zurückgegeben, den ich schon fast verloren hatte.

Und dann dachte ich wieder an den geistigen Schock, den ich ein paar Minuten zuvor erlitten hatte. Ich verstehe das nicht, dachte ich bei mir. Wie normal muß unmoralisches Verhalten werden, daß sie sich nicht einmal die Mühe machen, es zu verheimlichen?

Während meines dritten Jahrs in der Sowjetunion unternahmen wir auch einen Ausflug nach Wolgograd, das frühere Stalingrad. Irgend jemand wollte wissen, warum die Stadt nach dem XX. Parteitag der KPdSU umbenannt wurde, und unser Führer erwiderte trocken: »In seiner letzten Lebensphase hat der Genosse Stalin mit seinem Personenkult schwerwiegende Fehler begangen.« Nach einem kurzen Gang durch die Stadt am westlichen Wolgaufer begaben wir uns zum Mamajew-Kurgan-Mahnmal für die Opfer der Schlacht von Stalingrad, das der Hauptgrund für unseren Besuch war. Wir stiegen die Stufen zu dem Denkmal hinauf, von dem aus man die ganze Stadt überblicken kann, und waren beeindruckt von den Grünanlagen und Brunnen um uns herum. Schließlich führten die Stufen zwischen Felswänden hindurch, in die hinein Gesichter von Frauen und Kindern geschnitten waren, von Opfern der Belagerung durch die deutsche Wehrmacht. Weiter oben befindet sich der Mausoleumkomplex mit einer ewigen Flamme inmitten eines kreisförmigen Brunnens. In die Wände sind mit goldenen Lettern die Namen der Hunderttausenden graviert, die bei der Verteidigung der Stadt und in der Schlacht zwischen Wolga und Don gefallen sind, einer Schlacht, die zum Wendepunkt des Zweiten Weltkrieges wurde. Wir hörten Klagelieder, als wir das Mausoleum betraten, und ich fühlte mich ein Vierteljahrhundert zurückversetzt, roch das Gewehrfeuer, hörte die qualvollen Schreie der Verwundeten. Schweigend sah ich zu den Wänden empor, las einige Namen, stellte mir ihre Gesichter vor, ihr Schicksal. Fast kam es mir vor, als hätte ich sie gekannt.

Es war Zufall, daß ich 1956 auf Kuba zur Welt gekommen war. Angenommen, ich wäre sehr viel früher hier geboren worden. Dann hätte ich sehr gut einer von jenen sein können, deren Namen hier eingraviert waren. Und einer von ihnen hätte auf meinen Namen blicken können.

Das Mahnmal wird von einer gigantischen Statue der »Mutter Heimat« gekrönt. In der rechten Hand hält sie ein Schwert von fast zwanzig Meter Länge, ihr Gesicht drückt die Entschlossenheit aus, eher zu sterben, als sich dem Feind zu unterwerfen. Die Zahl der Toten, die Last ihrer Qualen nötigte mir stumme Ehrfurcht ab, und ich begriff, daß wir die Vergangenheit nicht abschütteln können, daß wir gezwungen sind, ihr Leid nachzuempfinden. Wir haben kein Recht auf Vergessen. Jedes Opfer, das wir bringen können, nimmt sich im Vergleich mit dem der Gefallenen klein aus. Mit ihrem Tod haben sie unser Leben ermöglicht, und wir haben nicht das Recht, das zu vergessen. In Wolgograd verstand ich, daß wir für immer in der Schuld unserer Toten stehen.

Kurz vor dem Abschluß meiner Fliegerausbildung erhielt ich eine Mitteilung der politischen Abteilung der Kubanischen Botschaft. Die Überprüfung meines Antrags auf Aufnahme in den Bund Junger Kommunisten war positiv verlaufen: »In Anerkennung Ihrer hervorragenden Ausbildungsergebnisse und Ihrer beispielhaften revolutionären Haltung«, wie es in dem meinem Mitgliedsausweis beigefügten Schreiben hieß.

Mit einer Ansprache wurden wir am letzten Tag auf dem Flugfeld von Kuschiowskaja verabschiedet. Hinter uns standen die glänzenden MIG-21, über uns flatterten die Fahnen Kubas und der Sowjetunion im Wind, als der Stützpunktkommandant das Wort ergriff:

»Kampfgefährten, wir beglückwünschen Sie zur erfolgreichen Bewältigung der Aufgaben, die Ihnen von der

Kommunistischen Partei Kubas und dem kubanischen Volk gestellt wurden. In Ihrem Widerstand gegen den nordamerikanischen Imperialismus sind Sie ein Bollwerk universeller Menschenrechte. Wir sind stolz, Sie in den vergangenen drei Jahren unterrichtet zu haben und wissen jetzt, da wir Sie besser kennengelernt haben, noch mehr als zuvor, daß die Vereinigten Staaten die Insel der Freiheit nie bezwingen werden. Weder die NATO noch ihre Militärtechnologie wird ihnen angesichts von Männern wie Ihnen etwas nutzen. Jede Waffe ist nur so gut wie der Mann, der sie bedient, und Sie als Kubaner haben einen Wert bewiesen, der weit größer ist als die gesamte Militärstrategie der Vereinigten Staaten.«

Die Ansprache des Obersten schnürte uns den Hals zu. Auf diesen Moment hatten wir lange gewartet, hatten in dieser fremden und mitunter feindlichen Umgebung etliche Schwierigkeiten überwinden müssen. Jetzt waren wir endlich am Ziel – und stolz darauf.

»Lang lebe die Kommunistische Partei Kubas, lang lebe die Kommunistische Partei der Sowjetunion«, fuhr der Oberst fort. »Lang lebe die unverbrüchliche Freundschaft zwischen unseren Völkern! Lang lebe Leonid Iljitsch Breschnew! Lang lebe . . .«

Begeistert fielen wir in die Hochrufe ein. Wie die Düsenjäger hinter uns waren wir bereit, unser Opfer für eine bessere Welt zu bringen. Wir waren Kämpfer der gerechten Sache. Wir waren stolz auf unser Land und auf unsere Toten. Endlich hatten wir unsere Ausbildung beendet und freuten uns auf die Heimkehr. Auf Kuba wartete Vicky in der Hoffnung auf mich, daß wir uns nie wieder trennen mußten. Mein Volk mit seinen wunderbaren Traditionen wartete auf mich, wie auch mein Gelöbnis gegenüber den Gefallenen, das mir Zuversicht für meine Laufbahn als Offizier bei der kubanischen Luftwaffe gab.

VI

Am Rand des Krieges

Nach meiner triumphalen Rückkehr als vollausgebildeter Kampfflieger aus der Sowjetunion wurde ich von der Familie wie von Freunden gleichermaßen bewundert. Vicky befand sich in den letzten Monaten ihres Studiums und wünschte sich, am Ende des Jahres unser erstes Kind auf die Welt zu bringen. Nach vierjähriger Ehe wollten wir endlich eine Familie werden. In den ersten Tagen meines Urlaubs wanderten wir abends oft Arm in Arm über den Strand und malten uns unser Kind aus, das wir jetzt schon liebten.

Nach der Rückkehr waren wir am Flughafen von einem Vertreter des Divisionsstabes der Streitkräfte begrüßt worden, der uns aufforderte, uns innerhalb von dreißig Tagen im Hauptquartier der Luftwaffe zu melden. Zum vereinbarten Termin trafen wir uns dort alle wieder und waren neugierig zu erfahren, wo wir stationiert werden würden. »Morgen früh um acht Uhr fahren wir nach Holguin, um die Vereidigungszeremonie zu üben, die einen Tag später in der Gedenkstätte der Oststreitkräfte stattfindet«, sagte Luftwaffeninspekteur Major Santos nach der Begrüßung zu uns. Die Gedenkstätte erinnerte an Raúl Castros einstigen Kommandoposten, von dem aus er die Kämpfe der Guerilleros in den Bergen der Provinz Oriente geleitet hatte. Das von unserem Oberbefehlshaber errichtete Monument war ein passender Ort, uns die Leutnant-Epauletten zu verleihen.

»Und nun«, fuhr Major Santos fort und zog einen Zettel aus der Brusttasche seines Hemds, »zu den Stützpunkten, denen Sie zugewiesen werden . . . Ich mache Sie darauf aufmerksam, daß Transferswünsche nicht berücksichtigt werden, daher ist es sinnlos, Einwände zu erheben.«

Vom Stützpunkt Holguín aus flogen wir mit MI-8-Hubschraubern zu der Gedenkstätte, die inmitten der grünen Hänge der Sierra de Niquero liegt. Es ist eine sehr majestätische Landschaft, und auf den Bergen, in denen unsere Väter so tapfer gekämpft hatten, wehte unsere Nationalflagge. Da ich dazu ausersehen war, im Namen unserer Gruppe den Eid zu sprechen, trat ich nach Erklingen der Nationalhymne vor meine Kameraden, die bereits auf dem Boden knieten, und begann:

»Ich gelobe unverbrüchliche Loyalität gegenüber dem Vaterland und dem Erbe der Märtyrer.«

Meine Kameraden hoben zur Bekräftigung eine Faust und wiederholten:

»Wir geloben!«

»Ich gelobe, der Sache des Kommunismus zu dienen . . .«

»Wir geloben!«

»Ich gelobe, den Anordnungen meiner Vorgesetzten Folge zu leisten . . .«

»Wir geloben!«

»Ich gelobe, mich des Vertrauens würdig zu erweisen, das der Oberbefehlshaber Fidel Castro in mich gesetzt hat . . .«

»Wir geloben!«

»Abscheu und Verachtung meines Volkes mögen mich treffen, sobald ich diesen Schwur breche!«

»Sie mögen uns treffen!«

Am Nachmittag flogen wir mit den Rangabzeichen eines Leutnants auf den Schultern mit einer AN-26 zum Luftstützpunkt Santa Clara. Nach einem unruhigen Flug wegen

Turbulenzen blitzten bei der Landung die letzten Strahlen der Abendsonne auf. Oberst Cortés erwartete uns und geleitete uns in die Pilotenunterkünfte, einen von den anderen Wohnbauten des Stützpunkts abgesonderten Komplex mit drei durch gepflegte Gartenanlagen voneinander getrennten Gebäuden mit Casino und Club sowie Parkplätzen vor dem ersten Haus. Jeder Raum verfügte über vier bequeme Betten, vier Schränke, ein Bad mit Dusche sowie einen Kühlschrank und Klimaanlage – aus Japan importiert. Derartiger Luxus stand nur den Piloten des Stützpunktes zu.

»Diese Jungen sind einfach zu dünn«, sagte der Oberst zu den Kellnerinnen, als er uns durchs Casino führte. »Also sorgen Sie dafür, daß sie ordentlich essen.« Dann fügte er, an den für unsere Unterkunft zuständigen Unteroffizier gewandt, hinzu: »Sorgen Sie dafür, Nápoles, daß ihre Kühlschränke immer gut gefüllt sind . . .«

Nápoles war ein Mann knapp über fünfzig, der es nie weiter als bis zum Unteroffizier gebracht hatte, obwohl er in den Bergen Seite an Seite mit den Führern des Landes gekämpft hatte. Viele seiner alten Kameraden waren inzwischen Generäle, aber Nápoles' einzige Aufgaben bestanden in der Pflege der Anlagen zwischen den Wohngebäuden und dem allwöchentlichen Wechsel der Bettwäsche. Offenbar waren Partei und Militärführung besessen von der Vorstellung, die »Ehre« ihrer Mitglieder und Angehörigen bewahren zu müssen, daß sie sich sogar in deren Ehen einmischten. In diesem Zusammenhang war Nápoles die Beförderung verweigert worden: weil er sich weigerte, sich von seiner untreuen Frau scheiden zu lassen. Nachdem ihm Partei und militärischer Geheimdienst die Beweise der Untreue seiner Frau präsentiert hatten, kehrte Nápoles nach Hause zurück, schleppte lediglich den stummen Zeugen des Vergehens – die Matratze – aus dem Haus und setzte sie unter den verwunderten Blicken der Nachbarn in Brand.

Die »Fürsorge« von Partei und Geheimdienst für unser Privatleben wurde von Anfang an durch die Warnung meines Geschwaderchefs Major Felipe deutlich: »Sobald Sie mit einem Mädchen ausgehen, müssen Sie das unverzüglich dem Geheimdienst mitteilen. Und falls Sie Heiratspläne haben, erhalten Sie die dafür nötige Erlaubnis erst nach erfolgter Überprüfung der Dame.« Dann setzte er uns davon in Kenntnis, daß die CIA bemüht sei, an Geheiminformationen zu kommen, indem sie junge Mädchen dafür bezahle, unsere Piloten zu verführen. »Zu jungen Frauen mit religiösen Bindungen oder solchen, deren Verwandte aus politischen Gründen inhaftiert wurden, ist jeder Kontakt untersagt.« Damit wurden solche Mädchen pauschal als mögliche Handlanger des Feindes abgestempelt.

Der Luftwaffenflughafen Santa Clara lag etwa zehn Kilometer nördlich der Stadt gleichen Namens und umfaßte rund acht Quadratkilometer eines für Kuba eher ungewöhnlich felsigen Geländes. Im Westen grenzte das Flugfeld an eine Autobahn, die von Santa Clara aus nach Norden führte. Umgeben war das Gelände von einer Mauer aus vorgefertigten Betonteilen, die an der Autobahnseite an manchen Stellen untergraben war, um Soldaten und Einheimischen unkontrollierten Durchlaß zu ermöglichen. Auf der anderen Seite der Autobahn befand sich die »Militärgemeinde«, eine Reihe identischer Wohnblocks, in denen einige Offiziere des Luftwaffenstützpunkts sowie anderer Militäreinheiten mit ihren Familien lebten.

Zugang zum Stützpunkt gewährte das von einem Posten kontrollierte Tor I, das mit einer rostigen Kette versehen war, in deren Mitte ein roter Stoffetzen hing. Durch Heben oder Senken dieser Kette überwachten die Diensthabenden im Postenhäuschen – ein Soldat und ein Offizier – das Kommen und Gehen von Militärpersonal und Fahrzeugen. Die Pilotenunterkünfte lagen linker Hand, und rund fünfhundert Meter hinter dem Tor befand sich das Hauptquartier, ein viergeschossiges Gebäude hinter einer Rasenfläche, auf der ein alter MI-4-Hubschrauber und eine museale MIG-17 die letzte Ruhe gefunden hatten.

Hinter dem Hauptquartier befand sich der Paradeplatz mit seiner Betontribüne, auf dem wir täglich exerzierten. Bei einer unserer ersten Übungen dort ermahnte uns unser Geschwaderchef: »Sie sind Piloten, also die ersten, die einen massiven feindlichen Luftangriff abwehren sollen. Daher müssen Sie uns jederzeit, selbst im Urlaub, über Ihren Aufenthaltsort auf dem laufenden halten, damit Sie im Fall eines solchen Angriffs benachrichtigt werden können. Laut neuester Anordnung des Verteidigungsministers erhalten Piloten, die in Havanna oder anderen entfernten Städten wohnen, lediglich vier Urlaubstage im Monat.«

Während meines ersten Fluges über Kuba war ich vor allem von der Schönheit der Insel verblüfft. Frei wie ein Vogel schwebte ich von einem Ende zum anderen, von den winzigen Inseln im Norden, die wie glänzende grüne, weißgerandete Punkte auf vielfarbigen Korallenbetten inmitten des kristallklaren Wassers der Karibik ruhten, zu den bewaldeten Bergen im Süden, die sich bis zum blaßblauen Gewölbe des Himmels erstreckten, über die pastellfarbenen Felder, durchschnitten von Hunderten silberner Straßen, die in kleinen Dörfern mit weißen Häusern endeten. Behende schoß ich von Küste zu Küste und fühlte mich wie ein Wächter meiner herrlichen Insel. Wer immer den Versuch unternahm, sie unterwerfen zu wollen, würde es mit mir zu tun bekommen, mit mir, dem leidenschaftlichen Verteidiger ihres Luftraums!

Kaum hatten wir uns auf dem Stützpunkt eingewöhnt, als wir auch schon eines frühen Morgens durch die Alarmsirenen aus dem Schlaf geschreckt wurden. In Sekundenschnelle zogen wir uns an und rannten zum Bus, der bereits mit laufendem Motor auf uns wartete. Mit atemberaubender Geschwindigkeit raste der Fahrer zu den Hangars und zu den startbereiten Düsenjägern. Wir jüngeren Piloten waren fast außer uns vor Aufregung, während die älteren plauderten und scherzten, als ginge es um die natürlichste Sache der Welt. Mit wildklopfendem Herzen kletterte ich ins Cockpit, richtete den schmalen Strahl der um meinen Hals hängenden Taschenlampe in die Dunkelheit und lauschte auf die Worte meines Flugtechnikers:

»Nummer Sechs-achtzehn startklar mit Zwei-fünf-null-Raketen, zwei auf Hitze reagierende Bordwaffen und zwei Radargeräten.«

Ich bediente schnell die Hauptschalter, setzte mich im Schleudersitz zurecht und befestigte die Fallschirmgurte. Während ich die Positionslichter einschaltete, meldete sich eine Stimme über Funk:

»An alle Falken, an alle Falken – halten Sie sich startbereit.«

Das war ein Befehl! Verdammt, es wird ernst! Dabei bin ich noch nie Nachteinsätze geflogen! Wie nahe sind die feindlichen Flieger eigentlich schon? Plötzlich zitterten mir die Knie.

Dreißig Minuten verstrichen, ohne daß man etwas anderes hörte als die Stimme eines ungeduldigen Piloten, der auf seine Anfragen beim Einsatzkommando immer wieder nur hörte:

»Bleiben Sie auf Position ...«

Offensichtlich war der Alarm bereits vor dem Start der US-amerikanischen Bomber ausgelöst worden. Wie hatten unsere Führer von dem bevorstehenden Angriff erfahren? Wahrscheinlich durch Agenten der Staatssicherheit, denen es gelungen war, bis in die Schaltzentralen des Feindes vorzudringen.

Bei geöffneter Kabinenhaube saß ich im Cockpit und kämpfte gegen die unersättlichen Moskitos, die mir auch noch die letzten Blutstropfen aus dem Körper saugen wollten. Plötzlich erblickte ich den ersten Lichtschimmer am Horizont. Inzwischen hockte ich drei Stunden auf dem harten Schleudersitz, ohne daß sich ein einziges feindliches Flugzeug gezeigt hätte. Ob die Yankees über einen sechsten Sinn verfügten?

Der Grund für unsere Alarmbereitschaft war die Entscheidung des US-Verteidigungsministeriums, während eines Manövers in der Karibik Truppen nach Puerto Rico zu entsenden und einen Flugzeugträger in der Nähe von Gran Caimàn südlich von Kuba zu stationieren. Wie ich später erfuhr, hielt es unser Oberkommando für durchaus möglich, daß unter dem Deckmantel dieses Manövers ein Überraschungsangriff auf Kuba erfolgen könnte. Wir verbrachten auch den ganzen folgenden Tag in voller Flugausrüstung neben unseren Maschinen, nahmen dort unser Mittagessen ebenso entgegen wie die neuesten Geheimdienstinformationen über den Feind.

Fast zehn Jahre später sollte ich feststellen, daß die Regierung der Vereinigten Staaten ihre militärischen Manöver in der Regel rechtzeitig zuvor ankündigte, das kubanische Regime der Bevölkerung diese Informationen aber absichtlich vorenthielt. So konnten sie im voraus die amerikanischen Truppenbewegungen als Geheimstrategien bezeichnen, deren Zweck angeblich eine Invasion sei, und auf diese Weise die Bevölkerung und das Militär zur Verteidigung der Revolution mobilisieren.

Einen ganzen Monat lang rechneten wir mit einer drohenden US-Invasion. Nachts ließen wir unsere Düsenjäger unter strenger Bewachung zurück und begaben uns in einen klimatisierten, für Piloten reservierten Raum. Zu der Zeit sahen wir dann, daß sich Offiziere im Rang eines Hauptmanns, Majors und sogar eines Oberstleutnants im Schutz der Dunkelheit durch die kleinen Löcher unter der Mauer zu ihren Frauen und Kindern stahlen. In dieser Zeit lebte ich völlig isoliert von Vicky und meinen Eltern, die aus der

Presse von einer drohenden US-Invasion erfahren hatten. Die Medien berichteten, daß Ronald Reagan die Absicht habe, Kuba wegen seiner beharrlichen Nichtanerkennung amerikanischer Überlegenheit militärisch in die Knie zu zwingen. Aber wir würden zeigen, daß Kuba so leicht nicht zu besiegen war.

Da die Basis keine Verbindung zum zivilen Telephonnetz hatte, schlich ich mich nachts ebenso wie die anderen vom Gelände, um von einer Telephonzelle aus Vicky im dreihundert Kilometer entfernten Havanna anzurufen. Sie sagte, sie brauche mich, da sie glaubte, schwanger zu sein, aber die militärischen Pflichten hielten mich davon ab, zu ihr zu fahren. Ich bemühte mich, ihr Mut zuzusprechen, ihr meine Liebe durch das Telephon zu versichern, dabei gefiel es mir ebensowenig wie ihr, durch einen Krieg, der nie ausbrach, am Zusammensein gehindert zu werden. Oft war ich drauf und dran, ohne Rücksicht auf die Konsequenzen nach Havanna zu fahren, aber die Vorstellung eines feindlichen Angriffs während meiner Abwesenheit hielt mich immer wieder davon ab. Dann hätte ich mich eines unverzeihlichen Vergehens schuldig gemacht – und wer weiß wie viele Menschen hätten zum Opfer der Bombardierung durch ein Flugzeug fallen können, das ohne weiteres vorher hätte abgeschossen werden können.

Schließlich wurde der Alarmzustand aufgehoben. Diesmal hatten sich die Amerikaner zwar entschlossen, von einer Invasion abzusehen, aber unsere Familien durften wir noch immer nicht besuchen. Man sagte uns, daß der Inspektionsbesuch einer Delegation des Oberkommandos aller Waffengattungen bevorstünde. Aus diesem Grund dürften wir die Basis nicht verlassen, sondern müßten rund um die Uhr Papierkram aufarbeiten, auf dem Paradeplatz die Begrüßungszeremonie üben sowie in Erfüllung der neuesten Anordnungen des Oberbefehlshabers Schützengräben und Unterstände in Vorbereitung auf Präsident Reagans Krieg gegen Kuba ausschachten und errichten.

Als ich mich eines Morgens gerade auf meinen Dienst vorbereitete, stattete mir Hauptmann Yánez einen Besuch ab. Der Leiter der militärischen Spionageabwehr unseres Stützpunktes erklärte, mit mir ein »ganz privates« Gespräch führen zu wollen. Diese Geheimdienstabteilung gehörte nominell zwar zum militärischen Hauptquartier, arbeitete aber absolut autonom. Ihre Mitarbeiter unterstanden nicht dem Luftwaffenkommando, sondern direkt dem Verteidigungsministerium. Sie umgaben sich mit einer geheimnisvollen Aura, betraten und verließen den Stützpunkt auf protzigen Motorrädern und in Zivilkleidung, deren Hemden über die Hosen hingen, um die an den Hüften hängenden Pistolen zu kaschieren. Sie erfreuten sich weit größerer Ungezwungenheit als die anderen Offiziere, die auf der Basis jederzeit uniformiert zu sein hatten und außerhalb von Alarmsituationen keinerlei Waffen tragen durften.

Yánez setzte sich mir gegenüber an den Tisch, holte ein paar Unterlagen heraus, sah mir in die Augen und fragte vertraulich: »Welche Einstellung haben Sie eigentlich zu den Sicherheitsorganen des Staats?«

»Ich halte sie für notwendig.«

»Ist das alles, was Sie dazu zu sagen haben?«

»Ich bin der festen Überzeugung, daß sie sehr schwierige und auch heikle Aufgaben zu erfüllen haben«, fügte ich hinzu und dachte: Warum fragte er mich das alles eigentlich?

»Und was halten Sie von den Mitarbeitern der Sicherheitsorgane?«

Ich bewunderte diese anonymen Helden und wußte, daß sich unter den Opfern der Revolution viele von ihnen befanden. Sie hatten ihr Leben durch Machenschaften des CIA verloren, bekamen aber auch nach ihrem Tod nicht die ihnen gebührende Anerkennung, da ihre Namen weiterhin geheimgehalten wurden.

»Sie sind die selbstlosesten aller Revolutionäre, denn sie können nicht einmal auf die Bewunderung durch Verwandte und Freunde hoffen, wenn sie versuchen, an die Schaltstellen des Feindes vorzudringen.«

Lächelnd zog Yánez mit dem Stift Kreise auf einem leeren Blatt seines Notizblocks. »Wir haben uns Ihre Kaderakte angesehen. Sie sind aufrichtig, intelligent ...« Er fügte noch etliche schmeichelnde Bewertungen hinzu und schloß dann mit den Worten: »Wir möchten, daß Sie für uns arbeiten.«

In Sekundenbruchteilen sah ich mich in den Vereinigten Staaten, mitten im Herzen der CIA, von wo aus ich brisante Informationen nach Kuba funkte – genauso, wie es die Fernsehhelden der Staatssicherheit taten, die ich so oft auf dem Bildschirm gesehen hatte.

»Was? Ich soll für Sie arbeiten?«

»Ja.«

»Aber ich bin Pilot ... Ich bin mein ganzes Leben lang Revolutionär gewesen und glaube nicht, daß ich mich so verstellen könnte, wie es zu Infiltrationsaufgaben nötig wäre.«

»Darum geht es auch gar nicht. Wir möchten, daß Sie zum Schutz Ihrer Kameraden mit uns zusammenarbeiten.«

»Zum Schutz meiner ...«

»Piloten genießen bei der CIA höchste Priorität, und die Vereinigten Staaten würden alles dafür geben, wenn einer von Ihnen mit einer MIG flüchten würde. Darüber hinaus ist die Überwachung eines Piloten unmöglich, sobald er sich in der Luft befindet. Können Sie sich überhaupt vorstellen, was die CIA zu zahlen bereit ist, damit ein kubanischer Kampfflieger ein paar Bomben auf das Gebäude des Zentralkomitees wirft?«

»Das leuchtet mir ein. Aber was hätte ich zu tun?«

»Im Grunde nicht viel. Sie brauchen sich lediglich dann und wann mit uns zu treffen. Sie müßten anhand bestimmter Instruktionen von uns auf die Sicherheit Ihrer Kameraden achten. Sie würden von uns einen Decknamen erhalten.«

»Aber ich brauche das nicht zu verheimlichen, oder?«

»Diskretion ist wichtig. Mitunter erfahren Sie durch das Vertrauen anderer in Sie überhaupt erst von gewissen Dingen.«

»Ganz begreife ich das noch immer nicht. Meine Kameraden sind alle absolut vertrauenswürdig ... Oder etwa nicht?«

»Ja, sicher. Aber niemand von uns weiß, was morgen sein kann.«

»Damit haben Sie Recht. Jeder kann zum Verräter werden. Aber um den Verrat zu bekämpfen, brauche ich nichts zu verheimlichen. Sobald ich so etwas erfahre, greife ich selbst zu den geeigneten Maßnahmen. Dazu brauche ich Sie doch nicht in Anspruch zu nehmen ...«

»Also gehen Sie auf unser Angebot nicht ein?«

»Es ist nicht so, daß ich es ablehne. Ich habe die Revolution immer verteidigt – aber offen. Hinter die Machenschaften der CIA zu kommen ist eine Sache, aber Kameraden zu bespitzeln eine ganz andere. Ich vertraue ihnen. Aber falls einer von ihnen uns jemals verraten würde, wäre ich der erste, der dagegen vorgeht.«

»Ich glaube, Sie machen sich nicht klar, daß achtzig Prozent der Offiziere bei den Streitkräften mit der Spionageabwehr zusammenarbeiten. Überlegen Sie es sich. Irgendwann werden wir noch einmal darüber sprechen.«

Yánez ging so unauffällig, wie er gekommen war. Aber ich war noch lange Zeit beunruhigt über das, was er mir gesagt hatte – ohne eigentlich zu wissen warum.

Sechs Wochen lang durften wir den Luftwaffenstützpunkt nicht verlassen, und schließlich ging ich zu meinem

Staffelleiter und bat um zwei Tage Urlaub, aber mein Verlangen wurde abschlägig beschieden. Daraufhin beschloß ich, auch ohne Erlaubnis zu Vicky zu fahren. Ich hoffte, daß meine Abwesenheit unbemerkt bleiben würde, da ich für die nächsten vierundzwanzig Stunden weder Wachdienst hatte, noch für irgendwelche Flüge eingeteilt war. Auf die Diskretion meiner Kameraden konnte ich mich verlassen. Sie würden mich nach besten Kräften decken. Nach Einbruch der Dunkelheit rannte ich zur Mauer, schlüpfte darunter hindurch und machte mich per Anhalter auf den Weg zum Busbahnhof in Santa Clara. Vicky würde Augen machen, wenn ich so unerwartet bei ihr auftauchte.

Auf dem Busbahnhof erfuhr ich, daß kein Platz nach Havanna frei war, nicht einmal im Bus am nächsten Tag.

»Aber sehen Sie mal da, Herr Leutnant«, lächelte der dünne Mann hinter dem Schalter freundlich, »da draußen warten bereits andere darauf, vielleicht mit einem Auto nach Havanna mitgenommen zu werden.«

Als ich den Busbahnhof verließ, musterte mich ein dürrer Typ so mißtrauisch, als könne er mir mein schlechtes Gewissen am Gesicht ablesen. Ich stellte mich hinten an der Schlange an und fragte den vor mir Stehenden: »Wollen Sie auch nach Havanna, mein Freund?«

»Ja, so schnell wie möglich.«

Da rückte der dürre Typ so dicht an mich heran, daß ich seinen Atem riechen konnte, und sagte vertraulich: »Ein Freund von mir fährt in die Hauptstadt. Er verlangt dreißig Pesos . . . Er steht gleich um die Ecke.«

»Wundervoll. Natürlich zahle ich . . .«

»Leise, Mann. Mein Freund ist Arzt. Er darf niemanden mitnehmen, sonst ziehen sie sein Auto ein . . .«

»Tut mir leid, das wußte ich nicht.«

Er führte mich zum Auto, einem Fiat aus den 70er Jahren, neben dem bereits zwei andere Fahrgäste warteten. Wir zahlten im voraus und stiegen schweigend ein. Als wir Santa Clara verließen, informierte uns der Fahrer: »Ich bin Arzt und decke mit dem Geld meine Fahrtkosten. Falls wir von der Polizei angehalten werden, sage ich, daß ich Sie gratis mitgenommen habe. Sonst bekomme ich große Schwierigkeiten.«

»Keine Angst, wir sagen nichts«, versicherten wir ihm.

Als Arzt gehörte der Mann zu einer der Berufsgruppen, deren Angehörigen vom Staat Autos zugeteilt wurden. Aber das durfte er natürlich nicht zu einer Nebenerwerbsquelle machen. Uns kümmerten seine Verstöße nicht. Da es keine andere Transportmöglichkeit gab, waren wir froh, überhaupt mitgenommen zu werden. Aber es wurde keine bequeme Fahrt, da unser Fahrer bei dem geringsten Verdacht darauf, daß die Behörden ihm auf der Spur sein könnten, in Panik geriet. Nie zuvor und nie wieder habe ich erlebt, daß jemand so genau alle Verkehrsregeln beachtete.

Schließlich waren wir in Havanna. Ich begab mich sofort zum Haus von Vickys Eltern, dessen Tür wie üblich bis zum Zubettgehen weit offen stand. Und da saß Vicky gedankenverloren an demselben Tisch, an dem wir uns während unserer Verlobungszeit unsere kleinen Liebesbriefe geschrieben und zugeschoben hatten. Leise trat ich hinter ihr an das Klavier und schlug ein paar Takte aus einem Stück an, das wir beide liebten. Sie hob den Kopf, als erwache sie aus einem Traum. Ihre Finger krallte sich um die Tischkante, sie sprang auf, drehte sich um und starrte mich ein paar Sekunden lang schweigend an. Dann warf sie sich mit dem Schrei »Papitoo!« schluchzend in meine Arme. Und ich hielt sie fest, strich ihr über die Haare und sagte immer wieder: »Ja, ja, ich bin hier, hier bei dir . . .«

Langsam, ganz langsam beruhigte sie sich, und ich schob sie ein bißchen von mir fort und betrachtete ihren Bauch mit liebevollen Blicken. »Glaubst du wirklich, daß du . . .?«

Mit fast schüchternem Lächeln senkte sie den Kopf. »Ich bin nicht ganz sicher . . .«

Ich beugte mich hinunter und küßte ihren Bauch.

An diesem Abend waren die Töpfe und Pfannen meiner Schwiegermutter noch besser gefüllt als sonst, und wir feierten meinen Besuch mit einem köstlichen Mahl, bei dem jeder seine Namenvorschläge für den neuen Erdenbürger machte. Dann zogen sich Vicky und ich in die intimere Atmosphäre der Wohnung meiner Eltern zurück. Ich mußte zwar bald wieder zur Basis, aber einige Stunden blieben uns . . .

Irgendwann schlief ich neben Vicky ein und begann zu träumen. Ich befand mich in einem kargen, fensterlosen Raum, und die Offizierstreifen waren mir von der Uniform gerissen. Vor mir hatten Cortés und drei andere Oberste Platz genommen, die ich nicht kannte. Rechts von ihnen saß Major Felipe und hinter mir rund zwanzig junge Piloten, meine Kameraden . . .

»Stehen Sie auf, Leutnant! Weil Sie in einem Moment ein Verbrechen begingen, in dem Ihr Land Sie am nötigsten brauchte, mußten Dutzende unschuldiger Opfer ihr Leben lassen . . . Frauen und Kinder sind im Bombenhagel eines Flugzeuges gestorben, das Sie abfangen sollten!« Dann verlas er die Namen der Opfer und hielt mir Photos von ihnen entgegen. Fast alle zeigten lächelnde Kinder mit Pioniertüchern. Ich verabscheute mich zutiefst.

»Ihre unerlaubte Abwesenheit in einer Kriegssituation ist verantwortungslose Fahnenflucht und ein Verrat an Ihrem Land.« Mit ernstem Gesicht wandte er sich den Zuhörern zu, die mir »Verräter! Verräter! Verräter!« entgegenschrien, und erklärte: »Das Militärgericht verurteilt den Angeklagten zum Tod durch Erschießen!«

Soldaten mit Gewehren betraten den Raum, führten mich in den Hof und befahlen mir, mich vor der Mauer aufzustellen. Sie stellten sich wenige Meter von mir entfernt auf, hoben ihre Waffen, zielten . . .

Kind, kleines Kind, auf das wir so sehnsüchtig gewartet haben, werde ich dich nie sehen?

»Feuer!« rief der Anführer des Erschießungskommandos, aber ich hörte keinen Schuß. Im letzten Moment hatte eine Frauenstimme sie gestoppt, hatte meinen Namen gerufen. Die Soldaten sahen sich an, als wären sie bei etwas Verbotenem ertappt worden.

»Oré? Oré!«

Ich öffnete die Augen, richtete mich mühsam im Bett auf. Alles war nur ein Traum gewesen ... Da stand Vicky mit einer Hand auf dem Bauch am Bügelbrett, auf dem mein Uniformhemd lag.

»Was machst du da? Wie spät ist es? Warum bügelst du mein Hemd?« fragte ich, noch immer halb im Schlaf.

»Ich möchte, daß du mit einem sauberen Hemd zurückfährst.« Ich merkte, wie blaß und besorgt sie aussah.

»Was ist denn los, Vicky?« fragte ich, sprang aus dem Bett und nahm sie in die Arme. »Geht es dir nicht gut?«

»Ich habe schreckliche Schmerzen. Eigentlich wollte ich dich nicht wecken, aber es wird schlimmer und ... ich habe Blutungen.«

»Was? Wir gehen sofort zum Arzt«, rief ich, zog mich hastig an und überlegte fieberhaft, wo wir um diese Zeit einen Arzt auftreiben sollten. »Mach dir nur keine Sorgen. Du wirst sehen, es wird alles wieder gut«, versicherte ich tapfer, obwohl ich selbst große Angst hatte.

Auf der Straße hielten wir ein vorbeikommendes Auto an und baten den Fahrer, uns zum Krankenhaus zu bringen. Dort kümmerte sich ein Facharzt in makellos weißer Jacke und mit beruhigend sachlichem Verhalten unverzüglich um Vicky. In den nächsten dreißig Minuten konnte ich nur warten – und dachte an unser Kind, an seine Geburt, sein Gesicht, seine Hände, seine halbgeschlossenen Augen, das erste Lächeln.

»Genosse?«

Die Stimme des Arztes riß mich aus meinen Träumen. »Ja?«

»Ihre Frau hätte fast eine Fehlgeburt erlitten, aber wenn sie in den nächsten Wochen absolute Bettruhe einhält und sich schont, sollte die Gefahr eigentlich vorüber sein. Sie wird in wenigen Minuten wieder bei Ihnen sein.«

»Vielen Dank, Herr Doktor«, sagte ich unendlich erleichtert, stand auf und schüttelte ihm die Hand.

»Ich bin tatsächlich schwanger«, strahlte Vicky, als sie aus dem Untersuchungsraum trat, und legte ihre rechte Hand leicht auf ihren Bauch. Ich umarmte und küßte sie, und dann kehrten wir überglücklich zu ihren Eltern zurück – aber auch bedrückt darüber, daß ich bald nach Santa Clara aufbrechen mußte.

Ich wollte nicht zum Stützpunkt zurück, bevor es Vicky zumindest ein bißchen besserging, und so blieb ich für den Rest des Tages an ihrer Seite. Aber abends im Bus machte ich mir große Sorgen darüber, daß meine Abwesenheit inzwischen entdeckt worden sein könnte. Meine Befürchtungen lösten sich jedoch in Luft auf, als mir meine Kameraden erklärten: »Wir haben den ganzen Tag hier gehockt wie die Idioten, aber niemand hat nach dir gefragt.«

Erleichtert widmete ich mich wieder meinen militärischen Pflichten. Wie anderen auch war es mir zwar gelungen, ohne Konsequenzen einen kurzen Besuch zu Hause zu machen, aber unsere Anwesenheitspflicht wurde praktisch zur Gefangenschaft und damit nahezu unerträglich. Da wir überzeugt davon waren, daß unsere unmittelbaren Vorgesetzten dafür verantwortlich waren, nutzten wir die militärischen Bestimmungen und beschwerten uns über die Urlaubssperre. Daraufhin wurden wir ins Büro des Stützpunktkommandanten zitiert. Oberstleutnant Eloy Fernandéz war ein gewissenhafter, ausgeglichener Mann, streng, aber gerecht, und daher hochangesehen.

»Treten Sie ein«, sagte der Adjutant des Oberstleutnants, ein Feldwebel, und öffnete uns die Tür.

Scheu betraten wir acht Beschwerdeführer den Raum und wurden aufgefordert, Platz zu nehmen. Der Basiskommandant saß hinter seinem Schreibtisch und lächelte uns an. Auf einem der Armsessel hatte Oberst Cortés Platz genommen, der – eine für die kubanischen Streitkräfte ungewöhnliche Tatsache – einen höheren Rang bekleidete als sein Vorgesetzter.

»Ihnen wurden also keine Besuche bei Ihren Familien gestattet«, eröffnete Fernandéz das Gespräch.

»Wir sind jetzt fast anderthalb Monate hier eingesperrt«, erwiderte Julito für uns alle.

»Und warum sind Sie nicht schon früher zu mir gekommen?«

Unwillkürlich sahen wir alle Cortés an, sagten aber kein Wort, da uns untersagt war, einen Vorgesetzten direkt zu beschuldigen.

»Sie haben mit mir darüber gesprochen, Kommandant, aber wir müssen uns auf die Inspektion vorbereiten.«

Damit bekam die Unterhaltung eine Richtung, die vom eigentlichen Problem ablenkte. Ich bat um das Wort.

»Keiner von uns wohnt in der näheren Umgebung, Kommandant. Wir benötigen wenigstens zwei Tage, um zu unseren Familien zu kommen. Und ich halte es für ausgesprochen würdelos, daß sich Männer unseres Alters heimlich von der Basis stehlen müssen, wie ich es getan habe, um meine Frau zu besuchen. Ich möchte nicht gezwungen sein, das zu wiederholen, weil ich es als ein Vergehen betrachte und mir wie ein Verbrecher vorkomme.«

Während meines Geständnisses sah mir Fernandéz direkt in die Augen. Danach fühlte ich mich besser und war sicher, dafür nicht zur Rechenschaft gezogen zu werden. Fernandéz machte auf mich den Eindruck eines Menschen, der Aufrichtigkeit schätzt und Lügen verabscheut.

»Ich glaube, hier hat es ein paar Mißverständnisse gegeben«, sagte er schließlich lächelnd. »Selbstverständlich erhalten Sie Gelegenheit zu Heimfahrten ... Natürlich nicht alle auf einmal. Jeweils zwei von Ihnen bekommen Urlaub, zunächst die verheirateten Männer.«

Außer mir vor Freude packte ich meine Sachen. Diesmal würde ich länger bei Vicky bleiben können und hätte sogar Zeit, meine Eltern und Brüder zu besuchen. Aber es sollte nicht das letzte Mal gewesen sein, daß wir uns durch die Androhung einer bevorstehenden Invasion am Rand eines Krieges sahen.

Es war lange Zeit her, seit wir drei Brüder gleichzeitig zu Hause bei meinen Eltern gewesen waren. Orlando, der zu dieser Zeit eine Berufsschule besuchte, kam über das Wochenende, und auch Faurew, der seinen Militärdienst als einfacher Soldat bei einer Flugabwehr-Artillerie-Einheit abdiente, hatte es gleichfalls geschafft, Urlaub zu bekommen. In Erwartung unserer Ankunft herrschte große Vorfreude im Haus meiner Eltern, und irgendwie gelang es ihnen sogar, von einem Landwirt außerhalb der Stadt ein kleines Schwein zu erwerben. Ein Freund, der in einem nahe gelegenen Restaurant arbeitete, verkaufte ihnen einen Kasten Bier zur Abrundung der Festlichkeiten. Dann saßen wir alle um den Tisch, tranken Bier und aßen Schweinebraten, den meine Mutter aus der Küche hereinbrachte, und lachten über die neuesten Possen meines stets zu Streichen aufgelegten Bruders Faure.

Da ich mit meinem Vater unter vier Augen reden wollte, gab ich ihm durch einen Blick zu verstehen, mir auf den Balkon zu folgen.

»Papa, der militärische Geheimdienst ist wegen einer Mitarbeit an mich herangetreten«, begann ich und erzählte von meinem Gespräch mit Yánez sowie meiner Ablehnung seines Angebots.

»Ich glaube, da hast du einen Fehler gemacht«, bemerkte mein Vater.

»Die Piloten sind die vertrauenswürdigsten von allen. Warum sollte ich ihnen nachspionieren?«

»Wahrscheinlich hast du mit deiner Einschätzung deiner Kameraden recht. Aber du kannst weder wissen, was das Schicksal für uns alle bereithält, noch, ob die Revolution dich in einem Notfall nicht braucht.« Er machte eine kurze Pause und fügte dann hinzu: »Ich habe da einen Freund, einen alten Parteifunktionär, der vor kurzem ein Anerkennungsschreiben für seine zwanzigjährigen Dienste bei der Staatssicherheit erhalten hat. Und er ist ein bekannter Funktionär, kein Geheimagent. Damit will ich sagen, wenn sie auf dich zukommen, dann wollen sie dich mit Sicherheit für die Zukunft ausbilden.«

Ich wußte, daß mein Vater nie für die Staatssicherheit gearbeitet noch jemals eine militärische Ausbildung erhalten hatte, aber seine Sicht der Dinge überraschte mich.

»Wie ich dir sagte, habe ich das Angebot abgelehnt, und das macht mir inzwischen Sorgen.«

»Das ist überflüssig. Sie behalten dich im Auge und werden sich wieder an dich wenden, wenn du es am wenigsten vermutest.«

Wir kehrten an den Tisch zurück, an dem meine Brüder juxten und lachten. Ich stimmte in ihre Späße ein, war froh, mit ihnen zusammensein zu können, und vergaß die spannungsgeladenen Tage auf der Basis.

Unser Alltag war im Grunde eine nicht abreißende Kette von Vorbereitungen auf einen Krieg mit den Vereinigten Staaten, und wir frischgebackenen Piloten erwarben mit der Zeit eine gewisse Sicherheit in der Kunst des Luftkampfs und beim Einsatz von Waffen gegen Ziele in der Luft und auf dem Boden. Unsere Luftmanöver wurden komplizierter, die Anforderungen an unsere Präzision größer. Wir waren stolz auf unsere Leistungen, bereiteten uns peinlich genau auf unsere Flüge vor und entwickelten jenen gesunden

Konkurrenzkampf, der unter Kampffliegern üblich ist. Jeder versuchte, der Beste zu sein: das Ziel gleich beim ersten Mal zu treffen, dem Angriff eines »Gegners« auszuweichen, sich an das Heck eines »Feindes« zu hängen und möglichst effizient und behende zu fliegen.

Noch immer mußten wir den größten Teil unserer Zeit auf dem Stützpunkt verbringen. Die politische Lage hatte sich zwar inzwischen wieder beruhigt, aber eine neue Anordnung des Oberbefehlshabers besagte, daß sich mindestens ein Drittel der Offiziere stets einsatz- und kampfbereit bei ihren Einheiten aufzuhalten hatten. Danach war zwar jeder Offizier berechtigt, zwei Nächte zu Hause und eine auf der Basis zu verbringen, aber da wir Jüngeren weit entfernt wohnten, ließen wir die in der Nähe lebenden zweimal hintereinander die Nächte außerhalb des Stützpunkts verbringen und vertraten sie bei ihren Dienstschichten. So sammelten wir die vier Tage in Folge an, die wir für einen Besuch zu Hause brauchten.

Während dieses Bereitschaftsdienstes versammelten wir uns abends im Pilotenclub, um ein bißchen zu entspannen, fernzusehen oder miteinander zu flaxen. Manchmal setzten wir uns auch unter die Bäume in der Nähe des Parkplatzes. Ich holte meine Gitarre, und wir sangen populäre Schlager. Mario und Mauja hatten neben herrlichen Stimmen auch einen geradezu köstlichen Humor, und diese Abende machten stets ungeheuren Spaß. Aber wenn alle Lieder gesungen und alle Scherze erzählt waren, kamen wir unvermeidlich auf unsere Tätigkeit zu sprechen. Wir diskutierten über unsere Erfahrungen bei den komplizierten Manövern und darüber, welche Chancen wir gegen die F-14, F-15 und F-16 der US Air-Force hatten. Es ist doch immer wieder das gleiche: Wenn zwei Piloten über etwas anderes als das Fliegen reden, müssen sie betrunken sein ...

Fast täglich stiegen wir auf, und immer neue Flugzeuge wurden angeschafft, um weitere Piloten ausbilden zu können.

Als wir im Mai 1981 gerade eine Reihe von Flügen absolvierten, zogen gefährliche Kumulonimbuswolken auf, was jedoch für Frühjahrsnachmittage auf Kuba nicht besonders ungewöhnlich ist. Da damit zu rechnen war, daß bald ein schweres Gewitter über dem Flugfeld niedergehen würde, wurden die noch in der Luft befindlichen Maschinen zur sofortigen Rückkehr aufgefordert. Die Flugzeuge landeten schnell eins nach dem anderen. In der letzten Maschine saß Mario, unser talentierter Sänger, zusammen mit Espineiro, einem der erfahrensten Piloten des Stützpunktes. Unter Wetterbedingungen, die eine sofortige Landung erfordert hätten, erhielten sie die Anweisung, noch einmal hinauszufliegen, um im Blindflug eine Instrumentenlandung zu absolvieren. Angesichts dieser Gefahr für einen Kameraden versammelten sich einige von uns um den Lautsprecher an der Rampe, der den Funkverkehr übertrug, und lauschten zunehmend besorgter Marios Mitteilungen. Buchstäblich blind, und ohne von dem hinter ihm sitzenden Ausbilder gewarnt zu werden, der inzwischen allerdings auch nichts mehr sehen konnte, teilte Mario ruhig seine Position mit.

»Hier Neun-zwei-drei, gehe jetzt auf Landekurs«, sagte er gelassen und war sich vermutlich gar nicht bewußt, daß er in diese bedrohliche Wolkenbank hineingeraten konnte.

»Entfernung fünfundfünfzig. Leicht nach links abdrehen, Schräglage dreißig Grad«, dirigierte der Kontrollturm seine Instrumentenlandung.

»Neun-zwei-drei hat verstanden«, erwiderte Mario.

Das waren die letzten Worte, die wir von ihm hörten. Verzweifelt rief ihn der Kontrollturm, rief ihn immer wieder, erhielt aber keine Antwort. Auch der kleine, helle Punkt, der bisher zumindest noch andeutungsweise zwischen den Kumuluswolken auf dem Radarschirm zu sehen gewesen war, verschwand völlig.

Der Alarmzustand wurde ausgerufen. Trotz des inzwischen losgebrochenen Unwetters rannte Cortés zu einem

Flugzeug und stieg auf, um nach ihnen zu suchen. Auch ein Hubschrauber mit einer Rettungsmannschaft startete, während Feuerwehren, Bergungsfahrzeuge und Krankenwagen am Ende der Landebahn Position bezogen. Wir jüngeren Piloten standen vor dem Schuppen, in dem wir für gewöhnlich unsere Fluginstruktionen erhielten, und starrten zum Himmel. Langsam dämmerte uns die furchtbare Wahrheit. Obwohl wir noch nie einen derartigen Unfall miterlebt hatten, wußten wir doch sehr gut, daß mit diesem Flugzeugtyp eine Notlandung kaum möglich war. Wir mußten uns auf das Schlimmste gefaßt machen.

»Vielleicht konnten sie sich mit dem Schleudersitz retten«, drückte einer die Hoffnungen aller aus.

Nach zweistündigem Warten teilte die Besatzung des Hubschraubers über Funk mit, daß sie das Flugzeugwrack gesichtet hatten und zur Landung ansetzten.

»Die Maschine ist zerstört . . . Keinerlei Lebenszeichen.«

Das Flugzeug mit Mario und Espineiro hatte sich bei einer Geschwindigkeit von 1 100 km/h und in einem Winkel von sechzig Grad in den Boden gegraben. In Santa Clara warteten Espineiros Frau und Kinder auf seine Heimkehr, während sich in Havanna Marios Mutter auf den monatlichen Viertagebesuch ihres einzigen Sohnes freute. Auf der Basis wurden der Politkommissar, der Staffelleiter, der Chefarzt und eine Krankenschwester dazu ausersehen, den Familien die traurige Nachricht zu überbringen, sobald die Umstände des Unglücks geklärt waren.

Am Abend traf Espineiros Familie auf dem Stützpunkt ein. Ein Transportflugzeug stand bereit, um sie zur Trauerfeier nach Havanna zu bringen, zusammen mit den beiden fahnengeschmückten Särgen und einer Ehrengarde der Piloten. In Havanna bewegte sich der Zug unter den Klängen eines Trauermarsches zum Colón-Friedhof. Nach unserer Ankunft am Pantheon der Streitkräfte wurden beide Särge aufgebahrt.

»Sie starben in Erfüllung ihrer Pflicht als Verteidiger unseres sozialistischen Vaterlandes. Ruhm und Ehre unseren Märtyrern!« beschloß unser Basiskommandant Fernandéz seine Abschiedsworte. Salutschüsse dröhnten auf, gefolgt von einem klagenden Hornsignal, das das verzweifelte Weinen einer Mutter und einer Ehefrau übertönte.

An ihren Särgen waren Blumenkränze niedergelegt worden. Zwei hoben sich in Größe und Schönheit von den anderen ab. »Der Minister der Verteidigung, Raúl Castro« stand auf dem einen Kranz, »Fidel Castro, Oberbefehlshaber der Streitkräfte« auf dem anderen.

Nach unserer Rückkehr nach Santa Clara wurde ich zum Politkommissar zitiert. »Sie wohnen in Havanna nicht weit von Marios Mutter entfernt«, sagte er. »Bringen Sie ihr das hier, Marios Sold für vier Monate.«

»Ist das alles?« wollte ich wissen.

»Was könnten wir denn sonst noch tun?«

Mit dem Geld ohne jedes Begleitschreiben ging ich zu Marios Mutter. Nachdem ich die enge Treppe zu einer Wohnung im Bezirk Vedado hinaufgestiegen war, klopfte ich an die Tür, die mir von einer ungekämmten Frau mit rotgeweinten Augen geöffnet wurde. Sie starrte sekundenlang reglos auf die Pilotenschwinge an meiner linken Brusttasche, hob dann den Blick und rief: »Oh, mein armer Sohn! Ich kann es noch immer nicht glauben! Er kann nicht tot sein!«

Nie zuvor hatte ich mich in einer so schwierigen Lage befunden. Ich versuchte, ihr etwas Tröstendes zu sagen, konnte aber nur stammeln.

Sie warf sich in meine Arme, klammerte sich an mich und begann verzweifelt zu schluchzen: »Er war doch alles, was ich hatte. Wie soll ich ohne mein Kind nur weiterleben?« Da ich noch immer keine Worte fand, hielt ich sie einfach nur in den Armen und strich ihr beruhigend über den Rücken.

»Mit ihm haben wir einen Bruder verloren«, brachte ich endlich mit einer Stimme über die Lippen, die nicht mir zu gehören schien. »Er war unser Bruder, und so können Sie uns als Ihre Söhne betrachten.«

Marios Mutter nickte, dann nahm sie meine Hand und meinte mütterlich: »Kommen Sie herein, mein Kind, setzen Sie sich.«

Nur meine Mutter nannte mich ungeachtet meiner fünfundzwanzig Jahre »mein Kind«, und daß mich nun diese Frau so ansprach, wie den Sohn, den sie verloren hatte, verstärkte mein tiefes Mitleid mit ihr. Wir unterhielten uns lange über Mario, seine unbeschwerte Fröhlichkeit, seine musikalische Begabung und seine Fähigkeiten als Pilot. Sie erkundigte sich nach den genauen Umständen seines Todes, und ich wiederholte das Ergebnis des Untersuchungsausschusses: »Sie gerieten in einen riesigen Kumulonimbus, der ihre Maschine abstürzen ließ.«

»Was ist ein Kumulonimbus?«

Ich erklärte ihr so einfach wie möglich, was ich im Meteorologieunterricht über diese tückischen Wolkenschichten gelernt hatte, die sich vertikal zusammenballen. Trotz meiner Bemühungen schien sie nicht ganz zu verstehen, akzeptierte meine Erklärungen aber als Ursache für den Absturz.

»Ich habe Ihnen Marios Sold mitgebracht«, sagte ich.

»Dazu würde ich gern etwas mit Ihnen besprechen. Ich weiß nicht, ob er es jemandem erzählt hat, aber er hatte eine Freundin, die . . .«

Ich wußte, wovon sie sprach. Seit kurzem hatte sich Mario mit einem Mädchen aus Santa Clara getroffen. Wir hatten sie auch bei der Trauerfeier gesehen – stumm und unauffällig, als wollte sie nicht bemerkt werden.

»Jetzt, wo Mario nicht mehr da ist, möchte sie die Schwangerschaft abbrechen, aber ich habe sie angefleht, es nicht zu tun. Nichts wünsche ich mir mehr als ein Kind von meinem Sohn.«

»Das kann ich gut verstehen. Ich werde mit den Zuständigen sprechen, ob dem Kind eine Waisenrente gezahlt werden kann. Wäre das in Ihrem Sinne?«

»Ich weiß nicht, wie ich Ihnen danken soll, mein Kind. Sie ist Studentin und kann es sich nicht leisten, ein Kind ohne Vater zur Welt zu bringen.«

»Lassen Sie mich nur machen. Ich komme bestimmt bald mit guten Nachrichten wieder«, versprach ich ihr und küßte sie auf die Wange. Innerlich empfand ich tiefes Mitgefühl für diese Frau, die in der schrecklichen Einsamkeit ihrer Wohnung ihrem Leid nicht entkommen konnte. Unwillkürlich dachte ich an Vicky und das Kind, das wir erwarteten.

Nach der Rückkehr nach Santa Clara suchte ich den Politkommissar auf und schilderte ihm den Wunsch von Marios Mutter.

»Dieses Mädchen steht in dem Ruf, mit mehreren Männern ausgegangen zu sein.«

»Und?«

»Und das heißt, daß niemand genau wissen kann, ob es sich wirklich um Marios Kind handelt.«

»Und wie wollen Sie beweisen, daß Mario nicht der Vater ist?«

»Warum setzen Sie sich so für ein Straßenmädchen ein?«

Ich fand seine Frage arrogant und beleidigend. Die Macho-Einstellung vieler meiner Vorgesetzten hatte mich schon häufig geärgert, daher fragte ich ihn nur: »Haben Sie eigentlich Töchter, Genosse Oberstleutnant?«

Der Politkommissar war so verdutzt, als hätte ihm ein Marsmensch diese Frage gestellt. Errötend ging er zum Gegenangriff über: »Sie lassen den nötigen Respekt vermissen, Leutnant.«

»Ich habe nur eine Frage gestellt, Genosse. In ihren Händen liegt das Schicksal eines Kindes, das ein Recht auf

Leben hat – ganz unabhängig davon, wer sein Vater ist. Bitte, denken Sie doch auch an Marios Mutter. Für sie ist dieses Kind das einzige, was ihr von ihrem Sohn bleibt.«

»Gut, ich sehe, was ich tun kann. Aber versprechen kann ich nichts.«

»Vielen Dank, Genosse Oberstleutnant.«

Als ich in meinen Raum zurückging, waren meine Lippen wie ausgedörrt, und ich hatte einen solchen Durst, daß ich das Wasser eimerweise hätte trinken können. Das war häufig so nach unerfreulichen Gesprächen. Ohne die Stiefel auszuziehen, warf ich mich aufs Bett, ließ die Beine über die Kante baumeln und dachte darüber nach, was ich Marios Mutter bei meinem nächsten Besuch sagen sollte.

Wochen vergingen, und jedesmal, wenn ich bei Marios Mutter war, mußte ich ihr das gleiche sagen: »Sie warten noch immer auf eine Entscheidung des Divisionsstabes im Hauptquartier, aber ich bin sicher, daß sie dem Kind eine Rente zahlen werden.«

Als wir uns eines Morgens auf unsere Flüge vorbereiteten, sah ich den Politkommissar über das Vorfeld laufen und ging auf ihn zu. Er sah mich an, als würde er sich plötzlich an etwas erinnern, und meinte: »Der Stab kann dem Kind keine Rente zahlen. Es steht ja nicht einmal eine für Marios Mutter bereit. Sie hat vier Monate Sold bekommen, und das ist alles, was wir in derartigen Fällen tun können.«

Das verschlug mir die Sprache. Zunächst ließen sie der Mutter eines im Dienst getöteten Piloten den wenigen Sold von einem zufällig in der Nähe wohnenden Kameraden überbringen, ohne Begleitschreiben, ohne eine Geste des Mitgefühls. Und nun wollten sie dem Kind des Verunglückten nicht einmal durch eine kleine Rente den Schritt ins Leben erleichtern. Aber so waren die politischen Bürokraten im Divisionshauptquartier nun einmal. Wenn die Staatsführung wüßte, welche gefühllosen, unfähigen Bürokraten

Entscheidungen trafen, sähen die Dinge anders aus, sagte ich mir. Immerhin hatte sie Kränze als Zeichen ihrer Trauer geschickt. Aber wer sollte sie informieren?
Ich konnte an dem Tag nicht fliegen.

Bei der vor den Flügen obligatorischen Untersuchung stellte der Arzt – ein Freund von mir – fest, daß mein Puls raste und mein Blutdruck höher als normal war.

»Wie hast du geschlafen? Gut?« wollte er wissen.

»Ja«, erwiderte ich trocken.

»Ich glaube, es ist besser, wenn du heute nicht fliegst. Nimm es mir nicht übel, aber du machst auf mich nicht den allerbesten Eindruck. Deshalb solltest du unten bleiben.«

»Wie du meinst.«

Ich wäre brennend gern geflogen, um mein Gefühl ohnmächtiger Hilflosigkeit und Empörung abzureagieren, wollte aber einem Freund nicht widersprechen, der entschlossen war, es mir nicht zu gestatten. Ich setzte mich auf dem Vorfeld auf eine Bank neben der Piloten-Cafeteria, dachte über das Leben nach und sah den Maschinen bei ihren Starts und Landungen zu, von denen einige im Tiefflug hereinkamen, um »Bomben« auf ein weiß markiertes Ziel neben der Rollbahn abzuwerfen.

Der blaue Rumpf einer MIG-21 blitzte auf, als sie über dem Flugfeld kreiste, um dann das Ziel anzusteuern. Ich sah ihr zu, wie sie in rund eintausendsiebenhundert Metern Höhe in einen Sturzflug überging, geräuschlos, fast in Rükkenlage, und den optimalen Angriffswinkel erkundete. Dann glitt die Tragfläche aus, und die Maschine »fiel« vom Himmel, eine dichte graue Rauchfahne hinterlassend. Es sah aus, als würde sich eine Rakete an einem imaginären Seil auf das weiße Kreuz neben der Rollbahn hinunterstürzen. Gut zweihundert Meter über dem Boden zog die Maschine wieder hoch, um einen neuen Angriff vorzubereiten und ließ stolz ihre Kennung sehen.

Im Cockpit saß Prado, und es war ein Vergnügen, dem

ebenso bescheidenen wie fähigen jungen Piloten bei seinen Manövern zuzusehen. Weiße Kondenswolken stoben von seinen Tragflächen, als er nun in die Schräglage ging. Wieder setzte er zum Tiefflug an, sank zielgenau, sicher herunter, und hob erneut ab.

Und dann geschah etwas Unerklärliches: Die Maschine geriet unversehens in eine kreisförmige Fallkurve und schlug auf dem Boden auf. Dichter, dunkler Rauch stieg pilzförmig hoch, dann erfolgte die Explosion. Prado blieb nicht einmal die Zeit, an die Betätigung des Schleudersitzes zu denken. Zwischen dem ersten Taumeln der Maschine und der Explosion waren nicht mehr als zwei Sekunden vergangen, und ich wollte es einfach nicht glauben. Es war für mich unvorstellbar, daß Prado tot sein sollte – jemand, der eine Minute zuvor noch so springlebendig gewesen war.

Wir begannen auf das Wrack zuzurennen, aber der Rampentechniker hielt uns zurück.

»Da können Sie nichts mehr tun. Ist Ihnen nicht klar, daß er nicht mehr lebt? Außerdem sind weitere Explosionen nicht auszuschließen, also bleiben Sie lieber hier.«

Schweigend standen wir in Gruppen herum und sahen zu, wie die Feuerwehrmänner die Flammen löschten. Schließlich brachte uns ein Bus zu unserer Unterkunft zurück. Beim Abendessen hatten die Serviererinnen erneut Tränen in den Augen: Innerhalb kurzer Zeit war ein weiterer Freund einem Unglück zum Opfer gefallen. Sie hatten nicht viel zu tun, denn die meisten von uns zogen es vor, in ihren Zimmern zu bleiben.

Wieder wurde eine Delegation dazu bestimmt, eine traurige Nachricht zu überbringen. Eine weitere Trauerfeier fand in Havanna statt, bei der erneut ein junger Pilot seine letzte Ruhe im Pantheon der Armee fand. Neben seinem Sarg hoben sich zwei Kränze von den anderen ab. Beide stammten von den führenden Männern unseres Landes.

In Havanna besuchte ich neben Vicky auch Marios Mutter und wußte nicht recht, wie ich ihr beibringen sollte, daß keine Waisenrente für ihr Enkelkind gezahlt werden würde. Als ich mich neben sie setzte, sah sie mich traurig an und sagte, noch bevor ich überhaupt den Mund aufmachen konnte: »Sie brauchen sich nicht weiter zu bemühen, mein Kind. Die Rente ist nicht mehr nötig. Das Mädchen hat eine Fehlgeburt erlitten, als sie hier bei mir zu Besuch war.«

Schweigend sah ich sie lange Zeit an und wünschte mir sehnlich, sie trösten zu können, fand aber keine Worte.

»Machen Sie sich um mich keine Sorgen«, fügte sie hinzu. »Falls ich irgendwann etwas brauche, werde ich es Sie bestimmt wissen lassen.«

Verwirrt und verstört über meine eigene Hilflosigkeit verabschiedete ich mich von ihr. Warum ist das Leben nur so ungerecht? fragte ich mich. Warum wurde dieser Frau das Liebste auf der Welt genommen? Gäbe es einen Gott, könnte es soviel Ungerechtigkeit gar nicht geben.

Niedergeschlagen kam ich nach Hause. Das Schicksal von Marios Mutter ließ mich einfach nicht los. Ich sah sie vor mir, wie sie in ihrer kleinen Wohnung saß und ihr Leid mit niemandem teilen konnte.

»Aber wie kannst du ihr helfen?« fragte Vicky, nachdem ich ihr den Grund meiner deprimierten Stimmung genannt hatte.

»Das ist ja das Schlimme, daß ich nichts tun kann. Niemand kann ihr ihren Sohn wiedergeben.«

Vicky betrachtete mich schweigend, und in ihren Augen sah ich Mitgefühl.

»Entschuldige, Liebling, ich sollte dich damit nicht belasten«, sagte ich, zog sie näher an mich heran und streichelte ihren Bauch, der sich inzwischen beträchtlich ausgedehnt hatte.

»Nur noch ein Monat«, sagte Vicky und legte ihre Hand auf meine Finger.

»Ist er sehr lebhaft? Tritt und stößt er?« wollte ich wissen.

»Ja, er ist ziemlich ungeduldig«, erwiderte sie lächelnd.

»Laß mich mal horchen.« Ich legte mein Ohr an ihren Bauch und lauschte, während sie mir zärtlich über die Haare strich. Plötzlich verspürte ich eine Bewegung, als schlittere da etwas durch ihren Bauch. Verblüfft hob ich den Kopf und rief: »Es stimmt! Es bewegt sich . . . es bewegt sich tatsächlich!« Und dann mußten wir lachen.

In der Nacht nach meiner Rückkehr zur Basis schrillten wieder die Alarmsirenen. Wir diensthabenden Piloten rannten zu unseren Flugzeugen und hockten bis zur Morgendämmerung tatenlos, aber einsatzbereit in unseren Cockpits. Wieder einmal war es die Furcht vor einer nordamerikanischen Invasion. Wieder durften wir tagelang den Stützpunkt nicht verlassen. Wieder hatte ich nahezu keinen Kontakt zu Vicky – es sei denn, ich schlüpfte unter der Mauer hindurch, um sie von der Telephonzelle aus anzurufen.

Eines Nachmittags sagte mir ein Soldat, daß am Tor eine schwangere Frau auf mich warte. Ich brauchte nicht allzuviel Phantasie, um mir vorzustellen, wer das war.

Ich eilte zum Tor, rannte auf Vicky zu und fragte erregt: »Was machst du denn hier? Was ist passiert?« Bis zu dem errechneten Geburtstermin war nur noch eine Woche hin, daher versetzte mich ihr Erscheinen in hellste Aufregung.

»Du bist jetzt fast drei Wochen auf dieser Basis eingesperrt, da mußte ich dich einfach sehen. Ich habe dir geschlagene Mammee und einen Pudding mitgebracht, den ich heute früh selbst gemacht habe.«

Ich war wie betäubt. Dieser Pudding gehörte zwar zu meinen Lieblingsspeisen, aber das war doch noch längst kein Grund, ihn mir aus Havanna zu bringen, über eine Entfernung von rund dreihundert Kilometern. Ich blickte auf ihre Füße und sah, daß die Riemen ihrer Sandalen tief in die geschwollenen Beine einschnitten.

»Hast du den Verstand verloren, Vicky? Was hast du dir nur dabei gedacht, durch die Weltgeschichte zu gondeln, wo du jederzeit Wehen bekommen kannst?«

»Ich mußte dich sehen ...«

Ich stellte mir vor, wie sie frühmorgens zum Busbahnhof in Havanna gelaufen war und dort geduldig auf einen freien Sitz gewartet hatte, um in Santa Clara in der Sonnenglut auf den unzuverlässigen Bus zu warten, der sie zum Stützpunkt brachte.

»Mist!« explodierte ich. »Sieh dir nur deine geschwollenen Füße an!«

»Bitte, rede nicht so mit mir.«

»Glaubst du etwa, es freut mich, wenn du dich in deinem Zustand derart überanstrengst, nur um mir etwas zu bringen?«

»Bitte, laß uns nicht streiten«, flehte Vicky wieder. Tränen stiegen in ihre Augen. Jetzt schämte ich mich entsetzlich, so grob zu ihr gewesen zu sein.

»Verzeih mir«, sagte ich und nahm sie in die Arme. »Aber du mußt verstehen, daß ich mir große Sorgen um dich mache.«

Wir gingen zu einem Cousin von Vicky, der in Santa Clara wohnte, und dort bestand Vicky darauf, daß ich die Mammee trank und den Pudding verzehrte. Lächelnd sah sie mir dabei zu, ein Hauch von Befriedigung in den Augen.

»Schmeckt es dir?«

»Hervorragend«, log ich. Noch immer mußte ich an die Gefahren denken, denen sie sich bei ihrer anstrengenden Fahrt ausgesetzt hatte, und das verdarb mir sogar den Geschmack an meiner Lieblingsspeise.

Am nächsten Morgen brachte ich sie zum Busbahnhof und setzte sie in ein Taxi, dessen Fahrer mir versprach, sie auf dem direkten Weg nach Hause zu bringen.

»Bis bald«, sagte ich, küßte sie und fügte dann noch hinzu: »Aber mach so etwas bitte nie wieder.«

Gedankenverloren kehrte ich zum Stützpunkt zurück. Wie sehr ich Vicky doch liebte! Und ich machte mir Vorwürfe wegen ihrer Fahrt nach Santa Clara, denn es lag an mir, daß wir einander so lange nicht gesehen hatten. Ich dachte an den Krieg, der als Drohung stets über uns schwebte, aber nie eintrat, an die Verantwortung, die ich als Kampfflieger übernommen hatte.

Glücklicherweise hatten meine Vorgesetzten meine Abwesenheit auch diesmal nicht bemerkt, und ich brauchte niemandem Rechenschaft abzulegen. Sie wußten jedoch, daß die Geburt unseres Kindes kurz bevorstand, und als der Alarmzustand schließlich aufgehoben wurde, suchte ich um Urlaub nach, um in diesem entscheidenden Moment bei Vicky sein zu können.

»Zur Zeit völlig unmöglich«, war die Antwort. »Es fehlen bereits zu viele Piloten auf der Basis.«

Eines Abends wurde mir telephonisch mitgeteilt, man habe durch einen Anruf aus dem Hauptquartier der Luftwaffe erfahren, daß meine Frau mit Wehen ins Krankenhaus gebracht worden sei. In dieser Nacht bekam ich kein Auge zu und wartete nur auf den Sonnenaufgang, um bei dem Chef meiner Schwadrone auf Urlaub zu bestehen. Als wir uns morgens wie üblich auf dem Paradeplatz vor dem Verwaltungsgebäude formierten, bat ich bei erster Gelegenheit darum, »Meldung machen« zu dürfen.

»Meine Frau ist im Krankenhaus. Sie bringt unser Kind zur Welt.«

»Na und?« meinte Major Felipe kühl.

»Ich würde gern bei ihr sein.«

»Das Kind wird auch ohne Sie problemlos geboren werden. Sie können es sehen, wenn Sie Urlaub erhalten.«

Der geringschätzige Ton dieser Antwort kränkte mich. Einen Moment lang schämte ich mich wegen meiner

Schwäche, wiederholt darum zu bitten, während der Geburt unseres Kindes bei meiner Frau sein zu dürfen. Es war der 9. Juli 1981, und am Abend dieses Tages erhielt ich erneut einen Anruf: Vickys Schwester hatte im Hauptquartier in Havanna die Nachricht hinterlassen, daß meine Frau einen acht Pfund schweren Jungen geboren hatte. Mutter und Sohn ginge es gut. Meine Kameraden gratulierten mir überschwenglich, schlugen mir auf den Rücken und versicherten mir, daß ich meine kleine Familie mit Sicherheit bald sehen würde. Ich ging in mein Zimmer, warf mich aufs Bett und schickte meine Gedanken auf die Reise zu meiner Frau und meinem Sohn.

Ein leises Klopfen an der Tür holte mich nach Santa Clara zurück.

Gleich darauf steckte Oberstleutnant Fernandéz den Kopf herein. Ich sprang vom Bett und nahm eilends Haltung an, aber Fernandéz wehrte mit einer leichten Handbewegung ab.

»Wie ich höre, haben Sie einen Sohn bekommen. Ich möchte Ihnen meine Glückwünsche aussprechen und mitteilen, daß Sie zwei Wochen Urlaub haben.«

»Vielen Dank, Genosse Oberstleutnant!« rief ich überglücklich. Wenige Minuten später war ich auf dem Weg nach Havanna und bereitete mich auf die erste Begegnung mit dem Baby vor, das ich schon so lange liebte: meinen Sohn!

Am frühen Nachmittag traf ich in Havanna ein und suchte verzweifelt, aber vergebens nach ein paar Blumen für Vicky. In dem letzten Geschäft, in dem ich fragte, erklärte man mir, sie hätten zwar Blumen geliefert bekommen, aber die wären ausschließlich für Trauerkränze bestimmt. Nun klapperte ich die Geschäfte nach einem passenden Geschenk ab, aber es gab nichts ohne Bezugsscheine.

Enttäuscht und erschöpft machte ich mich auf den Weg zum Krankenhaus und entdeckte in einem vernachlässigten

Vorgarten eine einzelne blaßrosane Rose zwischen Unkraut und Gras. Spontan kletterte ich über den Zaun und brach sie ab.

Als ich zu Vicky ins Zimmer trat, waren ihre und meine Mutter gerade bei ihr. Sie hatten mir den Rücken zugewandt. Vicky sah mich als erste und schrie erfreut auf. Ich küßte unsere Mütter und trat, ohne ein Wort zu sagen und mit der Rose im Rücken, an ihr Bett. Wir sahen uns lange Zeit schweigend in die Augen. Dann küßte ich sie, streckte ihr die Rose entgegen und flüsterte: »Ich liebe dich.«

Vicky nahm die Rose, lächelte mich strahlend an, griff mit der anderen Hand nach meinen Fingern und drückte sie zärtlich. Dann sah sie auf die kleine Wiege neben ihrem Bett und sagte: »Armes Ding. Sie mußten ihm eine winzige Warze von seinem linken kleinen Finger entfernen.«

Das Baby lag friedlich schlafend auf dem Rücken. Seine langen Beine waıen ausgestreckt und seine Arme ruhten auf der Brust. Seine rechte Hand lag auf seiner bandagierten linken, als wolle er sie schützen.

»Das muß aber wehgetan haben . . .«

»Es war nur ganz klein. Man hat es mit einem Faden entfernt. Er hat nur ganz kurz geschrien. Es wird keine Narbe zurückbleiben, sagt der Arzt.«

»Hast du ihn schon standesamtlich anmelden lassen?«

»Ja. Gestern, nach der Geburt.«

»Auf welchen Namen?«

»Reyniel – wie wir es besprochen hatten.«

»Darf ich ihn hochnehmen?«

»Natürlich . . . Ich muß ihn ohnehin gleich füttern.«

Als hätte er Vickys Worte verstanden, erwachte Reyniel plötzlich und fing an zu schreien. Nervös nahm ich ihn auf den Arm und schaukelte ihn sanft hin und her, um ihn zu beruhigen, während sich Vicky darauf vorbereitete, ihn zu stillen. Unsere Mütter steckten lachend die Köpfe zusammen, und als der Junge endlich an Vickys Brust lag und wie ein Verhungernder zu saugen begann, lachte auch Vicky schallend los.

»Was ist los?« fragte ich. »Was ist denn so lustig?«

»Dein ängstliches Gesicht, als du deinen schreienden Sohn auf dem Arm gehalten hast.«

Nun lachten wir alle, während Reyniel seine winzigen Finger fest gegen die Brust seiner Mutter drückte und energisch weitersaugte.

»Das Kind hat ja einen Bärenhunger«, bemerkte ich und war ungeheuer stolz, ein Vater und der Ehemann der liebevollsten Mutter zu sein, die ich je gesehen hatte. Den ganzen Nachmittag blieb ich bei Vicky und dem Baby, saß neben ihr und hielt den zufrieden schlafenden Reyniel in den Armen.

Am nächsten Tag holte ich Vicky und meinen Sohn nach Hause. Vor der Tür warteten Freunde aus der Nachbarschaft bereits auf uns, um den Kleinen zu begrüßen. Und dann verbrachten wir drei herrliche Urlaubstage, ohne das Haus zu verlassen. Ich sah zu, wie Vicky den kleinen Nimmersatt alle drei Stunden stillte, nachdem er seinen unbändigen Hunger pünktlich wie ein kleines Uhrwerk mit durchdringendem Geschrei kundgetan hatte. Reyniel schrie, trank, schlief, machte in die Windeln, schrie, trank, schlief ... und wir alle nahmen regen Anteil an diesem endlosen Zyklus, für uns war dieser kleine Mensch der Mittelpunkt unseres Lebens.

In der folgenden Zeit wuchs Reyniel kräftig heran, aber ich sah ihn nur einmal im Monat, bis im Mai eine wundervolle Nachricht eintraf: In den Neubauten in der Nähe des Stützpunktes war uns eine Wohnung zugewiesen worden. Schnell eilte ich mit der frohen Botschaft nach Havanna, und schon bald beluden wir einen Lieferwagen mit unseren wenigen Habseligkeiten – einer alten, aber neugestrichenen Wiege, einer Matratze, die wir von unseren Schwiegereltern erhalten hatten, einem kleinen Kocher und unserer Kleidung, um zusammen mit Vickys Mutter in unsere neue Wohnung zu fahren.

Und damit begann unser Leben in der kleinen Wohnung in dem Fertigteilbau. Wir schliefen auf der Matratze neben Reyniels Wiege auf dem Steinfliesenboden, und Vicky brauchte Stunden, um auf unserem behelfsmäßigen Kocher das Essen zuzubereiten, während ich mich auf der Basis um einen Bezugsschein für ein Ehebett bemühte. Trotz unserer primitiven Umgebung waren wir glücklich. Wir besaßen in unserem neuen Heim zwar nicht einmal die notwendigsten Möbel, aber zum erstenmal hatten wir die Möglichkeit, die Nächte mit wenigen Ausnahmen gemeinsam zu verbringen, und ich war endlich regelmäßiger mit meinem Sohn zusammen. Als wir dann endlich unser Bett bekamen, spielten wir oft mit Reyniel darauf und freuten uns, wenn er unsere Küsse und Liebkosungen mit sprudelndem Lachen belohnte.

Nachmittags war es mein größtes Vergnügen, den kleinen Nimmersatt in die Arme zu nehmen und in den Schlaf zu wiegen, während ich ihm leise eine Melodie von Rachmaninow vorpfiff. Dabei lächelte er mich an und gluckste, als wollte er »Papa« sagen. Nach und nach wurde er schläfrig, seine Augen begannen sich zu schließen, aber er riß sie immer wieder auf, um mich anzusehen, bis er endgültig in den Schlaf hinüberglitt. Ganz behutsam legte ich ihn in seine Wiege, um ihn nicht zu wecken, während Vicky lächelnd von der Türschwelle aus zusah.

Wir waren in unserem Nest so glücklich, daß wir einen Fernseher oder einen Kühlschrank kaum vermißten. Auch die ermüdenden Wanderungen, die ich nachmittags auf dem Heimweg zum Brunnen eines Kleinbauern in der Nähe unternahm, um dann mit zwei riesigen Wassereimern die vier Treppen zu unserer Wohnung hinaufzuschwanken, machten mir nicht viel aus. Stets wurde ich durch die Freude belohnt, Vicky und Reyniel sehen zu können, die mir bereits vom Balkon aus zuwinkten. An meinen wenigen freien Tagen rüttelte Reyniel morgens so lange am Sicherheitsgitter seiner Wiege, bis wir ihn endlich zu uns ins Bett holten. Zufrieden lächelnd lag er dann auf meiner Brust, während Vicky schnell sein Fläschchen erwärmte, denn es dauerte nie lange, bis sich sein Lächeln in Protestgeschrei verwandelte: Seine Stimmung hing entscheidend vom Zustand seines Magens ab.

Als ich gerade mit einem anderen Piloten in voller Fliegerausrüstung darauf wartete, zu unseren Maschinen gerufen zu werden, kam unser Basiskommandant herein. Eloy Fernandéz forderte uns auf, Platz zu nehmen, und setzte sich neben uns. Er erkundigte sich nach Vicky, nach dem Baby, dem Rest der Familie, meinem Gesundheitszustand, und mir wurde klar, daß er etwas mit mir besprechen wollte, aber nicht die richtigen Worte finden konnte. Schließlich bat er mich, mit ihm auf einen Sprung hinauszukommen. Wir liefen eine Weile, bis er im Schatten einer Pinie vor dem Wachhaus endlich stehenblieb und mir die Hand auf die Schulter legte.

»Der Krieg in Angola nimmt eine unerwartete Wende«, sagte er. »Die südafrikanische Luftwaffe ist bereits mehrmals in den angolanischen Luftraum eingedrungen, und wir haben da drüben nicht genügend Piloten. Man hat uns um eine Verstärkung unserer Präsenz gebeten. Auch unser Stützpunkt muß zwei Piloten zur Verfügung stellen. Die älteren sind fast schon alle dort, und von den jüngeren sind nur Pastrana, Isidoro und Sie wirklich einsatzfähig.« Er machte eine kurze Pause und fügte dann hinzu: »Isidoro wurde gerade mit Hepatitis ins Krankenhaus eingeliefert.«

»Wann muß ich los?«

»Am Nachmittag werden Sie und Pastrana mit einem Transportflugzeug nach Havanna gebracht. Morgen fliegen Sie nach Angola. In wenigen Minuten wird ein anderer Pilot Ihren Dienstplan übernehmen. Dann bleiben Ihnen ein paar Stunden, um sich von Ihrer Frau und Ihrem Sohn zu verabschieden.«

Als Vicky davon hörte, brach sie in Tränen aus, lief in der Wohnung auf uns ab und fragte nur immer wieder leise: »Warum ausgerechnet du?«

Pastrana und ich flogen am Nachmittag nach Havanna. Im Hauptquartier der Luftwaffe wurden wir zunächst einmal photographiert, damit uns in aller Eile Pässe ausgestellt werden konnten.

»Bis morgen, zehn Uhr vormittags. Rechtzeitig vor dem Abflug«, sagte der Offizier des Divisionsstabes.

Vicky begleitete mich am nächsten Morgen. Die Piloten versammelten sich vor dem Hauptquartier, bereit, innerhalb weniger Minuten nach Afrika zu fliegen, in einen Krieg. Pastrana blieb die ganze Zeit bei uns. Er spielte mit Reyniel und scherzte mit Vicky, die Mühe hatte, ihre Tränen zurückzuhalten.

Auf ein Signal hin kletterten alle in den Bus, der uns zum Flughafen bringen sollte. Reyniel war in meinen Armen eingeschlafen, und nach einem letzten zarten Kuß auf seine Wange gab ich ihn Vicky. Mit dem Baby zwischen uns umarmten wir einander, und ich versicherte Vicky, alles würde gutgehen. Bald sei ich wieder bei ihr. Vicky zitterte am ganzen Körper und brachte kein einziges Wort heraus.

Wir trennten uns, ich stieg ein und sah aus dem Fenster. Da stand Vicky, hielt Reyniel auf einem Arm und winkte mir mit der anderen Hand zu, während ihr Tränen über die Wangen liefen. Der Bus fuhr langsam an und ebenso langsam wurden Vicky und Reyniel kleiner und kleiner . . .

VII
Angola

Die haarsträubendsten Geschichten über das Land im afrikanischen Urwald vertrieben uns die Zeit während des vierzehnstündigen Fluges nach Luanda. Wir hörten von grimmigen Leoparden, die zwei Männer auf einmal zerfleischten, bevor diese ihre Waffen ziehen konnten; von der tödlichen »Drei-Schritt-Schlange«, deren Biß ihrem Opfer den Tod brachte, bevor es drei Schritte tun konnte; von den Parasiten, die in Flüssen und Seen lauerten, um irreversible und monströse Schwellungen der Genitalien zu verursachen; von dem Insekt, das seine Eier unter der menschlichen Haut ablegte, aus denen dann ekelerregende Würmer schlüpften . . . Bis zur Landung in dem herrlichen afrikanischen Land hatten wir uns derart hochgeputscht, daß wir uns schon vor der Luft in Angola fürchteten.

Das Flugzeug kreiste über Luanda, und wir blickten auf das einmalige Panorama dieser Stadt inmitten einer leeren, kupferfarbenen Landschaft hinunter, die so abweisend und rauh wirkte wie die eindrucksvolle Küste, die sich vor Luanda am unendlichen Atlantik erstreckt. Nach der Landung rollten wir, vorbei an Kampfflugzeugen und Hubschraubern, die uns an den Krieg erinnerten, auf das kleine Terminal zu, das für die Ein- und Ausreise kubanischer Truppen vorgesehen war. Schon bald drängten wir uns in einem schlichten Warteraum, in dem ein Hauptmann der sogenannten Kubanischen Militärmission in Angola nach unseren Pässen fragte.

»Steigen Sie auf die Lastwagen draußen, sie werden Sie zunächst einmal nach Fotungo bringen. Morgen geht es dann zu den verschiedenen Einheiten«, erklärte der Hauptmann, während er unsere Pässe einsammelte und in einen Behälter warf, wo sie bis zu unserer Rückkehr nach Kuba bleiben würden. Von nun waren die um unseren Hals hängenden Erkennungsmarken aus Aluminium unser einziger »Ausweis«.

Beladen mit Soldaten in Touristenkleidung machten sich unsere Lastwagen auf den Weg. Wir fuhren durch die staubigen Straßen Luandas, vorbei an Truppen in Tarnanzügen und AKM sowie Y-3-Gewehren über der Schulter, die düster an unendlich vielen nackten, schmutzigen Kindern vorbeimarschierten, deren Bäuche durch Krankheiten aufgebläht waren, die von Parasiten verursacht waren. Fotunga war ein ausschließlich kubanisches Lager, das mich an die »Schule auf dem Felde« meiner Jugendzeit erinnerte. In den rechteckigen Baracken mit ihren Asbestpappendächern standen die vertrauten, mit Jutesäcken bespannten Etagenpritschen. Erschöpft von der Reise warf ich mich auf mein rustikales Lager und versuchte, ein wenig zu schlafen. Eine Gruppe Soldaten, die am nächsten Tag nach Kuba zurückkehren sollte, unterhielt sich angeregt über die Aussicht, nach zwei anstrengenden Jahren ihre Lieben endlich wiedersehen zu können. Schließlich schlief ich doch ein und träumte von dem gefährlichen Land, in dem ich mich jetzt befand. Plötzlich fühlte ich, wie mir eine »Drei-Schritt-Schlange« über den Rücken kroch. Mit einem Schrei erwachte ich, sprang von meinem oberen Bett und verblüffte die plaudernden Kameraden mit meinem entsetzten Ruf: »Eine ›Drei-Schritt-Schlange‹! Eine ›Drei-Schritt-Schlange‹!« Dann lachten sie schallend auf, und ich bemerkte in der Hand des einen, der sich auf dem Bett unter mir ausgestreckt hatte, einen kleinen Stock, mit dem er geistesabwesend über die Jute gefahren war, auf der ich schlief . . .

Früh am nächsten Morgen bestiegen wir das Transportflugzeug, das uns zu unserem Ziel bringen sollte: nach Lubango, einer klimatisch sehr angenehmen Stadt am östlichen Rand einer riesigen, hufeisenförmigen Hochebene in zweitausend Meter Höhe. Im Osten geht die Hochebene in den Urwald über, während sie zu den anderen Seiten steil abfällt: im Süden zur Mosámede-Wüste und im Westen zu einer wundervollen Ebene, die sich bis an den Atlantik erstreckt. An der südlichen Stadtgrenze blickte eine Christusstatue in den afrikanischen Sonnenaufgang. Dahinter, auf einem relativ ebenen, zum Osten hin offenen Gelände lag die Flugbasis wie ein gigantischer Teller auf Asphalt und Beton inmitten der Flakartillerie und den Versorgungsdepots. Gleich hinter der Christusstatue überwachte ein Funktechnikerbataillon mit seinen Radaranlagen den angolanischen Luftraum. Fünfzehn Kilometer weiter südlich waren mitten im Urwald »in Handarbeit« Bunker für ein Panzerbataillion augeschachtet worden. Die Funktechnikereinheiten in der Wüste bei Virey und Chibemba sowie das Hauptquartier am Ostrand von Lubango vervollständigten die kubanische Streitmacht zur Verteidigung der Region.

Zu den Streitkräften gehörten Hunderte von Lehrern, Krankenschwestern, Ärzten und Technikern an zivilem Personal. Die Letztgenannten wohnten in modernen Apartmenthäusern an asphaltierten Straßen in der Stadt und vermittelten den oberflächlichen Eindruck, daß es sich bei Lubango um die am meisten prosperierende Stadt in Angola handelte. Aber der Anblick Hunderter angolanischer und kubanischer Soldaten mit automatischen Waffen bot ein eher trostloses Bild, das nur durch die gelegentlichen Besuche afrikanischer Stammesangehöriger aufgeheitert wurde, die an den Wochenenden in ihren malerischen Gewändern in die Stadt kamen.

Höhere Offiziere und Piloten waren die einzigen Militärs,

die in der Stadt leben durften, und wir bewohnten ein ansprechendes dreigeschossiges Haus im Südosten Lubangos, das früher vermutlich einem wohlhabenden Portugiesen gehört hatte. Das Gebäude lag an der Eisenbahnstrecke, die Lubango mit dem Hafen Mosámede verband, und in der Nähe der Gleise stand eine Kerzenfabrik, die nachmittags um fünf das Schichtende mit einer Sirene ankündigte.

In jenen Tagen erlaubten wir uns mit allen Neuankömmlingen den Scherz, beim Aufheulen der Sirene: »Luftangriff!« zu rufen und in den Keller hinunterzustürzen. Die entsetzten Mienen der »Neuen« ließ uns immer wieder in schallendes Gelächter ausbrechen. Es war, als blickten wir in einen Spiegel und sähen unsere eigenen ängstlichen Gesichter kurz nach der Ankunft in Angola.

Im Laufe der Zeit stellten wir fest, daß der Krieg ganz anders verlief, als wir es uns vorgestellt hatten. Anstatt zu kämpfen, verbrachten wir unsere Zeit mit dem Warten auf einen Angriff, der – wie auf Kuba – nie erfolgte. Aber die vereinzelten Erkundungsflüge südafrikanischer Piloten, die ebenso schnell entdeckt wurden, wie sie den angolanischen Luftraum wieder verließen, bescherten uns zahllose Tage in Alarmbereitschaft und Nächte im ungastlichen Bunker der Flugbasis. Unterdessen waren etliche unserer höheren Offiziere unterwegs, um ihre Koffer mit Dingen zu füllen, die auf Kuba nicht zu bekommen waren, und suchten uns nur auf, um unsere Räume zu inspizieren und uns wegen Kleinigkeiten zu rügen, anstatt sich um ein Mindestmaß an menschlichem Verständnis für ihre Untergebenen zu bemühen, das in Kriegszeiten unerläßlich ist. Da wir wie sie in der Stadt wohnten, bekamen wir das zu sehen, was den »normalen« Soldaten verborgen blieb: wie sie sich in ihren Luxuswohnungen von angolanischem Personal bedienen ließen, wie sich bei ihren Festen die Tische unter Speisen bogen, die den Truppen fehlten. Ihr Lebensstil war durch und durch korrupt und entsprach keineswegs den Idealen eines revolutionären Offiziers. Häufig hörte ich, daß Piloten ihre Vorgesetzten als »bourgeois« bezeichneten und ihre Verachtung über deren Verhalten äußerten.

Als »Abschiedsgeschenk« ließ uns einer unserer Techniker vor seiner Rückkehr nach Kuba einen kleinen Stapel von *Playboy*-Ausgaben zurück. Sie kursierten unter den neugierigen Piloten, die fast schockiert auf die nackten Photomodelle reagierten – und mit der Erregung, die man unwillkürlich dabei empfindet, wenn man etwas Verbotenes betrachtet. Schnell wurden die Magazine zur Lieblingslektüre von uns Piloten, die wir diskret unter unseren Matratzen versteckten.

Bald tauchte prompt ein Angehöriger des Geheimdienstes auf und fahndete nach den Magazinen. Irgendein Spitzel hatte ihm geflüstert, die Piloten würden durch das Lesen von Publikationen in ideologische Verwirrung gestürzt, die imperialistischer Unmoral das Wort redeten. Politische Abteilung und Geheimdienst stellten eine hochnotpeinliche Untersuchung über die Herkunft der Magazine an, und nach vielen Fragen von ihnen und gebührend zerknirschten Selbstbezichtigungen von uns wurden die Hefte konfisziert. Der Zwischenfall hinterließ in uns ein unangenehmes Gefühl von Peinlichkeit, das nicht nur mit unserer Lektüre der damals berüchtigten *Playboy*-Hefte erklärt werden konnte.

Im Oktober trat ein Fehler an der Radaranlage auf, und wir konnten in diesem Monat kaum starten. Erneut saßen wir herum und sorgten uns, nicht genügend für Kampfhandlungen trainieren zu können, die jederzeit über uns hereinbrechen konnten.

Wieder einmal vertrieben wir uns die Zeit beim Kartenspiel, als plötzlich Alarm gegeben wurde. Marrero und Ortiz, zwei der jüngsten Piloten, eilten zu ihren Maschinen und starteten unverzüglich, während Ley und ich uns in die Cockpits von zwei MIG-21 setzten.

Wir hatten kaum das Funkgerät eingeschaltet, als wir auch schon die Stimme des Kontrollturms hörten, der die beiden aufforderte, das Terrain im Süden nach feindlichen Flugzeugen abzusuchen und auf eine andere Frequenz umzuschalten. Die Minuten schienen endlos lang, während wir in der unbarmherzigen Sonne in unseren Cockpits saßen. Endlich knackte es wieder in unseren Kopfhörern.

»Drei-zwei-sechs und Drei-zwei-sieben. Motoren anwerfen und sofort starten!«

Während unsere Düsenmotoren zum Leben erwachten, entfernten unsere treuen Mechaniker die Abdeckungen von den Geschossen, räumten die Bremsklötze beiseite und gaben uns energisch winkend das Zeichen, daß wir uns in Bewegung setzen könnten. Schnell rollten wir los und wirbelten rötliche Staubwolken auf, die uns bis auf die Startbahn verfolgten, von der wir hastig und ohne eine letzte Überprüfung der Instrumente abhoben. Wir waren kaum in der Luft, als uns der Kontrollturm befahl, mit einer Geschwindigkeit von tausendzweihundert km/h Richtung Süden zu fliegen.

Immer dasselbe, sagte ich mir und dachte an unsere zahllosen Versuche, südafrikanische Mirage-Düsenjäger abzufangen – was uns nie gelingen würde, da wir sehr niedrig auf das Zentrum der Wüste zuflogen und unsere Kabinenhauben aufgrund unserer hohen Geschwindigkeit von einer weißen Hülle dünner Luft umgeben war.

Dann forderten sie uns auf, das Gebiet zu patrouillieren, und ohne Zwischenfälle kehrten wir schließlich zur Basis zurück – mit gerade noch genügend Treibstoff, um gefahrlos zu landen. Als wir an den Hangars mit Marreros und Ortiz' Maschinen vorbeirollten, bemerkten wir, daß diese von Piloten und Mechanikern neugierig untersucht wurden.

»Sie wurden buchstäblich durchsiebt«, rief mir mein Mechaniker zu, als ich die Kabinenhaube öffnet.

»Was hast du gesagt?«

»Daß Ortiz und Marrero nur durch ein Wunder mit dem Leben davongekommen sind. Die Bordgeschosse der Mirage haben sie praktisch durchsiebt. Ich weiß noch immer nicht, wie ...«

Das Ende seines Satz wartete ich nicht erst ab, schob die Leiter beiseite, mit der er mir den Weg verstellte, sprang aus dem Cockpit und rannte auf die beiden beschädigten MIG-21 zu. Hinter mir schnaufte Ley. Marrero stand neben der ersten MIG und unterhielt sich ruhig mit einigen Kameraden.

»Was ist passiert?« fragten ihn Ley und ich fast unisono.

Marrero sah uns verblüfft darüber an, daß wir noch nichts wußten, deutete mit dem Kopf auf die Maschine und sagte leise: »Seht es euch selbst an ...«

Mit den aus dem Heck ragenden deformierten Aluminiumstreifen wirkte sein Düsenjäger wie ein getreues, verwundetes Schlachtroß, dem bei lebendigem Leibe die Haut heruntergefetzt worden war. Wir liefen um die Maschine herum und betrachteten ihre Wunden so entsetzt, als wäre sie ein sterbender Freund. Als wir wieder bei Marrero waren, senkte er den Kopf und sagte leise:

»Sie haben uns von hinten überrascht ...«

»Du kannst von Glück reden, am Leben zu sein. Das ist das Wichtigste«, sagte ich und schlug ihm leicht auf die Schulter.

»Keine Angst, du bekommst deine Gelegenheit, diese Scharte auszuwetzen«, erklärte Ley in dem Bemühen, Marrero aufzumuntern.

Von einem Augenblick zum anderen wurde unser Alltag durch das Eintreffen hochrangiger Offiziere aus seiner Ruhe gebracht. Sie wollten den Zwischenfall untersuchen, da einige grundsätzliche Regeln verletzt worden waren.

Marrero und Ortiz verfügten als junge Piloten nicht über die für Kampfeinsätze notwendige Erfahrung, waren aber dennoch an den Start geschickt worden, weil sich einige ältere Piloten über die Vielzahl ihrer Einsätze beschwert hatten. Der verantwortliche Oberst wurde seines Postens enthoben und zum Oberstleutnant degradiert, während neue Bestimmungen erlassen wurden, daß während der Alarmbereitschaft einem jüngeren Piloten stets ein erfahrener Kamerad zur Seite stand.

Es war ein irgendwie bedrückender Anblick, unseren früher so anmaßenden Ex-Kommandanten düster durch die Pilotenunterkunft wandern zu sehen, die er verlassen mußte. Für seine ehemaligen Untergebenen hatte er nichts anderes übrig als den Anblick seines zutiefst besorgten Gesichts. Er war in Ungnade gefallen . . .

Unterdessen fragte ich mich immer wieder, warum Ley und ich nicht über Funk aufgefordert worden waren, unseren Kameraden zur Hilfe zu kommen. Ich fand aber keine Antwort. Vielleicht hatte die damals weitverbreitete Besessenheit, sich streng an die Bestimmungen des Funkverkehrs zu halten, um den Feind keine Informationen zu geben, den Kontrollturm bewogen, uns über ein für unsere Kameraden lebenswichtiges Ereignis im Unklaren zu lassen – ein Ereignis, das dem Feind mit Sicherheit bekannt war.

Vicky blieb zunächst in unserer Wohnung in Santa Clara, konnte aber nicht arbeiten gehen, da sie für Reyniel keinen Platz in einer der örtlichen Kinderkrippen fand – trotz ihrer Bemühungen und trotz der Tatsache, daß sie wegen meiner Teilnahme am Krieg in Angola hätte bevorzugt werden müssen. Enttäuscht zog sie zu meinen Eltern nach Matanzas. Sie halfen ihr dann dabei, einen Kindergartenplatz für Reyniel und eine Anstellung als Dentistin für Vicky zu finden.

Genau wie während meiner Ausbildung in der Sowjetunion schrieben wir einander täglich, und ich bemühte mich sehr, Vicky und meine Mutter davon zu überzeugen, daß ich nicht in Gefahr war. Als Vicky einmal Reyniel ein Photo von mir zeigte, hätte er ganz aufgeregt reagiert, die Augen aufgerissen und mit seinen kleinen Händen gewunken, schrieb sie mir. Und als sie dann zu ihm sagte: »Das ist Papa«, hätte er wiederholt: »Papa, Papa.« Eines Tages fiel mir beim Öffnen eines Briefes von Vicky ein mit bunten, unbeholfenen Strichen bemaltes Blatt in die Hände. »Papa, das habe ich im Kindergarten gemalt. Ich habe Dich sehr lieb, Reyniel«, hatte Vicky daruntergeschrieben. Die Kehle wurde mir eng, und als ein Kamerad sah, daß mir die Augen feucht wurden, erkundigte er sich besorgt: »Schlechte Nachrichten?«

»Nein ... aber das ist der wichtigste Brief meines Lebens.«

Endlich nahmen wir unser Flugtraining unter neuen Bestimmungen wieder auf, die künftig die Fehler vermeiden sollten, die zum überraschenden Angriff auf Marrero und Ortiz geführt hatten. Von jetzt an wurden Luftkriegsmanöver spontan durchgeführt, so daß der Feind keine Gelegenheit erhielt abzuschätzen, welche Verteidigungsmaßnahmen er zu ergreifen hatte.

Eines Tages sollte ich von einem mobilen Kontrollturm am Beginn der Rollbahn aus die Landungen dirigieren und überwachen. Gerade startete Bober, ein erfahrener Pilot, mit seinem Düsenjäger, und hinter ihm folgten Merino und Pastrana in ihrer Übungsmaschine. Sie sollten eine spontane Luftkampfübung absolvieren.

»Hier Drei-vier-null in Zone fünf. Bitte um Erlaubnis, mit der Übung beginnen zu können«, funkte Bober wenige Minuten nach dem Start.

»In Ordnung, Drei-vier-null ...«

Die nächsten Minuten verliefen wie geplant, doch dann hörte ich Bobers erregte Stimme über Funk: »Drei-vier-drei, Drei-vier-drei ...«

Schweigen.

»Antworten Sie, Drei-vier-drei ... Drei-vier-null ruft Sie!«

Eine noch längere Stille folgte, und ich begann zu ahnen, daß etwas Schlimmes passiert sein mußte.

»Puma, hier Drei-vier-null«, rief Bober den Kontrollturm.

»Sprechen Sie, Drei-vier-null.«

»Drei-vier-drei in Schwierigkeiten ...« hörte ich Bobers unsichere zitternde Stimme. »Maschine Drei-vier-drei ist abgestürzt ...«

Eine endlose Pause schloß sich an, und ich dachte an Pastranas Eltern, an Merinos Frau und Kinder ... Es waren noch andere Piloten des Stützpunktes in der Luft, mit Zugang zur selben Funkfrequenz, aber keiner sagte ein Wort. Sie schwiegen wie der Fluglotse und ich. Es war so, als wollten wir das Schreckliche nicht eingestehen.

»Keine Lebenszeichen an der Unfallstelle zu erkennen ...«, fuhr Bober mit bebender Stimme fort. Wieder dachte ich an Kuba und erinnerte mich an den Tag, an dem ich mit Pastrana vor dem Luftwaffenhauptquartier vor dem Abflug nach Angola zusammengetroffen war und wie er mit Reyniel gespielt hatte. Ich dachte an den Abschied von unseren Familien und wie wir uns während des Fluges die haarsträubenden Geschichten über Angola angehört hatten.

Die Rettungshubschrauber nahmen Kurs auf die Unglücksstelle, während unsere anderen Maschinen landeten – ganz ohne die üblichen munteren Funksprüche. Jede knappe Meldung der Piloten klang unendlich bedrückt. Nachdem der letzte Düsenjäger am Boden war, warteten wir mit Bober auf dem Vorfeld auf die Rückkehr des Hubschraubers. Er berichtete uns gestenreich, was geschehen war.

»Ich flog gerade eine scharfe Kurve in niedriger Höhe und sah, daß sie hinter mir einen Angriff simulierten. Dann zog ich die Maschine hinunter, um in die entgegengesetzte Richtung zu schwenken. Ich hielt nach ihnen Ausschau, konnte sie aber nicht entdecken . . . Ich drehte wieder um und sah, daß sie abgestürzt waren. Ich vermute einen Triebwerkschaden, aber vielleicht haben sie auch die räumliche Orientierung verloren. Ihnen blieb nicht einmal Zeit für den Schleudersitz . . .«

Erschüttert hörten wir uns Bobers Schilderungen an, und uns fiel seine extreme Blässe ebenso auf wie das ungewöhnliche Zittern seiner Hände. Bald darauf kehrte der Helikopter zurück. Als erster entstieg ihm unser Geschwaderchef Hauptmann Romero. Mit schnellen Schritten kam er auf uns zu.

»Es war ein entsetzlicher Anblick. Offenbar haben sie noch versucht, die Maschine abzufangen, sind aber gegen eine fünfzig Meter hohe Felswand geprallt. Ihnen war klar, daß sie nicht hoch genug waren, und sie haben die Schleudersitze ausgelöst, aber es war zu spät. Der Mechanismus funktionierte zwar noch, aber sie hatten nicht mehr genug Zeit . . . Merinos Sitz löste sich als erster, aber sein Körper hatte noch die Geschwindigkeit der Maschine, während sich hinter ihm der Fallschirm entfaltete . . . Er wurde mit mehr als achthundert Stundenkilometern gegen die Felsen geschleudert . . . Pastrana war noch im Flugzeug. Sein Sitz löste sich genau in dem Moment aus der Halterung, als die Maschine aufprallte.«

Romero sprach wie benommen und schilderte die Ereignisse so detailliert, als mindere es ihre Schrecken, daß er sie uns mitteilte.

»Als wir landeten, sahen wir, daß sich eine Rotte verwilderter Hunde über sie hermachte . . . Wir mußten sie mit Schüssen verjagen . . .«

In dieser Nacht hielten wir im Offiziersclub die Totenwache für unsere Kameraden und begleiteten ihre sterblichen Überreste am nächsten Tag zu dem Transportflugzeug, das sie nach Luana brachte, damit sie dort auf dem kubanischen Soldatenfriedhof bestattet wurden. Als wir die einfachen

Särge in das Flugzeug hoben, flog eine MIG-Staffel, die gerade aus Menongue zurückkehrte, zum Abschied tief über uns hinweg. Ich stellte mir Pastrana so quicklebendig und lebensfroh vor, wie ich ihn gekannt hatte, und verdrängte jeden Gedanken daran, daß er in einer dieser Holzkisten lag.

An diesem 18. Dezember 1982 kehrten wir alle in die Pilotenunterkünfte zurück und suchten Trost in dem Alkohol, der normalerweise für die Radarkühlung der MIGs benutzt wurde. Wir schwelgten in Erinnerungen, und jeder Schluck der Alkohol-Wassermischung betäubte unsere Trauer um unsere Kameraden. Später schlug jemand vor, daß wir alle zu einer Party im Haus der »Cobras« gehen sollten, wie die Krankenschwestern und Lehrerinnen genannt wurden. Und so marschierten wir alle los, um uns von einer weniger nostalgischen Atmosphäre ablenken zu lassen.

Dort bekam ich erstmals Einblick in eine Welt, die so ganz anders war als das Leben auf Kuba. Kriegsmüde Kommandeure und untergeordnete Offiziere warben gleichermaßen um weibliche Zuneigung. Es gab Paare, die zu offiziellen Anlässen Arm in Arm erschienen und wie Mann und Frau zusammenlebten, sich aber dann und wann einander gegenüber an den Tisch setzten, um an ihre jeweiligen Ehepartner zu schreiben – in dem stillen Einverständnis, einander nicht wiederzuerkennen, falls sie sich später irgendwann auf Kuba begegneten.

Ich erinnerte mich an die Bilder, die ich im kubanischen Fernsehen gesehen hatte: die junge Mutter, die ihr neugeborenes Kind zurückließ, um einem anderen Volk beizustehen; der hohe Militär, der sich auf Parteiversammlungen über die moralischen Verpflichtungen der Vaterschaft verbreitete; die berühmte Ärztin aus Matanzas, die mit ihren Enkelkindern so gern im Park spazierenging . . . Hier in Angola zeigten sie nicht die geringsten Bedenken, sich in aller Öffentlichkeit einer Liebesbeziehung hinzugeben, die sie durch den Krieg für gerechtfertigt hielten. Ich erinnerte mich auch an die Konsequenzen unserer »Unmoral«, den *Playboy* gelesen zu haben, und an meine Jahre in der Sowjetunion. Und ich fragte mich, ob unsere Lippenbekenntnisse wichtiger waren als unser Verhalten . . .

Am frühen Morgen kehrten wir in unsere Quartiere zurück, aber trotz meines Alkoholgenusses fand ich lange keinen Schlaf. Ich lag da, starrte zur Decke und hielt verzweifelt Zwiegespräch mit mir selbst: Warum geben wir vor, etwas zu sein, was wir nicht sind?

Wenn wir uns doch wenigstens bemühen würden, unsere Sünden zu verbergen.

Trotz meiner Erschöpfung ließen mich meine Überlegungen nicht zur Ruhe kommen. Ich stand auf und ging in das kleine Gemeinschaftszimmer, in dem alte Zeitschriften lagen. Vielleicht würde Lesen mich ablenken und endlich Schlaf finden lassen.

Ich wählte mir eine Ausgabe von Granma aus, der größten kubanischen Tageszeitung und offizielles Organ des Zentralkomitees der Partei. In ihr fand sich kein einziger Hinweis auf die Ereignisse in Angola. Es war so, als wäre das Land überhaupt nicht an einem Krieg beteiligt, der Tausende von Meilen von der Insel entfernt stattfand. Schon wollte ich die Zeitung beiseitelegen, als ein Kommentar meine Aufmerksamkeit erregte: Armando Valladares, der auf Kuba inhaftierte gefährliche Terrorist, den die CIA-Propaganda als unglückseligen, kranken Dichter bezeichnet hatte, sollte auf Verlangen der französischen Regierung freigelassen werden.

»Die Revolution ist mächtig und großzügig. Wenn die Regierung Frankreichs unsere Kloake säubern will, werden wir sie nicht daran hindern! Sie kann den angeblichen Dichter haben, aber er wird auf seinen eigenen zwei Beinen zum Flugzeug laufen!« schloß der Artikel mit der Unterstellung, daß die Lähmung des Terroristen erfunden war.

Monate vergingen, aber trotz der relativen Ruhe um uns herum hatten die Piloten Urlaubssperre, und für manche Kameraden war der Termin bereits lange überschritten, an dem sie eigentlich hätten nach Kuba zurückfliegen sollen. So war mein Freund Leutnant Alba schon mehrmals zu seiner Einheit zurückbeordert worden, als er gerade dabei war, ein Flugzeug nach Kuba zu besteigen. Inzwischen konnte er es kaum noch erwarten, seine Frau und seine Tochter endlich wiederzusehen. Nachts wanderte er ruhelos durch das Haus und verfluchte halblaut sein Pech.

Doch endlich war Albas langersehnter Abschiedstag gekommen, und wir gaben ihm unsere Briefe mit, da sie ihr Ziel auf diese Weise schneller erreichten. Ein junger Arzt aus Albas Heimatstadt fragte ihn, ob er vielleicht einen Koffer voller Kleidung für die Familie des Arztes mitnehmen konnte. Hilfsbereit wie immer erklärte sich Alba dazu bereit, stellte aber dann zu seiner Empörung fest, daß die Kleidung aus Hilfslieferungen der Vereinten Nationen für die notleidende angolanische Bevölkerung stammte.

»Eine unglaubliche Schweinerei!« kommentierte er die gängige Praxis unserer internationalistischen Helden, Zigaretten, Seife und selbst als Whisky getarnten Kochwein bei gutgläubigen Angolanern gegen Artikel einzutauschen, die auf Kuba nicht erhältlich waren.

Eine ganze Zeit später einmal stand Alba mit schreckgeweiteten Augen und offenem Mund vor mir. »Was ist passiert?« fragte ich ihn.

»Ich war gerade Zeuge eines Mordes, eines kaltblütigen Mordes!« ächzte er.

»Was?«

»Ich habe mit eigenen Augen einen Mord gesehen,

Mann! Ich zittere noch immer am ganzen Leibe«, sagte er und hielt mir zum Beweis seine flatternden Hände entgegen. »Ein paar Techniker hatten mich in eine Wohnung der Sowjets eingeladen. Alle schluckten wie die Fuhrknechte ... Und dann luden sie mich auch noch in die gegenüberliegende Wohnung ein. Dort trank der für die sowjetischen Berater im Süden zuständige Oberst mit einem angolanischen Bauingenieur.«

»Und?«

»Die beiden begannen über Politik zu streiten, aber sie wirkten überhaupt nicht zornig, sondern schienen lediglich unterschiedlicher Meinung zu sein. Plötzlich zieht der Oberst seine Pistole und schießt den Angolaner mitten in die Stirn. Er war auf der Stelle tot.«

»Das ist nicht dein Ernst!«

»Ich schwöre!« rief Alba und schlug sich mit den Fäusten gegen die Brust.

»Einfach so? Völlig grundlos?«

»Ich raste aus der Wohnung, und der Bursche fing an, in alle Richtungen zu ballern, bis sein Magazin leer war. Dann wurde er von anderen sowjetischen Offizieren überwältigt. Sie haben ihn zur Basis gebracht, und ich glaube, man hat ihn in den Bunker gesperrt, in dem wir unseren Bereitschaftsdienst absitzen.«

»Warum dorthin?«

»Die Sowjets wollen die ganze Sache vertuschen und ihn gleich morgen früh ausfliegen, bevor die angolanische Polizei mit ihren Untersuchungen beginnt.«

Am nächsten Morgen hatte ich Alarmbereitschaft. Als ich zum Bunker kam, sah ich, daß der Eingang von etlichen stämmigen Sowjetsoldaten bewacht wurde. Sie ließen uns kommentarlos eintreten, und wir sahen, daß der Oberst friedlich auf einer unserer Pritschen schlief, während zwei weitere Männer an dem Tisch saßen, an dem wir für gewöhnlich Karten spielten. Wenige Stunden später landete ein sowjetisches AN-12-Transportflugzeug aus Lubango mit Lebensmitteln für die sowjetischen Truppen. Als es wieder startbereit war, verfrachteten die Sowjets den Oberst in ein Auto und fuhren mit ihm zum Ende der Rollbahn, wo die Maschine mit offener Frachtraumtür auf sie wartete. Minuten später verschwand das Flugzeug am Himmel und damit auch der wichtigste Beweis für einen Mord, den die angolanische Polizei aufzuklären hatte.

Durch unser Warten auf einen Luftangriff, der nie eintrat, zur Untätigkeit verurteilt, suchten wir an Wochenenden unsere Abenteuer im Urwald. Aber die berüchtigten afrikanischen Räuber schienen längst ihre Außenposten in unserer Nachbarschaft aufgegeben zu haben, und nachmittags kehrten wir wieder zurück – erschöpft, aber ohne die prickelnde Erregung der Gefahr verspürt zu haben.

Damals wußte ich noch nicht, daß Reyniel zu dieser Zeit allnächtlich weinte, ohne daß Vicky oder meine Eltern den Grund dafür erkennen konnten. Dann sagte ein befreundeter Kinderarzt zu Vicky, daß der Junge unter der Abwesenheit seines Vaters litt. Um mich nicht zu beunruhigen, hielten sie das vor mir geheim, denn sie wußten, daß es mir unmöglich war, den Posten zu verlassen, auf den die Regierung mich gestellt hatte.

Nachdem Unita-Truppen etliche kubanische Lebensmittelkonvois überfallen hatten, erhielten wir den Befehl, ihre Stellungen anzugreifen. Wir sollten ihren Flugplatz im Urwald zerstören, über den sie Nachschub aus Südafrika erhielten, wie auch ihr Hauptquartier und die Versorgungsdepots.

»Haltet die Augen offen«, warnte uns der Brigadekommandeur. »Bei einem kürzlichen Überfall auf angolanische Truppen sind der Unita Boden-Luft-Raketen in die Hände gefallen. Darüber hinaus weisen Geheimdienstberichte darauf hin, daß Sie sich auf eine beachtliche Flakartillerie gefaßt machen müssen.«

Wir starteten noch vor der Morgendämmerung, verzichteten auf jeden Funkverkehr und flogen hinter unserem Geschwaderchef so tief wie möglich auf unser Zielgebiet los. Doch als wir näherkamen, lag eine dünne, lockere Nebeldecke über der Gegend. In seiner Angst vor Entdeckung maß unser Staffelleiter der geringen Sichtweite eine übertriebene Bedeutung bei und ordnete den Rückflug an.

Für uns jüngere Piloten war es der erste Kampfauftrag gewesen, und wir landeten mit jenem Gefühl der Peinlichkeit, das Kampffliegern eigen ist, die unverrichteter Dinge zur Basis zurückkehren. Wir fühlten uns von Leuten betrogen, die den geringsten Vorwand nutzen, sich vor einer kämpferischen Auseinandersetzung zu drücken. Zugleich waren sie unsere gewissenhaftesten Ausbilder, die tapfersten Soldaten der Welt, und wieder stieß ich auf den Widerspruch zwischen Anspruch und Wirklichkeit.

Eines Tages vertrieben wir uns wieder einmal die Zeit mit Kartenspielen, als wir von einem Eisenbahnunglück erfuhren: Unweit der Stadt war ein mit Kubanern besetzter Zug entgleist und einen Abhang hinuntergestürzt. Als wir zum Unfallort kamen, bot sich uns ein schreckliches Bild: Dutzende von Toten lagen über den Abhang verstreut, zerquetscht von den schweren Waggons. Auf der Suche nach Überlebenden eilten wir den Zug entlang, und plötzlich hörte ich das Stöhnen eines Mannes, der unter einem der Waggons eingeklemmt lag. Ich duckte mich und sah einen jungen Mann, dem der Wagen die Beine und Teile des Unterleibes zerquetscht hatten. Eine Unebenheit im Erdboden hatte ihn davor bewahrt, buchstäblich durchschnitten zu werden, aber es war ersichtlich, daß er keine Überlebenschance hatte. Ich starrte ihn hilflos an und bemerkte dann, daß seine Hände in seinem verzweifelten Kampf gegen Schmerz und Tod ein paar Grasbüschel aus dem Boden gerissen hatten. Ich nahm eine dieser Hände, und sie packte überraschend fest zu, während er mich mit angstgeweiteten Augen ansah.

»Leutnant, helfen Sie mir . . .«, flehte er heiser.

»Selbstverständlich, dafür bin ich ja hier. Versuchen Sie, nicht soviel zu sprechen. Es wird alles wieder gut.«

»Sie verstehen mich nicht . . .« Keuchender Husten zwang ihn zum Pausieren. »Helfen Sie mir zu sterben . . .«

»Geben Sie nicht auf, Mann!« appellierte ich an seinen Stolz, um ihn dazu zu zwingen, um sein Leben zu kämpfen. »Es kann nicht mehr lange dauern, bis wir diesen Waggon wieder aufgerichtet haben. Notfalls graben wir Sie aus.«

Der junge Mann fing an zu schluchzen, preßte meine Hand noch kräftiger und versuchte, den Husten zu unterdrücken, der ihn würgte. Tränen liefen ihm über die Wangen und sein Blick verlor sich in der Ferne.

Überwältigt von Mitgefühl und hilfloser Wut hätte ich den Waggon am liebsten mit eigenen Händen hochgedrückt. Ich fluchte obszön vor mich hin, schrie verzweifelt nach Hilfe, aber niemand hörte mich, da sie alle weit entfernt unter den anderen Waggons nach Überlebenden suchten. Ich begann, seinen Körper mit den Händen auszugraben, aber alles, was ich damit bewirkte, war, daß meine Finger von der steinigen Erde blutig wurden. Nie zuvor in meinem Leben hatte ich mich so hilflos gefühlt.

»Meine Tochter . . . meine Tochter«, flüsterte er verzweifelt.

»Gleich kommt Hilfe«, rief ich beschwörend. »Sie werden sehen. Man wird Sie so schnell wie möglich ins Krankenhaus bringen.«

Er griff wieder nach meiner Hand, sah mich diesmal aber nicht an.

»Mein kleines Mädchen . . . ich werde dich nie wiedersehen . . .«, klagte er, und ich konnte nicht mehr unterscheiden, ob er hustete oder weinte.

Ich wollte ihm Mut machen, ihn trösten, aber er hörte

mich nicht mehr ... Er starb zehn Minuten später auf dem Weg ins Krankenhaus. Ich notierte mir die Nummer seiner Erkennungsmarke, um mehr über den Soldaten herauszufinden, für den ich der letzte Freund gewesen war. Ich wollte seine Tochter besuchen, ihr Grüße von ihrem Vater bestellen, sobald ich wieder auf Kuba war. Doch als ich beim Divisionsstab der Militärmission anrief, erklärte man mir, daß alle Daten des Toten streng vertraulich wären. Ich erklärte meine Gründe, und sie versicherten mir: »Machen Sie sich keine Sorgen. Für die Familien unserer Märtyrer wird von der Revolution stets gut gesorgt.«

Nach zehn Monaten in Angola wurde ich von der Vorstellung gepeinigt, Reyniel würde mich bei meiner Rückkehr nicht mehr erkennen und als Fremden zurückweisen. Inzwischen war die Urlaubssperre für Piloten zwar aufgehoben, aber da wir nicht alle auf einmal aufbrechen konnten, mußte ich mit meiner Abreise auf Leys Rückkehr warten. Es wurde eine Art fliegender Wechsel: Als er landete, stand ich bereits mit meinem Gepäck zum Abflug bereit. Zuvor führten wir aber noch ein kurzes Gespräch.

»Warst du bei Pastranas Eltern?« fragte ich ihn.

»Ja, ich habe ihnen seine Sachen gebracht ...« Er schwieg, sah mir in die Augen, dann änderte sich seine Miene und er fuhr fort: »Weißt du was? Als sie Pastranas Eltern die Todesnachricht überbringen wollten, war gerade niemand zu Hause. Da haben sie die Nachricht einfach beim Präsidenten des Block-Verteidigungskomitees hinterlassen.«

Ich brachte kein Wort heraus, so erschüttert war ich von dem, was er mir erzählte.

Ley seufzte tief auf, schüttelte den Kopf und explodierte: »Eine unvorstellbare Sauerei!«

»Ich kann es einfach nicht glauben.«

»Nun, es ist ja auch unvorstellbar.«

Voller Empörung über die Bürokraten im Hauptquartier in Havanna bestieg ich das Flugzeug nach Luanda, wo ich die nächsten drei Tage der Malaria-Vorsorge im Zustand hochgradiger Erregung verbrachte. Dieses Gefühl kannte ich aus meiner Kindheit, es überkam mich immer dann, wenn ich nach langer Trennung endlich wieder zu meinen Lieben zurückkehrte.

Nach der Landung in Havanna rief ich Vicky aus dem Militärkrankenhaus an, in dem auf Malaria untersucht wurde, und als ich endlich nach Hause kam, wartete dort bereits die ganze Nachbarschaft auf mich. Vicky kam quer über die Straße auf mich zugerannt und warf sich weinend in meine Arme. Minutenlang wollten wir einander nicht loslassen.

Dann kam meine Schwiegermutter mit Reyniel auf uns zu. Er ließ sich behende aus ihrer Umarmung fallen, streckte die kleinen Arme aus und rief: »Papa, Papa!«

Ich bückte mich, hob meinen Sohn hoch und drückte ihn an die Brust, fühlte seine kleinen Fäuste auf meinen Schultern, hörte sein begeistertes: »Papa, Papa!«

Einige unserer Nachbarn wischten sich verstohlen die Augen, und ich eilte ins Haus, verbarg verschämt mein Gesicht an Reyniels kleinem Körper, wollte meine Tränen nicht zeigen. Aber im Kreis meiner Familie weinte ich, wie ich zuletzt als Kind geschluchzt hatte, während mich Reyniel aufmerksam beobachtete, mich küßte, mir die Tränen mit seinen kleinen Fingern abwischte und sagte: »Reyniel Papa sehr lieb!«

Auch diesen Urlaub verbrachten wir in unserem Lieblingshotel, und am ersten Abend gingen Vicky und ich in ein Kabarett. Ich trank soviel, daß ich am nächsten Tag den ersten Kater meines Lebens verspürte. Es war mir ziemlich peinlich, und ich fragte Vicky, ob ich mich sehr daneben benommen hätte.

»So habe ich dich noch nie erlebt. Aber keine Sorge, du bist nicht aus der Rolle gefallen. Allerdings hast du die ganze Zeit davon gesprochen, die Tochter eines Soldaten suchen zu müssen, deren Namen du nicht kennst. Was meintest du damit?«

»Keine Ahnung«, wich ich aus. Ich wollte nicht an den traurigen Tod eines Kameraden erinnert werden. »Vielleicht habe ich mich daran erinnert, daß mich Alba gebeten hat, seine Frau und Tochter zu besuchen.«

Schnell vergingen die Tage am Strand. Wir brachten Reyniel bei, unter Wasser die Luft anzuhalten, und das Kind erfüllte unser Leben mit Glück und Freude. Am Ende des Monats kehrte ich mit Reyniels Abschiedsgruß im Herzen nach Angola zurück: einem Kuß, einem Lächeln und einem Winken seiner kleinen Hand. Vicky sah mich traurig an und sagte nur: »Komm wieder!«

Während meiner Abwesenheit hatte sich die Situation in Angola verschlechtert. Ein Regiment angolanischer Truppen war im Gebiet von Cuito Carnavalle von der Unita eingeschlossen worden. Sie hatten viele Verwundete zu beklagen, litten unter Nahrungs- und Medikamentenmangel. Acht Piloten unserer Basis wurden nach Menongue geschickt. Dort empfing uns Oberst Martínez Puente und erläuterte später am Abend unsere Aufgaben:

»Sie werden die Unita-Stellungen rund um das angolanische Regiment angreifen, um den Feind für den Zeitraum abzulenken, den unsere Transportflugzeuge zur Landung auf der nahegelegenen Landebahn brauchen, um Verstärkung auszuladen und Verwundete aufzunehmen.«

Er deutete auf die große Karte an der Wand und fuhr fort: »Wie Sie sehen, befinden sich die von uns anzugreifenden Stellungen südlich der kubanischen Verteidigungsfront. Der Angriff ist jedoch ausnahmsweise von Oberbefehlshaber Fidel Castro persönlich genehmigt worden – auf persönliche Bitten von Präsident Dos Santos.«

Am nächsten Morgen besprachen wir in der Nähe der

Düsenjäger letzte Einzelheiten, als wir hörten, daß sich etliche angolanische Piloten, die mit ihren MIG-17 und Hubschraubern an dem Angriff teilnehmen sollten, krank gemeldet hatten.

»Feiglinge!« knurrte jemand, als wir unseren MIGs zustrebten. An diesem Tag flog ich mit Oberstleutnant Zallas Bazán Formation, und als wir auf die Startbahn rollten, fragte er mich mehrmals, ob hinter seiner Maschine auch alles in Ordnung sei. Es verging einige Zeit, aber wir hockten immer noch auf der Startbahn und behinderten andere. Endlich teilte er mir mit bebender Stimme mit, daß wir starten konnten. Während des Fluges ließ ich seine Maschine keinen Moment aus den Augen, denn ich war davon überzeugt, daß er irgendwelche technischen Probleme hatte, zu denen er sich nicht äußern wollte. Schließlich teilte er mit, daß er unser Ziel geortet hätte, und befahl mir, mich auf einen Tandemangriff vorzubereiten. Als ich zu ihm aufgeschlossen hatte, sah ich durch meine Cockpitscheibe eine öde, grasbewachsene Waldlichtung. Die feindlichen Stellungen befanden sich etliche Kilometer weiter südlich, und ich begriff endlich, warum der Oberstleutnant so lange zum Start gebraucht hatte.

Am Nachmittag kehrten wir nach Lubango und in den friedlichen Alltag zurück. Von Zeit zu Zeit wurden zwei oder vier unserer MIGs nach Huambo beordert, während wir anderen abgesehen von sporadischem Geleitschutz für Lebensmittelkonvois zwischen Huambo und Matal kaum etwas zu tun hatten.

In diesen Tagen freundeten wir uns mit angolanischen Kindern an, die nachmittags auf der Suche nach Nahrungsmitteln und Unterhaltung zu uns kamen. Sie lernten unsere Sprache schnell und überraschten uns mit ihrer Intelligenz. Aber wegen der permanenten Unterernährung waren sie sehr klein für ihr Alter, und uns erfüllte Zorn auf die Kolonisatoren, die ihnen nichts anderes als bitteres Elend zurückgelassen hatten. Einige von ihnen redeten uns zunächst mit »Herr« an und senkten die Köpfe, aber wir legten ihnen die Arme um die Schultern. »Wir sind keine ›Herren‹«, sagten wir ihnen. »Wir mögen zwar unterschiedlicher Hautfarbe sein, aber dennoch sind wir alle ein und dasselbe: Menschen«, erklärten wir ihnen immer wieder und ermahnten sie, uns wie ihresgleichen zu behandeln.

Zu dieser Zeit war die Republik Südafrika der Hauptverbündete der Unita, und es empörte uns, daß die Unita ihr Volk verriet, indem sie mit den Verfechtern der Apartheid gemeinsame Sache machte.

Im Juli bereiteten wir uns alle auf den wichtigsten kubanischen Feiertag vor: den Jahrestag des Angriffs auf die Kasernen von Moncada durch Fidel Castro und eine Gruppe Jugendlicher am 26. Juli 1953. Zur Feier des Tages waren Flugvorführungen geplant, und bereits am Morgen strömten Zuschauer in das Stadion, über dem Fallschirmabsprünge und Flugakrobatik mit den MIGs stattfinden sollten.

Roberto Hernández sollte die Luftkunststücke über dem von Bergen umgebenen Stadion zeigen, während Ley und ich seinen Flug vom Kontrollturm des Flugfeldes aus überwachten. Auf dem Weg zum großen Ereignis erzählte uns Roberto erfreut, daß er sehr bald nach Kuba zurückkehren würde. Seine Frau und Töchter in Camaguey warteten bereits sehnsüchtig auf ihn, und er hatte vor, mit ihnen ein paar Wochen ans Meer zu fahren.

Vom Kontrollturm aus sahen wir zu, wie er abhob, sauber wendete und unglaublich tief über das Stadion hinwegschoß. Er absolvierte noch zwei Überflüge und begann dann mit der Vorführung der Kunststücke, die er selbst zusammengestellt hatte: Looping, Chandelle, Steil- und Rükkenflug. Ich sah, wie der kleine Punkt am Himmel behende herabstürzte und – wie bei den vorherigen Übungen – fast die Berge berührte.

Himmel, er muß doch gegen diese Berge da prallen ...

Nein, das ist nur eine optische Täuschung wegen der Entfernung . . . Nein, NEIN!

Es war keine optische Täuschung gewesen. Roberto hatte zuviel riskiert, und seine Maschine war gegen die Felsen geprallt und sofort explodiert. Eine Wolke grauen Rauchs stieg auf und bildete den mir inzwischen erschreckend bekannten Pilz. Wir wußten, daß er keine Zeit gehabt hatte, den Schleudersitz zu bedienen. Er mußte bis zum letzten Moment überzeugt gewesen sein, aus dem Sturzflug wieder hochziehen zu können.

Ley und ich sahen uns sekundenlang schweigend an. Dann hob er die Hand und schleuderte sein Mikrophon gegen das Schwarze Brett des Kontrollraumes. Wir brauchten es nicht mehr.

Der August brach an, und eine Reihe von Piloten wurde eilends nach Menongue beordert. Ein kubanisches Bataillon war von Tausenden Unita-Soldaten eingekesselt. Unsere Landsleute leisteten zwar aus ihrer unterirdischen Befestigung heraus erbitterten Widerstand, aber die zahlenmäßige Überlegenheit war so groß, daß das Schlimmste zu befürchten war. Unterstützung aus der Luft war unerläßlich, bis ein Panzerbataillon zur Entlastung eintraf. Ich blieb mit der Mehrzahl der Piloten in Lubango und verfolgte von dort aus die Kampfhandlungen in Cangamba, während sich die Schlacht, die man innerhalb eines Tages zu beenden gehofft hatte, scheinbar unendlich hinzog.

Bei seinem Weg durch den Urwald stieß das Panzerbataillon auf unerwartete Hindernisse, und trotz unserer ständigen Bombenabwürfe auf feindliche Stellungen starben in Cangamba viele unserer Soldaten durch Unita-Beschuß.

Ich empfand ein dringendes Bedürfnis, meinen Kameraden beizustehen. Aus diesem Grund war ich nach Angola gekommen und nicht, um in Lubango ein träges, bequemes Leben zu fristen, während andere starben. Nachts lag ich wach und rief mir die Berichte über abgeschossene Hubschrauberpiloten in Erinnerung, deren Körper später von unseren Truppen gefunden wurden. Sie waren von der Unita lebend gefangengenommen worden, um dann ermordet und verstümmelt zu werden.

Unsere Truppen kämpften heldenmütig in Cangamba, und nach der Schlacht – die sie überraschenderweise gewannen – wurden ihre Taten zur Legende, wie die des Sanitäters, der von einer Granate in Fetzen gerissen wurde, als er aus dem Bunker kroch, um den letzten Verwundeten hereinzuziehen, der noch draußen lag.

Im Oktober 1983 traf endlich mein Ersatz ein. Man rief mich ins Büro des Regimentstabes, wo mir der Orden »Internationalistischer Kämpfer Erster Klasse« überreicht wurde. »In Anerkennung der mehr als vierzig Kampfeinsätze, an denen Sie teilgenommen haben«, hieß es in der begleitenden Urkunde.

Ich nahm die kleine Plastikschachtel mit der vergoldeten Medaille, steckte sie in die Tasche und ging in mein Zimmer zurück, um meine Sachen für die endgültige Heimkehr zu packen. Ich hatte meinen Auftrag hingebungsvoll ausgeführt und glaubte, durch die furchtbare Erfahrung des Krieges reifer geworden zu sein. Aber noch Jahre später erwachte ich nachts aus einem Alptraum: Ich war wieder in Angola gewesen.

VIII

Patriotische Haltung

Die letzten Monate meines Aufenthalts in Afrika waren für meine Familie besonders hart gewesen: Meine Mutter arbeitete bei der Provinzregierung und erhielt die geheimen Informationen mit den Namen derjenigen aus unserer Region, die in Angola gefallen waren. Jedesmal, wenn sie einen dieser Umschläge mit den Listen der Toten auf ihrem Schreibtisch fand, zog sich ihr Herz zusammen.

Nachdem man uns in Havanna für den Malaria-Test zur Ader gelassen hatte, bestiegen wir die Busse, die uns in unsere Heimatprovinzen bringen sollten. Doch zwei der Busse fielen aus, und wir mußten zusehen, wie wir nach Hause kamen. Natürlich funktionierten auch die Telephonverbindungen nicht, so daß ich meine Familie nicht einmal darüber informieren konnte, daß ich mit einem jener Autos in Matanzas eintreffen würde, die Fahrgäste ebenso illegal wie überteuert mitnehmen.

In meiner Vorfreude darauf, meine Familie zu überraschen, bat ich den Fahrer, mich vor dem Regierungsgebäude abzusetzen, in dem meine Eltern arbeiteten. Ich rannte die Stufen hinauf und traf in einem der Flure auf meinen Vater. Nachdem er mich liebevoll und schweigend umarmt hatte, sah er mich traurig an: »Der Junge ist im Krankenhaus. Keine Angst, es ist nichts Ernstes. Aber zunächst einmal gehen wir zu deiner Mutter. Sie braucht dich.«

Gemeinsam betraten wir ihr Büro, und ich sah sie hinter dem Schreibtisch vor einem dieser Umschläge, vor denen sie sich so fürchtete. In den letzten Monaten hatte sie sich sehr verändert, war nicht mehr impulsiv und unbeschwert wie sonst, sondern nachdenklich und in sich gekehrt. Sie schien kaum noch Wert auf ihr Äußeres zu legen, trug kaum Make-up, und ihre Haare, die sie früher so sorgsam färbte, waren am Ansatz weiß. Sie hatte einen Arm in Gips und trug ihn in einer Schlinge, die nachlässig hinten im Nacken verknotet war.

Ein paar Tage zuvor hatte sie mit Reyniel so gedankenverloren die Straße überquert, daß sie erst der Zuruf eines Passanten auf die drohende Gefahr aufmerksam machte: Mit dem Kind auf den Armen stand sie mitten auf der Straße im Fahrzeugstrom, während ein Motorradfahrer verzweifelt versuchte, den Zusammenprall zu verhindern. Sie hielt Reyniel mit aller Kraft fest, wurde aber von dem Fahrzeug zu Boden gerissen. Der Fahrer wurde ein paar Meter weitergeschleudert und blieb unter seinem Motorrad liegen, während zahlreiche Passanten auf meine Mutter zueilten, um ihr zu helfen.

»Das Kind! Das Kind!« schrie sie und ließ ihn nicht aus den Armen. Und Reyniel, schreckensbleich, aber unverletzt, klammerte sich an seine Großmutter.

Der heldenhafte Motorradfahrer wurde sofort ins Krankenhaus gebracht, aber meine Mutter lehnte es ab, sich ebenfalls einweisen zu lassen und behauptete, ihr sei nichts passiert. Sie dachte nur an ihren Enkel und untersuchte ihn immer wieder, ob ihm auch wirklich nichts zugestoßen war. Erst Stunden später bemerkte sie, daß ihr Arm entsetzlich schmerzte. Er war gebrochen, wie ein Arzt feststellte.

Reyniel hatte den Unfall tatsächlich unversehrt überstanden, aber ein paar Nächte später begann er nachts unter quälenden Hustenanfällen zu leiden. Die Ärzte diagnostizierten eine Lungenentzündung und wiesen ihn ins Krankenhaus ein. Seither saß Vicky an seinem Bett und weigerte sich, unseren Sohn auch nur kurz zu verlassen.

Von diesen traurigen Ereignissen hatte ich keine Ahnung,

da mich die Familie nicht zusätzlich belasten wollte, allerdings war alles auch erst vor kurzem geschehen, so daß mich briefliche Nachrichten darüber kaum noch erreicht hätten.

Noch immer sah meine Mutter nicht auf. Sie blickte auf den Umschlag und dachte an mich in Angola, während ich bereits vor ihr stand . . .

»Mama«, rief ich ihr leise von der Türschwelle aus zu.

Sie hob den Kopf, ihre gesunde Hand flog vor ihr Gesicht und die Worte sprudelten ihr förmlich von den Lippen. »Ah, mein kleiner Junge! Ah, ich kann es kaum glauben!« Sie schoß um den Schreibtisch herum, riß mich tränenüberströmt in ihre Arme, und ich küßte sie auf die Stirn und die feuchten Augen.

»Liebe, arme kleine Mama«, sagte ich leise und war selbst den Tränen nahe.

»Aber warum hast du uns denn nichts gesagt? Oh, welche Angst ich um dich ausgestanden habe!« Inzwischen waren wir bereits von ihren Kollegen umringt, und Mutter rief immer wieder: »Mein Junge ist wieder da! Mein Junge ist endlich nach Hause gekommen!«

Wenig später fuhren wir zu Vicky und Reyniel ins Krankenhaus. Leise betraten wir das Zimmer, in dem der Junge lag, und der Anblick dort brach mir fast das Herz. Reyniel lag schwer und heftig atmend in seinem Bettchen, als bereite ihm jeder Atemzug große Schmerzen, während Vicky mit dem Rücken zur Tür neben ihm auf einem Stuhl saß. Nach vorn gebeugt, stützte sie die Ellbogen auf die Oberschenkel und verbarg das Gesicht in den Händen. Ihre Schultern wurden von unkontrollierten Schluchzern geschüttelt.

Ich spürte, daß sich meine Eltern diskret zurückzogen, aber ich blieb noch einen Moment stehen und betrachtete Vicky schweigend. Wie sehr ich sie doch liebte! Aber wieviel Kummer und Leid hatte ich ihr gebracht! Ich mußte schlucken und fürchtete, daß mir die Stimme versagte.

»Liebes ...«

Das Schluchzen brach ab, und Vicky erstarrte. Langsam nahm sie die Hände vom Gesicht und drehte sich um. Ihre Augen waren weit aufgerissen und so brennend rot wie ihre Lippen. Ihr tränennasses Gesicht zeigte Verwirrung, Überraschung. Fast zögernd stand sie auf und plapperte: »Nein! Nein ... das ist nicht wahr! Das kann einfach nicht wahr sein!«

Mein Hals war wie zugeschnürt. Ich räusperte mich, um überhaupt einen Ton herauszubekommen.

»H ... hier bin ich.«

Mit zwei Riesenschritten lagen wir einander in den Armen und küßten uns fast verzweifelt.

»Es stimmt. Ich bin hier. Und diesmal bleibe ich. Immer.«

Einige Minuten lang sagten wir nichts weiter, genossen nur das Zusammensein. Schließlich atmete sie tief durch und lehnte sich ganz weich und unendlich zufrieden gegen meine Brust.

»Sieh nur«, sagte sie und deutete auf das schlafende Kind. »Er ist erst vor wenigen Minuten eingeschlafen. Als er mich letzte Nacht weinen sah, wischte er mir die Tränen ab und sagte: ›Nicht weinen, Mama, nicht weinen.‹«

Wir blieben bei Reyniel, bis er erwachte. Dann nahm ich ihn auf den Arm. Ich war wild entschlossen, meinen Sohn aus der unfreundlichen Atmosphäre dieses Krankenhauses herauszuholen, in dem es wegen Bauarbeiten durchdringend nach Zement und Farbe roch. Wir sprachen mit dem jungen Stationsarzt, und er teilte unsere Ansicht, daß Reyniel vor allem frische Luft brauchte. Am nächsten Tag fuhren wir nach Varadero, wo die Sonne, die Seeluft und unser Glück, wieder beieinander zu sein, das Kind innerhalb weniger Tage gesunden ließ.

Vicky und ich lagen am Strand und hatten das Gefühl, die vergangenen zwei Jahre wie einen Alptraum hinter uns gelassen zu haben. Zufrieden und gesund schaufelte Reyniel emsig Sand in den kleinen Eimer zwischen seinen Beinen, mischte ihn mit Wasser und baute die phantastischsten Burgen.

Er lachte jubelnd, wenn ich ihn hoch über dem Kopf herumschwenkte, ihn wieder absetzte und mit meiner Nase gegen seinen kleinen Bauch stubste. Er rannte kichernd davon, als ich auf allen Vieren einen Hund imitierte und so tat, als wollte ich ihn in die nackten kleinen Zehen beißen, nachdem er sich geweigert hatte, mir unseren Ball zurückzuwerfen.

Unser Glück war unendlich, aber nicht endlos. Kaum hatten wir uns ein paar Tage entspannt, wurde ich dringend zum Stützpunkt zurückbeordert. Streitkräfte der Vereinigten Staaten waren auf Grenada gelandet, und auch Kuba befürchtete einen unmittelbaren Kriegsausbruch. Zum ersten Mal standen kubanische Truppen – auf dem Flughafen von Grenada abgeschnittene Offiziere und Soldaten – nordamerikanischen Streitkräften gegenüber.

Es sah ganz so aus, als würde uns die ständige Bedrohung durch die USA wieder einmal unser Recht auf Glück streitig machen. Vicky fuhr mit Reyniel nach Hause, während ich meinen Posten an der Seite meiner Kameraden einnahm. Wieder warteten wir neben unseren Düsenjägern und suchten in der Erwartung einer Invasion den Horizont nach feindlichen Flugzeugen ab.

Während meines Aufenthalts in Angola hatte Vicky ein bißchen gespart und überraschte mich nun mit einem Kühlschrank sowie einem einfachen Tisch und vier Stühlen aus Holzpflöcken, wie sie auf Baustellen benutzt werden. Diese Neuanschaffungen hatten wir nicht nur Vickys Sparsamkeit, sondern auch der Hilfsbereitschaft zweier Kollegen meiner Mutter zu verdanken, die ihr ihre Bezugsscheine zum Erwerb dieser Gegenstände überlassen hatten, da sie selbst über zu wenig Geld verfügten, um die entsprechenden Einkäufe tätigen zu können. Einen Freund meines Vaters, der als Lastwagenfahrer regelmäßig nach Santa Clara fuhr, überredeten wir dazu, die neuen Einrichtungsgegenstände für uns zu transportieren.

Bei der Heimkehr in unsere kleine Wohnung, die mehr als ein Jahr lang leergestanden hatte, erwartete uns eine weitere Überraschung. Unser Nachbar Hauptmann Allende, ein Pilot der Ersten Schwadron, war unehrenhaft aus der Luftwaffe entlassen worden und zusammen mit seinen Eltern in die Provinz Camagüey zurückgekehrt. Der militärische Geheimdienst hatte herausgefunden, daß er mit einer Tante korrespondierte, die vor vielen Jahren aus Kuba geflohen war und nun in Miami lebte.

»Wegen wiederholter Kontakte zum Feind«, hieß es in dem Entlassungsdekret.

Diesmal erreichten die kriegerischen Auseinandersetzungen mit den Vereinigten Staaten einen Höhepunkt. In unseren Unterständen lauschten wir den aktuellen Radiomeldungen über die Ereignisse auf Grenada. Wir hörten einen Bericht nach dem anderen und konnten nicht verstehen, warum wir unseren Brüdern nicht zur Hilfe kamen, die sich so tapfer gegen die ihnen zahlenmäßig weit überlegene US Eighty-Second Airborne Division verteidigten.

»Wir unterbrechen für die neuesten Nachrichten«, verkündete der Nachrichtensprecher erregt. »Gerade ist der letzte Widerstand leistende Kubaner im Feuer der nordamerikanischen Invasoren gefallen – gehüllt in die kubanische Flagge.«

Das war die letzte Radiosendung zu diesem Thema, und ich fragte mich immer wieder, warum sie sich geopfert hatten, während wir hier tatenlos zu Hause saßen . . .

Zwei, drei Wochen vergingen, aber es erfolgte kein US-Angriff. Nach und nach sickerten Einzelheiten der »blutigen Kämpfe« unserer Soldaten auf Grenada durch. Die überwiegende Mehrheit der Soldaten war gefangengenommen worden, während der legendäre Kommandeur der kubanischen Truppen, Oberst Tortoló, die Flucht ergriffen und Asyl in der Botschaft einer befreundeten Nation gesucht hatte, der Sowjetunion.

Unser Revolutionsführer ließ es sich nicht nehmen, die heimkehrenden Gefangen mit ausgestreckten Armen auf dem Flughafen zu empfangen. Später allerdings gab es eine Untersuchung, die alle jene Offiziere und Soldaten der Feigheit für schuldig befand, die in der Auseinandersetzung mit den nordamerikanischen Truppen nicht in der von den Medien beschriebenen Weise gestorben waren.

»Sie haben wegen Vaterlandsverrat den Tod verdient«, erklärte der Verteidigungsminister in einem Resümee der Ereignisse. »Aber da die Revolution großzügig ist, werden sie lediglich in Unehren aus der Armee entlassen. Sie erhalten sogar die Chance, ihre Ehre wiederherzustellen, indem sie sich zum Kriegseinsatz in Angola melden.«

Ich konnte nie begreifen, warum man von ihnen erwartete, angesichts einer überwältigenden feindlichen Übermacht Selbstmord zu begehen, während wir untätig zu Hause verharrten. Entweder kämpfen wir alle gemeinsam oder wir respektieren die vor Ort getroffenen Entscheidungen. Wer nicht mitkämpft, hat kein Recht, von den Kämpfenden Selbstmord zu verlangen, sagte ich mir jedesmal, wenn ich nach Erklärungen für die Demütigungen suchte, denen sich die Männer nach ihrer Heimkehr ausgesetzt sahen. Damals hatte ich zum ersten Mal Zweifel an unseren großen Führern.

Als mein Staffelleiter zur militärischen Weiterbildung in die Sowjetunion geschickt wurde, ernannte man mich zu seinem Stellvertreter. Damit mußte ich erstmals militärische Entscheidungen treffen. Kommandeur der Basis war zu dieser Zeit Oberstleutnant Tarragó, ein Mann, der seine extreme Unsicherheit durch despotische Anordnungen kompensierte. Die Gefahr eines Kriegsausbruchs mit den Vereinigten Staaten hatte real zwar nachgelassen, statt dessen aber hatten wir eine Paranoia entwickelt, die uns nicht mehr ruhig schlafen ließ. Das Luftwaffenhauptquartier hatte uns einige japanische Funksprechgeräte zur Verfügung gestellt, damit jeder Schwadronchef rund um die Uhr erreichbar war. Diese kleinen Gegensprechgeräte erwiesen sich für uns als eine der unheilvollsten elektronischen Erfindungen, da wir jederzeit und überall von der schrillen Stimme unseres Kommandanten aufgeschreckt werden konnten, der zu jeder Tages- und Nachtstunde wütend und erregt die belanglosesten Dinge mit uns erörtern wollte.

Unserer Schwadron mit ihren Ausbildern fiel die Verantwortung zu, die frisch von den Luftfahrtschulen auf Kuba und in der Sowjetunion kommenden Piloten zu trainieren. Und so sahen wir uns mit einem überaus dichtgedrängten Flugplan konfrontiert, um die Anfänger möglichst schnell so weit zu bringen, daß sie im Fall eines Krieges echte Kampfaufträge übernehmen konnten. Die aufopferndsten Männer unserer Truppe waren beim Bodenpersonal, vor allem die Ingenieure und Techniker, meist Offiziere, sowie die Mechaniker, meist Soldaten. Sie begannen ihren Arbeitsalltag morgens um halb fünf, wenn sie – oft noch bei Dunkelheit – die MIG aufs Vorfeld brachten und auf die morgendlichen Flüge vorbereiteten. Nachmittags, wenn sich die Piloten längst ausruhten oder die Missionen des kommenden Tages planten, warteten Ingenieure und Techniker endlos auf die Zugmaschinen, die die Düsenjäger in die Hangars zurückbringen sollten, oder reparierten die häufigen Mängel, die während der Morgenflüge an den Maschinen auftraten. Ich hatte es mir angewöhnt, nachmittags noch einmal zum Vorfeld zurückzugehen, um dem Bodenpersonal bei ihren Reparaturen an den MIG-21 zu helfen, die ihnen beständig irgendwelche Probleme machten. Wenn sie endlich erschöpft und ausgelaugt die Arbeit beendeten, stellten sie oft genug fest, daß es kein Wasser zum Duschen gab, oder daß die Kantine geschlossen war und sie hungrig zu Bett gehen mußten. Ständig lag ich meinen Vorgesetzten damit in den Ohren, den Männern endlich genügend Wasser und Nahrung zur Verfügung zu stellen.

Die Wohnbauten des Stützpunktes waren rund zehn Jahre zuvor errichtet worden, und als dann die Luftwaffe einzog, stellte man fest, daß die oberflächlich betrachtet behaglichen Unterkünfte über keinerlei sanitäre Anlagen verfügten. Und so gestaltete sich die feierliche Übernahme der Wohnquartiere als komplette Farce, bei der der Vorsitzende des Gemeinschaftlichen Oberkommandos in seiner Ansprache besonders auf das unablässige Bemühen der Revolution hinwies, die Lebensbedingungen der Soldaten zu verbessern.

Von da an sah sich die Stützpunktleitung in einen Kampf verwickelt, der ebenso ermüdend wie endlos war: genügend Geld für den Einbau der nötigen Wasser- und Abwasserleitungen aufzutreiben. Aber die nächsthöhere Dienststelle erwies sich als ständig mittellos, und das Hauptquartier schien die regelmäßigen Berichte über den erbärmlichen sanitären Zustand auf der Basis nicht zur Kenntnis zu nehmen. Und so vergingen die Jahre, in denen man allabendlich Offiziere mit einer Zeitung in der Hand dem nahen Wäldchen zustreben sah, in dem sie ihre Notdurft verrichteten, um sich danach in dem schmuddeligen Bach zu waschen. Im Laufe der Zeit führten die Verzweiflung und die offensichtliche Gleichgültigkeit der obersten Armeeleitung dazu, daß das Gefühl für Anstand und Sitte unter den mehr als tausend auf dem Stützpunkt Stationierten rapide abnahm. An den unglaublichsten Stellen tauchten »Häufchen« auf: hinter dem Amphitheater, in Abfallkörben, auf dem Paradeplatz, mitten auf der die Basis durchquerenden Straße, selbst vor der Tür des Verwaltungsgebäudes. So begann auf dem Luftstützpunkt Santa Clara die Ära der Scheiße.

Und jedesmal, wenn unser Kommandeur bestürzt feststellte, daß sich die Entfernung zwischen seinem Büro und den Exkrementen erneut verringert hatte, die von verbitterten Soldaten im Dunkel der Nacht hinterlassen worden waren, zitierte er uns über sein Funkgerät zu sich. Und pflichtbewußt eilten wir Staffelleiter an Tarragós Seite, um mit ihm und dem Politoffizier eine höchst absurde Debatte darüber zu führen, auf welche Weise diesen Zuständen ein Ende gemacht werden könnte, die doch nur dadurch beseitigt werden konnten, daß man den Truppen endlich das gab, was sie von Anfang an hätten haben müssen.

Auch wir suchten unser Heil in fruchtlosen täglichen Diskussionen darüber, wie unsere Probleme Ernährung, Kleidung und Disziplin bereinigt werden könnten. Dabei forderten unsere Soldaten – in jeder Hinsicht vorbildliche Männer: überzeugte Parteigänger und zu achtzig Prozent Mitglieder des Bundes Junger Kommunisten – höchst energisch, daß jeder die Disziplin und das Verhalten an den Tag legte, das einem Revolutionär entsprach. Wenn ich den leidenschaftlichen Bekundungen zuhörte, fragte ich mich immer, ob es tatsächlich möglich war, daß jene fünfzehn Prozent, die nicht gerade als Musterbeispiel revolutionären Verhaltens betrachtet wurden, den Dreck hinterlassen hatten.

Als Schwadronschef in dieser Zeit bizarrer Kriegspsychose bekam ich einen Einblick in menschliches Verhalten in extremen Situationen. Diese Soldaten waren Jungen zwischen siebzehn und zwanzig Jahren, die während ihres dreijährigen Militärdienstes einen Monatssold erhielten, von dem sie sich kaum zwei Schachteln Zigaretten kaufen konnten. Von der Familie getrennt und zu einem Leben unter entwürdigenden Bedingungen gezwungen, rebellierten sie auf ihre Weise, indem sie sich von der Truppe unerlaubt entfernten und alles Mögliche zur Befriedigung ihrer Bedürfnisse stahlen. Und wir Kommandeure verbrachten, zusammen mit dem militärischen Geheimdienst, mehr Zeit mit dem Aufspüren von Deserteuren und Dieben als mit der Vorbereitung für einen möglichen feindlichen Angriff. Jeder Tag brachte neue Informationen über Diebstähle. Zunächst war es Alkohol, den sie aus dem Kühlsystem der MIG zapften, dann die Telekommunikationskabel, die die einzelnen Schwadronen mit dem Kommando verbanden, schließlich Nahrungsmittel, Uniformen, Stiefel, Benzin und Autoteile, Klimaanlagen aus den Büros, Baustoffe, Wäsche, Geschirr, Wasserbecken – selbst die Tanklastwagen, mit deren Hilfe die Düsenjäger aufgefüllt wurden! Die Verantwortung für derlei Diebstähle lag bei uns als direkten Vorgesetzten der Soldaten. Wir hatten das Material zu sichern – das erwies sich jedoch solange als unmöglich, wie sich Menschen unmenschlich behandelt fühlten.

Auch Desertationen wurden uns zum Vorwurf gemacht. Wenn die jungen Menschen aus unserer kleinen Hölle in die warme Behaglichkeit ihrer Familie entflohen, machten uns die Generäle im Hauptquartier die bittersten Vorhaltungen dafür, daß wir unter unseren Untergebenen nicht auf Disziplin achteten. Verteidigungsminister Raúl Castro rief zu einem Feldzug gegen Deserteure auf, und wir hatten dem Hauptquartier täglich eine Liste derjenigen zu übermitteln, die unerlaubt fehlten. Das erforderte, daß die Soldaten wie Gefangene dreimal täglich zum Appell antraten, damit ihre Vorgesetzten die Häupter ihrer Schäfchen zählen konnten. Schließlich wurden die Kommandeure zusammen mit Polizisten und Angehörigen des Geheimdienstes mit Geländewagen auf die Jagd nach den Deserteuren geschickt, die nach und nach die Militärgefängnisse füllten.

Die Situation nahm derartige Ausmaße an, daß der Minister beschloß, auch die Zivilgefängnisse zu öffnen, um die Flut von Deserteuren hinter Schloß und Riegel bringen zu können, und zu überzeugenderen Methoden patriotischer Erziehung Zuflucht zu nehmen, um die Soldaten an ihren

Posten zu halten. Als unsere Kommandeure begriffen, daß es weniger um die Existenz von Deserteuren ging, als vielmehr um das Eingeständnis, daß es sie gab, entbehrten ihre Berichte ans Hauptquartier mit der Zeit aller Hinweise auf Fahnenflüchtige. Es war die Lüge, die die Führer an der Staatsspitze ebenso erfreute und befriedigte wie ihre Untergebenen.

Das Oberkommando motivierte seine Offiziere ganz entscheidend dadurch zur Ausübung ihrer Pflichten, daß es ihnen jene materiellen Vergünstigungen zukommen ließ, die sie erwarteten. Kleidung, Stiefel, Parfum, Phonogeräte, Haushaltsgegenstände und sogar Autos gehörten zu der Liste jener Artikel, die ausschließlich von jenen erworben werden durften, die sich im Militärdienst ausgezeichnet hatten.

Zu dieser Zeit war Ley einer unserer Staffelausbilder, und bei einem Mittagessen mit Vidal und Lombides erwähnte er, wie gern er für seine dritte Mission nach Angola zurückkehren würde, um so eines dieser kleinen polnischen Autos erwerben zu können, die an die verdienstvollsten Offiziere verkauft wurden. Wir alle waren in Angola gewesen und hatten so schreckliche Erinnerungen daran, daß wir Leys Überlegung, für ein Auto derartige Strapazen noch einmal zwei Jahre lang über sich ergehen zu lassen, unglaublich fanden. Und so kamen wir auf die Idee, das Gerücht zu verbreiten, der Minister würde den Piloten unseres Stützpunktes sieben Autos zur Verfügung stellen. Als unser Gerücht Ley zu Ohren gekommen war, überredeten wir den stellvertretenden Basiskommandanten klammheimlich dazu, die Kaufberechtigung für die Wagen aus Jux eigenmächtig zu verteilen und sie den jüngsten Piloten zuzusprechen, die noch nie im Kriegseinsatz gewesen waren. Jeder begann darüber zu spekulieren, wer wohl die Glücklichen wären, und auf nahezu jeder Kandidatenliste stand Leys Name wegen seiner Erfahrung als Pilot und seines zweimaligen Einsatzes in Angola an oberster Stelle. Von

Tag zu Tag wurde Ley aufgeregter und begann sogar schon nach Ersatzteilen zu suchen – »falls irgend etwas kaputt geht«, wie er sagte.

Als wir uns eines Nachmittags auf unsere Flüge vorbereiteten, kam Oberstleutnant Carmenate mit einer Liste zu uns. Nachdem er alle Piloten aufgefordert hatte, in der großen Halle Platz zu nehmen, sagte er: »Die Divisionsstabkommission hat gerade über die Vergabe der sieben Automobile entschieden, die vom Minister für ausgewählte Piloten zur Verfügung gestellt werden. Ich hoffe, das wird alle Spekulationen beenden.«

Er begann die Glückspilze zu verlesen und jeder Name wurde von unserem begeisterten Applaus quittiert. Der einzige, der keine Ahnung hatte, daß es sich um eine abgesprochene Posse handelte, war der arme Ley. Als letzten las Carmenate meinen Namen vor. Mit versteinertem Gesicht versuchte Ley, mit seiner Enttäuschung fertig zu werden.

Mein Lachen unterdrückend, bat ich ums Wort. »Ich bin der Ansicht, daß andere Kameraden diese Auszeichnung mehr verdient haben«, sagte ich, um Beherrschung bemüht.

»Was wollen Sie damit sagen? Wer denn, Ihrer Meinung nach?« erkundigte sich Carmenate ironisch.

»Beispielsweise Hauptmann Ley.«

»Kommt ja gar nicht in Frage! Niemand hat das Recht, die Entscheidung der Divisionskommission in Frage zu stellen. Wollen Sie das Auto oder nicht?«

»Unter diesen Umständen – nein.«

Abrupt wandte sich Carmenate an einen der jüngsten Piloten: »Leutnant Mengana, dann haben Sie Anspruch auf das betreffende Auto. Wollen Sie es oder nicht?«

»Selbstverständlich!« jubelte Mengana, während Ley wutschnaubend den Raum verließ.

Da wir Ley gut kannten, hatten wir die Flüge des nächsten Tages so geplant, daß Ley nicht zum Einsatz kam. Wir wußten, daß er in der Nacht kein Auge zubekam. Der

Scherz war noch besser eingeschlagen, als wir es uns erhofft hatten, und wir wollten Ley mit ihm lediglich auf die Dinge hinweisen, die wirklich wichtig waren. Keiner von uns wäre je auf den Gedanken gekommen, für ein lächerliches Auto sein Leben zwei Jahre lang in einem Krieg zu riskieren.

Beim Frühstück am nächsten Tag erkundigten wir uns unauffällig, ob Ley schon irgendwo gesichtet worden war, und genau in diesem Moment kam er hereingestürmt.

»Seht mich an!« schrie er und blieb mitten im Raum stehen. Seine Augen waren blutunterlaufen, sein Gesicht sah um Jahre gealtert aus. Zur Bekräftigung zeigte er auf seine Augen und rief: »Seht euch meine Augen an! Ich habe keine Minute geschlafen. Diese Entscheidung schreit zum Himmel, und ich werde mich beim Divisionskommandeur beschweren. Wenn der nicht reagiert, gehe ich bis zum Minister!«

Er machte auf dem Absatz kehrt, marschierte aus dem Speisesaal und schlug die Tür hinter sich zu. Einige Sekunden lang waren wir wie vom Donner gerührt, dann lachte jemand schallend auf, während wir anderen uns Sorgen um Ley zu machen begannen, der unter unserem harmlosen Scherz mehr zu leiden schien, als wir beabsichtigt hatten. Ein paar Stunden später sahen wir ihn im Gespräch mit dem Basiskommandanten, der ihm schließlich die Wahrheit erzählte. Wir stürmten lachend auf Ley zu, der aber nur etwas Unverständliches vor sich hinmurmelte. Der »Scherz« war meine Idee gewesen, und jetzt schlug ich mich mit heftigen Gewissensbissen herum. Ich hatte nicht das Recht, einen guten Freund auf diese Weise dem Gespött preiszugeben. Aber noch mehr bedrückte mich, daß er sich nach etwas so Belanglosem wie einem Auto offenbar so sehnte, daß er bereit war, dafür in einen Krieg zu ziehen und seine Familie mit der ständigen Angst um sein Leben zurückzulassen. Wie sehr hatte die Uniform uns doch verändert!

Die beständige Anspannung und die allgemeine Verwirrung gingen auch an unseren zwischenmenschlichen Beziehungen nicht spurlos vorüber, und die persönlichen Tragödien einiger wurden von anderen als Komödien angesehen. Der Krieg war nicht ohne Auswirkungen geblieben. Viele junge Soldaten, die nach Angola gegangen waren, litten unter der Untreue ihrer Frauen, die sie verlassen hatten oder sich mit einem Gefährten über ihr Alleinsein hinwegtrösteten. War das der Fall, informierte der Geheimdienst die Vorgesetzten über die Untreue der Frauen, die ihr Wissen nach Rückkehr der Soldaten unverzüglich weitergaben. Mehr als einmal verhöhnte beispielsweise Osmany einen solchen unglücklichen Kameraden lautstark als »Hahnrei, Hahnrei!«, wenn er in Begleitung einer Gruppe von Piloten den Bus bestieg. Wenn der Angesprochene daraufhin versuchte, ihn so gut es ging, zu ignorieren und den Eindruck zu vermitteln, daß ihm seine kürzliche Scheidung kaum etwas ausmachte, lachte Osmany schallend. Später mußte auch Osmany nach Angola. Seine Frau ertrug die Einsamkeit nicht und suchte sich einen Freund. Als Osmany heimkehrte, rief niemand »Hahnrei!«, aber er schämte sich so sehr, daß er um Versetzung zu einem anderen Stützpunkt bat, um ein neues Leben weitab von jenen zu beginnen, die er so beleidigt hatte.

Eines Tages erfuhren wir beim Mittagessen vom Tod zweier Kameraden in Angola: Valle und Morales, die mich auf meinem Posten abgelöst hatten. Ich erinnerte mich an den Tag, an dem Morales nachdenklich und bedrückt eingetroffen war, weil er seine schwangere Frau auf Kuba zurücklassen mußte. Und wieder einmal wurde mir die Kehle so eng, daß ich kaum atmen konnte. Morales würde sein Kind nie kennenlernen. Im Gegensatz dazu hatte Valle seinen Aufenthalt in Angola als Möglichkeit betrachtet, seinem Leben noch einmal eine positive Wende geben zu können. Zwei Jahre zuvor hatte man ihm jeden fliegerischen

Einsatz verboten und ihm geraten, keiner Maschine zu nahe zu kommen. Dem militärischen Geheimdienst war aufgefallen, daß er Schuhe ausländischer Herkunft trug, und das erregte großes Mißtrauen im Hinblick auf seine Familien und seinen Bekanntenkreis. Die sich anschließende Untersuchung ergab, daß er sie von seinem Schwiegervater erhalten hatte, dem sie von einem Verwandten aus den Vereinigten Staaten geschickt worden waren. Also stammten die Schuhe aus den spendablen Händen des Feindes, und Valle wurde unehrenhaft von weiteren Flügen entbunden, weil er seinen Schwiegervater nicht nach der Herkunft der bequemen Schuhe gefragt hatte. Danach sah man ihn lange Zeit schweigsam und in sich gekehrt über den Stützpunkt wandern. Er hatte sich in einen Paria verwandelt, den alle mieden wie die Pest. Er war in Ungnade gefallen. Aber das Glück ließ ihn nicht ganz im Stich. Der Krieg in Angola führte zu einer ungeheuren Nachfrage nach Piloten, die Oberen dachten noch einmal nach und boten ihm dann an, seine »Ehre als Revolutionär wiederherzustellen«, indem er zum Kriegseinsatz nach Angola ging. Als Valle von dem großzügigen Angebot hörte, machte er Freudensprünge und verkündete allen, die es hören wollte, daß er einen solchen schwerwiegenden Fehler nie wieder begehen würde. Fortan war Valle wieder von allen akzeptiert und flog in dem glücklichen Bewußtsein nach Afrika, kein Paria mehr zu sein.

Nach meiner Rückkehr aus Angola war mein Beitritt zur Partei in die Wege geleitet worden, und nach der üblichen Überprüfung wurde ich Mitglied. In meinem Fall reine Routine, da mein Leben als Kampfflieger bereits in allen Details durchleuchtet war.

Als ich meinen Mitgliedsausweis erhielt, rief ich sofort meinen Vater an, um ihm die Neuigkeit zu erzählen.

»Willkommen in der kommunistischen Familie«, erwiderte er erfreut und ohne zu verhehlen, daß sein Sohn als

Kampfpilot, Hauptmann und Leiter einer Fliegerstaffel inzwischen sein größter Stolz war.

Eines Nachmittags, als ich mich vor meinen Abendflügen ausruhte, erhielt ich überraschend Besuch von Oberleutnant Cepero, dem für meine Schwadron zuständigen Geheimdienstmitarbeiter.

»Uns ist durchaus bewußt, wie beschäftigt Sie als Staffelleiter bereits sind«, leitete er das Gespräch ein. »Viel Zeit bleibt da für uns sicher nicht, aber wir möchten Ihnen doch sagen, daß wir Sie sehr gern in unseren Reihen hätten.«

Es waren etliche Jahre vergangen, seit sie das letzte Mal an mich herangetreten waren. Ich dachte an die Freude meines Vaters über meine Parteimitgliedschaft und hörte erst einmal zu, obwohl mir meine Tätigkeit als Schwadronschef tatsächlich kaum Zeit ließ.

»Wir dachten, daß wir uns seinerzeit möglicherweise nicht verständlich genug ausgedrückt haben. Wir verlangen von Ihnen keineswegs, daß Sie Ihre Kameraden bespitzeln. Vielmehr geht es uns darum, in eine gewisse Arbeitsbeziehung mit Ihnen zu treten. Keiner kann sagen, was die Zukunft bringt, wo Sie morgen kämpfen müssen. Wir sind davon überzeugt, daß Sie die geeigneten Qualifikationen für eine Zusammenarbeit mit uns haben, und wir möchten Sie nur für den Tag ausbilden, an dem . . .«

»Ich glaube nicht, daß ich viel tun kann. Mein Beruf läßt mir schon jetzt kaum Zeit für die Familie«, wandte ich ein.

»Das mit der Arbeitszeit werden wir irgendwie arrangieren. Wir verlangen von Ihnen keineswegs, Ihre Tätigkeit oder Ihre Familie zu opfern.«

»Wenn das so ist, lassen Sie hören.«

»Zunächst müssen wir ein Pseudonym für Sie finden.«

Ich dachte an Fidel Castro und seinen *Nom de guerre*.

»Alejandro.«

Er holte eine Verpflichtungserklärung hervor und ließ sie mich unterschreiben.

»Von jetzt an«, fuhr er fort, »sind Ihr Pseudonym und Ihre Beziehung zu uns streng geheim. Niemand sollte davon erfahren, nicht einmal Ihre Frau. Wir werden Sie bald zu einem ersten Gespräch in eins unserer geheimen und gesicherten Häuser bitten.«

Mir kam das alles ziemlich spannend vor, wie etwas, das ich zuvor nur im Kino oder auf dem Bildschirm gesehen hatte. Als ich in den frühen Morgenstunden von meinen Flügen nach Hause kam, wartete Vicky wie immer schläfrig in dem alten Armsessel auf mich, und ich erzählte ihr flüsternd, was ich am Nachmittag erlebt hatte. Als ich ihr sagte, daß ich zu strikter Geheimhaltung aufgefordert worden war, sah sie mich beunruhigt an.

»Keine Angst, dir werde ich nie etwas verheimlichen«, versuchte ich sie zu beruhigen, aber sie schien alles andere als zufrieden über meine neuen Aktivitäten.

Eines Sonnabends kam Cepero auf seinem Motorrad auf mich zu, als ich gerade auf dem Weg zu den Hangars war, in dem unsere Düsenjäger standen.

»Was haben Sie heute abend vor?«

»Ich wollte eigentlich zu Hause bleiben.«

»Wir würden gern unsere erste Unterhaltung mit Ihnen in einem der ›Sicheren Häuser‹ führen.«

Mir kam das so lächerlich vor, daß ich Mühe hatte, ernst zu bleiben. Aufgrund meiner Aufgabe als Staffelleiter und Ceperos Position als für die Schwadron zuständiger Geheimdienstmann sahen wir uns fast täglich. Aber jetzt wurde ganz geheimnisvoll getan, mit sicheren Häusern und so weiter. Man könnte auf den Gedanken kommen, es ginge um ein Komplott gegen die Regierung!

Er nannte mir die Adresse, beschrieb den Weg ganz genau und fügte dann hinzu: »Achten Sie auf das Vorderfenster. Ist es geöffnet, können Sie ohne zu klingeln eintreten.

Ist es geschlossen, gehen Sie einfach weiter. Dann treffen wir uns ein anderes Mal.«

»Verstanden«, erwiderte ich höchst beeindruckt von diesen Sicherheitsvorkehrungen.

»Oberst Tomasito wird an dem Gespräch teilnehmen. Er möchte Ihnen persönlich gratulieren.«

Der Oberst war Leiter der Divisionsspionageabwehr, und ich begriff, daß man offenbar auf höherer Ebene Interesse an mir hatte.

Ich berichtete Vicky von meiner »Einladung«, und sie verabschiedete mich mit höchst skeptischen Blicken. Das mysteriöse »Sichere Haus« stellte sich als die Wohnstätte einer ganz normalen Familie heraus, und das Familienoberhaupt führte mich in ein kleines Hinterzimmer. Dort saßen Tomasito und Cepero hinter zwei leeren Kaffeetassen und zwei Glas Wasser. Beide standen auf und begrüßten mich so herzlich, als hätten wir einander seit Urzeiten nicht mehr gesehen. Lächelnd baten sie mich, an dem Tisch Platz zu nehmen und scherzten über dies und das, bis sie zum Kern der Sache kamen.

»Wir möchten Ihnen persönlich und im Namen des Ministers zu Ihrer Entscheidung gratulieren, der, wie Sie wissen, unser direkter Vorgesetzter ist«, begann Tomasito.

»Sagt Ihnen der Begriff Maulwurf etwas?«

»Nun . . .«

»Das ist jemand, der sich das Vertrauen eines Menschen erwirbt, um über ihn an Informationen heranzukommen.«

Und dann verbreiteten sie sich eine Zeitlang über Dinge, die für mich eine Sache des gesunden Menschenverstandes waren und keineswegs besonderer Erläuterungen bedurften. Nicht einmal ansatzweise wurde ich in die geheimnisvolle Welt der Spionage eingeweiht, wie ich es erwartet hatte. Als wir uns dem Ende der für mich ziemlich langweiligen Unterhaltung näherten, lehnte sich Tomasito über den Tisch, blickte mir fest in die Augen und sprach so leise, daß ich ihn kaum verstehen konnte.

»Wir brauchen Sie, denn Sie sind der einzige, der uns in dieser Angelegenheit helfen kann.« Sein Gesichtsausdruck zeigte fast flehende Besorgtheit. »Sie sind jung, intelligent, gutaussehend . . .«

Während er weiterredete, stellte ich wieder einmal fest, daß ich ausgesprochen abwehrend auf Menschen reagierte, die mir in eindeutiger Absicht schmeichelten. Offenbar sah er es mir an, denn er machte eine kurze Pause, um dann fortzufahren: »Bei unserer Arbeit müssen wir mitunter unsere angeborenen Begabungen nutzen. Das gehört zu den Opfern, die Angehörige der Spionageabwehr bringen, wie bescheiden diese auch sein mögen.«

»In welcher Weise kann ich Ihnen helfen?«

»Sie sind Oberstleutnant Corderos Nachbar.«

Er meinte meinen Freund und früheren Staffelleiter, der sich zur Zeit zur Weiterbildung in der Sowjetunion aufhielt.

»Das stimmt.«

»Wir glauben, daß seine Frau Umgang mit Elementen hat, die mit der Revolution unzufrieden sind.«

»Tatsächlich?«

»Wir glauben es.«

Wieder machte er eine Pause, als wäge er seine Worte sorgfältig ab. Ich sah zu Cepero hinüber, der mit überkreuzten Beinen und leicht zurückgelehnt neben Tomasito saß. Seine Augen waren halb geschlossen und das zufriedene Lächeln auf seinen Lippen verriet mir, daß sein Vorgesetzter endlich zum eigentlichen Grund dieser Unterhaltung kam.

»Wir dachten, daß Sie . . . unter Umständen bereit sein könnten, Corderos Frau zu verführen.«

Ich war wie vor den Kopf geschlagen. Das Ganze kam mir unglaublich vor. Marlen, die Frau meines früheren Vorgesetzten, liebte ihren Mann und widmete ihr Leben der Erziehung ihrer Kinder und der Sorge für ihren Haushalt. Wie kamen sie dazu, mir einen so ungeheuerlichen Vorschlag zu machen?

»Wir sind sicher, daß Sie intime Beziehungen zu ihr anknüpfen können. Und Sie wissen, daß Frauen im allgemeinen im Bett nahezu alles ausplaudern ...«

Eine unbändige Wut stieg in mir hoch.

»Marlen ist eine ehrbare Frau, die ihren Mann liebt«, begann ich verwirrt die Würde meiner Freunde zu verteidigen.

»Sie ist auch nur eine Frau, und ihr Mann ist weit weg. In unserem Tätigkeitsbereich ist es nun einmal unabdingbar, sich über gewisse Skrupel hinwegzusetzen. Und genau darum bitten wir Sie.«

Ich wußte, daß er eine Frau und Töchter hatte und fühlte mich versucht, ihn nach seiner Einstellung zu den Frauen seiner Familie zu fragen. Aber ich beherrschte mich und schluckte meine Empörung über das Ansinnen hinunter.

»Es tut mir leid«, sagte ich so gelassen wie möglich, »aber ich kann Ihnen nicht helfen. Für das, was Sie da von mir verlangen, sind meine Skrupel zu groß.«

Ein Ausdruck von Bedauern huschte über Tomasitos Gesicht.

»Keine Sorge, das legt sich. Sie fangen bei uns gerade erst an, und Ihre Reaktion ist ganz natürlich. Denken Sie aber darüber nach, behalten Sie die Frau im Auge. Vergessen Sie nicht, daß Marlen eines unserer wichtigsten Operationsobjekte ist.«

Das Gespräch endete sehr kühl, was wir alle zu ignorieren versuchten. Schockiert und wütend ging ich nach Hause. So also sah die geheimnisvolle Welt der Spionage in der Realität aus! Wie abscheulich ihre Methoden, wie widerwärtig das Verhalten ihrer Mitarbeiter!

Als ich Vicky davon erzählte, wollte sie mir kaum glauben, und ich kam nie über meine Empörung über das Treffen hinweg. Von da an schob ich immer meine Arbeit vor, um weitere Gespräche in diesen mysteriösen »Sicheren Häusern« zu umgehen.

An einem Dezembernachmittag des Jahres 1984 übten wir gerade Formationsflüge mit den Anfängerpiloten, als auf dem Stützpunkt Alarm ausgelöst wurde. Alberto, mein entfernt verwandter Freund und Nachbar, war abgestürzt, als er mit seinem Flugschüler Rabelo vor der Landung ein letztes Mal das Flugfeld überflog. In der Hoffnung auf Überlebende sprang ich mit dem Stabschef in einen Geländewagen und raste auf die ferne Rauchwolke zu. Sie hatten unerklärlicherweise Triebwerksprobleme bekommen und keine Zeit mehr gehabt, den Schleudersitz zu betätigen. Beim Aufprall auf ein Gemüsefeld war die Maschine explodiert und hatte einen tiefen Krater hinterlassen, in dessen Umkreis die Überreste des Düsenjägers und unserer Kameraden verstreut waren. Knochensplitter, blutige Hautfetzen und Haarbüschel waren rings um das Loch verstreut. Ein furchtbarer Anblick!

Vicky behandelte in der Zahn-Poliklinik von Santa Clara gerade Albertos Frau, als die Nachricht vom Absturz eintraf, und Vicky eilte sofort in höchster Sorge ans Telephon. Man versicherte ihr, mir ginge es gut – bei dem Verunglückten handele es sich um Alberto. Erschüttert bat Vicky um Beistand, da Albertos Frau gerade bei ihr sei.

»Versuchen Sie, sich nichts anmerken zu lassen und schicken Sie sie nach Hause«, erhielt sie zur Antwort.

Also tat Vicky, wie ihr geraten, und bald war Albertos Frau mit der Behandlung fertig und ging nach Hause. Dort erwartete sie eine Delegation aus Politoffizier, einem Arzt und einer Krankenschwester. Ein paar Tage lang lag Trauer über der Basis, dann wurden die Flüge wieder aufgenommen. Das Leben ging weiter.

Als ich eines Tages nach der Arbeit müde nach Hause

ging und bereits Vicky mit Reyniel vom Balkon winken sah, kam plötzlich ein Dreijähriger mit ausgestreckten Armen auf mich zugelaufen und rief: »Papa, Papa!« Ein paar Meter vor mir blieb er abrupt stehen und seine Freude verwandelte sich fast zögernd in bittere Enttäuschung. Er senkte den Kopf, drehte sich um und ging langsam davon. Es war Albertos Sohn.

Ohne daß es uns in unserem hektischen Arbeitsalltag recht bewußt wurde, vergingen Monate, in denen wir weder unsere Eltern besuchten, noch ins Kino oder Theater gingen, wie wir es früher so oft getan hatten. Während ich pausenlos Tag und Nacht arbeitete, verwandte Vicky ihre ganze Energie darauf, täglich mit Reyniel in den Armen zur Arbeit zu gelangen und dann wieder nach Hause.

Frühmorgens weckte sie das Kind, zog es hastig an und gab ihm seine Milch, um dann mit ihm im Laufschritt das Haus zu verlassen, damit sie den einzigen Bus erreichte, der zwischen dem Stützpunkt und Santa Clara verkehrte. Der kam bereits proppenvoll an, und Vicky mußte mit der Menge anderer Pendler regelrecht kämpfen, um überhaupt hineinzukommen. Gelang es ihr, vollführte sie während der holprigen Busfahrt wahre Balanceakte, um mit Reyniel auf den Armen nicht das Gleichgewicht zu verlieren.

In Santa Clara rannte Vicky zunächst zum Kindergarten, in dessen Obhut sie Reyniel zurückließ, und dann zu ihrer Arbeitsstelle, wo sie bis halb sechs Uhr abends ihren Dienst versah. Abends spielten sich fast noch erbittertere Verteilungskämpfe um einen Platz im Bus ab, da alle erpicht darauf waren, so schnell wie möglich nach Hause zu gelangen. Kam sie dann endlich total erschöpft heim, mußte sie oft genug feststellen, daß das kommunale Wasserreservoir leer war. Also stieg sie zum Patio unseres freundlichen Nachbarn hinunter, und er füllte ihr zwei Eimer mit Wasser, die sie mühsam die Treppen wieder hinaufschleppte. Auf meine Hilfe konnte sie nicht rechnen, da ich im allgemeinen erst nach elf Uhr abends nach Hause kam und morgens um fünf meine Pflichten als Staffelleiter wieder aufnahm, die meine ganzen Energien beanspruchten.

Und wenn sich Vicky vornahm, früher zu Bett zu gehen, um sich endlich einmal ausschlafen zu können, klopfte garantiert jemand an die Tür und erinnerte sie daran, daß die Sitzung des Komitees zur Verteidigung der Revolution oder der Föderation kubanischer Frauen längst begonnen hatte. Also schlich sie mit Reyniel auf dem Arm wieder die Treppe hinunter, um der neuesten Diskussion über den Aufbau einer vollkommenen sozialistischen Gesellschaft oder einer Analyse der letzten Ansprache unseres großen Revolutionsführers zuzuhören. Solche Vorträge gehörten auch zur Tagesordnung der Versammlungen des Bundes Junger Kommunisten oder ihrer Gewerkschaft, an denen sie nach ihrer Arbeit in der Poliklinik teilnahm. Doch nie äußerte sie ein Wort der Klage. Sie wußte, daß sie als revolutionäre Dentistin und Frau eines Kampfliegers die Verpflichtung hatte, sich ganz in den Dienst der Revolution zu stellen.

Langsam wuchs Reyniel heran, aber wir verbrachten immer weniger Zeit miteinander. Wenn ich nach Hause kam, schlief er längst, und bevor er aufwachte, war ich schon wieder fort. Auf meinem überfüllten Dienstplan waren Sonnabend und Sonntag nicht anders als Montag und Dienstag. Wenn uns unsere Eltern an den Wochenenden besuchen kamen, mußten sie häufig genug auf dem Stützpunkt um eine Sondergenehmigung nachkommen, um mich überhaupt zu Gesicht zu bekommen, da ich zu einem Zwanzig-Stunden-Wachdienst eingeteilt war. Mitunter mußte Vicky die Sonntagsschicht in ihrer Klinik übernehmen – mit Reyniel, da ich Dienst auf der Basis hatte.

Ende 1985 ließ mich der Stützpunktkommandant zu sich rufen.

»Sie wurden auserwählt, um vier Jahre lang in der Sowjetunion militärisch weitergebildet zu werden«, verkündete er und legte mir eine Hand auf die Schulter. Obwohl ich die Sowjetunion in keiner besonders guten Erinnerung hatte, obwohl ich wußte, daß ich in dieser Zeit kaum zum Fliegen kommen würde, war ich über die Neuigkeit überglücklich. Sie gab uns die Möglichkeit, unserem anstrengenden Alltagseinerlei vier Jahre lang entfliehen zu können. Seit kurzem erwartete Vicky unser zweites Kind, und die Aussicht, daß ich zu seiner Geburt ein ganz einfacher Student sein würde, erfüllte mich mit besonderer Freude. So schnell ich konnte, rannte ich heim, um Vicky die gute Botschaft zu überbringen.

»Die nächsten fünf Monate werde ich in Havanna verbringen, um vor unserer Abreise meine Russisch- und Mathematikkenntnisse zu verbessern. Willst du mitkommen?«

Vicky machte vor Freude einen Luftsprung und rief sofort ihre Eltern an, die unverzüglich ein Zimmer für unsere Ankunft vorbereiteten. Anfang Februar waren wir in Havanna, und ich begann mit meinem Unterricht am Militärtechnischen Institut, während Vicky und Reyniel sich von meinen Schwiegereltern verwöhnen ließen. Endlich konnte ich wieder allnächtlich zu Hause schlafen, und abends spazierten wir in Malecón an der Kaimauer entlang. Dort setzten wir uns ans Meer, wie wir es schon in unserer Verlobungszeit getan hatten, und rätselten darüber, ob unser zweites Kind ein Junge oder ein Mädchen sein würde, während Reyniel mit einer alten Rute zu angeln versuchte, die er von seinem Großvater bekommen hatte.

In dieser Zeit lebten wir in Vickys Elternhaus in einem winzigen Zimmer, das kaum Platz für unser und Reyniels Bett bot, aber wir waren unendlich glücklich, wieder mehr Zeit füreinander zu haben. Abends vor dem Schlafengehen unterhielten Reyniel und ich uns mit dem ungeborenen Baby und streichelten sanft über Vickys gerundeten Bauch.

Als ich eines Morgens unter dem Bett nach meinen Schuhen suchte, entdeckte ich dort ein Glas Wasser.

»Was macht denn das Glas da?« fragte ich Vicky verdutzt, und sie erwiderte leicht verlegen: »Oh, das habe ich für mich hingestellt, falls ich nachts Durst bekomme.«

»Das brauchst du doch nicht. Weck mich, wenn du Durst hast, dann hole ich dir Wasser«, erklärte ich und gab ihr einen Kuß, auf den sie merkwürdig nachdenklich reagierte.

Ein paar Tage später entdeckte ich wieder ein Glas unter dem Bett und fragte: »Und warum steht da schon wieder ein Glas?«

»Ich wollte dich nicht wecken«, erwiderte sie ausweichend.

»Stimmt das auch?«

Vicky senkte verlegen den Kopf, und ich erkannte, daß sie nicht die Wahrheit sagte.

»Es ist nur so, daß . . .«

Plötzlich erinnerte ich mich an den alten Aberglauben, daß ein Glas Wasser unter dem Bett angeblich Unglück abwehrt, und wußte Bescheid.

»Wer hat das Glas dahingestellt?«

»Mama, aber sprich bitte nicht mit ihr darüber. Sie tut es nur, damit das Kind gesund und kräftig zur Welt kommt.«

»Selbstverständlich werde ich ihr sagen, wie unsinnig es ist, sich auf die Wirkung eines Glases Wasser zu verlassen. Du solltest lieber deine Vitamine regelmäßiger nehmen und mehr turnen, um dich auf die Entbindung vorzubereiten.«

Ich ging in die Küche zu meiner Schwiegermutter, die ich liebte und respektierte wie meine eigene.

»María, hast du dieses Glas Wasser unter unser Bett gestellt?«

María war überrascht wie ein Kind, das bei einem Schabernack ertappt wurde.

»Ja, mein Sohn, aber sei mir nicht böse, denn ich habe es nur für das Wohlergehen deiner Frau und des Kindes getan, das sie erwartet. Was kann es dir schon ausmachen?«

»Eine Menge! So etwas widerspricht meinen Grundsätzen. Es führt zu gar nichts, einem Aberglauben anzuhängen. Wenn die Menschen endlich begreifen würden, daß wir unser Schicksal nur dadurch verändern können, daß wir unsere eigenen Kräfte und Energien gebrauchen, könnten wir schon sehr viel weiter sein.«

María schien von meinen Argumenten überzeugt zu sein, und ich begab mich zum Institut. Auf dem Weg dorthin dachte ich über die tragische Verbohrtheit der Unglücklichen nach, die ihr Heil in einem simplen Glas Wasser erblicken. Am nächsten Morgen warf ich einen prüfenden Blick unter das Bett, aber zu meiner größten Verblüffung stand das Glas wieder da. Ich fühlte, wie mir das Blut in die Schläfen schoß, aber ich sagte mir: Was soll ich tun? Ich habe nicht das Recht, meiner Schwiegermutter ihre Hoffnungen zu nehmen, selbst wenn sie mehr als irreal sind.

Dann wandte ich mich an Vicky: »Ihr gebe mich geschlagen, aber bitte, belaßt es bei einem Glas. Ich habe keine Lust, morgen das ganze Geschirr unter mir vorzufinden.«

Vicky umarmte mich stürmisch, küßte mich und rannte dann in die Küche, wo ihre Mutter gerade Kaffee aufbrühte. Kurz darauf kam sie mit einer Tasse für mich wieder, und unerklärlicherweise schmeckte der Kaffee an diesem Morgen besonders köstlich.

In einer Mainacht setzten bei Vicky die Wehen ein, und wir bereiteten uns auf die Fahrt zur Klinik vor, während Reyniel aufgeregt schrie: »Jetzt bekomme ich meinen kleinen Bruder! Jetzt kommt mein kleiner Bruder, um mit mir Fußball zu spielen!«

In den letzten wundervollen Monaten in Havanna waren bei Vicky keinerlei Schwangerschaftsprobleme aufgetreten, und sie hatte allmonatlich die kostenlosen Untersuchungen in den Polikliniken der Stadt genutzt. Die Schwangerschaftsvorsorge auf Kuba war wirklich gut, und Vicky erhielt zur Ergänzung ihrer Ernährung kostenlose Vitaminpräparate vom Gesundheitsministerium.

Am frühen Morgen hatte Vicky noch immer nicht entbunden, und ich machte mich auf die Suche nach Blumen. Diesmal hatte ich mehr Glück als bei Reyniels Geburt und bekam einen herrlichen Strauß, den ich ihr in die Arme legte, als man mich endlich an ihr Bett ließ. Meine Mutter war gerade gekommen und leistete zusammen mit meiner Schwiegermutter Vicky in dem Zimmer Gesellschaft, das derselbe Raum zu sein schien wie zu Reyniels Geburt. Die Wehen hatten nur drei Stunden gedauert. Unser zweiter Sohn wog bei der Geburt etwas mehr als sieben Pfund und blieb noch in dem keimfreien Neugeborenenraum, bis die ersten Besucher wieder gegangen waren.

Da sich Vicky kräftig genug fühlte, ging sie mit mir ins untere Stockwerk, damit wir unseren Alejandro durch die Glasscheibe betrachten konnten, die uns von dem Raum voller Neugeborener in ihren Bettchen trennte. Der Arzt, ein alter Freund der Familie, begleitete uns dorthin. Mit dem Gesicht nach unten lag unser wunderschöner, kräftiger Sohn in seinem Bettchen und weigerte sich selbst dann, das Gesicht auf die Seite zu wenden, nachdem wir – in unserer Angst, er könne ersticken – die Schwester gebeten hatten, seinen Kopf ein bißchen zu drehen.

Reyniel durfte an diesem Tag seinen kleinen Bruder noch nicht sehen, und er verbreitete sich auf dem Heimweg erbost über Ärzte, die Kindern verboten, ihre eigenen Geschwister kennenzulernen. Am nächsten Tag gelang es uns mit Hilfe einer Schwester, ihn hineinzuschmuggeln, und Reyniel vertiefte sich länger als zwei Stunden in eine zärtliche Betrachtung seines kleinen Bruders, die uns tief bewegte. Später wurde er, der ältere Bruder, ein Vorbild für Alejandro, den er ebenso hingebungsvoll beschützte, wie seine Eltern es taten.

Und dann kam der Tag meines Abfluges in die Sowjetunion. Wenige Monate zuvor hatte in dem Riesenreich ein Prozeß der Wandlung eingesetzt, deren Namen – Perestroika – wir immer häufiger hörten. Diesmal sollten wir nach unseren ersten Studienjahr Wohnungen zugewiesen bekommen, damit wir unsere Familien für die restlichen drei Jahre nachkommen lassen konnten. Und so brach ich Ende August 1986 mit acht Kameraden zu einer Reise auf, die unser Leben radikal verändern sollte.

IX

Perestroika

Wir neun waren unter den jüngsten Bataillonskommandeuren der Luftwaffe, den radiotechnischen Einheiten und der Flugabwehr ausgewählt worden, durch die Weiterbildung in der Sowjetunion die Fähigkeit zu erlangen, größere militärische Einheiten zu übernehmen. Die letzten Monate der Vorbereitung in Havanna hatten uns gute Freunde werden lassen. Auf dem Flughafen in Moskau waren wir von einem Offizier des Zehnten Kommandos des sowjetischen Verteidigungsministeriums begrüßt worden, der uns zum Bahnhof begleitete und in einen Zug nach Leningrad setzte.

»In Kalinin müssen Sie aussteigen«, sagte er beim Abschied. »Sie werden dort erwartet.«

In Kalinin war die Plattform von ungeduldigen Reisenden überfüllt, die hastig die Wagen bestiegen, und nachdem der Zug wieder abgefahren war, standen wir allein auf dem Perron. Da kam ein freundlicher Mann in Zivil auf uns zu.

»Ich bin Oberst Kastjukow, Ihr Ausbildungsleiter. Draußen wartet ein Bus. Er wird Sie zu Ihrem Hotel fahren.«

Das Hotel stellte sich als altes aber guterhaltenes, dreistöckiges Gebäude nahe der Wolga heraus. Die alte Frau hinter dem Empfangstresen hieß uns herzlich willkommen, nahm vier Schlüssel von einem Brett an der Wand und überreichte sie uns.

»Ihre Zimmer befinden sich in der zweiten Etage. Die Duschen finden Sie im Erdgeschoß, aber vor nächster Woche wird es wohl kein heißes Wasser geben.«

Zusammen mit Oberst Kastjukow stiegen wir die breite Steintreppe hinauf. Wir durchquerten einen dunklen Korridor mit blankgebohnerten Dielen, von dem rund zwanzig Türen abgingen. Kastjukow öffnete eine von ihnen, und das helle Tageslicht, das durch die breiten Fenster hereinströmte, entschädigte uns für die Düsternis des Korridors. Wir befanden uns in einem quadratischen, sauberen Raum mit weißen Wänden. In der Mitte stand ein grüner Kunststofftisch mit vier nicht sehr stabil wirkenden Stühlen. Auf dem Tisch befanden sich ein Wasserkrug und vier Gläser auf einem Keramiktablett. Zwei einfache, kieferfurnierte Schränke an den Wänden und eiserne Bettgestelle in den Ecken vervollständigten die Einrichtung.

»Es ist vorgesehen, daß drei von Ihnen hier wohnen«, sagte der Oberst und legte die Schlüssel auf den Tisch. »Die anderen erhalten Zweibettzimmer. Machen Sie untereinander aus, wer wo einzieht, dann treffen wir in fünf Minuten hier wieder zusammen.«

Flugs bildeten sich drei »Wohngemeinschaften« und zogen mit ihrem Gepäck ab, während López-Cuba, Cerguera und ich unsere Betten auswählten.

»Von jetzt an sind Sie Studenten der Marschall-Gregorij-Konstantinowitsch-Schukow-Militärakademie, einer unserer angesehensten Institutionen«, begann Oberst Kastjukow, als die anderen zurückgekehrt waren. »Wie Sie vielleicht bemerkt haben, wohnen Sie im Stadtzentrum. Die Akademie ist zwei Kilometer entfernt, und Sie werden täglich mit öffentlichen Verkehrsmitteln dorthin fahren. Das Fahrgeld müssen Sie mit dem Unterhaltsgeld begleichen, das Sie erhalten werden. Das gilt auch für Ihre Verpflegung, also gehen Sie bedachtsam mit Ihrem Geld um. Sie müssen ausnahmslos im Hotel schlafen und um elf Uhr abends in Ihren Zimmern sein. Die Concièrge ist angewiesen, unverzüglich jeden zu melden, der sich nicht an diese Bestimmungen hält.«

Kastjukows Worte erinnerten mich an die Instruktionen, die wir vor neun Jahren von Major Argatow erhalten hatten. In der Behandlung ausländischer Studenten hatte sich nichts geändert, obwohl es sich bei uns inzwischen um Offiziere handelte. Aber die nächsten Äußerungen des Oberst ließen mich aufhorchen.

»Mit der Perestroika haben sich hier einige Dinge geändert. Früher konnte in der Cafeteria gegenüber dem Empfang Bier gekauft werden. Jetzt ist der Verkauf alkoholischer Getränke in allen militärischen Einrichtungen verboten.« Auf seinem Gesicht zeigte sich Bedauern.

Die Akademie bestand aus einem Altbaukomplex am Nordrand der Altstadt und diente seit undenklichen Zeiten der Ausbildung der oberen Ränge des Militärs. Aus früheren Zeiten, in denen noch mit der Kavallerie anstelle von Panzern Angriffe geführt wurden, gab es noch massive Stallgebäude auf dem Gelände. Sie waren tadellos renoviert und verfügten nun über ausgezeichnete Unterrichtsräume und Laboratorien.

Die Akademie verfügte über acht verschiedene Fachbereiche, in denen die künftigen Kommandeure großer Militäreinheiten den letzten Schliff erhielten. Die ersten sieben Fakultäten waren sowjetischen Offizieren vorbehalten, die unter anderem über vollautomatisierte Kommandosysteme für die Flugabwehr, Flugtechnik, militärische Führung und Strategien ebenso unterrichtet wurden wie über das höchst geheime System der Raketenabwehr. Der achte Fachbereich für Studenten aus dem Ausland lag am nördlichen Rand der Akademie, in der Nähe der Sporthalle und dem herrlichem Schwimmbecken hinter einem Anbau. Ein kompliziertes, von Veteranen kontrolliertes Ausweissystem sorgte dafür, daß die Studenten nur zu dem Bereich Zugang erhielten, für den ihr Paß codiert war.

Nach Nationalitäten eingeteilt, hatten wir bis abends um halb acht Unterricht, der nur um halb drei für eine einstündige Mittagspause unterbrochen wurde. Eine imponierende Anzahl von Obersten und Generälen, die über hohe wissenschaftliche Qualifikationen wie auch über reiche Erfahrungen in militärischer Führung verfügten, gehörte zu unseren Dozenten in den Laboratorien, auf den Gefechtsständen und dem vollautomatisierten Kommandosystem der Akademie ebenso hervorragend unterrichtet wie in den waffentechnischen Werkstätten außerhalb der Stadt. Alle technischen Fachgebiete wie Elektronik und Waffensysteme unterlagen der strikten Geheimhaltung, wie auch Einsatzstrategien. Wir Studenten erhielten besondere Aktentaschen, in denen wir alle Karten und schriftlichen Unterlagen zu verwahren hatten. Abends verschnürten wir sie mit einer Schnur und versahen den Knoten mit unserem Siegel, bevor wir sie in die »Geheimbibliothek« zurückbrachten, einen Raum, dessen Tür und Fenster vergittert waren. Auf diese Weise bewahrten die Sowjets ihre militärischen Geheimnisse und verhinderten, daß unter den Studenten, die unterschiedliche Fächer studierten, Daten ausgetauscht wurden. Zugang zu Informationen über die modernsten Waffensysteme erhielten nur Studenten aus Kuba und den Staaten des Warschauer Paktes, während Vietnamesen und Mongolen sich mit eher veralteten Waffentechniken begnügen mußten.

Der Studienaufenthalt in der Sowjetunion erschien uns wie ein Urlaub von unserem anstrengenden Arbeitsalltag auf Kuba, und so machten wir uns mit Feuereifer an unsere Aufgaben. Und nach etlichen Jahren hatten wir endlich wieder die Möglichkeit, regelmäßig Sport zu treiben. Daher dauerte es nicht lange, bis Cerguera und ich der Schwimmannschaft des Akademie beitraten und frühmorgens vor dem Unterricht erst einmal ein paar Runden im Becken drehten.

Als es eines Tages in unserem Hotel wieder einmal kein Wasser gab, schlug einer von uns vor, eine der öffentlichen

Saunen aufzusuchen, eine *Banhia.* Ein paar von uns machten sich auf den Weg, entrichteten einen bescheidenen Obolus und betrachteten mit offenen Mündern das Schauspiel, das sich ihnen bot.

Ein Dutzend Holzbänke mit hohen Lehnen und den Kleidungsstücken der Saunabesucher waren an den Wänden des großen Raum aufgereiht, in dem rund zwanzig vollständig nackte Männer vor sich hinschwitzten. Zwei alte Frauen fegten seelenruhig zwischen den Beinen der Männer die im ganzen Raum verstreuten Birkenblätter zusammen, ohne sich auch nur im geringsten um deren Nacktheit zu kümmern. Wild entschlossen, die Prüfung zu bestehen, gingen wir zu den Bänken und zogen uns aus. Eine der alten Frauen hörte, daß wir uns in einer anderen Sprache unterhielten und fragte, woher wir denn kämen.

»Wir sind Kubaner, Großmutter«, sagten wir und benutzten dabei die liebevolle Anrede, die in der Sowjetunion für alte Frauen verwandt wird, die mit eher niedrigen Dienstleistungen beschäftigt sind.

»Ah, ihr seid Söhne von Fidel Castro! Gute Jungen!« rief sie begeistert, und im Nu sahen wir uns von einem Dutzend neugieriger Männer umringt, die uns willkommen hießen und in ein angeregtes Gespräch verwickelten, das wir angesichts unserer Nacktheit jedoch schnell beendeten und mit schamroten Ohren in der Sauna verschwanden.

Der gefürchtete Winter brach an, und das Thermometer auf dem Turm des Museums schien bei minus 45 Grad eingefroren zu sein. Bekleidet mit nahezu allem, was wir besaßen, rannten wir zur Akademie und wieder zurück, aber auch das half nicht viel gegen die furchtbare Kälte, die – wie unser gutmütiger, aber ziemlich dünner Leyva behauptete – uns jeden Moment in Eiszapfen verwandeln konnte.

Vicky und ich korrespondierten fast täglich. Wieder schrieb ich ihr leidenschaftliche Gedichte auf Blumenpostkarten, und wieder fand ich beim Stöbern in meinem Gepäck an den unerwartetsten Stellen – in meinen Büchern, zwischen der Wäsche – kleine Zettel, die sie vor meiner Abreise dort versteckt hatte und auf denen nichts weiter stand als: »Ich liebe dich!« Diesmal blieb sie in Havanna bei ihren Eltern und hatte bereits eine Anstellung in einer nahe gelegenen Poliklinik gefunden, während sich ihre Mutter um den kleinen Alejandro und Reyniel kümmerte, der inzwischen in die Schule gekommen war und bereits seinen Namen schreiben konnte, wobei ihm allerdings noch die Buchstaben durcheinander gerieten. Vicky schrieb so ausführlich und plastisch über die Kinder, daß ich mir alle ihre Erlebnisse lebhaft vorstellen konnte.

Die Perestroika beanspruchte unser größtes Interesse mit ihrer Flut neuer Ideen und Anregungen für den Aufbau eines demokratischen Sozialismus, der auf der Wahrung der Menschenrechte basierte, die ganz offen diskutiert wurden. Das Fernsehen strahlte neue und immer kritischere Sendungen aus und wehrte sich gegen alle Versuche einer Zensur. Uns wurde eine von Korruption heimgesuchte Gesellschaft präsentiert, in der Bürokraten alles vertuschen wollten. Eine junge, begabte Generation, die sich in der Periode der Stagnation unter Breschnew im Hintergrund gehalten hatte, um ihre Kunst nicht kompromittieren zu lassen, etablierte sich nun in der kulturellen Szene. Wir waren hocherfreut über die Reformen und beobachteten, wie die Gesellschaft nach und nach offener und mutiger wurde, wie die Korruption und das Fehlverhalten, das ich neun Jahre zuvor erlebt hatte, öffentlich angeprangert wurden, um jede Wiederholung zu verhindern.

Mein jüngster Bruder Orlando studierte zu dieser Zeit in Odessa am Schwarzen Meer, und während der Winterferien im Februar stattete ich ihm einen Besuch ab. In meinem Zugabteil saßen zwei Volkswirtschaftler aus Odessa, die bei einer Flasche Wodka miteinander plauderten, und zum ersten Mal hörte ich, daß sich jemand unverhohlen über stalinistische Verbrechen äußerte.

»Aber wenn tatsächlich Millionen Menschen ermordet wurden, wie Sie sagen, warum ist darüber gar nichts bekannt?« fragte ich skeptisch, erinnerte mich aber plötzlich an die Bilderheftchen für Kinder, die mir ein alter Freund meines Vaters einmal gezeigt hatte. Sie waren irgendwo in Lateinamerika publiziert worden und bezeichneten Kommunisten als eine Art blutrünstiger Ungeheuer.

»Früher oder später wird die Wahrheit ans Licht kommen, und man wird ganz offen darüber sprechen«, erwiderte der Ältere überzeugt, und sah mich fast mitleidig an.

»Ich bin nicht blind. Dennoch kann ich nicht glauben, wie jemand den Tod von Millionen Menschen so lange Jahre verheimlicht haben soll.«

Der Mann bedachte mich mit einem leicht ironischen Lächeln. »Es war ja auch nicht möglich«, fuhr er fort. »Fast die gesamte Welt weiß davon – nur Leute wie Sie nicht, die offenbar nur die offizielle Geschichtsschreibung zur Kenntnis nehmen. Angenommen, nur mal angenommen, daß meine Behauptungen der Wahrheit entsprechen: Würden sich die Kommunistischen Parteien – so wie sie heute sind – mit einem solchen Schandfleck auf der weißen Weste ihrer glorreichen Geschichte widerspruchslos abfinden?«

»Warum denn nicht? Stalin war doch nicht die Partei. Er hat zwar schwerwiegende Fehler begangen, aber von seinem Personenkult bis zu den ungeheuerlichen Verbrechen, die Sie ihm unterstellen, ist es . . .«

»Schon gut, mein Sohn. Hoffen wir, daß der Mann, der Ihr Land noch immer regiert, sich nach seinem Tod nicht als zweiter Stalin herausstellt.«

»Fidel Castro ist nicht mit Stalin zu vergleichen! Ganz im Gegenteil. Er ist bei der Bevölkerung beliebt. Meines Wissens ist er der einzige Staatschef der Welt, der seine Sportler am Flughafen begrüßt, wenn sie von Wettkämpfen nach

Kuba zurückkehren, und der in kurzen Hosen Korbball mit Schulkindern spielt. Niemand ist seinem Volk so nahe gewesen wie Castro!«

»Das reicht!« rief der Jüngere und stand auf, um unserer Unterhaltung die Heftigkeit zu nehmen. Er legte eine Hand auf meine Schulter und fuhr fort: »Mein lieber kubanischer Freund, wir bewundern und respektieren Ihr Volk. Verzeihen Sie meinem Freund. Wenn es wirklich etwas Wichtiges gibt, dann ist es die Freundschaft zwischen den Völkern, zwischen den ganz normalen Menschen.«

Er füllte drei Gläser randvoll mit Wodka, reichte uns zwei, hob das dritte und sagte: »Trinken wir darauf!«

Ich leerte das Glas in einem Zug, um es hinter mich zu bringen, und sah dann, daß der ältere Mann lächelte, während er sein Glas abstellte.

»Wissen Sie was?« wandte er sich dann an mich. »Sie erinnern mich an mich selbst. In meiner Jugend war ich genauso loyal und impulsiv wie Sie ... Bis mich das Leben dazu zwang, woanders nach Antworten auf meine Fragen zu suchen. Damals begann ich, Radio Free Europe zu hören.«

Ich verbrachte eine Woche bei meinem Bruder im warmen Odessa und empfand großes Mitleid mit den ausländischen Studenten, die dort unter nahezu unzumutbaren Bedingungen leben mußten. Bei meiner Abreise war mir eines klar: Wenn mein Bruder das durchhielt, würde er seine Ausbildung nicht nur als Wasserbauingenieur beenden, ihn würde auch absolut nichts mehr erschüttern können.

Obwohl mir meine Reisegefährten nicht besonders sympathisch gewesen waren, gingen mir die Worte des älteren Volkswirtschaftlers nicht aus dem Kopf. In Kalinin war ich öfter in den Anblick des alten Radios auf dem Tisch versunken und wünschte mir, die Lügen aus dem Ausland zu hören. Aber die Anwesenheit meiner Kameraden, und der Gedanke, daß sie vielleicht etwas daran finden, hielt mich davon ab, den Kurzwellensender einzustellen. Eine Anordnung des Oberbefehlshabers untersagte allen kubanischen Militärs ausdrücklich, ausländische Radiosendungen zu hören. Tat ich es dennoch, riskierte ich den unehrenhaften Ausschluß aus der Armee und einen Eintrag in meine Kaderakte, der mich mein Leben lang verfolgen würde.

Als wir eines schönen Frühlingstages zu unserem Hotel zurückliefen, bemerkten wir, daß sich eine Menge stämmiger Männer vor einem Kosmetikgeschäft drängelten und schubsten. Wir erkundigten uns bei einem von ihnen, der etwas abseits stand, welches Warenangebot diesen ungewöhnlichen Käuferansturm verursachte, und erfuhren, daß es sich um ein Eau de Cologne für Männer handelte.

»Was?« riefen wir perplex. »Wie kann man sich nur um ein Männerparfüm fast schlagen?«

Offenbar verzweifelt über unsere Begriffsstutzigkeit warf unser Gegenüber die Arme in die Luft und rief wütend: »Weil es keinen Alkohol gibt, und irgend etwas muß der Mensch ja trinken!«

Wir gingen weiter und fragten uns nach der Wirksamkeit von Gorbatschows Feldzug gegen den Alkoholismus. Während des harten Winters hatten wir häufig Männer besinnungslos betrunken inmitten einer Lache von Erbrochenem auf der Straße liegen gesehen – dem Tod durch Erfrieren preisgegeben, aber von gleichgültigen Passanten keines Blickes gewürdigt.

Als ich an einem Maiabend die wichtigste Nachrichtensendung im sowjetischen Fernsehen sah, erfuhr ich, daß Luftwaffen-Brigadegeneral Rafael del Pino mit seiner Familie in einem Sportflugzeug in die Vereinigten Staaten geflohen war. Wie erstarrt saß ich auf meinem Stuhl und konnte kaum glauben, was ich da gerade gehört hatte. Ich kannte General del Pino aus meiner Kadettenzeit. Sein Sohn Ramsés, der mitgegangen war, war auf der Luftfahrtschule in Krasnodar mein Freund gewesen. Beide Männer kannte ich als glühende Verteidiger der Revolution. Ich zermarterte mir das Hirn, aus welchen Gründen del Pino Kuba verlassen haben konnte, fand aber nur eine Erklärung: Er mußte schon lange Zeit für die CIA tätig gewesen sein, und sein vorbildliches Verhalten war nichts als Heuchelei, um uns alle irrezuführen.

Endlich war der langersehnte Juli und damit unser Urlaub gekommen. Besonders froh stimmte uns die Aussicht, nicht allein in die Sowjetunion zurückzukehren, sondern mit unseren Familien die uns versprochenen Wohnungen beziehen zu können.

Nach der späten Landung in Havanna wurde ich von Vicky und Reyniel erwartet. Es überraschte mich, wie groß Reyniel in den elf Monaten meiner Abwesenheit geworden war, und mit ihm in meinen Armen strebten wir eilig nach Hause, da ich so schnell wie möglich Alejandro begrüßen wollte. Der jüngere meiner Söhne schlief selig im Schlafzimmer meiner Schwiegereltern, und ich nahm ihn hoch und trug ihn in unser Zimmer. In dieser Nacht bekamen Vicky und ich kein Auge zu, und als wir am frühen Morgen noch immer miteinander redeten, wurde Alejandro wach, rappelte sich in seinem Bettchen hoch und sah uns neugierig an.

»Sieh nur, Alé, Papa ist wieder da«, sagte Vicky zu ihm, und das Kind hopste glücklich im Bett auf und ab und rief immer wieder: »Papa, Papa, Papa!«

Ich nahm ihn hoch, setzte ihn zwischen uns aufs Bett, und seine erste Liebkosung bestand darin, mir mit erstaunlich festen Griff ein Büschel Haare von der Brust zu reißen. »Du Halunke! Behandelt man so seinen Papa?« rief ich empört. Begeistert aufjauchzend fiel er nun über meine Kopfhaare her. Von da an war es fast unmöglich, dem kleinen Schlingel zu entgehen. Er folgte mir auf Schritt und Tritt und bestand darauf, abends auf meinem Bauch einschlafen zu können. Bei meiner Abreise in die Sowjetunion war Alejandro erst viereinhalb Monate alt gewesen, und seine Zutraulichkeit verdankte ich Vicky, die ihm und Reyniel täglich von ihrem Papa erzählt und ihnen mein Photo gezeigt hatte.

Als wir vom Divisionsstab der Luftwaffe die Reisebestimmungen erhielten, stellten wir zu unserem Entsetzen fest, daß wir lediglich zweiundzwanzig Kilogramm Gepäck pro Erwachsenem und elf pro Kind mitnehmen durften. Verzweifelt versuchten wir ihnen klarzumachen, daß es sich keineswegs um eine Touristenreise handelte, daß wir drei Jahre in der Sowjetunion bleiben würden, und daß die Kinder eine Vielzahl von Dingen benötigten, erhielten aber immer wieder nur die kurze und bündige Antwort: »Bestimmung ist Bestimmung.«

Während des Fluges nach Moskau schliefen die Kinder tief und fest. Sie hatten keine Ahnung von den großen Veränderungen, die sie erwarteten: die Kälte, die Sprache, die Kultur. Wie hart die nächsten drei Jahre doch für sie werden würden, dachte ich mitfühlend, als ich sie so betrachtete.

Erschöpft von der langen Reise kamen wir in den letzten Augusttagen in Kalinin an, wo wir in einem neungeschossigen Block zusammen mit den Familien sowjetischer Offiziere wohnen sollten. Die rund zweihundert winzigen Apartments glichen sich wie ein Ei dem anderen und gingen alle von langen schmalen Fluren ab, die das Gebäude von einem Ende zum anderen durchzogen. Unsere Wohnung war frisch gestrichen, und man hatte uns Möbel zur Verfügung gestellt: eine Schlafcouch, zwei Preßholzschränke und ein Kinderbett, die alle noch verpackt waren. Die erste Nacht verbrachten wir mit dem Zusammenbauen der Möbel, während die Kinder auf ein paar Decken auf dem Fußboden schliefen. Am nächsten Morgen war unser Heim für die nächsten drei Jahre fertig: ein kleines Zimmer, Bad und Küche auf gerade 37 m^2 Fläche.

Meine vorherigen Aufenthalte in der Sowjetunion hatte ich unter der Obhut der Institutionen verbracht, an denen ich studierte, und nun stellte ich voller Überraschung fest, daß ich über die Gesellschaft so gut wie gar nichts wußte, in die wir uns als Familie integrieren sollten. Wie Blinde suchten wir nach Wegen, den Alltag in einer von Bürokratie und Restriktionen beherrschten Welt zu bewältigen.

Da Vicky und ich nicht wollten, daß unsere Söhne durch Sprachprobleme in eine Isolation gerieten, meldeten wir Reyniel so schnell wie möglich in einer nahegelegenen Schule und Alejandro in einer Kinderkrippe an. Bei der dafür unerläßlichen medizinischen Untersuchung gewannen wir die ersten Erfahrungen mit der örtlichen Poliklinik, die hinter den dicken, vermoderten Mauern eines Gebäudes aus der Zeit um die Jahrhundertwende an einer Hauptdurchgangsstraße untergebracht war. Eine junge mürrische Schwester füllte die Formulare aus und gab uns mit einer herrischen Handbewegung zu verstehen, daß wir auf den Holzbänken neben Dutzenden anderen Wartenden Platz nehmen sollten.

Endlich wurden wir in das Sprechzimmer gerufen. Dort hatte uns eine Schwester den Rücken zugewandt und stellte Blutproben in ein Holzgestell auf dem eisernen Bett vor ihr. In einer Ecke des Raumes saß ein Mann um die fünfzig hinter einem schäbigen Schreibtisch. Bartstoppeln bedeckten sein Kinn und unter seinen Augen lagen tiefe Ringe. Sein blutunterlaufener Blick war auf den Stift zwischen seinen zitternden Fingern gerichtet. Während er weiterschrieb, fielen uns die schwarzen Ränder unter seinen Fingernägeln auf. Sein schmutziger, ungebügelter Arztkittel stand offen, und ein altes Stethoskop baumelte über seiner Brust. Das war der Arzt.

Er blickte hoch, betrachtete uns mit unsicherem Blick und befahl: »Setzen Sie sich.«

Dabei entging mir sein Mund voller Goldzähne ebensowenig wie seine Alkoholfahne. Am liebsten hätte ich auf der Stelle kehrtgemacht. Aber uns blieb keine Wahl: Wenn wir die Kinder in Schule und Krippe anmelden wollten, mußten wir diese Untersuchung wohl oder übel über uns ergehen lassen.

Mit Alejandro auf meinen Knien begann ich: »Unsere Kinder kommen in die Schule und in den Kindergarten, daher müssen sie untersucht werden.«

»Ich weiß, ich weiß«, murmelte er und blickte auf die von der Schwester ausgefüllten Formulare. »Sie sind Kubaner?« fragte er dann ohne aufzublicken.

»Ja.«

»Das heißt, Sie kommen aus einem Land der Dritten Welt, in der, wie Sie wissen, die medizinischen Bedingungen nicht immer die besten sind. Also werden wir Ihre Kinder ein bißchen gründlicher untersuchen müssen.«

Die Worte des Arztes kamen mir unglaublich vor. Sein Land hinkte den medizinischen Errungenschaften im Westen um ein Jahrhundert hinterher, die inzwischen auch auf Kuba Einzug gehalten hatten. Aber trotz der Wahrheiten, die als Folge der Perestroika mittlerweile ans Licht gekommen waren, glaubten offenbar viele in der Sowjetunion noch immer, ihr Staat sei die Speerspitze des wissenschaftlichen Fortschritts. Am liebsten hätte ich ihn über die Gesundheitsfürsorge in meinem Land aufgeklärt, aber da er das ja doch nicht begreifen würde, hielt ich lieber den Mund.

»Ich brauche eine Stuhlprobe, um sie auf Parasiten untersuchen lassen zu können«, verkündete er. Dann wandte er sich an die Krankenschwester, die einem Kind Blut abnahm, das inzwischen mit seiner Mutter ins Sprechzimmer gekommen war, und bat um zwei Objektträger für die Stuhlproben. »Ich werde jetzt die Probe nehmen, Sie können den ersten Jungen also schon ausziehen«, sagte er zu uns.

Hinter mir hatten Vicky und Reyniel interessiert das Kommen und Gehen der anderen Patienten beobachtet, und als ich ihnen nun die Aufforderung des Arztes übersetzte, wirkten sie über die bevorstehende Prozedur ebenso betroffen wie ich. Vicky und ich halfen unserem Sohn beim Ausziehen, bemerkten aber plötzlich, daß der Arzt eine Streichholzschachtel aus der Tasche zog. Er griff ein Zündholz beim Kopf und wollte es in den Anus des Kindes einführen.

»Was machen Sie denn da?« rief ich entsetzt.

»Ich nehme die Probe.«

»Haben Sie denn keinen sterilen Abstrichtupfer?«

»Leider nicht. So etwas erlaubt unser Etat nicht.«

Wieder spürte ich das dringende Verlangen, den Raum zu verlassen. Aber ohne die Bescheinung einer Untersuchung würden unsere Kinder nicht in Schule und Krippe aufgenommen werden. Und an einen anderen Arzt konnten wir uns nicht wenden. Wir waren verpflichtet, die Poliklinik unseres Wohnbezirks aufzusuchen.

Also trösteten wir unseren Jungen nach besten Kräften, der bei der Prozedur zu weinen begann – ob wegen der Erniedrigung oder vor Schmerzen, wußten wir nicht. Danach verwendeten sie für die Abnahme der Blutproben sehr große Spritzen, die auf uns ganz und gar keinen sterilen Eindruck machten. Als wir schließlich mit den nötigen Papieren in der Tasche nach Hause gingen, hatten wir ein sehr unbehagliches Gefühl in der Magengegend.

Monate zuvor hatte ich aus den Zeitungen von der Tragödie in Gorki erfahren, wo eine Reihe von Kindern durch Injektionen mit unsterilen Spritzen mit AIDS infiziert worden waren. Nach unseren Erfahrungen in der Poliklinik ließen wir uns von unseren Eltern so schnell wie möglich einen Vorrat an Wegwerfspritzen und Einwegnadeln schikken, die in der Sowjetunion nicht zu bekommen waren. Falls eines unserer Kinder Injektionen brauchen sollte, würden wir dem Arzt unsere kubanischen Spritzen zur Verfügung stellen.

Nach dem Unterricht in der Akademie kehrte ich abends gegen acht Uhr nach Hause zurück, um mit Vicky und den Kindern das Abendessen in der winzigen Küche einzunehmen, die kaum genug Platz für uns alle bot. Danach gingen wir ins Wohnzimmer, wo wir mit den Kindern auf dem Fußboden spielten, bis es Zeit zum Schlafengehen war. Dann kletterte Reyniel ins Bett, gab uns einen Gutenachtkuß, und ich sah mir mit Alejandro auf dem Schoß die Fernsehnachrichten an, bis auch er eingeschlafen war.

Das Fernsehen hatte längst jeden Reiz für die Kinder verloren, da politische Debatten und Bildungssendungen für Erwachsene das Programm fast völlig beherrschten. Auch die viertelstündigen Zeichentrickfilme, die morgens vor der Schule sowie am Nachmittag zu sehen waren, wurden zu ihrem Verdruß meistens durch die Ankündigung »Fortsetzung folgt« unterbrochen, um den neuesten Nachrichten Platz zu machen.

Im Gegensatz dazu saß ich oft genug bis nach Mitternacht vor dem Bildschirm – gefesselt von den Berichten über kulturelle Talente, die bisher nur im Untergrund existiert hatten.

Eines Abends hörte ich Reyniel leise schluchzen. Als ich an sein Bett trat, sah ich, daß er das Kissen übers Gesicht gezogen hatte und mit zuckenden Schultern vor sich hinweinte. Ich kniete mich neben das Bett. »Was ist denn, Kind? Warum weinst du?« fragte ich flüsternd.

»Ich möchte wieder nach Kuba, Papa«, kam es leise unter dem Kissen hervor.

»Aber du brauchst dich doch nicht zu schämen, wenn du weinst. Wir weinen alle, wenn wir Kummer haben – Erwachsene wie Kinder.« Da zog er das Kissen langsam vom Gesicht, sah mich todtraurig an, warf die Arme um meinen Hals und begann wieder hemmungslos zu schluchzen. Vicky stand am Fußende des Bettes, auch ihr liefen Tränen über die Wangen. »Papa, ich verstehe nicht, was sie in der Schule sagen! Und die anderen Kinder lachen mich aus!«

Schweigend strich ich ihm über den Kopf, und als er sich ein bißchen beruhigt hatte, sagte ich: »Ich weiß, wie schwer es für dich ist. Genau wie du würde ich lieber heute als morgen nach Kuba zurückfliegen, aber ich muß hier lernen. Aber wenigstens kann ich hier täglich mit dir zusammensein, was zu Hause höchstens jede Woche einmal der Fall ist.«

Reyniel sah mich aufmerksam an, während ich sprach, und als ich eine kleine Pause machte, legte er seinen Kopf an meine Brust.

»Es schmerzt sehr, wenn man für etwas keine Lösung hat«, fuhr ich fort. »Aber in deinem Fall gibt es eine. Wenn du willst, brauchst du nicht mehr zur Schule zu gehen, aber dann lernst du kein Russisch, mußt zu Hause bleiben und schämst dich sicher bald, weil du dich nicht mit den anderen Kindern unterhalten kannst. Und die Kinder, die über dich lachen, machen sich dabei nicht klar, daß sie auch deine Sprache nicht sprechen können. Also sind sie doch eigentlich ziemlich dumm, findest du nicht auch?«

Reyniel lächelte zufrieden über meinen Vergleich.

»Aber du hast die Chance, ihre Sprache zu lernen, auch wenn du dabei eine gewisse Zeit ihren Spott ertragen mußt.«

»Das ist es ja, was mich so ärgert«, beschwerte sich Reyniel wütend, »daß sie über mich lachen!«

»Selbstverständlich ärgert es dich. Aber stell dir vor, wie verblüfft sie sein werden, wenn du sie in ihrer eigenen Sprache zurechtweisen kannst. Du hast ein Problem, und das mußt du lösen. Und für welche Lösung du dich auch entscheidest – wir werden dich dabei unterstützen.«

»Auch wenn ich nicht mehr zur Schule gehen will?« fragte er verblüfft.

»Auch wenn du nicht mehr zur Schule gehen willst«, bestätigte ich.

»Gut, ich überlege es mir. Morgen früh werde ich dir dann sagen, wie ich mich entschieden habe.« Er gab uns beiden einen Kuß und machte es sich wieder in den Kissen bequem. Wie schnell würde er einschlafen?

»Und wenn er dir morgen nun erklärt, er will nicht mehr in die Schule gehen?« flüsterte mir Vicky zu, als auch wir im Bett lagen.

»Ich weiß zwar nicht warum, aber ich bin sicher, daß er gehen wird.«

»Du bist verrückt . . .«

Am nächsten Morgen wachte Reyniel ungewöhnlich hungrig auf und erklärte, während er unter dem Bett nach seinen Schuhen angelte: »Mama, mach mir schnell Frühstück. Ich möchte nicht zu spät zur Schule kommen!«

In der Küche empfing mich Vicky mit einer köstlichen Tasse Kaffee nach kubanischer Art, ließ einen tiefen Seufzer der Erleichterung hören, meinte: »Du bist schuld daran, daß ich die ganze Nacht nicht geschlafen habe!« und versetzte mir einen gespielt-wütenden Boxhieb.

Zu unserer Freude konnten unsere Söhne innerhalb weniger Monate nahezu akzentfrei Russisch sprechen und fielen unter den anderen Kinder kaum noch auf. Während die Jungen und ich unsere Tage in Akademie, Schule und Kinderkrippe verbrachten, langweilte sich Vicky allein in unserer kleinen Wohnung. Damit auch sie endlich aus den vier Wänden herauskam, und weil die monatlichen Unterhaltszahlungen von der Akademie ohnehin kaum zum Leben reichten, beschloß Vicky, einen der Posten in einer nahegelegenen Limonadenfabrik anzunehmen, die den Frauen kubanischer Studenten angeboten wurden.

Wieder war es Winter geworden, und während Vicky frühmorgens zur Arbeit ging, wickelte ich Alejandro in soviele Kleidungsstücke wie möglich, um ihn vor der Kälte zu schützen. Dann machte ich mit den Kindern meine morgendliche Runde: zunächst zu Reyniels Schule, dann weiter zu Alejandros Kindergarten, der fünf Straßen entfernt lag. Während ich meinen Sohn auf dem Schlitten hinter mir herzog, sangen wir kleine Liedchen aus dem Stegreif. Dieser Gesang aus voller Kehle machte uns viel Spaß – verärgerte aber einige Passanten, die uns aufforderten, ruhig zu sein – mitten auf der Straße! Doch dafür waren wir viel zu glücklich! Zum erstenmal hatte ich die Möglichkeit, meine Kinder anzuziehen, ihnen Frühstück zuzubereiten und sie zur Schule zu bringen. Das war für mich genug Grund, morgens ein frohes Lied anzustimmen.

Eines Tages besuchte uns eine Delegation des kubanischen Oberkommandos, die den Auftrag hatte, uns den »Prozeß zur Beseitigung von Irrtümern und negativen Tendenzen« zu erläutern, der unter der Federführung von Fidel Castro in unserem Land eingeleitet worden war. Es handelte sich um eine Art kubanischer Perestroika, und überall auf der Insel verkündeten riesige Transparente: »Jetzt machen wir ernst mit dem Aufbau des Sozialismus!« Viele der Menschen, die ihr ganzes Leben der Revolution gewidmet hatten, begannen sich verdutzt zu fragen, was sie eigentlich in den ganzen vergangenen Jahren aufgebaut hatten.

Die Delegation berichtete uns vom Santa-Fé-Kommuniqué und den »vergeblichen nordamerikanischen Hoffnungen, unter der Führung der jungen Offiziere in den Streitkräften einen Wandel auf Kuba herbeiführen zu können.« Zum Thema Perestroika zitierten sie unsere Staatsführung mit den Worten: »Das ist ein gigantisches Unternehmen, und wir wissen nicht, wohin es führen wird.« So kommentierten sie den Willen des Volkes, der sich von Tag zu Tag deutlicher artikulierte, ohne daß das so von Gorbatschow zu Beginn des Wandlungsprozesses beabsichtigt gewesen war. Doch die Einschränkungen der Zensur hatten in den Menschen einen unbändigen Wahrheitsdurst geweckt, und täglich erschienen in Publikationen wie *Literaturnaja Gaseta, Moscow News* oder *Sputnik* sowie in der TV-Sendung »Wsgljad – der Blick« neue Enthüllungen über Stalins Verbrechen und die umfassende Korruption unter Breschnew.

Zu dieser Zeit übte der umstrittene Parteisekretär für den Bezirk Moskau, Boris Jelzin, wegen des zögerlichen Verlaufs der Reformen harte Kritik an Gorbatschow, und wurde daraufhin mit Methoden à la Breschnew isoliert. Die Medien bekamen Angst vor dem Volk und den jungen sowjetischen Offizieren, mit denen ich studierte, und die Anziehungskraft und unbestrittene Popularität Gorbatschows begann zu schwinden.

In dieser Atmosphäre wurden Geheimarchive geöffnet, und ich konnte einige Dokumente über den Prozeß gegen Berija lesen, den gefürchteten Leiter des NKWD in der stalinistischen Ära. Verbrechen, Korruption, sexueller Mißbrauch, Folterungen und Experimente mit neuen Giften an mutmaßlichen politischen Gegnern füllten die Seiten. Ich war erschüttert. Das also war die »heroische Geschichte« des sowjetischen Sozialismus!

Für ihre Arbeit an einer Maschine in der Limonadenfabrik bekam Vicky 120 Rubel im Monat. Sie und ihre kubanischen Kolleginnen beklagten sich darüber, daß sie an ihrem Arbeitsplatz nicht Spanisch sprechen durften, und daß sie oft die Scherze nicht verstanden, die andere Arbeiterinnen in ihrer Gegenwart machten.

»Ich habe den Eindruck, sie halten uns für minderwertig«, erklärte mir Vicky bei einer Gelegenheit.

Allmonatlich fand eine Parteiversammlung statt, auf der unsere Fortschritte an der Akademie bewertet wurden. Da Ramiréz besondere Sprachprobleme hatte, blieben seine Leistungen nur durchschnittlich, und sofort konzentrierte sich die allgemeine Kritik auf meinen bedauernswerten Kameraden. Es verärgerte mich sehr, daß Ramiréz immer wieder erklären mußte, er bemühe sich nach besten Kräften. Auch das ganz alltägliche Verhalten war Gegenstand von Erörterungen auf diesen Parteiversammlungen. Zog es jemand vor, seine Freizeit zu Hause bei der Familie zu verbringen, konnte das auf Konflikte mit den anderen Studenten hinweisen. Warum besuchen Sie Ihre Kameraden nicht? Warum unternehmen Ihre Familien in der Freizeit nicht gemeinsam etwas? So wurden selbst interfamiliäre Beziehungen zur Parteipflicht.

Auf diesen Sitzungen hatte sich jeder zu Wort zu melden, andere zu kritisieren und Selbstkritik zu üben. Wer das nicht tat, wurde als willensschwach eingestuft, was in den Protokollen entsprechend vermerkt wurde. Auf diese Weise bewertete die Partei alle unsere Lebensregungen bis ins kleinste Detail, und nichts schüchterte uns mehr ein als das allgegenwärtige Auge der Partei: Irgend jemand fand sich immer, der einen an den Pranger stellte, sobald man etwas tat, was nicht der festgelegten Norm entsprach. Die Vorstellung, uns in aller Öffentlichkeit für etwas verantworten zu müssen, was wir in der Privatsphäre unserer Wohnung taten oder nicht taten, versetzte uns alle in höchste Panik.

Als Geschenk für einen russischen Freund hatten wir ein kleines Stoffkrokodil aus Kuba mitgebracht, aber als es ein ungarischer Student während eines kurzen Besuchs bei uns sah, wollte er es unbedingt haben. Immer wieder machte er uns die verschiedensten Angebote. Unter anderem wollte er das Krokodil gegen einen japanischen Radio-Kassettenrecorder tauschen. Wir hatten noch nie einen besessen, und auf Kuba waren sie inzwischen so rar, daß wir nicht einmal davon träumen konnten, uns einen zu kaufen. Wenn wir auf den Vorschlag des Ungarn eingingen, würden wir endlich unsere Lieblingsmusik hören können – ganz zu schweigen von den verbotenen Radiosendungen auf Kurzwelle. Also trennten wir uns vom dem Krokodil und stellten unsere Neuerwerbung auf den einzig verfügbaren Platz, auf den Fernseher.

Aber damit hatten wir nach den Bestimmungen unseres Landes eine strafbare Handlung begangen. Jeder Austausch von Waren, selbst unter uns Kubanern – war verboten. Darüber hinaus erregten alle Gegenstände ausländischer Herkunft unverzüglich tiefes Mißtrauen, und nur Dinge, die Verwandte auf Dienstreisen im Ausland kauften und mitbrachten, wurden als rechtmäßiger Besitz betrachtet.

Eines Tages suchte uns ein Offizier der Spionageabwehr an der Kubanischen Botschaft auf. Der Mann war damit beauftragt, ein wachsames Auge auf uns Studenten zu haben, und erzählte uns, daß kurz zuvor etliche Studenten nach Kuba zurückgeschickt worden waren, weil sie kapitalistische Waren von Kommilitonen aus anderen Ländern erworben hatten. Er schloß seine Schilderung mit der dringenden Warnung an uns, einer ähnlichen Verlockung auf keinen Fall zu erliegen.

An diesem Abend kehrte ich mit dem quälenden Gedanken nach Hause zurück, ein Verbrechen begangen zu haben. Statt wie sonst mit meinen Söhnen zu spielen, setzte ich mich gedankenverloren vor den Fernseher. Ich erinnerte mich an Valle, der nicht mehr fliegen durfte, weil er nordamerikanische Schuhe getragen hatte, und an die Schuldgefühle meines Vaters, daß er sein Auto ausgerechnet in eine Reparaturwerkstatt gebracht hatte, die auch schwarz arbeitete. Nach so vielen Jahren konnte ich die Ängste meines Vaters endlich verstehen! Wie einen Horrorfilm stellte ich mir die Parteisitzung vor, auf der mein Fall diskutiert werden würde. Meine Kameraden zeigten anklagend mit den Fingern auf mich als einen, der die Ehre des ganzen Kollektivs beschmutzt hatte, und einer nach dem anderen plädierte für meinen unverzüglichen Ausschluß aus der Partei, aus der Akademie, aus der Luftwaffe. Ich war in Ungnade gefallen!

Ich erzählte Vicky, was geschehen war, und wollte den verdammten Recorder schon in die Wolga werfen, als sie sagte: »Du hast kein Verbrechen begangen! Also brauchst du dich auch nicht schuldig zu fühlen!«

Langsam sah ich ein, daß sie recht hatte. Wie sehr ich mich in diesen Jahren bei den Streitkräften doch verändert hatte! Ich war ehrlich, hatte mich stets anständig verhalten und würde mich von derart absurden Unterstellungen nicht beeindrucken lassen.

Meine Gewissensbisse waren in erster Linie durch die moralischen Bedenken verursacht, die uns unsere Staatsführung eingeimpft hatte, nach denen jede Art von Besitz in höchstem Maße egoistisch war. Für einen wahren Revolutionär gehörte es sich nicht, etwas zu besitzen, was Millionen seiner Landsleute nicht hatten. Und ganz besonders verabscheuungswürdig war der Besitz kapitalistischer Produkte. Diese Moral war in der Gesetzgebung unseres Landes festgeschrieben, die jeden kubanischen Staatsbürger dazu verpflichtete, alle Devisen, die er von Ausländern erhielt, – zum Allgemeinwohl – an die Regierung weiterzuleiten. Hunderte Kubaner kamen ins Gefängnis, weil sie sich mit den paar Dollars »bereichert« hatten, die sie von westlichen Touristen oder anderen als Geschenk oder im Austausch gegen kubanische Währung erhalten hatten. Aber ohne daß es uns bewußt geworden wäre, hatte uns dieser moralische Anspruch zu gegenseitigen Wächtern herabgewürdigt – mit der Verpflichtung, andere auszuspionieren und genau herauszubekommen, was jeder besaß, um dann über ihn richten zu können. Wir waren Opfer und Komplizen in einer absurd gleichmacherischen Welt.

X

Oh, Gott – verzeih mir

Das Schuljahr an der Akademie endete, und ich mußte für ein einmonatiges Fliegertraining nach Kuba zurück. Vicky und die Kinder durften mich nicht begleiten, da sie sich zwei Jahre lang in der Sowjetunion aufhalten mußten. »Komm bitte schnell zurück«, bat mich Vicky mit Tränen in den Augen. Ich wußte, daß sie sich ohne mich in einer Umgebung unbehaglich fühlen würden, die, wenn auch nicht gerade feindlich, so doch sehr fremd für sie war. Ich brachte mein Pensum so schnell wie möglich hinter mich und kehrte unverzüglich nach Kalinin zurück.

Aus dem Küchenfenster sah Vicky, wie ich am frühen Morgen mit dem Taxi vorfuhr. Mit Alejandro auf den Armen rannte sie die Treppe herunter, um mich zu begrüßen, Reyniel dicht auf ihren Fersen.

»Ich dachte schon, du kämst nie wieder«, rief sie und umarmte mich. »Es war nicht leicht ohne dich«, gestand sie ein und drückte sich noch enger an mich. Alejandro umschlang meinen Hals und Reyniel meine Hüften. Als wir uns nach geraumer Zeit aus unserer Umklammerung lösten und die Treppe hinaufstiegen, bemerkte ich einen Verband an Vickys rechter Hand.

»Was ist dir denn zugestoßen?« wollte ich wissen.

»Ich hatte gestern in der Fabrik einen kleinen Unfall. Als ich gerade eine Flasche entfernen wollte, die sich irgendwie festgeklemmt hatte, hat eine Kollegin die Maschine unabsichtlich wieder eingeschaltet.«

»Aber wie konnte sie das nur tun? Du hättest dir den ganzen Arm zerquetschen können«, rief ich erschreckt.

»Es ist nicht so schlimm. Es war nur ein kleiner Schnitt, den sie im Krankenhaus mit zwei Stichen genäht haben.«

Ich atmete erleichtert auf. Arm in Arm gingen wir weiter die Treppe hinauf – glücklich, wieder beieinander zu sein. Bevor der Unterricht an der Akademie wieder anfing, blieben uns noch ein paar freie Tage. Wir gingen in den Wald, nahmen einen Ball für die Kinder mit, und bereiteten über einem kleinen Feuer ein improvisiertes Mahl zu, während Reyniel und Alejandro unter den Bäumen Jagd aufeinander machten. Diese Waldaufenthalte waren unser liebster Zeitvertreib in Kalinin.

An dem Tag, an dem ich wieder zur Akademie mußte, wachte Vicky früher als sonst auf. Sie setzte sich aufs Bett und betrachtete ihre Arme. Mir fiel ihre besorgte Miene auf.

»Was ist denn mit dir?« fragte ich und streichelte ihre Wange. »Fühlst du dich nicht wohl?«

»Ich habe nicht besonders gut geschlafen. Vielleicht habe ich mir eine Lebensmittelvergiftung eingefangen.«

Noch immer betrachtete sie prüfend ihren Arm, und mir fiel da eine rötliche Verfärbung auf. Als ich sie genauer untersuchte, entdeckte ich die gleichen Hautreizungen auf ihrem Rücken und an ihrem Unterleib. Plötzlich fiel mir ein, daß wir am Abend zuvor Pilze gegessen hatten, die vom Markt stammten. Vielleicht hatte die alte Frau beim Pilzesammeln im Wald irrtümlich einen giftigen erwischt, dachte ich voller Schrecken. Glücklicherweise hatten den Kindern die Pilze nicht geschmeckt.

»Laß uns schnell ins Akademie-Krankenhaus gehen«, sagte ich, überzeugt davon, daß sie dort am besten aufgehoben war.

Schon auf dem Weg ging es Vicky sehr viel schlechter.

Die roten Flecken breiteten sich über ihren ganzen Körper aus und ihre Lippen begannen anzuschwellen.

»Ich glaube, ich kann mich kaum noch aufrechthalten . . . Mein Blutdruck muß abgesackt sein«, sagte sie und wurde fast ohnmächtig, als wir das kleine Krankenhaus betraten.

Ich schleppte sie die Treppe zum diensthabenden Arzt hinauf, einer aufmerksamen jungen Ärztin, die sofort aufstand, um sich um uns zu kümmern. Nach einem flüchtigen Blick auf Vicky maß sie sofort ihren Blutdruck. Ein besorgter Ausdruck überflog ihr Gesicht, und ich nahm entsetzt zur Kenntnis, daß meine Frau auf ihrem Stuhl fast das Bewußtsein verlor. Ich nahm sie auf die Arme und trug sie auf ein nahes Bett, während die Ärztin davoneilte. Kurz darauf war sie mit einer Spritze in der Hand wieder da und bat mich, Vickys Arm zu halten, während sie nach der Vene tastete.

»Ihr Blutdruck ist extrem niedrig, sechzig zu vierzig . . .«

Ich schwieg. Innerhalb weniger Stunden hatte Vicky ihre ganze Vitalität verloren. Ich sah, daß sie wie eine Blume dahinwelkte, und plötzlich packte mich unendliche Verzweiflung. Ich würde nicht zulassen, daß sie in meinen Armen starb. Ich fühlte mich hilflos, verlassen, allein . . .

»Jetzt injiziere ich ihr erst einmal ein stimulierendes Mittel.«

Die Stimme der Ärztin klang unendlich fern. Meine Welt war zusammengeschrumpft, bestand nur noch aus meiner Vicky, die bewußtlos auf dem Krankenhausbett lag. Ängstlich umklammerte ich ihren Arm.

»Sie wird in wenigen Minuten zu sich kommen, aber Sie müssen sie so schnell wie möglich in das Bezirkskrankenhaus bringen«, erklärte die Ärztin. »Einer der dortigen Allergiefachärzte muß sie sich ansehen. Ich sage unserem Krankenwagen Bescheid, daß man Sie dorthin bringt.«

Sobald Vicky wieder bei Bewußtsein war, gingen wir zum

Krankenwagen hinunter, der sich als olivgrüner geschlossener Lastwagen entpuppte, von dessen Dach zwei Hängematten hingen. Ich half Vicky in die untere Hängematte, setzte mich neben sie und hielt ihre Hand. Unter der Einwirkung des Kreislaufmittels blieb sie zwar bei Bewußtsein, aber die rötlichen Schwellungen auf ihrem Körper nahmen immer weiter zu. Und ich flehte den Fahrer an, mit dieser alten Kiste endlich ein bißchen schneller zu fahren.

Das Bezirkskrankenhaus befand sich am Stadtrand, ein moderner, sechsgeschossiger Neubau. Wir betraten die Notaufnahme und fragten nach dem Facharzt für Allergien.

Während wir warteten, wies Vicky auf die Hand, die sie sich wenige Tage zuvor verletzt hatte, und meinte: »Hier haben sie die Wunde genäht.« Nach einer kleinen Pause fügte sie hinzu: »Mir gefällt die Art nicht, wie sie hier mit Patienten umgehen.«

Aufgrund ihres medizinischen Wissens hatte Vicky ein aufmerksameres Auge als andere für derlei Dinge, und irgend etwas schien sie bei ihrem letzten Aufenthalt hier mißtrauisch gemacht zu haben. Endlich erschien die Ärztin, eine gelassene, unerschütterliche Frau in den Vierzigern. Sie fragte Vicky, was sie in den letzten Tagen gegessen hatte und kam dann zu dem Schluß, daß sie sich eine Pilzvergiftung zugezogen hatte. Sie gab Vicky eine Spritze und empfahl ihr dann, ein paar Tage im Krankenhaus zu bleiben.

»Ich bleibe nicht hier«, entgegnete Vicky energisch.

Erfolglos versuchte ich sie zum Bleiben zu überreden.

»Erkundige dich bitte nach der Behandlung, und wenn ich Spritzen bekommen muß, dann kannst du sie mir auch zu Hause geben.« Und flehend fügte sie hinzu: »Bitte versteh mich doch. Ich habe Angst, hier zu bleiben. Ich habe kein Zutrauen zu diesem Krankenhaus.«

Obwohl ich große Zweifel daran hatte, daß es eine kluge Entscheidung wäre, widersprach ich ihr lieber nicht, und nachdem ich mich bei der Ärztin bedankt hatte, fuhren wir

Orestes im Alter von vierzehn Monaten.

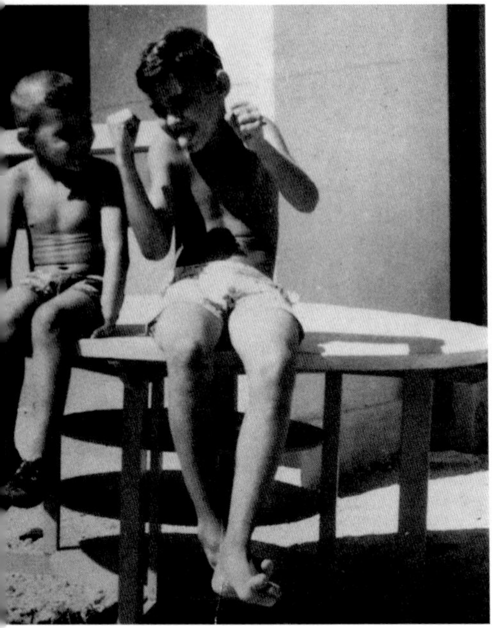

Links: Immer zu Streichen aufgelegt: die unzertrennlichen Brüder Faure (7) und Orestes (9) im Pensionat.
Unten: Die Familie feiert 1966 den ersten Geburtstag des jüngsten Sohnes Orlando.

Links: Vicky im Alter von fünfzehn Jahren mit Akkordeon. Unten: Vicky und Lorenzo als frisch Verliebte 1975 auf der Malecón in Havanna.

Oben: Orestes (ganz links) mit seinen Mitschülern und dem Ausbilder 1979 in der Luftwaffen-Akademie in der Sowjetunion.

Unten: 1980 in der Sowjetunion: Orestes Lorenzo bei einem Trainingsflug.

Rechts: Orestes mit einem Freund 1983 in Angola.
Unten: Während der langen Stunden der Alarmbereitschaft im Cockpit einer MIG.

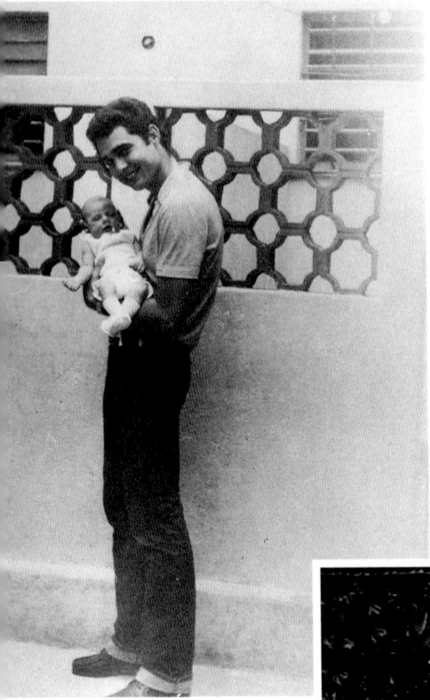

Links: Der stolze Vater mit Reyniel, seinem Erstgeborenen, 1981 in Havanna.
Unten: Das strahlende Ehepaar 1984 in Santa Clara.

Links: Reyniel, Vicky und Alejandro 1986. Dieses Foto hatte Orestes bei seiner Flucht in die Vereinigten Staaten dabei. Unten: Orestes 1987 als Student an der Marschall-Gregorij-Schukow-Kriegsakademie in der Sowjetunion.

Oben: die Familie 1988 in Kalinin.

Unten: Gruppenbild mit Dozenten und Ausbildern: die ausländischen Absolventen der Marschall-Gregorij-Schukow-Kriegsakademie 1990.

Rechts: New York City, 25. Januar 1992: Der Autor als Redner auf einer Straßendemonstration zur Befreiung seiner Familie. Unten: Orestes telefoniert im Büro der Valladares Foundation.

Oben: Mai 1992 (v.l.n.r.): Armando Valladares, Elena Diaz-Verson Amos, Ronald Quincy, Orestes und Coretta Scott-King.
Links: Orestes am ersten Tag seines Hungerstreiks in Madrid im Juli 1992.

Oben: Auf dieser kubanischen Autobahn ist die Cessna gelandet.

Unten: Mit diesem Felsbrocken und dem Straßenschild hatte Orestes bei der Planung seines Rettungsunternehmens nicht gerechnet.

Oben: Orestes wenige Minuten vor seinem Start zum Rettungsflug auf Marathon Key am 19. Dezember 1992.

Unten: Vicky, Alejandro und Reyniel sechzehn Minuten nach dem Start in Kuba auf dem Flug in die Freiheit.

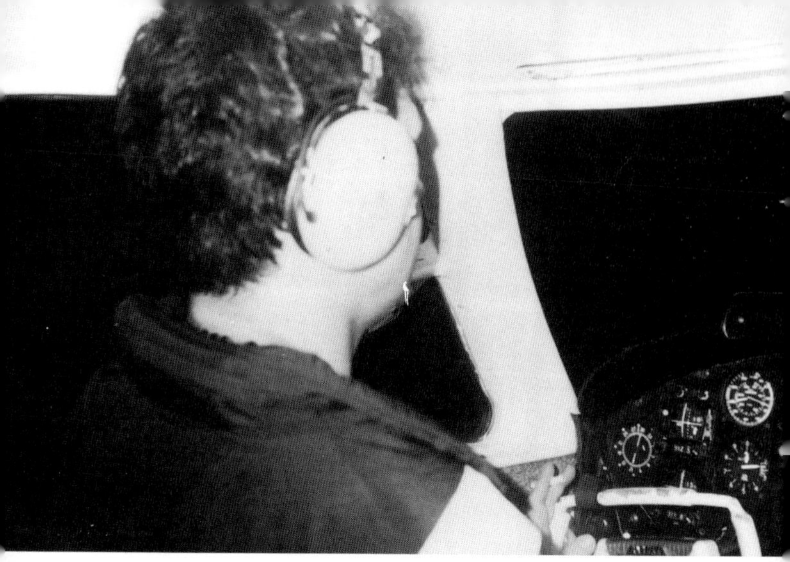

Oben: Orestes während des Flugs kurz vor der Landung in den Vereinigten Staaten.

Unten: Als erstes betrat Vicky den Boden von Marathon Key. Hier umarmt sie Kristina.

Oben: Die Familie am ersten Tag in Freiheit mit Elena und Kristina in einem Hotel in Miami.

Am 21. Dezember 1992 wurde die Familie von George und Barbara Bush im Weißen Haus in Washington empfangen.

Die kirchliche Trauung am 19. Februar 1993: Die Trauzeugen geleiten Vicky und Orestes zum Altar.

in unsere Wohnung zurück. Aber Vickys Zustand verschlimmerte sich. Aus Angst vor dem Krankenhaus hatte mich Vicky belogen, als sie behauptete, es ginge ihr besser. Gegen Mitternacht hatten die Schwellungen nahezu monströse Ausmaße angenommen, und mir blieb nichts anderes übrig, als sie in das Krankenhaus zurückzubringen, vor dem sie sich so fürchtete.

»Du mußt dorthin zurück, auch wenn es dir nicht gefällt. Wohin könnten wir uns denn sonst wenden?« argumentierte ich in meiner Verzweiflung.

Vicky fügte sich, und nachdem die Jungen eingeschlafen waren, ging ich zur Wohnung eines meiner Freunde und bat ihn, bei Reyniel und Alejandro zu bleiben.

»Fahrt los und macht euch keine Sorgen«, erklärte Jiménez, knöpfte sich hastig das Hemd zu und folgte mir. »Ich bleibe bei ihnen so lange wie nötig.«

Kurz vor zwei Uhr erschienen wir wieder im Krankenhaus, aber zu unserer großen Überraschung war kein Arzt da, um sich um Vicky zu kümmern. So etwas war uns neu, denn in kubanischen Krankenhäusern stehen Fachärzte rund um die Uhr zur Verfügung. Eine alte Krankenschwester füllte die Aufnahmeformulare aus und gestattete mir erst nach längerem Bitten, Vicky in ihr Zimmer in der Allergiestation im sechsten Stockwerk zu begleiten. Wir folgten der Schwester schweigend über den langen, breiten Flur, von dem zu beiden Seiten Krankenzimmer abgingen. In der Mitte des Korridors blieb sie vor einer Tür gegenüber dem Schwesternzimmer stehen, in dem die diensthabende Schwester vor sich hindöste.

»Das ist das Zimmer, nehmen Sie das letzte Bett auf der linken Seite«, erklärte die Aufnahmeschwester knapp, drehte sich um und schritt davon.

In dem Achtbettzimmer schliefen bereits sechs Patientinnen. Vicky stützte sich schwer auf meinen Arm, und ein plötzlicher Druck ihrer Finger signalisierte ihre Angst. Trotz meiner Hilfe schaffte es Vicky nur mit Müh und Not zum letzten Bett, das unter einem großen Fenster stand. Blitzschnell schlug ich die Decke zurück, nahm Vicky in die Arme und half ihr, sich hinzulegen.

Inzwischen wirkte ihre Haut wie eine einzige riesige Schwellung, ihr gesamter Körper schien von einer scharlachroten Hülle umgeben. Ihr sonst so hübsches, mädchenhaftes Gesicht war durch die Aufblähung ihrer Lippen, Augenlider und Ohren völlig verzerrt und wirkte um Jahre gealtert.

»Ich glaube, auch meine Bronchien sind entzündet«, klagte Vicky leise und begann zu schluchzen: »Ich möchte sterben!«

In mir brach eine Welt zusammen. »Wie kommst du dazu, so etwas zu sagen? Es geht dir schon bald sehr viel besser!« Doch davon war ich durchaus nicht überzeugt, und ich wußte, wenn sie mich verließ, würde sie meine Seele mit sich nehmen. *Oh, mein Herz! Welche Macht du doch über mich hast, denn ohne dich müßte ich sterben, auch wenn ich weiterhin atme!... Verlaß mich nicht, Vicky, denn ohne dich ist mein Leben dahin!* flehte ich aus tiefstem Herzen, während ich ihre Finger küßte. Schluchzend fuhr mir Vicky mit einer Hand durch die Haare.

»Die Kinder... meine Kinder... meine armen kleinen Jungen...«

»Es wird alles wieder gut«, wiederholte ich immer wieder. »Morgen kommt der Arzt, und dann wirst du ganz schnell wieder gesund.« Ich wußte nicht genau, ob ich Vicky oder mich selbst überzeugen wollte.

Vor weniger als vierundzwanzig Stunden war unsere Welt noch in Ordnung gewesen. Doch dann hatte das Schicksal mit unbarmherziger Wucht zugeschlagen, und ich konnte mich nicht wehren. Zum ersten Mal in meinem Leben fühlte ich mich ratlos, wußte nicht, was ich tun sollte...

In den nächsten Stunden kniete ich neben ihrem Bett und sprach flüsternd mit ihr, um die anderen Patientinnen nicht zu wecken, und wischte ihr die Tränen vom Gesicht.

»Beruhe dich. Reiß alle Kraft zusammen, gib nicht auf!« drängte ich.

»Die Kinder ... Du mußt dich um die Kinder kümmern.« Vicky hatte nicht vergessen, daß Jiménez schon recht früh zur Schule mußte. Wir sehr hätten wir jetzt unsere Familien gebraucht, ihre und meine Eltern!

»Ich gehe. Ich bringe die Kinder zur Schule, dann komme ich wieder«, versprach ich, küßte ihre Hände und verließ leise den Raum. Mein Herz blieb bei ihr zurück.

Zu Hause kämpfte Jiménez auf der Couch gegen seine Müdigkeit an, wachte sorgsam über die beiden Kinder, die ahnungslos schliefen. Ich bedankte mich bei meinem treuen Freund und verabschiedete mich mit einem herzlichen Schulterdruck von ihm. Ich mußte allein sein. Durch die halb geöffnete Küchentür war der Raum schwach beleuchtet. Ich deckte die Kinder zu und küßte sie auf die Stirn.

Erschöpft setzte ich mich auf den Rand von Reyniels Bett. Ich starrte auf den Boden und dachte an den Tag, an dem ich Vicky zum ersten Mal gesehen hatte, an unseren ersten Kuß, unsere ersten Träume.

Wie kann ich erklären, daß sie zum Sinn meines Lebens geworden ist – genau wie meine Kinder? Welche Bedeutung hätte mein Leben ohne sie? Welche materialistische Ideologie, welche marxistische Philosophie kann dieses Gefühl erklären, das meine ganze Existenz entscheidet? Was ist die materialistische Erklärung dafür, daß ich mich tot fühle, obwohl ich noch am Leben bin? Wo könnte ich es sehen und berühren ... dieses andere Ich, das sich von mir ablöst, um bei ihr zu sein?

Ganz langsam stand ich auf, ging mit hängenden Armen, schwerfällig wie unter einer Last, zu unserem Bett. Fast ohnmächtig sank ich auf die Knie und starrte durchs Fenster zum Himmel hinauf. Ich verkrampfte die Hände vor der Brust und stammelte halb erstickt:

»Oh, Gott . . . verzeih mir! Wie konnte ich dich mein ganzes Leben lang ignorieren? Wie konnte ich dich verleugnen, wo du doch immer in mir warst? Bitte, nimm sie mir nicht! Gib ihr die Kraft weiterzuleben!«

Ich schlug die Hände vors Gesicht und begann hemmungslos zu weinen. Ich weinte, als könnten meine Tränen meine Seele von all den Lügen reinigen, die sich dort im Laufe meines Lebens angesammelt hatten. Ich weinte, bis mir die ersten Sonnenstrahlen sagten, daß es Zeit für die Kinder war. Ich wusch mir das Gesicht und beseitigte so gut ich konnte alle Spuren meiner tiefen Verzweiflung, bevor ich sie weckte.

»Wo ist Mama?« war ihre erste Frage. »Sie mußte heute schon etwas früher zur Arbeit«, log ich und ermahnte sie zur Eile. Sie würden lange Stunden ohne mich in der Schule und im Kindergarten verbringen. Wer weiß, welche Sorgen sie sich dort machten, wenn ich ihnen jetzt von der Krankheit ihrer Mutter erzählte.

Nachdem wir Reyniel vor der Schule abgeliefert hatten und Hand in Hand zum Kindergarten liefen, hob Alejandro sein kleines Gesicht zu mir hoch. »Papa, warum singen wir denn heute nicht?«

»Oh . . . weil ich heute einen rauhen Hals habe.«

»Dann pfeifst du eben, und ich singe.«

Damit fing er an, eins unserer improvisierten Lieder zu singen, und ich zwang mich zum Mitpfeifen, aber kaum ein Ton kam über meine Lippen.

»Du kannst ja heute nicht mal richtig pfeifen, Papa!« beschwerte er sich.

»Stimmt, aber dafür kannst du auf meinen Schultern reiten.« Ich beugte mich zu ihm hinunter, gab ihm einen Kuß und hob ihn hoch.

»Hurra!« jubelte er.

Im Kindergarten beklagte sich Alejandro darüber, daß es noch viel zu früh sei und zu wenige Kinder zum Spielen da seien, aber ich eilte ins Krankenhaus. Noch vor acht kam ich dort an und lief an der protestierenden Schwester vorbei in Vickys Zimmer hinauf. Einige der Patientinnen waren bereits wach, kämmten sich die Haare und legten mit Hilfe kleiner Taschenspiegel Make-up auf. Ich murmelte eine Entschuldigung und hastete zu Vicky, die mir den Rücken zugewandt hatte. Als ich zwischen ihr und dem Fenster stand, erkannte ich im Licht der Morgensonne erst das ganze Ausmaß ihrer Verunstaltung. Aber neben den Schwellungen verunzierte auch noch eine dunkle Quetschung über dem linken Auge ihr Gesicht.

»Du hast da eine Prellung . . . Was ist passiert?«

»Nachdem du gegangen warst, mußte ich auf die Toilette. Auf dem Flur wurde ich ohnmächtig, stürzte und stieß mir den Kopf. Ich weiß nicht, wie lange ich da gelegen habe . . . Als ich wieder zu mir kam, schlief die Stationsschwester an ihrem Schreibtisch. Sie hat nicht einmal mitbekommen, was geschehen ist.«

Am liebsten wäre ich auf der Stelle losgerannt, um die verantwortungslose Schwester zur Verantwortung zu ziehen.

Vicky las meine Gedanken, nahm meine Hand und meinte: »Es hat keinen Sinn, daß du dich aufregst. Sie würden nicht begreifen, was du eigentlich von ihnen willst. Sie werden lange Zeit brauchen, um zur Einsicht zu kommen.«

Offensichtlich bezog sie sich damit auf den Zeitraum, der nötig war, die Lügen aus sieben Jahrzehnten abzubauen. In den vergangenen Monaten hatte ich oft mit Vicky über die politischen Fragen gesprochen, die mich bewegten, und obwohl wir über unser eigenes Land unterschiedlicher Ansicht waren, teilten wir doch die Meinung, daß die einundsiebzig Jahre Sowjetsozialismus die russische Gesellschaft erschreckend geschwächt hatten.

»Bist du schon von einem Arzt untersucht worden?«

»Nein, es war noch niemand da.«

Vicky ging es immer schlechter. Inzwischen hatte sie bereits Atembeschwerden. Als ich ihre Hand küßte, konnte ich meine Tränen nicht mehr zurückhalten.

»Wein doch nicht! Bitte weine nicht!« Sie begann zu schluchzen.

Schließlich hielt ich es nicht länger aus und ging zur Schwester hinüber, die mich mit einem unfreundlichen Blick bedachte.

»Wo ist der Doktor? Meiner Frau geht es sehr schlecht, und wir brauchen dringend einen Arzt.«

»Alle Ärzte sind in einer Besprechung. Sobald die beendet ist, wird sich jemand um Ihre Frau kümmern.«

Ich eilte wieder zu Vicky zurück.

»Mir tut jeder Atemzug weh. Meine Lungen fühlen sich an, als wären sie entzündet«, klagte sie.

Ich stand auf, um mich selbst auf die Suche nach einem Arzt zu machen, aber Vicky hielt mich mit einem Händedruck zurück. Offenbar wollte sie mir etwas Wichtiges mitteilen.

»Vielleicht kann ich bald nicht mehr sprechen«, flüsterte sie so leise, daß ich sie kaum verstehen konnte. »Ich bin sicher, daß meine Krankheit nichts mit den Pilzen zu tun hat. Ich glaube, ich habe einen anaphylaktischen Schock erlitten ... als Reaktion auf die Tetanusspritze, die sie mir hier letzte Woche gegeben haben, nachdem ich mir die Hand verletzt hatte.« Sie rang nach Atem und fuhr dann fort: »Vor der Spritze haben sie mir zwar eine kleine Dosis des Serums injiziert, um meine Reaktion zu testen, aber der Arzt war in Eile und hat nicht lange genug gewartet. Nachdem ich die Spritze erhalten hatte, bemerkte ich, daß meine Haut um die Teststelle gerötet war.«

»Verdammt!«

»Entschuldige, aber das hatte ich in meiner Angst ganz vergessen.«

Ich sprang auf.

»Mein linker Arm tut entsetzlich weh . . . Ich habe Angst um mein Herz«, gestand Vicky, und ich stürmte an den verwunderten anderen Patienten vorbei aus dem Zimmer.

»Wo sind die Ärzte?« fragte ich die Schwester, die sich gerade die Fingernägel schnitt.

»Das habe ich Ihnen bereits gesagt: auf ihrer morgendlichen Besprechung.«

»Sagen Sie mir, wo diese Besprechung stattfindet. Es ist dringend, verdammt nochmal! Begreifen Sie das denn nicht?«

»Die vorletzte Tür auf der linken Seite«, erwiderte sie und deutete den Flur entlang in Richtung Fahrstuhl.

»Herein!« beantwortete eine Stimme drinnen mein energisches Klopfen.

Fünf oder sechs Ärzte waren an einem rechteckigen Tisch in ihre Akten vertieft.

»Entschuldigen Sie bitte, aber wir brauchen ganz dringend einen Arzt. Meiner Frau geht es sehr schlecht!«

»Genosse, sehen Sie nicht, daß wir beschäftigt sind?« wies mich ein weißhaariger Mann mit hoher Stirn zurecht, der mit dem Rücken zum Fenster saß und der Oberarzt zu sein schien. »Sagen Sie Ihrer Frau, Sie möge sich gedulden.«

»Was meinen Sie mit ›gedulden‹?« fragte ich erregt, schloß die Tür hinter mir und ging auf den Arzt zu. »Meine Frau befindet sich in einem lebensbedrohlichen Zustand! Wollen oder können Sie das nicht begreifen?«

Ich weiß nicht, was er in meinem Gesicht las, aber bevor ich ihn erreicht hatte, stand der Arzt auf, bedeutete einem jüngeren Kollegen, ihm zu folgen, und fragte mich: »In welchem Zimmer liegt sie?«

Der Oberarzt setzte sich an Vickys Bett und begann sie

auszufragen, während der jüngere Arzt die Antworten in ein Krankenblatt eintrug.

»Herr Doktor«, mischte ich mich ein, »meine Frau kann kaum sprechen. Sie ist Dentistin und glaubt, als Folge einer Tetanusinjektion unter einem analphylaktischen Schock zu stehen.«

Die Miene des Arztes hellte sich auf. »Das ist es!« sagte er zu seinem Kollegen und forderte ihn auf, schnell ein Antiserum zu holen. Dann wandte er sich an mich: »Jetzt bekommt Ihre Frau zunächst einmal eine Spritze, und dann lasse ich unverzüglich ein Elektrokardiogramm machen.«

Ich blieb bei Vicky, bis es Zeit war, die Jungen abzuholen. Zu meiner Überraschung erholte sie sich erstaunlich schnell.

»Sie ist außer Gefahr«, versicherte mir der Arzt gegen Mittag. »Aber sie sollte noch ein paar Tage bei uns bleiben, damit wir ihr Herz überwachen können.«

Als den Patientinnen das Mittagessen gebracht wurde, blickten Vicky und ich verblüfft auf die Aluminiumteller mit unappetitlichem, mit Fettaugen bedecktem Haferschleim. Vicky weigerte sich, auch nur einen Löffel davon zu sich zu nehmen, und ich konnte es ihr nicht verdenken. Künftig würde ich zu Hause etwas zubereiten und ihr bringen, versprach ich.

Am Nachmittag, als ich mich von ihr verabschiedete, um die Kinder abzuholen, waren Vickys Schwellungen bereits fast völlig zurückgegangen, und sie wirkte frisch und munter.

Abends erzählte ich Reyniel und Alejandro, daß ihre Mutter im Krankenhaus sei, daß sie sie aber schon bald besuchen könnten. »Vielleicht schon übermorgen«, sagte ich, gab ihnen einen Kuß und fügte hinzu: »Den soll ich euch von Mama geben.«

Morgens stand ich nun früher als sonst auf, um die Wäsche der Kinder in der Badewanne zu waschen und zu bügeln, was sie zur Schule anziehen sollten. Dann bereitete ich ihnen und Vicky ein Frühstück zu. Schließlich machte ich mich auf meine tägliche Wanderung: zur Schule, zum Kindergarten, zum Krankenhaus, nach Hause, zum Krankenhaus, zur Schule, zum Kindergarten, nach Hause ...

Am vierten Tag schien Vicky völlig wiederhergestellt, aber der Arzt wollte sie noch nicht entlassen. Das erste Elektrokardiogramm hatte eine leichte Anomalie des Herzens ergeben, und er wollte sich zunächst vergewissern, daß auch ihr Herz wieder normal funktionierte. Da sie aber keinerlei Beschwerden hatte, stahlen wir uns in den Park des Krankenhauses hinaus und setzten uns in der Septembersonne eng aneinandergeschmiegt auf eine Bank. Eines Vormittags bemerkten wir, daß uns der Oberarzt aus dem Fenster beobachtete. Als wir wieder hineingingen, wartete er am Fahrstuhl auf uns und tadelte scherzhaft: »Sie verwöhnen Ihre Frau zu sehr!« Alle drei begannen wir zu lachen. Inzwischen behandelten uns Ärzte und Schwestern mit besonderer Freundlichkeit. »Es ist schön, wie sehr Sie sich lieben«, hörten wir oft von ihnen.

Abends begleiteten mich Reyniel und Alejandro ins Krankenhaus, und wir nahmen auf einer der Bänke in dem kleinen Park unser Abendessen ein.

»Mama«, bemerkte Reyniel eines Abends, »weißt du eigentlich, daß Papa tollere Sachen kocht als du?«

Vicky und ich brachen in helles Gelächter aus.

Eines Nachmittags rief mich der Oberarzt in sein Büro und klärte mich über die Gründe auf, die zu Vickys Erkrankung geführt hatten. Für die Tetanusspritze, die man ihr gegeben hatte, war tierisches Plasma benutzt worden. »Bedauerlicherweise steht in diesem Land noch immer nicht genügend menschliches Plasma für Injektionen zur Verfügung«, erklärte er und schlug Vickys Krankenakte zu. »Das alles tut mir sehr leid.«

»Morgen machen wir ein letztes Elektrokardiogramm,

aber das ist eine reine Formalität«, sagte er, als er mir zum Abschied die Hand schüttelte. »Danach können Sie sie mit nach Hause nehmen.«

An diesem Abend machte ich mich mit Feuereifer über die Küche her, bis ich mich in jedem einzelnen Gegenstand spiegeln konnte. Ich war sehr stolz. Am nächsten Morgen bemerkte ich beim Anziehen erstaunt, daß meine Sachen wesentlich lockerer saßen als sonst. Durch meinen Schlafmangel und die vielen Wege während Vickys Krankheit hatte ich rund zwanzig Pfund Gewicht verloren.

Da wir dem Arzt unsere Dankbarkeit ausdrücken wollten, nahm ich ihm das einzige Geschenk mit, das wir noch hatten: eine herrliche Muschel aus den glasklaren Wassern vor Kuba.

Noch immer befürchtete ich, daß bei Vickys Erkrankung irgendwelche Spätfolgen auftreten könnten, und da wir schließlich nach Kuba zurückkehren würden, bat ich den Arzt um eine Kopie von Vickys Krankenakte.

»Im allgemeinen geben wir die Unterlagen nicht heraus, aber ich spreche mit dem Direktor, damit Sie sich nachher in seinem Büro eine Kopie abholen können«, erwiderte er.

Wir verabschiedeten uns von dem liebenswürdigen Arzt und bekamen später wie versprochen eine Kopie der Unterlagen. In ihnen waren die Ergebnisse der Elektrokardiogramme ebenso verzeichnet wie die verabreichten Medikamente. Doch dann fiel unser Blick auf die Diagnose: »Akute Vergiftungssymptome nach dem Verzehr von Pilzen«, stand da. Offensichtlich wollte der Krankenhausdirektor verhindern, daß im Ausland bekannt wurde, daß in der Sowjetunion tierisches Plasma für Injektionen verwandt wurde.

Als wir nach Hause kamen, forderte ich Vicky – ganz wie im Film – auf, die Augen zu schließen. Dann nahm ich sie auf die Arme und trug sie über die Schwelle. Dort fielen wir einander in die Arme und blieben lange Zeit eng umschlungen stehen, überglücklich, endlich wieder beisammen zu sein. Nachdem Vicky die Blumen gebührend bewundert hatte, die ich für ihren Empfang morgens noch schnell gekauft hatte, fuhr ich ihr mit der Hand durch die Haare und sagte ohne nachzudenken: »Gott sei Dank, daß das alles vorüber ist.«

Vicky sah mich verblüfft an. »Noch nie hast du Gott erwähnt«, stellte sie fest.

»Und du . . . glaubst du an Gott?«

»Ich habe immer an ihn geglaubt«, erwiderte sie so leise, als hätte sie Angst, belauscht zu werden.

»Das hast du mir nie gesagt.«

»Du hast mich nie danach gefragt.«

Ich schwieg. Dann drehte ich mich um und trat ans Fenster. Der Himmel war an diesem Tag besonders klar.

Ich danke dir, Gott, daß du mir das Leben geschenkt hast, sagte ich lautlos. Vicky schlang mir von hinten die Arme um die Brust und drückte sich an mich.

»Verzeih ihm, Gott«, hauchte sie.

XI

Die Geschichte ist, wie sie ist

Vicky blieb noch ein paar Tage zu Hause, während ich mich wieder in meine Studien stürzte und nach Antworten auf die politischen Fragen suchte, die mich quälten. Ich las alle Zeitungen und Zeitschriften, derer ich habhaft werden konnte und informierte mich über historische Ereignisse, die bisher geheimgehalten worden waren. Einer dieser Artikel befaßte sich mit der brutalen Ermordung der Zarenfamilie durch die Bolschewiki.

Auf einer Sitzung hatten die Anführer der Oktoberrevolution beschlossen, die gesamte Kaiserfamilie zu »exekutieren«, um jene Verteidiger der Monarchie endgültig zu entmutigen, die noch immer gegen die junge Diktatur des Proletariats ankämpften. Der Bericht erfüllte mich mit Schrecken:

»Nach Mitternacht erhielten die Männer, die den Zaren und seine Familie bewachten, den Befehl, sie alle zu exekutieren. Entschlossen marschierten die Wachen durch die stille Nacht zu den Zimmern, in denen das kaiserliche Paar mit seinen Kindern schlief, und befahl ihnen aufzustehen. Verschlafen und verwirrt mußten die Kinder gegen die Proteste ihres Vaters ins Kellergeschoß hinunter. Dort wurden sie in einem fensterlosen kalten Keller mit ihren Eltern in einer Ecke zusammengedrängt. Dann sahen die vor Kälte zitternden Kinder, daß die Wachen, die bisher kein einziges Wort mit ihnen gesprochen hatten, ihre Pistolen zogen . . . und sahen Feuerstöße vor ihren noch immer verschlafenen kleinen Gesichtern aufzucken.

Erst mußten sie mitansehen, wie ihr Vater erschossen wurde, dann sahen sie ihre Mutter blutüberströmt niedersinken . . . und schließlich hörten sie ihre eigenen Angstschreie nicht mehr, weil die Wachen ihre Pistolen auch gegen sie richteten . . .«

Ich las weiter und sah die entsetzten Gesichter dieser Kinder vor mir, die vor siebzig Jahren ermordet worden waren. Im Namen »sozialer Gerechtigkeit«! Was konnte den Mord an einem Kind rechtfertigen? So also sah die Geschichte des Kommunismus in Wirklichkeit aus!

Lenin, das Idol, das noch immer in seinem Mausoleum an Roten Platz aufgebahrt war, der Genius des Jahrhunderts, der Kinder so geliebt hatte, der unangefochtene Führer der Sowjetmacht zu dieser Zeit, war – ein Mörder. Er war mein Held gewesen, ein Muster an Selbstaufopferung, Bescheidenheit und Schlichtheit, ein Mann, der sich stets von mitmenschlicher Liebe leiten ließ. Jetzt war er für mich der Verantwortliche für die Ermordung dieser Kinder. Aber nicht nur Lenin war verantwortlich. Die Helden der Großen Oktoberrevolution, die ich zu verehren gelernt hatte, hatten dem Verbrechen zugestimmt. Und wie vielen anderen Verbrechen noch? Und war es nicht auch ein Verbrechen, mir die Wahrheit über meine Helden bis heute verheimlicht zu haben? fragte ich mich. Warum hatten sie es getan? Mit welchem Recht?

Sie hatten Tatsachen verschwiegen und verzerrt, hatten Stalin als unermüdlichen Kämpfer gegen den Faschismus hingestellt, den großen Sieger über Hitler. Jetzt erfuhr ich, daß die baltischen Länder nicht aufgrund einer Volksentscheidung zu Sowjetrepubliken geworden waren, sondern als Folge eines gemeinen Pakts zwischen Hitler und Stalin, der es der Sowjetunion gestattete, diese Länder zu annektieren.

»Der große Führer, der das heldenhafte sowjetische Volk gegen den Faschismus führte«, hatte Raúl Castro Stalin in einer seiner letzten Reden genannt. Er sprach von Stalin, der Hitler zum Einmarsch der Deutschen Wehrmacht in Warschau gratulierte, der Tausende polnische Offiziere in der Ukraine ermorden ließ, und der jetzt der Ermordung von mehr als vierzig Millionen Sowjetbürgern beschuldigt wurde – doppelt soviel Menschen wie die Sowjetunion im Zweiten Weltkrieg verloren hatte!

Meine Gedanken überschlugen sich: und Schukow, der brillante Marschall, der viermal als Held der Sowjetunion ausgezeichnet wurde, und dessen Namen meine Akademie trug? Durfte ich annehmen, daß Schukow, der bedeutendste Militär dieser Zeit, keine Ahnung von dem Mord an den polnischen Offizieren hatte? Und wie war das mit Rokossowskij, Budjennij, Woroschilow und all den anderen sowjetischen Generalen, deren militärische Strategien wir an der Akademie studierten?

Erst die Verbrechen von Stalin, von Berija, dem berüchtigten Leiter des NKWD, und nun jene, die von anderen bedeutenden Persönlichkeiten in jüngerer Zeit – unter Breschnew – gegangen wurden. Der gigantische Sowjetstaat, der Vorkämpfer der Zivilisation, war auf den Leichen von Millionen Opfern errichtet. Aber nie habe ich ein Wort gehört oder ein Buch in der Hand gehabt, aufgrund dessen ich mir mein eigenes Urteil hätte bilden können!

Nun war jede Zeitschrift, jede Zeitung, jede im Fernsehen übertragene Politdebatte für mich eine Offenbarung der Verdorbenheit einer Welt, an die ich bisher fest geglaubt hatte, für die ich notfalls sogar gestorben wäre. Und während des Lesens kam mich neben dem Schmerz über diesen Verlust eine ungeheure Wut über die Versklavung meines Denkens in mir hoch, der ich durch Vertuschung und Lügen seit meiner Kindheit unterworfen war.

Ich mußte an die jungen Soldaten denken, die in Angola gekämpft hatten. Sie waren in dem Bewußtsein gestorben, der rechten Sache zu dienen und wie moderne Don

Quichotes Gerechtigkeit zu säen, während sie in Wahrheit Verbrechen verteidigten, deren Opfer auch sie selbst waren.

Aber schuldig waren auch jene, die um der reinen Machterhaltung willen die Augen vor den Realitäten verschlossen, dachte ich. Theoretisch bot der Marxismus noch immer die beste Alternative für eine gerechte Gesellschaft. Aber warum hat dieses Modell noch nirgendwo funktioniert?

Auf der Suche nach einer Antwort begann ich mit ganz simplen Überlegungen die Theorien von Marx, Engels und Lenin zu hinterfragen:

Der Kommunismus geht davon aus, alle Ungerechtigkeiten dieser Welt dadurch beseitigen zu können, daß der vorhandene Reichtum gerecht auf alle umverteilt wird ... Und was ist mit der Quelle des Reichtums? Nehmen wir einmal an, man würde den gesamten im Kapitalismus angesammelten Reichtum und dessen Technologie einem tief verelendeten Land wie Angola zur Verfügung stellen. Würde das die Probleme dieses Volkes beseitigen? Mit Sicherheit nicht. Vielmehr ist davon auszugehen, daß der Reichtum im Laufe der Zeit aufgezehrt wird und die technologischen Errungenschaften ungenutzt bleiben.

Denn Reichtum ist etwas, was geschaffen wird, nicht etwas, was konsumiert wird. Warum waren beispielsweise die Deutschen und die Japaner dazu fähig, sich von den Auswirkungen des Zweiten Weltkrieges so zu erholen, daß sie mittlerweile zu den bedeutendsten Wirtschaftsmächten der Erde gehören, während die an natürlichen Ressourcen so reiche Sowjetunion in bitterer Armut versinkt?

Demnach sieht es so aus, als wäre Reichtum vor allem das Resultat einer von bestimmten Völkern über die Jahrhunderte praktizierten Kombination aus Arbeitsmoral und Sparsamkeit sowie eines Regierungssystems, das wirtschaftliche Weiterentwicklung dadurch fördert, daß es seinen Bürgern gewisse Freiheiten gewährt. Also hängt der Wohlstand eines Volkes entscheidend von seinen Freiheiten und seiner Arbeitsmoral ab.

Ich schlug mich weiter mit meinen Problemen herum, suchte nach Antworten auf meine Fragen, nach der Wahrheit. Eines Abends schien Vicky nicht mehr mit ansehen zu können, wie ich mich herumplagte. »Du machst dich noch ganz verrückt, wenn du dauernd nur grübelst«, sagte sie liebevoll. »Du kannst ja doch nichts ändern.«

»Ich weiß nicht, aber manchmal habe ich das Gefühl, mein eigenes Leben nicht gelebt zu haben.«

»Du wirst dich irgendwie damit abfinden müssen.«

Vicky wollte mich von meinen inneren Qualen befreien, unter denen ich litt, seit ich von den Verbrechen erfahren hatte, die im Namen des Kommunismus begangen worden waren.

»Aber ich kann mich nun einmal nicht damit abfinden, daß die Dinge so sind, wie sie sind.«

»Du kannst die Geschichte nicht ändern!«

Vicky wußte nicht, wie unendlich betrogen und im schlimmsten Sinne benutzt ich mich fühlte.

»Stimmt, aber ich weigere mich, mit Lügen zu leben! Und ich will nicht glauben, daß sich auf Kuba die gleichen Dinge abspielen!«

»Vielleicht war und ist es auf Kuba wirklich anders.«

»Vielleicht, aber ich bin mir nicht sicher. Ich habe keine Ahnung von den Vorstellungen der sogenannten Konterrevolutionäre. Ich war nie in der Lage, ihre Ansichten in Erfahrung zu bringen. Bis vor kurzem habe ich ja auch von den Vorgängen hier nichts gewußt! Ich kann nur hoffen, daß ich nicht irgendwann erfahren muß, daß auf Kuba ähnliche Verbrechen begangen wurden!«

Vicky fuhr mir mit den Fingern durch die Haare.

»Ich möchte nur nicht, daß du dich so quälst.«

Aber ich hörte ihr gar nicht mehr zu. Ich dachte an Passagen aus einem Interview mit Armando Valladares, diesem »gefährlichen Terroristen«, der 1982 auf Intervention der französischen Regierung aus der Haft freigelassen wurde und inzwischen US-Botschafter der UN-Kommission für Menschenrechte war. Er hatte zweiundzwanzig Jahre im Gefängnis verbracht, zehn davon unter verschärften Bedingungen nackt in einer winzigen Zelle, Folter, elf Hungerstreiks als Protest gegen die menschenunwürdige Behandlung – das waren die Erinnerungen dieses Mannes an Kuba. Ich konnte es nicht glauben!

Ich streckte mich neben Vicky aus und tat so, als würde ich einschlafen. Aber eine Frage wollte mir nicht aus dem Kopf gehen: Konnte Armando Valladares die Wahrheit gesagt haben? Vicky schmiegte sich an mich, und ich legte den Arm um sie. Von jetzt an wird nichts so sein wie früher, dachte ich ahnungsvoll.

Eines Abends traf ich Vicky bei meiner Heimkehr hoch empört an.

»Unsere Personalchefin ist erkrankt, und ihre Vertreterin hat uns höhere Löhne ausgezahlt.«

»Und?«

»Zunächst dachten wir, sie hätte sich geirrt, aber so war es nicht. Sie haben uns Kubanerinnen die ganze Zeit lang betrogen! Und das Schlimmste daran ist, daß wir nichts dagegen unternehmen können. Wer würde sich schon für uns einsetzen?«

Wir stellten fest, daß man bei Ausländern offensichtlich diskriminierende Unterschiede machte.

»Wir können auch von meinem Verdienst leben«, sagte ich, um ihre Demütigung zu beenden. Von diesem Tag an ging Vicky nicht mehr in die Fabrik.

Wieder wurde es Winter und wieder zog ich Alejandro auf seinem Schlitten zum Kindergarten – wieder zum Mißfallen einiger Passanten unter lautem Gesang. Auch Reyniel genoß den Winter, den er von Kuba nicht kannte. Jeden Nachmittag spielte er mit den anderen Kindern Eishockey auf der kleinen Eisbahn, die unsere Nachbarn hinter dem Haus konstruiert hatten.

Als wir eines Morgens die Kinder anzogen, bemerkten wir, daß Alejandro am ganzen Körper Pusteln hatte. Wir gingen mit ihm zum Arzt und der bestätigte unsere Befürchtungen: Alejandro hatte Windpocken. Vicky blieb bei ihm zu Hause, während ich in der festen Überzeugung zur Akademie ging, daß Alejandro nach einer Woche alles hinter sich haben würde – und Reyniel wenig später, denn auch er hatte noch keine Windpocken gehabt.

Prompt steckte sich Reyniel wenige Tage später an, aber bei ihm nahm die Krankheit einen ernsteren Verlauf. Die Pusteln auf seiner Haut waren größer und zahlreicher. Der schier unerträgliche Juckreiz machte ihn von Tag zu Tag gereizter, und als wir dann auch noch Pusteln in seinem Hals entdeckten, wurden wir ernsthaft besorgt.

Wieder eilten wir zum Arzt, und der klärte uns darüber auf, daß die im Prinzip ungefährliche Krankheit mitunter einen verhängnisvollen Verlauf nehmen konnte, wenn sie den Verdauungstrakt infizierte. Unverzüglich schrieb er uns eine Einweisung in ein Krankenhaus für Infektionskrankheiten aus. Es war bereits später Nachmittag, als wir aus der Straßenbahn stiegen, und ich Reyniel die lange Straße hinuntertrug, an der das Krankenhaus lag.

»Hier ist es«, rief Vicky und blieb stehen. Wir waren schon längere Zeit die abbröckelnde, schimmelnde Gebäudemauer entlanggelaufen, ohne eine Tür entdecken zu können. Jetzt zeigte Vicky auf eine Bronzetafel mit der Aufschrift: »Bezirkskrankenhaus für Epidemiologie«. Darunter wies ein Pfeil auf einen Weg durch ein Tannenwäldchen an der anderen Seite der Mauer. Es war ein Pfad, der seine besten Tage hinter sich hatte: Zwei rostige Zaunteile aus Gußeisen waren aus den Verankerungen gerissen und lagen von Unkraut überwuchert im Gras. Rostige Dosen, zerrissene Pappkartons und anderer Müll weckten in uns den Verdacht, in die Irre gegangen zu sein, doch dann erblickten wir durch die Nadelbäume ein altes, verblichenes Gebäude. Wir setzten unseren beschwerlichen Marsch fort, bis wir zu einer Abzweigung kamen, die aus dem Wäldchen hinaus und auf den Krankenhauseingang zuführte, ein halb verfallenes Gebäude. Zwei Krähen pickten im Schnee unter dem Wrack eines alten Lastwagens herum, und als sie sich bei unserer Ankunft geräuschvoll in die Luft erhoben, krallte sich Vicky angstvoll in meinen Arm.

»Das ist es?« fragte sie und bedachte die trostlose Szenerie mit skeptischen Blicken.

»Ich fürchte ja.«

Wir erklommen die Holzstufen zu einer baufälligen Veranda und achteten darauf, daß wir nicht in den geborstenen Dielen steckenblieben.

»Herein!« beantwortete eine unfreundliche Stimme unser Klopfen. Wir schoben den Riegel beiseite und drückten gegen die Tür, die sich quietschend öffnete.

Eine ältere Frau mit grauem Kopftuch und Winterstiefeln kam uns entgegen. »Was kann ich für Sie tun?« fragte sie mürrisch.

»Unser Sohn ist krank . . . Wir haben hier die Krankenhauseinweisung eines Arztes.«

Die alte Dame streckte die Hand aus, riß mir das Formular aus den Fingern und las es so mißtrauisch, als wittere sie einen Betrug. »Setzen Sie sich«, murmelte sie dann, ohne uns anzusehen, und entschwand durch eine Tür. »Ich hole den Arzt.«

Wir nahmen auf der einzigen Sitzmöglichkeit in dem kleinen Raum Platz: einer bedenklich wackeligen Holzbank. Dort warteten wir in besorgtem Schweigen auf das Eintreffen des Arztes, während Vicky Reyniels Temperatur mit einem Thermometer maß, das sie von zu Hause mitgebracht hatte. Hinter der Tür, hinter der die alte Frau verschwunden war, näherten sich energische Schritte. Erwartungsvoll blickten wir auf.

Ein blauäugiger junger Mann mit gestutztem Bart und rötlichen Haaren erschien in der Tür. Ein weißer, sorgfältig zugeknöpfter Arztkittel verbarg seine Kleidung, eine Brille mit dicken Gläsern, deren eine Bügelschraube durch eine Büroklammer ersetzt worden war, saß unsicher auf seiner Nase. In seiner linken Hand trug er ein sorgsam zusammengelegtes Stethoskop.

»Guten Abend!« rief der Arzt mit jugendlicher, energiegeladener Stimme.

»Guten Abend«, erwiderten wir fast unisono und standen auf, um ihn zu begrüßen. Reyniel war noch immer in meinen Armen. Seit wir die düstere Mauer durchquert hatten, weigerte er sich standhaft, seine Arme von meinem Hals zu lösen.

»Sie sind Kubaner, nicht wahr?« fragte er, und seiner Stimme klang ganz begeistert.

»Das stimmt, Herr Doktor.«

»Ich habe zwei Jahre auf Kuba verbracht«, erzählte er und ich war sehr erleichtert, daß dieser Mann über die Horizonte seines Landes hinausgekommen war. Wenigstens weiß er, daß diese Ruine von anständigen Krankenhäusern Welten entfernt ist, dachte ich bei mir.

»Ihr Land hat mich fasziniert«, plauderte er weiter. »Und die medizinische Versorgung dort ist beachtlich weit entwickelt.«

Reyniel verließ sein Versteck zwischen meinem Hals und meiner Schulter und verkündete: »Auf Kuba ist alles besser.«

Wir erröteten vor Verlegenheit, aber der Arzt lächelte. »Recht hast du, mein Sohn. Auf Kuba ist alles besser!« Dann wandte er sich an uns und sagte in ernsterem Ton:

»Wie Sie sehen, sind die Bedingungen hier einfach schrecklich und die medizinische Versorgung ist archaisch. In diesem Krankenhaus finden Sie – isoliert vom Rest der Welt und zusammengeworfen wie Exkremente – Leprakranke ebenso wie Patienten, die an Syphilis, Tripper und anderen Geschlechtskrankheiten leiden.«

Mir lief ein Schauer über den Rücken. »Unser Sohn leider nur an einem besonders ernsten Fall von Windpokken«, begann ich zu erklären, aber der Arzt unterbrach mich mit einem Lächeln.

»Machen Sie sich keine Sorgen. Alle unsere Patienten sind streng voneinander getrennt. Windpocken sind eine sehr ansteckende Krankheit, und dieses Krankenhaus ist das einzige der Stadt, in dem ernste Fälle behandelt werden.«

»Aber er ist ein Kind. Sie kennen die hygienischen Bedingungen hier.«

»Sie brauchen sich wirklich keine Sorgen zu machen. Er wird mit den anderen Patienten nicht in Kontakt kommen.« Und dann sagte er freundlich zu Reyniel: »Und nun laß dich einmal ansehen, mein Sohn.«

Nachdem er Reyniel gründlich untersucht hatte, sagte er: »Er sollte im Krankenhaus bleiben. Ich werde Ihnen eines unserer Kinderzimmer zeigen.« Dann drehte er sich zum Empfangstresen um, nahm eine Taschenlampe sowie einen riesigen Schlüssel aus einem der Fächer und sagte: »Kommen Sie bitte mit.«

Als wir das Gebäude verließen, war es bereits dunkel, und der Arzt erleuchtete unseren Weg um das Haus herum mit der Taschenlampe.

»Vorsicht mit den Stufen! Sie sind am Zusammenfallen!« warnte der Arzt und blieb an einer kleinen Treppe stehen, die zu einer Tür mit einem riesigen, verrosteten Vorhängeschloß führte.

Der Arzt ging uns vorsichtig voran, und wir hörten, wie

sich der Schlüssel mit durchdringendem Quietschen drehte.

»Kommen Sie bitte«, winkte er uns von oben zu, nachdem er das Licht angeschaltet hatte. Reyniel machte ein furchtsames Gesicht.

»Papa, hier gefällt es mir nicht«, flüsterte er mir zu.

»Mir auch nicht. Aber wir wollen uns erst einmal das Zimmer ansehen.«

Ebenso vorsichtig wie der Arzt stiegen wir die Stufen hinauf und betraten über eine Diele einen kleinen Raum, der mit einem eisernen Bettgestell, einem Stuhl und einem Tisch – gleichfalls aus Eisen – ausgestattet war.

»Hier ist der Junge völlig ungestört«, erklärte der Arzt und breitete die Arme aus, als wolle er den ganzen Raum umfassen.

»Sie meinen, das Kind bleibt hier ganz allein?« fragte ich erschrocken.

»Selbstverständlich. Niemand darf sich bei den Patienten aufhalten. Unsere Krankenschwestern sind ganz ausgezeichnet. Sie werden gut für ihn sorgen.«

»Wir werden unser Kind unter keinen Umständen hier allein lassen! Das müssen Sie verstehen.« Ich konnte nicht verhindern, daß mein Gesichtsausdruck und mein Tonfall keinen Zweifel daran aufkommen ließen, was ich von diesem Krankenhaus hielt.

»Also gut, weil Sie Kubaner sind, werden wir in Ihrem Fall eine Ausnahme machen. Einer von Ihnen kann in der ersten Nacht bei dem Jungen bleiben«, gab er nach und deutete auf einen kleinen schwarzen Schalter am Bett, von dem aus sich zwei Drähte die Wand hinaufschlängelten und in der Decke verschwanden. »Falls Sie etwas benötigen, brauchen Sie nur zu klingeln, und die diensthabende Schwester wird sofort zu Ihnen kommen. Morgen komme ich wieder, um zu sehen, wie es dem Jungen geht. Guten Abend.« Damit machte er auf dem Absatz kehrt und verschwand in der Dunkelheit.

Jetzt waren wir zwar allein, aber ich wußte nicht, wie ich im Beisein von Reyniel mit Vicky unser weiteres Vorgehen besprechen sollte. Mit Gesten gab ich ihr zu verstehen, daß wir hier so schnell wie möglich verschwinden sollten, erntete aber nur einen vorwurfsvollen Blick. Ich wußte, was Vicky dachte. Im Krankenhaus gab es zumindest die für einen Notfall nötigen Geräte und Medikamente. Was sollten wir zu Hause machen, wenn es Reyniel schlechter ging? An wen konnten wir uns wenden? Wir würden ja doch nur wieder in diesem Krankenhaus landen.

Vicky redete Reyniel gut zu, zog ihn aus, brachte ihn ins Bett und deckte ihn zu. Danach zog sie sich den kleinen Eisenstuhl ans Bett und sagte: »Ich bleibe bei ihm, mach dir keine Sorgen ... Du gehst jetzt erst einmal Alejandro abholen.«

Der Junge hatte den ganzen Tag im Kindergarten verbracht, und nun hatte ich nur eine knappe halbe Stunde Zeit, ihn dort abzuholen, bevor er geschlossen würde. Wir hatten überlegt, die Frau eines Freundes von mir um diesen Gefallen zu bitten, aber wie? In dem ganzen Block mit seinen rund zweihundert Wohnungen gab es keinen einzigen Telephonanschluß. Statt dessen riefen wir im Kindergarten an und warnten sie vor, daß ich erst in letzter Minute dort auftauchen würde.

Alejandro überhäufte mich mit bitteren Vorwürfen: »Papa, ich mag es gar nicht, wenn du mich so spät abholst!« Doch das war nur der Anfang. Auf dem gesamten Nachhauseweg rissen die Proteste unseres kleinen Tyrannen nicht ab.

In dieser Nacht schlief Alejandro zusammengerollt wie ein kleiner Welpe neben mir, während ich die Stunden zählte, bis ich wieder an den schrecklichen Ort eilen konnte, an dem ich Vicky und Reyniel zurückgelassen hatte.

»Heute holst du mich aber früher ab, Papa. Verstanden?« befahl Alejandro, als ich ihn am Kindergarten ablieferte.

Im Krankenhaus angekommen, entdeckte ich, daß das große Vorhängeschloß wieder an der Tür hing, die zu dem Raum führte, in dem Reyniel und Vicky die Nacht verbracht hatten. Mein Herz krampfte sich zusammen. Ich nahm die Stufen mit einem Satz und suchte an der Tür nach einer Mitteilung. Plötzlich hörte ich drinnen Vickys Stimme.

»Bist du das, Oré?« rief sie ängstlich.

»Ja. Warum ist die Tür verschlossen?«

»Ich weiß nicht. Das muß jemand getan haben, als wir schliefen«, schluchzte sie auf.

»Papa!« hörte ich Reyniel rufen, dann schluchzte auch er. »Papa, ich will nicht hier bleiben«, rief er weinend, und ich spürte, daß mir die Luft knapp wurde.

»In der Nacht ist sein Fieber wieder gestiegen, aber wie oft ich auch klingelte, es ist niemand gekommen. Kein Arzt, keine Schwester. Und dann haben sie uns auch noch eingesperrt!« rief Vicky.

»Geh von der Tür weg!«

Vicky wußte, was ich vorhatte.

»Wir sind nicht in der Nähe der Tür«, erwiderte sie und versuchte dann, mich von meinem Vorhaben abzubringen. »Vielleicht ist die Schwester schon wach, die den Schlüssel hat.«

Aber ihr Vorschlag kam zu spät. Die Schrauben, die das Schloß an der Tür hielt, fielen bereits aus dem morschen Holz, und die Tür flog auf und ließ Morgenlicht in den klammen Raum. Wir umarmten einander, als wollten wir uns nie wieder loslassen.

»Ich konnte dem armen Kind nicht einmal eine Tablette geben«, sagte Vicky mit vom Weinen angeschwollenen Augen. »Nicht einmal eine simple Tablette. Ich mußte das Fieber mit kalten Kompressen hinunterbringen. Glücklicherweise scheint es inzwischen ein bißchen gesunken zu sein.«

»Wir gehen!« entschied ich.

»Einfach so?«

»Einfach so. Zu Hause können wir wesentlich besser für ihn sorgen.«

Wir packten Reyniel so warm wie möglich ein, und trotz seiner Krankheit begann er bei der Aussicht, diese Hölle verlassen zu können, zu lachen. Er kletterte aufs Bett, breitete die Arme aus und bat mich, ihn zu tragen. Und als ich ihn hochhob, küßte er mich auf die Wange und flüsterte: »Ich hab dich so lieb, Papa.«

Als wir über das Krankenhausgelände zum Ausgang gingen, begegneten wir einer Gruppe Patienten in ihren braunen Schlafröcken, die uns neugierig betrachteten. Sie hatten fast alle ihre Haare verloren, und ihre Gesichter und Arme waren mit eiternden Geschwüren bedeckt. Schweigend gingen wir an ihnen vorbei, und sie sahen uns ebenso schweigend an, hoben die Arme und winkten uns traurig zu. Als wir an der Wegbiegung angekommen waren, blieben wir stehen und blickten zurück. Sie standen noch immer da, reglos und schweigend sahen sie uns nach. Auch wir winkten ihnen zu, und sie beantworteten unseren Abschiedsgruß mit träumerischem Lächeln.

Erfreulicherweise erholte sich Reyniel unter unserer Pflege sehr schnell, und wir hatten das große Glück, nie wieder ein sowjetisches Krankenhaus aufsuchen zu müssen.

Im Frühling 1989 zählten wir ungeduldig die Tage, die uns noch von unserem Urlaub auf Kuba trennten. Die Perestroika hatte in uns ein neues Bewußtsein geweckt. Wir reagierten kritischer auf die Vorgänge um uns herum und begannen immer häufiger Klischees in Frage zu stellen, mit denen wir erzogen worden waren. Und so verwandelte sich der bisher so ermüdend langweilige Unterricht in marxistisch-leninistischer Philosophie und dialektischem Materialismus in offene Diskussionen, in deren Verlauf sich die

Dozenten gegenüber den von den Studenten vorgebrachten Argumenten zunehmend hilfloser erwiesen.

Unser Dozent für Raketentechnik war ein hochdekorierter Veteran des Zweiten Weltkrieges und Begründer des Sowjetischen Raketen-Oberkommandos. Oberst Telux war bei allen beliebt und hochangesehen, obwohl man ihn für einen Mann hielt, der dem Stalinkult huldigte. Als wir über die Entscheidung des Kongresses der Volksdeputierten debattierten, den Opfern der stalinistischen Säuberungen ein Denkmal zu errichten, befragten wir unseren Professor nach seiner Meinung.

»Ich weiß, daß Sie mich für einen Bewunderer Stalins halten, weil ich ungern über die Veränderungen spreche, die heute die Grundfesten unseres Landes erschüttern«, begann der Oberst mit kaum hörbarer Stimme, während er über unsere Köpfe hinwegblickte. »Ich bin bereits über siebzig. Mein ganzes Leben lang habe ich ehrenhaft für mein Land und für die Partei gekämpft. Wenn ich während des Krieges meinen Schützengraben verließ, um deutsche Stellungen anzugreifen, rief ich: ›Für das Vaterland und für Stalin!‹ Heute, angesichts der Millionen Opfer seiner Diktatur, kann ich darüber nur Abscheu empfinden. Erst heute, erst durch die Perestroika habe ich davon erfahren. Und plötzlich mußte ich begreifen, daß ich mein ganzes Leben, auf das ich immer so stolz gewesen bin, in einer Welt verbracht habe, die keinen Sinn ergibt ...«

Der Oberst machte eine längere Pause, schluckte und fuhr mit fast gebrochener Stimme fort: »Ich wünsche mir, es noch einmal leben zu können. Aber wie Sie wissen, sind uns keine zwei Leben beschieden, und von meinem jetzigen ist nicht mehr allzu viel übrig. Aber das, was mir davon noch vergönnt ist, möchte ich nicht damit zubringen, durch den Dreck zu waten.«

Nachdem Oberst Telux geendet hatte, senkte sich tiefe

Stille über den Raum. Es schien, als hätten uns seine Worte in Salzsäulen verwandelt.

Nein, schwor ich mir, ich werde verhindern, eines Tages so leiden zu müssen wie mein Professor. Wenn mir niemand die Wahrheit über mein Land erzählt, werde ich sie eben selbst herausfinden!

In den Medien erschien eine neue Flut von Informationen über den »geheimnisvollen Westen«, und mit höchstem Interesse sahen wir die ersten Direktübertragungen sowjetischer Fernsehjournalisten aus den Vereinigten Staaten, Westdeutschland und Großbritannien. So lernten wir die Funktionsweise der Demokratien in diesen Ländern kennen und hörten erstmals Begriffe wie Senat, Unterhaus, Oberhaus oder Bundestag. Ereignisse, die zuvor von uns gar nicht bemerkt wurden, gewannen nun eine enorme Bedeutung für uns.

Als der Kongreß der Vereinigten Staaten der Ernennung des von Präsident Bush vorgeschlagenen Senator Tower zum Verteidigungsminister nicht zustimmte, war das für uns der bis dato beste Beweis der entscheidenden Einflußnahme der Volksvertreter auf die Regierungsmacht in diesen Ländern. Ich fragte mich, ob so etwas auch im demokratischsten Staat der Welt, wie unsere Führer Kuba gern nannten, vorstellbar war. Selbstverständlich fiel die Antwort zu ungunsten von Fidel Castro aus, der persönlich die Listen der Kandidaten für Zentralkomitee, Sekretariat, Politbüro und Staatsrat ebenso zusammenstellte, wie er Abgeordnete, Botschafter, Parteisekretäre, die Präsidenten der Volksdirektorate in den Provinzen, Universitätsrektoren und sogar Krankenhausdirektoren bestimmte. Offenbar verfügte der »allmächtige Präsident der Vereinigten Staaten«, wie Castro jeden Amtsinhaber im Weißen Hauses nannte, nicht annähernd über die Macht, die er selbst ausübte.

In unserem Land wurden Minister ohne jede Begründung oder Rechtfertigung ernannt und abgesetzt. In aller Heimlichkeit wurde eine Armee an unseren Volksvertretern vorbei nach Angola geschickt, die natürlich auch nie einen wie auch immer gearteten Rechenschaftsbericht über den Kriegsverlauf in Afrika erhielten. Bruttosozialprodukt und Ressourcen des Landes wurden von unseren Führern nach Belieben verteilt. Ich war stets von der Aufrichtigkeit unserer Staatsführung überzeugt gewesen und hatte die Schuld an unseren Mängeln Funktionären auf der mittleren und unteren Ebene gegeben, die ich für opportunistisch hielt.

Daß die Perestroika auch auf Kuba nicht ohne Auswirkungen blieb, sah man am Prozeß der Korrektur von Fehlentwicklungen, der von Fidel Castro 1986 eingeleitet worden war, und den viele von uns damals als positiven Schritt zur Bekämpfung von Bürokratie, Korruption und Opportunismus angesehen hatten.

Wie dumm wir doch gewesen waren!

Jetzt beseitigte unser *Regierungschef* mit einem Federstrich die vor wenigen Jahren erlassenen Gesetze, die es Bauern gestatteten, Teile ihrer Ernte privat anzubieten, und Künstlern erlaubten, ihre Werke selbst zu verkaufen. Darüber hinaus verfügte er ein Verkaufsverbot sowjetischer Zeitungen, Zeitschriften und Bücher und unterwarf alles aus der Sowjetunion nach Kuba gelangende Material der Zensur.

»Diesen Abfall brauchen wir nicht«, hatte er kürzlich in einem jener Videos mit der Aufschrift »Geheim« erklärt, die seine Bemerkungen auf Regierungssitzungen aufzeichneten, und die wir neuerdings reihenweise vom Militärattaché in Moskau erhielten.

Auf diesen Videos nannte Fidel Castro Gorbatschow einen Verräter und griff von uns hoch verehrte Persönlichkeiten wie Jelzin und Sacharow in unglaublich beleidigender Weise an.

Aber die Geschichte ist, wie sie ist – nicht, wie wir sie gern hätten, sagte ich mir. Die kubanische Staatsführung hat einfach Angst vor der Wahrheit.

XII

Feinde des Volkes

Eine Nachricht ließ uns eines Tages alle aufhorchen: Arnoldo Ochoa, der brillanteste kubanische General, war unter dem Vorwurf verhaftet worden, Drogen in die Vereinigten Staaten geschmuggelt zu haben. Castro hatte in öffentlichen Reden immer wieder einmal darauf hingewiesen, daß die Vereinigten Staaten Kuba vorwarfen, in den Drogenhandel verwickelt zu sein – was selbstverständlich ein durchsichtiges Lügengespinst der CIA sei, um die Revolution in Mißkredit zu bringen. Überzeugt davon, daß unsere strengen Grenzkontrollen jeden Drogenhandel unterbanden, hatten wir unserer Staatsführung seinerzeit geglaubt und angesichts der Aufruhr durch die Perestroika die amerikanischen Anschuldigungen längst vergessen – bis zur Verhaftung von General Ochoa. Von diesem Moment an erregten die Zeitungen, die wir mit rund einwöchiger Verspätung aus Kuba erhielten, unser höchstes Interesse. Jede Ausgabe brachte neue Enthüllungen über eine Gruppe hoher Beamten im Innenministerium, die gemeinsam mit Ochoa mit dem kolumbianischen Drogenkartell zusammengearbeitet hatten, um über Kuba Kokain in die Vereinigten Staaten zu schaffen. Es war der bislang größte Korruptionsskandal und er enthüllte die ganze Dekadenz der kubanischen Revolution.

Als es schließlich zum Prozeß kam, stellten sich bei mir ernsthafte Bedenken ein. Kurz vor Eröffnung des Verfahrens hatte General Leopoldo Cintra Fría, während des

Krieges in Angola ein Untergebener Ochoas und nun Kommandeur der nach der Unterzeichnung des Friedensvertrages dort verbliebenen Truppen, in einem Leserbrief in der größten kubanischen Tageszeitung angedeutet, Ochoas Verrat könne nur mit dem Tod gesühnt werden. Die Wortwahl »Verrat« und »Tod« hinterließen in mir keinen Zweifel daran, daß Ochoa für ein Verbrechen exekutiert werden würde, auf das nach geltendem Strafrecht eine Höchststrafe von fünfzehn Jahren Gefängnis stand. Und die Beweise gegen ihnen waren, gelinde gesagt, fragwürdig.

Während des Verfahrens wurden die Angeklagten von staatlich bestimmten Anwälten verteidigt. Als ich den Prozeßverlauf in der offiziellen Presse verfolgte, glaubte ich eine exakte Wiederholung der Verfahren gegen Bucharin und andere prominente sowjetische Führer zu lesen, die von Stalin ermordet worden waren. Zwischen den Behauptungen der Anklagebehörde und den Worten der Verteidigung war kein Unterschied zu entdecken. Die gleiche Sprache, dieselben Beschuldigungen des Verrats – was war da anderes zu erwarten als die Todesstrafe? Als Gipfel der Heuchelei hatte sich Ochoa zunächst vor einem sogenannten Ehrengericht aus Generälen verantworten müssen, dem auch Efgénio Amejeira gehörte, der kürzlich von einer Bestrafung wegen Drogenkonsums und unmoralischen Verhaltens rehabilitiert worden war.

Ochoa war einer der jüngsten kubanischen Generäle, ein hochgeschätzter Kommandeur, der bei den Streitkräften großen Einfluß genoß. Diejenigen, die in Angola unter ihm gedient hatten, kannten ihn als aufgeschlossenen, zugänglichen Offizier, als unabhängigen, willensstarken Charakter. Seine positive Haltung gegenüber der Perestroika war ebensowenig ein Geheimnis wie seine scharfe Kritik an der Entartung des politischen Lebens auf Kuba. Seine Ansichten wurden von vielen der Männer geteilt, die jetzt aus Angola zurückkehrten, und *Fidel Castro* hatte sehr schnell begriffen, wie gefährlich diese Soldaten mit der Zeit werden konnten.

Die Kühnheit, sich eigene Gedanken zu erlauben und seine Überlegungen anderen mitzuteilen, kosteten diesen bemerkenswerten General das Leben. In seinem Bemühen, andere hohe Militärs von unabhängigem, kritischen Denken abzuhalten, zögerte unser Staatsführer nicht, nahezu alle hohen Militärkommandeure an einem verfassungswidrigem Tribunal zu beteiligen, und sie so in das politische Verbrechen einzubinden, das er eingefädelt hatte. Auf diese Weise wurden sie zu seiner Elitegarde, denn mit jeder politischen Veränderung auf Kuba würden sie selbst Gefahr laufen, daß ihnen wegen der von ihnen begangenen Verbrechen der Prozeß gemacht würde.

Der Ausgang des Verfahrens war mir von Anfang an klar, und jeder Prozeßtag bestätigte meinen Verdacht einer politischen Intrige. Mir wurde bewußt, daß mein Leben keineswegs den Verlauf nehmen würde, der mir von den Historischen Führern der Revolution vorgezeichnet worden war. Lediglich die Geschichte und der gesunde Menschenverstand ließen mich ahnen, daß ich mein ganzes Leben lang belogen und betrogen worden war. Noch verfügte ich weder über lebende Zeugen noch über handfeste Beweise der Unterdrückung in meinem Land. Aber war nicht meine eigene Unwissenheit eine Art Beweis: die Tatsache, daß es uns verboten war, Informationen einzuholen, ausländische Publikationen zu lesen und mit unseren Verwandten in den Vereinigten Staaten in Kontakt zu treten?

Der Prozeß gegen Ochoa machte mir eins ganz klar: Ich hatte mich nach besten Kräften der Sache gewidmet, die meine politische Führung mir aufzeigte, hatte aufrichtig an sie geglaubt – aber von nun an war es mir weder möglich, Loyalität für etwas zu heucheln, das ich nicht länger respektierte, noch jenen zu folgen, an die ich nicht mehr glaubte. Nachts fand ich aus Sorgen um die Zukunft kaum noch in den Schlaf. Was sollte ich tun? Mich mit den Gegebenheiten abfinden? Einige Zeit ins Land gehen lassen und nach Möglichkeiten suchen, die Streitkräfte zu verlassen? Was würde dann aus meiner Würde, meiner Ehre? Wie sollte ich meinen Kindern später mein Schweigen, mein Stillhalten erklären? Wie konnte ich zulassen, daß sie auf die gleiche Weise wie ich indoktriniert wurden? Auch sie würden in der Überzeugung aufwachsen, gegen den Imperialismus kämpfen zu müssen, ohne Gott, ohne das Recht auf kindliche Träume, ohne Weihnachten, und vermutlich würde ich mit ansehen müssen, daß sie in ein paar Jahren in einen anderen ungerechten Krieg zogen. Nein, das wäre ein unverzeihliches Verbrechen.

Und wenn ich die Wahrheit sagte? Wenn ich mit meiner Kritik an den Verhältnissen nicht zurückhielt, wenn ich meinen Kindern von Gott, Weihnachten und der Epiphanie erzählte? Wenn ich sie lehrte, nach der Wahrheit zu suchen, wie schwer das auch sein mochte, um sich ihr eigenes Urteil zu bilden? Daran würde man mich mit Sicherheit hindern. Man würde mich als Agenten der allgegenwärtigen CIA ins Gefängnis werfen oder wie Ochoa erschießen. Und meine Kinder wären Parias, zu denen jedermann jeden Kontakt mied, als hätten sie eine ansteckende Krankheit, und die eine Sonderbehandlung durch die Regierung mit dem Ziel erhielten, »ihr Denken von dem Gift zu reinigen, mit dem sie ihr verräterischer Vater infiziert hat«.

Sollte ich den Umsturz planen? Mit Sicherheit wäre der Versuch, dieser ganzen Infamie auf Kuba ein Ende zu bereiten, gerechtfertigt. Aber wie? Man plant keine Verschwörung, um zu sterben, sondern um zu siegen. Meine Kameraden auf Kuba schienen ganz anderer Meinung zu sein als ich. Zumindest taten sie so. Nein, für einen Umsturz war es nicht der richtige Zeitpunkt. Die dafür nötigen Bedingungen fehlten.

In diesem Zusammenhang wurde mir die Bedeutung des

Wortes Totalitarismus mehr als deutlich. Auf Kuba wäre es schlechthin unmöglich, geheime Zellen aufzubauen, verstohlene Treffen abzuhalten, unerkannt zu reisen oder Flugblätter zu drucken. Alle institutionellen Strukturen des Landes lagen fest in der Hand der Regierung, wurden vom Regime kontrolliert und politisiert, dienten seiner Verteidigung. Die Wahrheit drucken? Der Erwerb einer Druckerpresse war unmöglich, ihr Besitz illegal. An die Zeitungen und Zeitschriften schreiben? Nur »tragbare« Ansichten wurden veröffentlicht. In ein Hotel ziehen? Sie waren nur Ausländern mit harten Devisen zugänglich. Kubaner erhielten lediglich über Leistungsprämien der vom Staat kontrollierten Gewerkschaften die Möglichkeit, ein Hotel von innen zu sehen. Eine konspirative Existenz führen? Unmöglich. Allein der Versuch, in einem der wenigen noch bestehenden Restaurants essen zu wollen, nähme durch das unvermeidliche Schlangestehen soviel Zeit in Anspruch, daß für »Verschwörungen« keine mehr blieb. Und das Rationierungssystem zwang einen dazu, Lebensmittel in bestimmten Geschäften in der Nachbarschaft zu kaufen. Bei Freunden unterschlüpfen? Sie könnten einen nicht verpflegen, und das Nachbarschaftskomitee würde die Staatssicherheit schnell über die Anwesenheit eines »Fremden« informieren. Alles sah danach aus, als könne nur eine »Palastrevolution« oder ein spontaner Volksaufstand das System ins Wanken bringen.

Ich begriff aber noch mehr. Ich verstand jetzt die Gründe für die breite Unterstützung der Revolution durch das Volk. Jeder kubanische Staatsbürger sah sich in eine oder mehrere der zahllosen Organisationen verstrickt, deren vorrangige Aufgaben die »Bewahrung unserer sozialistischen Errungenschaften« und »der Kampf gegen die Feinde der Revolution« waren. Im Alter von sechs Jahren wurde man Junger Pionier, mit vierzehn Mitglied des Ausschusses für die Verteidigung der Revolution, der Föderation junger kubanischer Frauen oder des – wählerischen – Bundes Junger Kommunisten. Mit dem Übergang zur Oberschule wurde man Mitglied der Oberschülervereinigung, in der Hochschule oder auf der Universität trat man der Studentenvereinigung bei. Arbeiter und Angestellten gehörten ausnahmslos den Gewerkschaften und den Milizen an.

Wer sich gegen den Beitritt zu diesen Organisationen sträubte, wurde als Gegner der Revolution betrachtet. Er oder sie durfte nicht studieren, denn die Universitäten waren den Revolutionären vorbehalten, erhielt die minderwertigsten und schlechtestbezahlten Arbeiten, wurde vom Rest der Gesellschaft ausgegrenzt, der beflissen Loyalität gegenüber der Revolution demonstrierte. Schließlich würde man keine einzige der im Grunde selbstverständlichen Notwendigkeiten erhalten, die die Gewerkschaften ausschließlich als Anreiz für ihre hervorragendsten Mitglieder bereithielten.

Nicht einmal unsere Frauen, die lediglich in unserer Begleitung ins Ausland gereist waren, entgingen der umfassenden Wachsamkeit. Allmonatlich hatten sie sich zur politischen Unterweisung bei den Versammlungen des Bundes Junger Kommunisten und der Föderation kubanischer Frauen einzufinden.

Und wie war es um den Persönlichkeitskult unseres großen Revolutionsführers bestellt? Er wurde bereits den kubanischen Kindern nahegebracht, wie ich jetzt feststellte. Aus Kuba hatten wir Lesebücher für die erste Schulklasse mitgebracht, weil wir Reyniel in Spanisch unterrichten wollten. Als ich eines Abends nach Hause kam, hörte ich Vicky und Reyniel so buchstabieren: »F wie Fidel . . . R wie Revolution . . . L wie Lächeln«, gefolgt von dem Satz: »Sieh mal, wie Fidel auf dem Platz der Revolution lächelt.« In ihrem Bemühen, Reyniel das ABC beizubringen, war Vicky die Botschaft des Lesebuchs völlig entgangen. An diesem Abend ersetzten wir die Beispiele für die

Buchstaben durch andere Begriffe. Wir konnten es einfach nicht mehr ertragen!

Es war durchaus vorstellbar, daß die gesamte kubanische Bevölkerung das System verabscheute, das ihr aufgezwungen war, aber das ließ sich nicht ergründen, denn Loyalitätsbekundungen gegenüber der Revolution waren überlebenswichtig.

Wie blind ich doch bisher gewesen war!

Ich könnte auf eigene Faust einen Umsturz planen, um mein Gewissen zu beruhigen, um ehrenhaft in einer Gefängniszelle dahinzusiechen oder im Kugelhagel eines Erschießungskommandos zu sterben. Aber was wäre mit meiner Familie, meinen Kindern? Welchen Untaten sähen sie sich schutzlos gegenüber? Welchen Vergeltungsmaßnahmen würden sie – im Namen des Vaterlandes – unterworfen?

Schluß mit dieser Demagogie, die unser Volk nur ins Unglück gestürzt hatte! Das Vaterland ist die Summe der Interessen aller Familien, und ich muß mit der Verteidigung meiner eigenen Familie den Anfang machen! sagte ich mir. Zum ersten Mal dachte ich daran, Kuba zu verlassen, und beschloß, mit Vicky darüber zu sprechen.

Da ich nicht ausschließen konnte, daß unser Wohnhaus in irgendeiner Form abgehorcht wurde, schlug ich Vicky eines Nachmittags einen Spaziergang zur knapp einen Kilometer entfernten Wolga vor. Wir streckten uns am Ufer aus und sahen zu, wie Reyniel und Alejandro in einer kleinen Parkanlage spielten. Irgendwann nahm ich ihre Hand und fragte: »Hast du dir in letzter Zeit eigentlich Gedanken gemacht?«

»Über dich, meinst du?«

Ich nickte.

»Selbstverständlich . . . Du schläfst ja kaum noch!«

»Heute kann ich nicht schlafen, aber morgen werde ich nicht mehr leben können, wenn ich weiterhin widerspruchslos mit der Lüge leben muß.«

»Du machst mir Angst. Manchmal befürchte ich, du könntest etwas Unüberlegtes tun. Bitte, denk an unsere Söhne.«

»Ich denke vor allem an sie und an dich.«

»Liebling!« rief sie und umarmte mich zärtlich. »Früher hast du immer gesagt: zuerst die Revolution, dann die Familie. Du weißt gar nicht, wie glücklich du mich eben gemacht hast!«

»Tatsache ist, daß ihr für mich immer das wichtigste auf der Welt gewesen seid. Früher habe ich aber gedacht, wir könnten stolz auf die Opfer sein, die wir gebracht haben.«

»Das hast du bisher aber noch nie so gesagt.«

»Ich denke an Flucht . . .«

»Was?«

»Wir könnten in Kanada bleiben, wenn das Flugzeug dort aufgetankt wird.«

Vicky starrte mich mit weit aufgerissenen Augen an. Dann schüttelte sie lächelnd den Kopf. »Du bist wirklich verrückt geworden.«

»Bezeichnet man Hoffnung heutzutage als Wahnsinn?«

Wieder lächelte sie. »Aber wie willst du es machen? An wen willst du dich auf dem Flughafen wenden? Du sprichst nicht englisch«, fügte sie warnend hinzu, lehnte sich gegen meine Schulter und murmelte: »Kanada . . .«

»Ich weiß, daß es am Anfang nicht leicht sein wird, aber wenn der Staat so ist, wie ich ihn mir vorstelle, dann ist es den Versuch wert. Stell dir doch nur vor, Vicky. Wir lernen Englisch, während die Jungen in der Schule sind. Wir werden es schaffen. Ich bin ganz sicher, daß wir dort irgendeine Arbeit finden.«

Vicky hörte mir nachdenklich zu. Dann sah sie mich an und schien von meinem Vorschlag überzeugter zu sein, als ich gehofft hatte.

»Also gut, aber wir warten bis zum Rückflug aus dem Urlaub.«

Ich konnte ein glückliches Lächeln nicht unterdrücken.

»Du hast mich nicht ganz verstanden. Ich sprach vom nächsten Jahr, nachdem ich meine Ausbildung beendet habe.«

»Und warum nicht schon in diesem Jahr?« erkundigte sich Vicky fast ein wenig enttäuscht.

»Das ist eine sehr schwerwiegende Entscheidung. Allerdings hege ich nicht die geringste Hoffnung, daß sich innerhalb eines Jahres auf Kuba etwas ändern könnte. Aber ich möchte meine Studien beenden. Diese Kenntnisse könnten sich in der Zukunft durchaus als nützlich erweisen.«

»Bei den Streitkräften?« Jetzt wirkte Vicky eindeutig enttäuscht. Offenbar hatte sie darauf gehofft, daß ich auch meine militärische Laufbahn beenden würde.

»Nein, natürlich nicht. Aber vielleicht an irgendeiner Universität.«

»Laß uns darauf hoffen, daß sich die Situation auf Kuba so verändert, daß wir diesen Schritt vielleicht gar nicht zu tun brauchen«, schloß Vicky und senkte den Blick. Ich erkannte, daß wir uns die ganze Sache sehr gründlich überlegen mußten. Die Aussicht, ein neues Leben in einem Land zu beginnen, in dem wir keinen Menschen kannten, barg viele Risiken und Unsicherheiten.

Reyniel und Alejandro kamen angerannt. Sie hatten sich gestritten, und wir mußten Schiedsrichter und Friedensstifter spielen. Dann liefen wir alle vier Hand in Hand zurück – unter Alejandros improvisiertem Gesang und Reyniels Beschwerden über das schreckliche Gequäke seines Bruders.

Im August flogen wir auf Urlaub nach Kuba, voller Vorfreude auf das Wiedersehen mit unseren Lieben. Auf die Nachricht von unserer Ankunft kam mein Vater mit meiner Mutter und meinen Brüdern nach Havanna, und nachdem wir uns alle in den Armen gelegen hatten, zog mich mein Vater vor die Tür, um mir etwas zu zeigen.

»Sieh mal, es hat jetzt ein gelbes Nummernschild«, sagte er und zeigte auf das sowjetische Auto, das er die ganzen Jahre für seine Dienstfahrten benutzt hatte, und das nun eins der gelben Zulassungsschilder trug, die ausschließlich Privatwagen vorbehalten waren. Im Grunde hatte es ihm immer schon gehört, und es war von ihm in der Hoffnung gehegt und gepflegt worden, es eines Tages kaufen zu können.

Bei seinen Besuchen in Santa Clara waren ihm die Schwierigkeiten nicht verborgen geblieben, denen sich Vikky fast täglich auf ihrem Weg zur und von der Arbeit ausgesetzt sah. Damals hatte ich den Eindruck, daß er uns sehr gern seinen Dienstwagen zur Verfügung gestellt hätte. Aber im Gegensatz zu anderen wäre es meinem Vater nie in den Sinn gekommen, etwas, was dem Staat gehörte, seinen Kindern zur privaten Nutzung zu überlassen.

Jetzt schlug er mir liebevoll auf die Schulter und verkündete mit unüberhörbarer Befriedigung in der Stimme: »Es gehört dir. Du kannst es haben, wann immer du es brauchst.«

Ich kannte das Ehrgefühl und die Hingabe meines Vaters sehr wohl, mit der er sich stets der Arbeit für die Revolution gewidmet hatte. Sein Leben hatte er in äußerster Bescheidenheit verbracht und alle Sonderrechte und Privilegien abgelehnt, die seine Positionen ihm hätten einbringen können. Er war immer ein idealistischer Romantiker gewesen, und bei dem Gedanken, wie schwer es für ihn sein würde, der Wahrheit ins Auge sehen zu müssen, überkam mich tiefes Mitleid.

Während unseres Aufenthalts auf Kuba unternahm ich ein paar Versuche, mit meinem Vater über die Erbitterung zu sprechen, die ich über den Verrat an mir, an ihm, am gesamten kubanischen Volk empfand. Aber immer wieder stieß ich auf seine Vorurteile, die durch Reden allein nicht zu überwinden waren. Er brauchte die unmittelbare Erfahrung, die unbestreitbare Wahrheit von Vorfällen und Ereignissen, die ich ihm nur mit Worten nicht bieten konnte. Seine Haltung erinnerte mich an den liebenswerten Oberst Telux, und ich beschloß, seinen Seelenfrieden nicht weiter zu stören.

Während unseres Urlaubsmonats auf Kuba wurde weitere hohe Regierungsbeamte vor Gericht gestellt und zu langen Gefängnisstrafen verurteilt. Unter ihnen auch der allmächtige Innenminister und der Chef der Staatssicherheit. Sie wurden der unerlaubten Benutzung und Verteilung von Regierungseigentum sowie »kapitalistischer Abweichung« angeklagt. Aber alle Verbrechen, die man ihnen zur Last legte, wurden täglich von *Castro* selbst verübt, der das Staatseigentum als Privatbesitz betrachtete.

Auf dem Rückflug nach Moskau machten wir einen Zwischenstop in Kanada. Während die Maschine aufgetankt wurde, warteten wir in der Transithalle, und ich bemerkte, wie sehnsüchtig Vicky durch die Fensterscheiben blickte – hinaus auf die Straße.

»Nächstes Mal«, versprach ich ihr leise.

Unser letztes Ausbildungsjahr begann, und wir verfolgten weiterhin die Entwicklungen auf Kuba mit größtem Interesse. Der Hinrichtung von General Ochoa und der Inhaftierung der hohen Beamten aus dem Innenministerium folgte eine gründliche Säuberungswelle in den unteren Rängen. Tausende Studenten wurden von ihrer Ausbildung in der Sowjetunion nach Kuba zurückbeordert, und die bilateralen Verträge über den Studentenaustausch zwischen beiden Ländern außer Kraft gesetzt. Die Regierung fing an, Jugendliche als vom Virus der Perestroika befallen zu bezeichnen. Und wir erhielten mal wieder ein Video, auf dem unser Staatschef sie egoistische Verräter nannte, und das unsere letzten Hoffnungen zunichte machte, auf Kuba könne sich ein Wandel vollziehen.

Im Herbst fegte die Woge revolutionärer Veränderungen zur Überraschung der gesamten Welt durch Osteuropa, und wir teilten den Jubel unserer deutschen Freunde über den Fall der Berliner Mauer. Dieses Ereignis schuf insofern eine absolut lächerliche Situation für uns alle, da wir bis vor kurzem alle unsere strategischen Überlegungen mit dem wohlvertrauen Satz eingeleitet hatten: »Wegen der akuten Gefahr, den der NATO-Pakt für die sozialistischen Staaten darstellt . . .« Und nun stellte sich heraus, daß ein sozialistischer Staat in eben dieses Lager übergelaufen war – was aus unseren deutschen Kommilitonen Angehörige der NATO-Streitkräfte machen würde.

»Ihr seid also die bedrohlichen Feinde«, flaxten wir, wenn wir uns zwischen den Unterrichtsstunden trafen.

Kaum ein paar Wochen waren seit dem kommunistischen Volkskongreß in Rumänien vergangen, von dem das Fernsehen die Bilder jubelnder Massen übertragen hatte, die »Lang lebe Ceauşescu« skandierten. Nun wurde dem Diktator durch einen Volksaufstand der Garaus gemacht. Ich verfolgte die Ereignisse in Rumänien und begann zu begreifen, daß nur durch etwas Vergleichbares Veränderungen auf Kuba bewirkt werden konnten. Doch vorausschauend wie stets, hatte Castro längst alle Faktoren und Menschen aus dem Weg geräumt, die unter Umständen hätten dazu führen können.

Im Februar 1990 fuhren die deutschen Offiziere auf Winterurlaub nach Hause, begierig darauf, die ehemalige Grenze zu überqueren, um sich ein eigenes Bild von der Welt auf der ehedem anderen Seite zu machen. Ostdeutschland war das sozialistische Land mit dem höchsten Lebensstandard gewesen, und ich wartete gespannt auf die Rückkehr meiner deutschen Freunde. Immerhin war nicht auszuschließen, daß sie entmutigende Nachrichten über den Kapitalismus mitbrachten, der inzwischen als beste Option für die Zivilisation angesehen wurde. Schließlich waren meine Freunde wieder da, und als ich eines Tages mit ihnen in der Cafeteria allein war, fragte ich Matthias: »Na, wie sind denn nun deine Eindrükke von der anderen Seite?«

Matthias sah mich an, als käme ich von einem anderen Stern.

»Was meinst du mit ›Eindrücke‹? Ich war außer mir!«

»Außer dir? So abscheulich hast du also den Westen gefunden?«

»Nein, mein Freund. Ich war außer mir vor Empörung, so lange Jahre hintergangen und betrogen worden zu sein.«

Zu Beginn des Frühjahrs verwandte ich meine ganzen Energien auf meine Diplomarbeit. Mein Tutor war General Boris Iwanowitsch Popow, der Lehrstuhlinhaber für Militärluftfahrt. Bei unserer Zusammenarbeit lernte ich diesen Mann immer besser kennen, der anfangs so unnahbar gewirkt hatte. Im Laufe der Zeit entwickelte sich zwischen uns eine fast herzliche Beziehung, und immer häufiger unterhielten wir uns auch über politische Themen.

»Fidel Castro hat euch alle ebenso betrogen, mein Sohn, wie Stalin uns hintergangen hat«, erklärte er eines Tages, als wir die Situation auf Kuba diskutierten. »Lassen Sie sich von ihm nicht Ihr Leben vergiften.«

»Sie dürfen überzeugt sein, daß ich das nicht zulassen werde«, erwiderte ich. Danach sprachen wir nie wieder über Kuba oder darüber, wie ich es vermeiden wollte, daß Castro mein Leben vergiftete.

Irgendwann machte mich der General mit seinem Adjutanten bekannt, einem stämmigen, energisch wirkenden Mann mit typisch russischen Gesichtszügen.

»Gefreiter Alexander Nikolajewitsch«, stellte er sich vor. Er schlug die Hacken zusammen, trat einen Schritt vor und streckte mir die Hand entgegen.

Wir schüttelten uns die Hände, dann fuhr der General

fort: »Alexander ist ein hervorragender Zeichner und würde Ihnen gern bei den Diagrammen helfen, die Sie für Ihre Diplomarbeit brauchen.«

Sascha, wie Alexander genannt wurde, machte sich schnell ans Werk und übertrug die komplizierten graphischen Darstellungen, die ich oberflächlich hingeworfen hatte, mit großer Geschicklichkeit auf Bögen, die ich meiner Arbeit beifügen konnte. Bei unserer Arbeit sprachen wir über dies und das, und er stellte sich als bescheidener, gutmütiger Bursche heraus, ein hingebungsvoller Familienvater und gläubiger Christ, der seine religiöse Überzeugung viele Jahr geheimhalten mußte.

Eines Tages erzählte ich Vicky von meinem neuen Freund, den ich zusammen mit seiner Frau und seinem Sohn zum Abendessen einladen wollte, damit sich unsere Familien kennenlernten und ich ihm auf diese Art auch für seine Hilfe bei meiner Diplomarbeit danken konnte. An dem vereinbarten Nachmittag hatte Sascha neben seiner Frau und seinem Sohn auch die obligatorische Flasche Wodka bei sich. Wir servierten ein paar typische kubanische Gerichte, von denen sie sehr angetan waren, und sahen zu, wie die Kinder miteinander spielten, als uns auffiel, daß die Wodkaflasche auf dem Tisch praktisch unberührt war. »Ich habe den Wodka mitgebracht, weil das so üblich ist«, erklärte Sascha errötend. »Aber eigentlich mache ich mir nicht besonders viel daraus.«

Auch er lud uns zum Abendessen in seine Wohnung ein. Er lebte in einem festungsähnlichen, uralten Haus nahe der Wolga. Sie teilten sich Küche und Bad mit ihren Nachbarn, waren nur im Wohn- und Schlafzimmer ungestört. Sascha und seine Frau stellten sich als außerordentlich gastfreundliche Menschen heraus, die mich an die Bauern in den Werken der großen russischen Schriftsteller erinnerten. Sobald wir die Schwelle überschritten hatten, wurden wir mit Großzügigkeit und Heiterkeit überschüttet. Swjeta war eine hervorragende Köchin, und durch sie lernten wir ein köstliches russisches Gericht kennen, das uns bislang unbekannt gewesen war. Als wir sie lobten, erklärte sie, daß sie einige Rezepte von ihren Großeltern übernommen hätte und für die Zubereitung ihres Essens nur Produkte vom Bauernhof ihrer Verwandten benutzte. Dann stand Sascha auf, schlug den Teppich zurück und enthüllte eine Art Falltür, die in einem darunterliegenden, kleinen Keller führte. Trotz meiner Proteste holte er aus diesem Versteck Würste und andere Lebensmittel und bestand darauf, daß wir sie probierten. »Und was halten Sie nun von echt russischem Essen?« fragte er, und wir mußten alle lachen.

Ich empfand großen Respekt und Bewunderung für meinen Freund, der so stolz auf seine Familie, seinen Glauben und seine Kultur war. Es war eine Zeit, die uns für die Zukunft des Landes hoffen ließ. Wir hatten auch das Glück, einige unserer Nachbarn besser kennenzulernen, unter anderem auch den Leiter unseres Ausbildungsprogramms, Oberst Kastjakow, die sich alle mit täglich zunehmender Hingabe und Verpflichtung ihren Familien widmeten. Sascha wird für mich jedoch stets der aufrichtigste aller Russen bleiben, die ich kennengelernt habe.

Der Winter, der in diesem Jahr glücklicherweise nicht besonders hart gewesen war, war vorbei. Wir hatten unsere Kurse abgeschlossen und alle Vorbereitungen für die Abschlußarbeiten getroffen. Am 9. Mai 1990, dem Tag, an dem die Sowjetunion das siegreiche Ende des Zweiten Weltkrieges feierte, beschlossen wir Kubaner, früher als sonst einen Spaziergang zu machen. Als wir eine Allee an der Wolga entlang gingen und die ersten Sonnenstrahlen nach vielen Monaten genossen, sahen wir eine Schlange vor einem Geschäft für alkoholische Getränke und beschlossen, zur Feier des überstandenen Unterrichts ein paar Flaschen Bier zu kaufen. Da es noch eine Stunde dauern würde, bis der Laden öffnete, reihten wir uns in die Schlange der ungeduldig Wartenden ein. Die meisten von ihnen waren ältere Frauen und Männer, die zur Feier des Tages stolz ihre im Krieg errungenen Auszeichnungen trugen. Ich betrachtete sie mit großen Respekt, las die Inschriften auf ihren Ordensbändern und stellte mir die Leistungen vor, die sie zum Ruhm ihres Landes in der Schlacht vollbracht hatten. Als ich auf die Ehrenzeichen an ihrer verschlissenen Kleidung blickte und die Aufschriften – Tapferkeitsmedaille, ... für Verdienste im Kampf, ... in der Schlacht verwundet – las, verglich ich diese armen, abgerissenen, von allen vergessenen Menschen mit uns jungen Offizieren in unseren untadeligen Uniformen. Unwillkürlich überkam mich ein Gefühl der Scham.

Kurz vor Öffnung des Geschäftes kam eine Gruppe Jugendlicher und schien wild entschlossen, als erste den Laden zu betreten. Sie drängten sich rücksichtslos an den alten Leuten vorbei, die gegen das unverschämte Benehmen der Jugendlichen protestierten, aber nur ausgelacht wurden und zu hören bekamen, sie sollten dorthin zurückkehren, woher sie gekommen waren. Inzwischen hatten es ein paar der Rabauken bis an die Tür geschafft, andere drängten nach, und als einer der Veteranen auf seine Orden verwies, erhielt er einen rüden Schlag über den Kopf. Da war für uns das Maß voll. Ohne nachzudenken rief ich: »Jetzt reicht's! Zeigt gefälligst ein bißchen Respekt vor euren Veteranen!«

Gleichzeitig besetzte unsere Gruppe den Eingang und bahnte den alten Leuten einen Weg ins Ladeninnere. Sie bedachten unsere spontane Aktion mit Applaus, während die rüpelhaften Jugendlichen verblüfft und tatenlos zusahen. Wir wußten nicht, ob sie unser Akzent oder unsere Uniformen zum Stillhalten bewogen hatten, waren aber sehr froh über den Verlauf der Dinge, denn aufgrund ihrer Zahl und körperlichen Kraft hätten sie uns zerquetschen können wie Mücken. Als wir das Geschäft verließen, gingen wir dicht an ihnen vorüber und bemerkten, daß einige die Köpfe senkten.

Ein paar Tage später traf ein Angehöriger des militärischen Geheimdienstes von der Moskauer Botschaft in Kalinin ein und suchte jeden von uns unter diesem oder jenem Vorwand zu Hause auf. Wie ich wußte, hoffte er bei derartigen Visiten Rückschlüsse auf unseren Lebenswandel ziehen und Dinge entdecken zu können, die auf Beziehungen zu deutschen, ungarischen und polnischen Offizieren hinwiesen. Er wollte erfahren, bis zu welchem Grad wir uns bereits am Virus der Freiheit infiziert hatten, der Osteuropa aus den kommunistischen Angeln gehoben hatte. Darüber hinaus befragte er uns nachdrücklich nach Meinungsäußerungen der anderen zu den politischen Veränderungen. In diesem Moment erkannte ich, daß wir für unsere Staatsführung zu Objekten des Mißtrauens und der Angst geworden waren.

Ich hatte den Prozeß gegen General Ochoa und die Zensur auf Kuba offen kritisiert. Obwohl ich auf die Diskretion meiner Kameraden vertraute, konnte ich nicht ganz sicher sein, ob mich nicht doch einer von ihnen an die Spionageabwehr verraten hatte. Das hätte meine unverzügliche Rückkehr mit einem Nonstopflug nach Kuba und eine Reihe hochnotpeinlicher Befragungen zur Folge gehabt. Im Laufe der letzten Monate war mir aufgefallen, daß einige meiner Briefe an meine Eltern »verlorengegangen« zu sein schienen. Offenbar überprüfte man inzwischen auch unsere Post.

Es war nicht zu übersehen, daß unsere Staatsführung Angst vor ihren eigenen Bürgern hatte, und meinen nächsten Brief an meine Eltern verfaßte ich weniger für sie als für die Zensoren vom Geheimdienst. Ich brachte die altbekannten antiimperialistischen Phrasen zu Papier, damit sie mich als frei von allen verderblichen Einflüssen ansahen. Und den Vorwand lieferte mir das jüngste Trara in den kubanischen Zeitungen über das neueste US-Manöver Ende Mai vor Kuba. »Die Imperialisten sollten es überlegen, irgendeine Aggression gegen mein Land zu begehen! Denn auch wenn ich gerade nicht vor Ort bin, um Kuba zu verteidigen, bekämpfe ich sie doch überall da, wo ich mich gerade aufhalte«, schrieb ich.

Jetzt galt es nur noch, unsere Prüfungen zu bestehen, die Abschlußfeier hinter uns zu bringen, um dann den Sprung ins Ungewisse zu wagen, den ich Vicky im Jahr zuvor versprochen hatte. Ich entlieh mir in der Akademiebibliothek ein russisch-englisches Wörterbuch und lernte die Sätze auswendig, die ich auf dem Flughafen Gander sagen würde: »Wir sind Kubaner und möchten unseren Flug nicht fortsetzen. Wir bitten um Ihren Schutz.« Bei unseren Aufenthalten an der Wolga versuchte ich, mit Vicky unser Vorgehen zu besprechen, aber sie wurde jedesmal sehr nachdenklich und distanziert.

»Was ist denn nur los? Warum sagst du denn nichts dazu?« fragte ich sie immer wieder besorgt.

Und sie erwiderte: »Bitte . . . ich möchte jetzt lieber nicht darüber sprechen.«

Also sprach ich zunächst nicht weiter darüber.

Als ich ihr eines Abends zuflüsterte, daß der Zeitpunkt näher rückte, daß wir uns besser gründlich darauf vorbereiten sollten, begann sie unvermittelt zu schluchzen.

»Sprich doch nicht mehr darüber, bitte. Es macht mich wahnsinnig!« klagte sie.

Ich machte mir klar, daß Vicky inzwischen noch einmal gründlich über unser Vorhaben nachgedacht – und ihre Meinung geändert hatte.

Ich nahm sie in die Arme und flehte sie an, sich zu beruhigen.

»Laß uns zum Fluß hinuntergehen. Wir müssen miteinander reden.«

In dem kleinen Park, in dem die Kinder so gern spielten, setzten wir uns auf eine Bank. Ich drehte Vickys Gesicht zu mir, damit ich ihr in die Augen sehen konnte.

»Warum hast du deine Meinung geändert?«

»Meine Eltern ... Sie werden uns auf dem Flughafen erwarten. Kannst du dir vorstellen, was dann passiert?«

Nach unserem Urlaub hatten ihre Eltern beim Abschied mit Tränen in den Augen gesagt: »Wenigstens ist es diesmal nur ein Jahr ...« Vicky war nicht bereit, aus diesem Jahr eine Ewigkeit werden zu lassen.

»Deine Kameraden werden sie auf dem Flughafen anschreien und beschimpfen: ›Abschaum! Pack! Eure Kinder sind Verräter!‹ Und du kannst sicher sein, daß die vielen Menschen dort sie anpöbeln werden ...«

»Das glaube ich nicht. So etwas erfolgt nie spontan. Das wird stets von der Regierung organisiert.«

Aber Vicky hörte mir gar nicht zu.

»Kannst du dir meine Eltern in einer solchen Situation vorstellen? Meine Mutter bekäme mit Sicherheit einen Herzanfall. Es würde sie umbringen!« Wieder brach sie in Tränen aus. »Verzeih mir, aber das könnte ich nicht ertragen! Ich bin im Moment noch nicht dazu bereit!«

»Leider können wir nicht bis in alle Ewigkeit abwarten. Das ist die einzige Chance, die wir haben. Du weißt so gut wie ich, daß wir nie wieder die Möglichkeit bekommen werden, zu viert das Land zu verlassen.«

Es war eine Tatsache, daß auf Kuba Familien nie gemeinsam ins Ausland reisen durften. Selbst die meisten Diplomaten sahen sich gezwungen, Familienangehörige zurückzulassen. Wir waren eine Ausnahme gewesen, und diese Chance käme nie wieder.

»Hast du auch an die Kinder gedacht, an ihre Zukunft? Meinst du nicht, daß wir uns eines Tages bittere Vorwürfe machen werden, weil wir sie mit Lügen aufwachsen lassen und vielleicht in einen Krieg ziehen lassen mußten, aus dem sie unter Umständen nicht zurückkehren?«

»Ich weiß nicht! . . . Aber hast du dir überlegt, wie es sein wird, wenn wir in Kanada ohne einen Pfennig auf der Straße stehen und unseren Kindern nicht einmal Milch kaufen können?«

Die Frage machte mir die Risiken eines solchen Unternehmens klar, und ich erkannte voller Schrecken, daß Vikky durchaus recht behalten könnte. Ich wußte, daß ich Vikky zu dem Schritt überreden konnte, aber es wäre ein Schritt ins Ungewisse. Und wenn sie recht behielt? Was wäre, wenn uns in Kanada niemand half? Wenn unsere Kinder Hunger hatten, wir ihnen aber nichts kaufen konnten?

»Ich kann dir keine Sicherheit geben«, sagte ich verzweifelt. »Ich bin nur zuversichtlich, das ist alles.« Warum sah sie alles nur so schwarz? fragte ich mich. Wir wären endlich frei! Was konnten wir uns sehnlicher wünschen?

»Ich weiß nur, daß ich so nicht weiterleben kann, daß ich nach und nach, Stück für Stück sterben werde . . .«

»Bitte sag doch nicht so etwas!«

»Ich kann dich nicht belügen. Freiheit ist etwas, das man im Herzen trägt. Und ich weiß jetzt, was Freiheit ist. Wenn ich nicht in Freiheit leben kann, wäre das wie ein langsamer Tod – würdelos, ehrlos, voller Scham über die eigene Existenz . . .«

»Aber denke an deine Eltern, an deine Brüder.«

»Ich denke an sie, aber vor allem denke ich an unsere Söhne. Sie wären einem Verbrechen ausgeliefert, über das ich nicht einmal sprechen kann, um sie nicht zu gefährden.«

»Das siehst du nur hier so. Wenn du erst einmal wieder auf Kuba bist und deine Eltern und Brüder wiedersiehst, wirst du ganz anders darüber denken.«

Arme Vicky! Wie naiv sie doch war! Ich sah bereits die

Zukunft voraus, die uns auf Kuba erwartete, die Tragödie, die über die Familie kommen würde. Aber sie hatte noch keine Ahnung.

»Also gut«, sagte ich und fand mich widerstrebend mit der Zerstörung meines Traums ab. »Wir werden nicht mehr darüber sprechen. Wir fliegen zurück!«

Von einem Augenblick zum anderen verbesserte sich Vickys Stimmung, und ich bemühte mich nach Kräften, die fast unerträgliche Verzweiflung vor ihr zu verheimlichen, die mich noch lange nicht verlassen sollte.

Der Tag der Abschlußfeier kam, und wir kleideten uns dem würdigen Ereignis entsprechend, das im Innenhof der Militärakademie stattfinden sollte.

Als wir uns auf dem Hof aufgereiht hatten, um der Ansprache des Akademiekommandanten zu lauschen, brach Reyniel plötzlich aus der Menge der Familien aus, die der Zeremonie beiwohnten, rannte über den Paradeplatz und schrie aus vollem Halse: »Ihr Schweine! Was macht ihr da? Hört auf, ihr dreckigen Schweine!«

Mehr als tausend Gesichter wandten sich um und sahen Reyniel zu, der eine Gruppe anderer Jungen entschlossen daran hinderte, Taubenküken aus ihrem Nest zu holen, das deren Eltern kurioserweise in der Mündung einer der alten Kanonen gebaut hatten, die als Museumsstücke herumstanden.

»Wie peinlich! Sehen Sie, was Ihr Sohn da treibt?« murmelte jemand hinter mir und tippte mir leicht auf die Schulter.

»Natürlich sehe ich es, und es ist das Schönste, was mir heute hier passieren konnte!«

Nach Abschluß der Zeremonie marschierten wir ein letzten Mal am Podium vorbei. In wenigen Tagen würden wir nach Kuba zurückkehren, wo ich wieder meine Pflichten als Kommandeur übernehmen würde. Wir marschierten zu den gemessenen Klängen einer Militärkapelle und ich dachte darüber nach, daß ich zum ersten Mal einen Rückzug antrat – dorthin, wo keine Hoffnung geblieben war.

XIII

Ein Ausweg aus der Hölle

»Stillgestanden!«

Die Stimme unseres Stabschefs Oberstleutnant Teddy Rodríguez kam knackend aus den Lautsprechern und echote ohrenbetäubend von den Mauern der Unterkünfte auf der anderen Seite des Paradeplatzes wider. Von meinem Platz auf dem Podium verfolgte ich im August 1990, wie sich die verschiedenen Truppenteile zum Montagmorgenappell aufreihten. Vier Jagdfliegerstaffeln, die Aerotechnischen Bataillone, die Nachrichtentechniker und die Sicherheit standen in perfekter Blockformation. Rodríguez schlug die Absätze zusammen und hob eine Hand zum militärischen Gruß an die Uniformmütze. Dann teilte er dem Basiskommandanten, der neben mir auf dem Podium stand, den Tagesbefehl mit.

»Genosse Oberstleutnant Cordero, die angetretenen Einheiten . . .«

Cordero hörte sich den Befehl an, hob dann ebenfalls die rechte Hand an die Mütze und wandte sich an die Soldaten:

»Guten Morgen, Genossen Offiziere, Gefreite und Soldaten!«

»Guten Morgen, Genosse Oberstleutnant!« donnerten die Stimmen der Männer wie ein der tausendfachen Wiederholung müder dissonanter Chor über den Paradeplatz.

Dann ergriff der Politoffizier das Wort und informierte die Einheiten über die neuesten »Imperialistischen Yankee-Schikanen gegen Kuba.« Schließlich stellte mich Cordero den versammelten Truppen als neuer stellvertretender Basiskommandant vor.

Die Nachricht meiner Beförderung zum Stellvertreter erhielt ich kurz nach meiner Rückkehr aus der Sowjetunion, und ich nahm sie ohne große Begeisterung zur Kenntnis. Frohen Herzens hätte ich der Luftwaffe meine Ernennungsurkunde zurückgegeben, um für die auf Lügen aufgebaute Regierung auf niedrigeren Posten zu arbeiten. Aber wie? Es wäre mir mit Sicherheit als Verrat an der Partei, den Streitkräften und am Oberbefehlshaber ausgelegt worden.

Jetzt war also mein langjähriger Freund Cordero mein unmittelbarer Vorgesetzter. Er hatte seine Weiterbildung in der Sowjetunion zwei Jahre vor mir absolviert und war vor seiner Berufung zum Kommandanten des Luftwaffenstützpunktes Santa Clara Stellvertreter gewesen. Jetzt hörte ich zu, wie er mich als den Offizier vorstellte, der seine Pflichten an der Spitze dieser Einheiten übernehmen würde, unter denen ich viele bekannte Gesichter, aber auch einige Fremde erblickte, die während meiner viereinhalbjährigen Abwesenheit ihren Dienst auf der Basis angetreten hatten.

Wenige Tage zuvor hatte er mich mit dem Auto mitgenommen und sich lautstark über die Feinde der Revolution erregt, die – ermutigt durch die Ereignisse in Osteuropa – alle ihre Errungenschaften kritisierten. »Viele falsche Revolutionäre wollen die Gunst der Stunde nutzen, und die Revolution muß sie ohne Zögern vernichten«, erklärte er.

»Du bist also davon überzeugt, daß es bei uns keine Auswüchse, keine Korruption gibt?« fragte ich. Als er schwieg, fuhr ich fort: »Falls es irgendwelche Funktionäre gibt, die das Volk betrügen, könnten die ihre Positionen doch am besten sichern, indem sie jeden, der sie kritisiert, als Feind der Revolution bezeichnen – meinst du nicht auch?«

Cordero schwieg auch jetzt, und ich begriff, daß ihm der hohle Glanz seiner Position lieber war als eine Auseinandersetzung mit dem eigenen Gewissen. Ich war fast versucht, ihm zu erzählen, daß die gleichen Leute, die er jetzt so verteidigte, mir zugemutet hatten, seine Frau zu verführen! Aber ich schwieg. Er würde mir ja doch kein Wort glauben.

Gleich nach unserer Rückkehr aus Kalinin stellten sich uns große Wohnungsprobleme. Während unserer langen Abwesenheit waren die Fensterrahmen in Küche und Zimmern total verrottet und drohten nun jederzeit drei Stockwerke tief auf die Straße zu stürzen. Selbstverständlich mußten sie so schnell wie möglich repariert werden, um einen ernsthaften Unfall zu vermeiden – nur womit? Die Wohnung gehörte zwar dem Stützpunkt, doch dort war niemand mit Unterhaltungs- und Reparaturaufgaben beauftragt. Es gab auch nirgendwo Material, um neue Rahmen anzufertigen. Das wenige Holz, das es gab, war »für die Aufgaben der Revolution« bestimmt.

Es bot sich nur eine Alternative an: Holz aus den Lagerräumen der Basis oder denen der nahegelegenen Baufirma zu nehmen und den Tischler des Stützpunkts zu bitten, in seiner Freizeit neue Rahmen anzufertigen. Diesen Vorschlag machte Cordero, nachdem er den beklagenswerten Zustand unserer Fenster gesehen hatte. Zwei Monate zuvor war er zu der gleichen Maßnahme gezwungen gewesen. Und genau das ging mir entschieden gegen den Strich. Ich wollte weder die Baufirma um Holz bitten, noch es einfach aus den Beständen des Stützpunktes nehmen und dann auch noch einen meiner Untergebenen darum bitten, mir einen privaten Gefallen zu tun. Doch wie sollte ich sonst an Holz kommen? An wen konnte ich mich wenden?

Jeden Abend wies mich Vicky erneut auf die Gefahr hin, die unsere Fenster darstellten.

»Tut mir leid, ich kann nichts machen«, erwiderte ich mit gleicher Regelmäßigkeit und zunehmend verbittert.

»Aber wir können doch nicht fensterlos wohnen«, begann sie dann zu klagen. »Was bleibt uns denn dann noch von unserer Privatsphäre? Und wie sollen die Jungen schlafen, wenn es hereinregnet?«

»Wir werden uns so verhalten wie jede andere anständige Familie.«

»Und was meinst du, wie die sich verhalten? Bist du denn blind? Der Staat verkauft dir doch nicht einmal die selbstverständlichsten Dinge, also nimmt sich jeder von seinem Arbeitsplatz das mit, was er zum Überleben braucht.«

Vicky hatte natürlich recht, und ich sah mich vor folgendem Dilemma: Entweder ich unterwarf mich diesem, von der Regierung forcierten, subtilen System der Korruption und bat bei der Baufirma um »einige Holzlatten« sowie den Tischler um den persönlichen Gefallen, mir in der Freizeit neue Fensterrahmen zu bauen, oder meine Familie und ich mußten mit Löchern in den Wänden leben, sobald die Fenster hinausgefallen waren.

Selbstverständlich mußte ich mich für die erste Variante entscheiden. Ein Vorarbeiter der Baufirma, der Castro erst kürzlich höchstpersönlich zu ihrer ausgezeichneten Arbeit gratuliert hatte, zeigte sich bereit, mir ein paar »ausrangierte« Latten zu geben. Ich sprach auch mit dem Tischler, der mir ähnlich bereitwillig neue Rahmen fertigte. Dennoch hatte ich noch lange Zeit ein sehr unbehagliches Gefühl der Scham.

Wenn ich zu solchen Maßnahmen greifen mußte, um ein simples Problem zu beseitigen, was würden dann die höchsten Regierungsmitglieder tun, um ihre Bedürfnisse zu befriedigen? fragte ich mich angewidert. Unsere Staatsführung hatte eine Gesellschaft geschaffen, die sich mit hehren revolutionären Schlagworten brüstete, aber korrupt durch und durch war. Diese aufgezwungene Korruption war nur eine weitere Strategie, die Menschen zu demoralisieren und in ihnen ein ständiges Schuldbewußtsein zu verursachen, das durch immer größere Aufopferung gesühnt werden mußte.

In den viereinhalb Jahren meiner Abwesenheit hatte es auf dem Stützpunkt einige Veränderungen gegeben. Statt eines Kampffliegerregiments beherbergte die Basis inzwischen eine Brigade, zu der zusätzliche Sicherheitskräfte, Nachrichtentechniker und Aerotechnische Bataillone gehörten. Darüber hinaus waren auch die unterirdischen Hangars für die modernsten Düsenjäger – MIG-23 BN – abgeschlossen, die wir aus Havanna erwarteten. Und die Bauarbeiten für die Bunker, die das Personal der Basis im Fall nordamerikanischer Bombenangriffe schützen sollten, standen kurz vor dem Abschluß.

Ein uraltes Problem war jedoch »vergessen« worden: Noch immer strebten Offiziere und Mannschaften abends nach getaner Abend mit Zeitungen unter dem Arm dem nahegelegenen Wäldchen zu . . .

Als ich eines Tages die Personalbunker mit dem zuständigen Bauingenieur besichtigte, verschlug uns der Gestank nach Exkrementen fast den Atem.

»Ich kann nur hoffen, daß Sie nie gezwungen sind, bei einem Luftangriff hier unterschlüpfen zu müssen«, witzelte der Ingenieur.

»Ich kann nur hoffen, daß ich nie gezwungen bin, unter den Bedingungen zu leben, unter denen diese Männer existieren müssen«, erwiderte ich.

Nach Einstellung der Hilfslieferungen aus der Sowjetunion, die auf Kuba als »gerechter Handelsaustausch zum gegenseitigen Nutzen« bekannt war, ging es diesen Männern schlechter denn je. Fleisch, Eier, Milch und andere Produkte waren von ihrem Speisezettel verschwunden, und sie sahen sich genötigt, in ihrer Freizeit auf behelfsmäßigen Beeten Gemüse anzubauen, um wenigstens etwas essen zu können.

Trotz des für die Landwirtschaft optimalen Klimas, das jährlich zwei, wenn nicht gar drei Ernten ermöglichte, litten auf Kuba inzwischen immer mehr Familien Hunger. Für die

Regierung wäre es ein leichtes gewesen, den Nahrungsmangel zu beseitigen: Sie brauchte den Bauern nur zu gestatten, ein Stück Land selbständig zu bewirtschaften und die Ernte zu verkaufen. Aber dadurch wären Bauern und Landarbeiter wirtschaftlich unabhängig geworden, wie auch Tausende von Arbeitern, die besserer Verdienstmöglichkeiten wegen aufs Land gezogen wären, und Tausende kleiner Händler, die Agrarprodukte in den Städten angeboten hätten. Darüber hinaus wäre der Lebensstandard der Menschen von ihrer beruflichen Hingabe bestimmt worden, nicht von der bedingungslosen Loyalität zum Regime. Und wer würde sich wohl dann noch an den »freiwilligen« Arbeitseinsätzen am Wochenende, an den Milizübungen und den Massendemonstrationen auf dem Platz der Revolution beteiligen, um der Staatsführung zu huldigen?

Es wäre der Regierung unmöglich, diese nun ökonomisch unabhängigen Männer und Frauen wie eine Herde braver Lämmer zu kontrollieren, die eine echte Gefahr für die Revolution darstellen würden, da das Wohlergehen ihrer Familien von ihren eigenen Bemühungen abhing, und nicht mehr von der unendlichen Gnade des Staates. Diese Männer und Frauen würden auch in politischen Fragen ihre Meinung sagen. Das wußten unsere Staatsführer aufgrund ihres hochentwickelten Sinns für Machterhaltung sehr wohl, und deshalb nannten sie als Gründe für den drohenden Nahrungsmangel lieber die ausbleibenden Hilfslieferungen aus der Sowjetunion und das Wirtschaftsembargo der Vereinigten Staaten.

Die Propagandamaschinerie der Regierung bediente sich zunehmend neuer und verwirrender Begriffe wie »außerordentlich kriegerische Phase in Friedenszeiten«. Mit mehr als zweihundert persönlich verfaßten Dekreten unterwarf Castro die Bevölkerung »in dieser schweren Zeit der Bedrohung durch die nordamerikanische Imperialisten« einschneidenden Beschränkungen. Im ganzen Land sahen sich die Menschen von der – öffentlich geförderten – Vorstellung geplagt, die Vereinigten Staaten wollten Kuba durch Aushungern erobern, und bald erscholl überall das neue Schlagwort: »Leistet Widerstand, Widerstand, Widerstand!« Wieder einmal wurde mit einer Lüge an den Stolz einer jungen Nation appelliert, und in dieser Atmosphäre leidenschaftlicher Haßgefühle gegen die Vereinigten Staaten begriffen nur noch wenige, daß kein Wirtschaftsembargo für den Mangel an landwirtschaftlichen Produkten verantwortlich zu machen war, die auf Kuba in Hülle und Fülle angebaut werden könnten.

Alle Medien und Kommunikationsmittel wurden für die Kampagne eingespannt, und ich war schockiert, bis zu welchem Maß ein Volk in die Irre geführt werden kann. Früher hatte man auch mich täuschen können, aber inzwischen war ich mit dem Virus der Wahrheit infiziert und erkannte voller Schrecken, daß die tragischen Menschenrechtsverletzungen auf Kuba ein noch gewaltigeres Ausmaß annehmen könnten, als es schon anderen Völkern widerfahren war.

Nach und nach fiel unser Alltag in den Rhythmus von vor fünf Jahren zurück. Vicky arbeitete wieder in der Poliklinik in Santa Clara und hatte die gleichen Probleme, zu ihrem Arbeitsplatz und wieder zurückzukommen. Aber wenigstens ersparte ihr eine neue Kindertagesstätte in der Nähe unserer Wohnung, diese abenteuerliche Reise mit Alejandro auf den Armen bewältigen zu müssen.

Unterdessen nahm ich meine Flüge wieder auf und bildete die jüngeren Piloten aus. Meine Bereitschaftszeiten verbrachte ich nicht mehr neben einem Düsenjäger, sondern auf dem Kommandoposten, den wir uns mit der Raketenabwehrbrigade teilten. Wenn ich dort zwei- bis dreimal pro Woche vor den Radarschirmen saß, meditierte ich häufig über die Lebensumstände meiner Familie und die traurige Zukunft, die meinem Land drohte.

Da uns ein Freund für die Zeit seiner Weiterbildung sein Telephon überlassen hatte, begann Alejandro abends auf meinen Anruf zu warten. Der Junge hatte sich in der Sowjetunion so an meine Anwesenheit gewöhnt, daß er sich nun weigerte, sein Abendessen zu sich zu nehmen, bevor er mit mir gesprochen hatte.

»Mama, warum muß Papa dauernd auf dem Flugplatz sein?« fragte er immer wieder.

Als ich eines Tages an seiner Kindertagesstätte vorbeikam, heulte plötzlich eine Sirene auf. Gleich danach rannten alle Kinder in den Schutzbunker unter dem Hof. Man bereitete sie auf den Tag vor, an dem die Nordamerikaner Kuba bombardieren würden. Am Abend erzählte Alejandro, wie er die bösen Amerikaner in dem unausweichlichen Krieg besiegen würde. Ich sah zu Vicky hinüber und explodierte: »Ich kann das alles nicht mehr ertragen!«

Mit gesenktem Kopf ging Vicky ins Schlafzimmer, während ich blieb und mit Alejandro spielte.

Im Dezember 1990 war die Kriegsgefahr am Persischen Golf das beherrschende Gesprächsthema unter meinen Kameraden auf dem Stützpunkt, die ihre Informationen aus Granma bezogen. Die gesamte kubanische Presse äußerte begeisterte Sympathie für Saddam Hussein und verwies auf die hohe Kampfbereitschaft der irakischen Truppen, die den Nordamerikanern erfolgreich entgegentreten würden. Alle meine Kameraden priesen die Wirksamkeit der irakischen Verteidigungslinien und rechneten fest damit, daß die US-Streitkräfte schon am ersten Tag der Auseinandersetzungen zehntausende Opfer erleiden würden. Die Blindheit, mit der diese hochqualifizierten Militärs den möglichen Ausgang des Golfkrieges bewerteten, erstaunte mich sehr.

Bei vielen Gelegenheiten verwickelte ich mich im Casino mit Cordero, dem Politoffizier Méndez und Teddy in Diskussionen, bei denen ich mit meiner ausschließlich beruflichen Ansicht nicht hinter dem Berge hielt.

Meiner Meinung nach lag auf der Hand, daß die Streitkräfte der Vereinigten Staaten und ihrer Verbündeten durch ihre Ausrüstung und Zahl den Irak in eine lange kriegerische Auseinandersetzung verwickeln konnten. In den langen Monaten des Abwartens hatten sie die Möglichkeit gehabt, die Stellungen der irakischen Truppen und der Waffenstellungen mit den modernsten radioelektronischen Mitteln zu erkunden und zu überwachen. Daher war es nicht schwer vorstellbar, daß die alliierten Truppen aufgrund ihrer Luftüberlegenheit und ihrer Langstreckenwaffen die irakischen Positionen gefahrlos angreifen, deren Verteidigungssysteme mit leistungsstarken radioelektronischen Störsendern außer Kraft setzen, sie von den Nachschublinien abschneiden und den größten Teil ihrer Feuerstärke zerstören konnten. Zum Zeitpunkt des Einsatzes von alliierten Bodentruppen wären die irakischen Truppen bereits so demoralisiert, daß der weitere Vormarsch der Verbündeten nicht mehr aufzuhalten wäre.

Derartige Meinungsäußerungen erregten die Aufmerksamkeit von Geheimdienstoffizieren, die über weitere Fragen zum möglichen Kriegsverlauf am Persischen Golf herausfinden wollten, ob ich mit den nordamerikanischen Truppen sympathisierte, die in dieser Region bereits zusammengezogen wurden. Sie setzten auch mehr als nur einen »Maulwurf« auf mich an, aber ich hielt mich strikt an eine ganz allgemeine professionelle Lageeinschätzung. Als sie ihre Erkenntnisse dann offenbar ihren Vorgesetzten meldeten, entschied ich mich dazu, mit meiner Meinung noch zurückhaltender zu sein, um nicht teuer für sie bezahlen zu müssen.

Montagmorgens erstattete Cordero für gewöhnlich dem Divisionshauptquartier Bericht, und ich hatte seinen Platz beim Appell der Brigade einzunehmen. Ich nahm den Tagesbefehl entgegen und sah in die erschöpften Gesichter der jungen Soldaten, die durch die jüngsten »Drohungen der nordamerikanischen Imperialisten gegen Kuba« und den »Verrat der ehemals sozialistischen Staaten Osteuropas« zusätzliche Lasten zu tragen hatten. Ich betrachtete ihre resignierten Gesichter und sah ihren Verdruß darüber, die immer gleichen Parolen über sich ergehen lassen zu müssen, und erstickte fast an meinem Widerwillen gegen diese politischen Schlagworte, die sie bewußt verdummten.

Und jeder neue Tag bestätigte meine Voraussage, die ich gegenüber Vicky vor unserer Abreise aus der Sowjetunion gemacht hatte: Mir war, als würde ich langsam sterben. Ich hatte jede Hoffnung verloren und versank im Meer der mich umgebenden Lügen. Ich mußte miterleben, daß meine Kinder bei der Heimkehr über »den Krieg gegen die Yankees« sprachen, und schämte mich zutiefst, ihnen nicht sagen zu können, daß es einen solchen Krieg nie geben würde – es sei denn, unsere Staatsführung provozierte ihn. Wenn ich abends nach Hause kam, setzte ich mich vor den Fernseher, den ich nach meiner Rückkehr aus der Sowjetunion kaufen durfte, und überließ mich qualvollen Grübeleien, die mich langsam umbrachten. Ich spielte nicht mehr mit den Jungen, sprach kaum noch mit Vicky. Nur eins ging mir unablässig durch den Kopf: Was ist aus meiner Ehre geworden, meiner Menschenwürde? Ich war doch immer so stolz darauf gewesen, das, was ich denke auch auszusprechen. Ich bin ein Feigling ... Ich muß endlich etwas unternehmen, selbst wenn es mich das Leben kostet. Lieber sterben, als mit einer Lüge zu leben.

Vicky beobachtete mich von der Küchentür her und fragte immer wieder: »Was hast du denn?«

Und jedesmal sagte ich: »Nichts.«

Die Tage verstrichen, ich wurde immer verzweifelter. Entweder ich schrie meine Meinung endlich hinaus, oder mein Bemühen, Vicky und die Kinder durch mein Schweigen zu schützen, brachte mich um ...

Eines Abends stellte Vicky eine andere Frage: »Gibt es da eine andere Frau in deinem Leben?«

»Bist du wirklich so dumm? Weißt du nicht, daß so etwas für mich nicht in Frage kommt?«

So rüde hatte ich noch nie mit ihr gesprochen. Vicky brach in hemmungsloses Schluchzen aus, bemühte sich aber nach Kräften, das vor den Kindern zu verbergen, die gerade zu Bett gegangen waren.

»Ich weiß, ich weiß! Ich bin an allem schuld! Ich hätte damals nicht ...«, räumte sie weinend ein.

Ich stand auf und nahm sie in die Arme. Es tat mir leid, sie so angefahren zu haben. Sie hatte nicht die geringste Schuld an Vorgängen, zu denen es nie gekommen wäre, wären wir nicht zu Opfern einer Diktatur geworden. Ich küßte sie auf die tränennassen Wangen und sprach sehr leise – für den Fall, daß unsere Wohnung abgehört wurde.

»Du hast an gar nichts schuld, Vicky, und ich mache dir nicht die geringsten Vorwürfe. Aber ich kann das alles einfach nicht mehr ertragen. Ich würde lieber sterben, als weiterhin schweigend mitansehen zu müssen, wie sie unsere Kinder indoktrinieren, sie ein Leben ohne Gott führen lassen und ihnen weismachen, die Loyalität zu unserer Staatsführung sei wichtiger als alles andere auf der Welt.«

»Dann geh doch! Geh!« flüsterte sie schließlich entschlossen und bohrte ihre Finger in meine Schultern.

»Was meinst du damit?«

»Nimm ein Flugzeug, verlasse Kuba. Das ist mir immer noch lieber, als daß du etwas wirklich Unüberlegtes tust.«

»Lieber sterbe ich, als daß ich dich allein lasse.«

»Aber wir brauchen dich lebend ...«

»An so etwas solltest du nicht einmal denken.«

Aber ihr Vorschlag ging mir nicht mehr aus dem Kopf.

Immer wieder mußte ich an ihn denken, immer mehr und immer intensiver.

In den letzten Dezembertagen hörte ich, daß die Zahnärztin der Basis um ihre Versetzung zu einem anderen Stützpunkt gebeten hatte, der näher an ihrer Wohnung lag. Damit eröffneten sich für Vicky ganz neue Möglichkeiten. Sie konnte auf dem Stützpunkt arbeiten und mußte nicht mehr diese ermüdenden Fahrten nach Santa Clara hinein machen. Sie war begeistert von der Chance und reichte unverzüglich eine entsprechende Bewerbung ein. Schon wenige Tage später erhielt sie eine positive Antwort, und das ließ uns unsere beklagenswerten Lebensumstände eine Zeitlang vergessen.

Am letzten Tag des Jahres hatte ich Dienst in der Kommandozentrale, als gegen acht Uhr Vicky mit den Jungen erschien, um den Abend mit mir zu verbringen. Sie hatte mir auch etwas mitgebracht.

»Es ist ein Pudding. Ich habe ihn zur Feier des Neuen Jahres für uns alle vier gemacht«, sagte sie. Ich konnte mir kein köstlicheres Mahl für den Silvesterabend vorstellen als diesen einfachen Pudding.

Den Anbruch des neuen Jahres verbrachten wir in dem kleinen Warteraum der Kommandozentrale, während die Jungen in unseren Armen schliefen. Ich betrachtete sie voller Mitgefühl. Wir hatten kein Spielzeug, keine Überraschung – kein einziges, ihrem Alter entsprechendes Geschenk für sie. In der Schule wurde ihnen als Grund zum Feiern der Sieg der Revolution am ersten Januar vor zweiunddreißig Jahren beigebracht.

Nachdem die ersten Wochen des Jahres 1991 ins Land gegangen waren, erschien ein Inspektionskomitee aus dem Hauptquartier, um zu erkunden, ob wir uns auch an die vom großen Revolutionsführer für diese »außerordentlich kriegerische Phase in Friedenszeiten« erlassenen Direktiven hielten. Sie wollten sich davon überzeugen, daß es uns gelang, auf dem Gelände der Basis Gemüse anzubauen und das Essen für die Soldaten auf Holzfeuer zu kochen. Sie wollten wissen, wie Soldaten und Offiziere mit den nahezu unmenschlichen Bedingungen fertig wurden, zu denen neuerdings auch der Verzehr so ungenießbarer Nahrung wie des berüchtigten »Pampelmusenschalensteaks« gehörte.

»Heute abend findet im Offizierskasino ein Essen zu Ehren des Komitees statt. Bring bitte auch Vicky mit«, hatte Cordero kurz nach der Ankunft der Inspektoren zu mir gesagt.

Nachdem wir unsere Plätze an einem der Tische eingenommen hatten, hörte ich deutlich, wie sich Cordero, der Politoffizier und der Stabschef den Komiteemitgliedern gegenüber rühmten, in welch hervorragender Weise die Brigade dem Ersuchen der obersten Staatsführung nachkam.

Dann wurde zum Bier das Essen serviert: gebratenes Schweinefleisch mit Yucca, Reis und schwarzen Bohnen. Auf dieses traditionelle kubanische Gericht mußten Millionen von Familien seit langem verzichten. Ich starrte auf meinen Teller, stellte mir vor, was die Soldaten zur Zeit gerade aßen, und wußte, daß ich keinen Bissen hinunterbringen würde. Vicky warf mir verstohlen einen Blick zu und schien ähnlich zu empfinden, da auch sie ihr Essen nicht anrührte. Da wandte sich einer der Inspektoren an mich und meinte mit vollem Mund: »Sie sollten anfangen zu essen, Genosse Major. So eine Gelegenheit bietet sich Ihnen nicht alle Tage!«

Am liebsten hätte ich mich übergeben, aber ich entschuldigte mich damit, daß mir nicht gut sei und ich dringend an die frische Luft müsse.

Vicky folgte mir schweigend in den Patio des Clubs hinaus.

»Du konntest es nicht anrühren, stimmt's?« fragte sie und umschloß meinen Arm mit beiden Händen.

»Das ist einfach zu viel für mich. Mit allen Unzulänglichkeiten, unter denen wir zu leiden haben, kann ich irgendwie fertig werden, mit dem Wasser- und Lebensmittelmangel, den Verkehrsproblemen, selbst mit der Tatsache, daß es bei Stromausfall weder Streichhölzer noch Kerzen gibt. Aber dieses Leben, in dem man eine Lüge nach der anderen schlucken muß, kann ich einfach nicht mehr ertragen!« explodierte ich und hieb mit der Faust gegen einen Baumstamm.

»Du machst mir Angst, Oré. Eines Tages wirst du noch etwas Wahnsinniges tun, und wir werden dich verlieren. Du mußt fort.«

Ich dachte daran, daß mir dieser Vorschlag nicht mehr aus dem Kopf gegangen war, seit sie ihn ausgesprochen hatte.

»Seit unserem Gespräch habe ich immer wieder daran denken müssen.«

Sie sah mich überrascht an. »Wann?« fragte sie.

»Ich weiß nicht . . . Die ganze Zeit habe ich mir überlegt, ob wir nicht auf irgendeine Weise gemeinsam ausfliegen können. Ich wollte sogar schon Flugunterricht auf den Hubschraubern nehmen, die mir neuerdings unterstehen, aber die Flugbeschränkungen wegen der Treibstoffknappheit haben das verhindert . . .«

Schluchzend lehnte Vicky ihren Kopf an meine Brust. »Oh, Gott, ich bin schuld. Ich weiß, daß dir irgend etwas ganz Furchtbares zustoßen wird.«

»So darfst du nicht reden. Beruhige dich doch bitte«, bat ich. »Inzwischen ist es so weit, daß ich mich kaum noch beherrschen kann. Ich kann nicht mehr schlafen, spiele kaum noch mit den Kindern, und ich habe mich so verändert, daß es ihnen bereits aufgefallen ist. Sie beschweren sich schon, daß wir nicht mehr soviel zusammen unternehmen wie früher. Und ich habe das Gefühl zu sterben, weil ich auch noch den Rest meiner Ehre verliere, wenn ich weiterhin mitmache.«

Vicky sah mich mit weit aufgerissenen Augen an und begann wieder zu schluchzen.

»Beruhige dich doch bitte! Ich versuche lediglich, vernünftig mit dir zu reden . . .«

»Gut, gut . . .«, murmelte sie.

»So wie die Dinge liegen, sage ich entweder offen meine Meinung oder begehe eine andere Unüberlegtheit. Dann bleibt mir wenigstens die Befriedigung, meine Ehre gerettet zu haben, selbst wenn es mich das Leben kostet. Aber du und die Jungen – ihr hättet euer ganzes Leben lang unter den Folgen meiner Rebellion zu leiden.«

»O bitte, nur das nicht!« flehte sie mich entsetzt an.

»Wie ich dir schon sagte, versuche ich nur, dir die Alternativen aufzuzeigen. Beruhige dich doch endlich – so etwas würde ich nie tun.«

Sie schien mir zu glauben, und ich fuhr fort: »Ich könnte mir natürlich auch eine Kugel durch den Kopf jagen – dann würden sie dich und die Kinder in Ruhe lassen.«

Vickys Kopf zuckte hoch. »Aber was wird aus den Kindern und mir? Ohne dich wäre unser Leben doch kein Leben mehr!«

»Ich bitte dich inständig, dich endlich zu beherrschen! Das war eine reine Hypothese. Nie könnte ich dich und die Kinder im Stich lassen! Der einzige Ausweg ist die Flucht, aber es sieht ganz so aus, als wäre eine gemeinsame Flucht unmöglich. Ich habe keine Ahnung, wie ich an ein Boot, ein Floß oder irgendein anderes Fahrzeug kommen soll, um mit euch zusammen die Florida Straits zu überqueren. Ich könnte zwar verhältnismäßig leicht mit einer MIG fliehen, doch dann müßte ich euch drei erst einmal zurücklassen, und das kommt für mich nicht in Frage.«

»Aber es ist die beste Lösung. Ich weiß, daß du jeden Moment explodieren kannst, und das hätte schreckliche Folgen für uns alle. Also mach es!«

»Ich bin mir nicht sicher. Vielleicht hast du recht . . . aber laß mich noch ein bißchen darüber nachdenken. Bisher weiß ich nur eins ganz klar: daß ich – so oder so – ohne euch drei nicht leben könnte.«

Vicky umarmte mich und fing schon wieder an zu weinen. »Du bist mit Sicherheit die tränenreichste Frau auf der Welt. Wenn uns jemand sieht, muß er annehmen, wir hätten uns gestritten.«

Lächelnd schmiegte sie sich an mich. »Ich liebe dich! Sehr!«

»Ich liebe dich auch. Aber jetzt laß uns nicht mehr über die Sache sprechen – vor allem nicht in der Wohnung. Ich werde noch gründlicher darüber nachdenken. Wenn ich zu einem Entschluß gekommen bin, sage ich es dir.«

XIV

Ich gebe dich niemals auf!

Die Basis hatte ihren Skandal: Der für die chemischen Kampfstoffe zuständige Offizier und der erfahrenste Radarnavigator waren vom Geheimdienst unter dem Verdacht festgenommen worden, illegal Vieh geschlachtet und das Fleisch verkauft zu haben. Seit den Anfangsjahren der Revolution untersagte ein Gesetz das Schlachten von Rindern, um die Größe der kubanischen Herden zu steigern. Dennoch hatte ihre Zahl im Laufe der Jahrzehnte ebenso abgenommen wie die jedem Kubaner zugebilligten Fleischrationen. Inzwischen waren Funktionäre offenbar dazu übergegangen, morgens auf den Weiden Kühe einzufangen, sie an Ort und Stelle zu schlachten, das Fleisch untereinander aufzuteilen und den Rest zu verkaufen.

Auf dem Stützpunkt setzte eine beispiellose Hexenjagd ein. Geheimdienstoffiziere isolierten die Verdächtigen und verhörten sie tagelang, um die Namen aller Beteiligten ebenso herauszubekommen wie die der Fleischkäufer. Täglich kamen weitere Verdächtige hinter Schloß und Riegel, darunter auch einige Offiziersfrauen, und in der ganzen Umgebung gab es kein anderes Gesprächsthema als Mutmaßungen darüber, wer als nächstes vom Geheimdienst abgeholt wurde.

Als sie unsere Freundin Osiris unter dem Verdacht festnahmen, zwei Pfund Fleisch gekauft zu haben, erreichte der Skandal einen Höhepunkt. Osiris war die Frau von Major Roberto Tompson, dem Leiter einer Düsenjägerstaffel, einem Helden des Krieges in Angola und eines meiner engsten Freunde. Unverzüglich sahen sie sich einer Einschüchterungskampagne durch die Spionageabwehr unterworfen, die ihnen das Geständnis entringen wollte, daß Tompson von dem Fleischerwerb seiner Frau gewußt habe, damit sie an ihm ein Exempel statuieren konnte.

Der neue Chef des Stützpunkt-Geheimdienstes, Oberstleutnant Ernesto Cordero, erließ sofort die Anordnung, daß Tompson von allen Flügen ausgeschlossen blieb, solange die Untersuchungen gegen ihn nicht abgeschlossen waren.

»Um ihn vor Unüberlegtheiten zu bewahren«, kommentierte der Geheimdienst die Anordnung und spielte damit auf die Möglichkeit einer Flucht in die Vereinigten Staaten an.

Wie wenig sie doch von unseren Männern halten, wenn sie davon ausgehen, sie würden ihr Land verlassen, um einer Strafe zu entgehen, dachte ich und dachte an die Gründe, die mich an eine Flucht denken ließen.

Da Roberto und Osiris Zuspruch und Unterstützung dringend nötig hatten, statteten Vicky und ich ihnen einen Besuch ab.

»Was auch immer gewesen sein mag – wir möchten euch sagen, daß wir die alten Freunde bleiben«, versicherten wir ihnen, und Tompson warf mir einen dankbaren Blick zu.

Osiris erzählte uns, vor ein paar Monaten wäre ihr von jemandem Fleisch angeboten worden, als ihre kleine Tochter gerade mit hohem Fieber im Bett gelegen und sie nichts zum Essen im Haus gehabt hatte. Zu dieser Zeit war Tompson auf der Basis so beschäftigt gewesen, daß er nur zum Schlafen nach Hause gekommen war. Sie hatte nie mit ihm darüber gesprochen, weil sie die Angelegenheit für zu unwichtig hielt. Jetzt machte sie sich die bittersten Vorwürfe: Durch ihre Schuld durfte ihr Mann nicht mehr fliegen.

Ihre Familie sah sich gezwungen, die tragischen Folgen

eines belanglosen Vorfalls zu tragen, der von einem absurden System zu einem Verbrechen aufgebauscht worden war. Die Hilflosigkeit und Unsicherheit auf den Gesichtern unserer Freunde tat uns weh. »Und was soll nun aus uns werden?« lautete ihre stumme Frage.

Anfang März suchten mich Oberstleutnant Ernesto Cordero und Leutnant Valdés in der Kommandozentrale auf. Sie hatten sich an zwei für ihre Untersuchungen wichtige Fakten erinnert: daß ich *de jure* Mitarbeiter des Geheimdienstes war, wenn auch *de facto* ein inaktiver, und daß ich mit Tompson und seiner Familie befreundet war. Zunächst erkundigten sie sich überaus höflich nach dem Wohlbefinden meiner Familie, kamen dann aber sehr schnell zum Grund ihres Besuches.

»Uns ist bewußt, wie ungeheuer beschäftigt Sie sind, aber wir brauchen Ihre Mithilfe bei der Lösung eines immens wichtigen Problems«, begann Ernesto, während Valdés lächelnd neben ihm stand. Er hatte das gleiche Glitzern in den Augen wie Cepero, als der mich vor vielen Jahren aufgefordert hatte, Corderos Frau zu verführen, der inzwischen mein Kommandant war.

»Es geht um Tompson. Wir wollen ihn schützen, seinen guten Ruf wahren. Doch dazu müssen wir ganz sicher sein, daß er von dem Fleischkauf seiner Frau nichts gewußt hat.«

Das also waren die vorrangigen Probleme einer Organisation, die ins Leben gerufen worden war, um die finsteren Machenschaften der CIA zu bekämpfen. Ich fühlte mich in die Zeit stalinistischer Säuberungen zurückversetzt. Welche Intrigen wurden auf den höheren Regierungsebenen gegen jene angezettelt, die es verabsäumt hatten, unserem *Revolutionsführer* gefällig zu sein?

»Was erwarten Sie von mir?« fragte ich mit äußerster Beherrschung.

»Tompson ist Ihr Freund. Wir wissen, daß er und seine Frau Ihnen und Vicky vertrauen.«

Valdés wurde bei den Ausführungen seines Chefs immer erregter, aber schließlich kamen wir – wie beim ersten Mal – doch zum Punkt.

»Wir möchten, daß Sie Tompson besuchen. Vielleicht fällt Ihnen in seiner Wohnung irgendein Gegenstand auf, der leicht ersetzt werden kann.«

»Ich fürchte, ich verstehe nicht ganz . . .«

»Wir müssen seine Gespräche mit seiner Frau abhorchen. Und da haben wir uns gedacht, Sie könnten unter Umständen irgendeinen kleinen Gegenstand mitnehmen, dessen Verschwinden nicht auffällt, damit wir ihn entsprechend präparieren. Es ist aber auch vorstellbar, daß Sie uns ein Objekt beschreiben, damit wir es austauschen können.«

Zweimal hatten sie mich ersucht, ihnen bei der Lösung eines schwierigen Problems zu helfen, und zweimal hatten sie mich aufgefordert, einen meiner Freunde zu verraten! Ich sollte meine Loyalität zur Revolution also dadurch beweisen, daß ich meine Freunde betrog! Hunde!

»Ich werde sehen, was sich machen läßt. Aber Sie sollten wissen, daß ich in zwei Tagen nach Havanna und Varadero fahre«, erwiderte ich ausweichend, dachte aber keine Sekunde lang daran, ihrem »Wunsch« zu entsprechen.

Sie verabschiedeten sich und ließen mich mit meinem Ekel zurück. Was würde mir noch alles zugemutet werden?

Da Cordero Urlaub hatte, sollte ich am folgenden Montag den Morgenappell abnehmen. Kurz bevor ich das Podium betrat, überreichte mir der Geheimdienstchef den neuesten Tagesbefehl, den ich den versammelten Truppen zu verkünden hatte. Das Schriftstück besagte, daß die 101st Airborne Division der US-Streitkräfte uneingeschränkt kampfbereit aus der Golfregion zurückkehrte, und daß rund vierzehntausend siegestrunkene Soldaten an Fallschirmen aus den Flugzeugen auf nordamerikanischem Boden niedergehen würden.

»Nach dem Ende der Sowjetunion kann die Vereinigten

Staaten nichts mehr von einer Aggression gegen Kuba abhalten. Daher ist nicht auszuschließen, daß der Feind mit den Truppen und Waffen aus der Golfregion einen Überraschungsangriff starten wird«, endete der Tagesreport.

Nachdem ich den Text gelesen hatte, war mir klar, daß ich ihn nicht vor den auf dem Paradeplatz versammelten Soldaten wiederholen konnte. Ich gab dem Geheimdienstchef das Schriftstück zurück und bat ihn, es an meiner Stelle zu verlesen. Überraschung und Mißtrauen überflog das Gesicht von Politoffizier Mendéz. Eine derartige Information wurde üblicherweise den Truppen vom Kommandanten übermittelt. Ich hatte mich schon mit den verwerflichsten Lügen abgefunden, aber diesen Text den überlasteten Soldaten zu übermitteln – dazu fühlte ich mich außerstande. Nein, jetzt reichte es mir.

Seit unserem letzten Gespräch hatte ich unaufhörlich nach einer Möglichkeit gesucht, mit Vicky und den Jungen gemeinsam zu fliehen, aber das war und blieb ausgeschlossen.

Und wenn ich einen meiner MIG-Trainingsflüge zur Flucht nutzte? Vicky könnte sagen, sie hätte von alledem nichts gewußt, dann konnte man ihr nichts anhaben.

Andere waren zwar, wie General del Pino, mit Angehörigen geflohen, aber diejenigen seiner Verwandten, die er zurücklassen mußte – darunter seine Mutter, zwang man dazu, den Flüchtigen in den kubanischen Medien zu verurteilen und als Verräter an seinem Land, seinem Volk und seiner Familie zu beschimpfen. Auf diese Weise verwandelte das repressive System einen Rückschlag in einen Sieg. Ein Mensch, den die eigene Familie als Verräter bezeichnete, band die Massen enger an die Staatsführung.

Die Methode war ebenso einfach wie wirksam: Die verständnisvolle Staatsführung sagte den verlassenen Angehörigen großzügige Hilfe und Unterstützung zu. Und das Volk, stets auf der Seite der Gepeinigten, nahm jene mit offenen Armen auf, die unter der Demütigung zu leiden hatten, einen Verräter in ihren Reihen zu haben. Den Rest erledigten die Medien: Das war die wahre Familie! Die des Volks und seiner Staatsführung!

So war del Pinos Flucht zu einem Triumph gemacht worden.

Die Angehörigen, die – von Angst und den Umständen genötigt – Erklärungen gegen »den Verräter« abgegeben hatten, sahen sich nun im Netz der Medien gefangen. Aus Furcht, von den Massen, die ihnen ihre Zuneigung gezeigt hatten, als Abtrünnige bezeichnet zu werden, wagten sie nicht, um eine Ausreisegenehmigung nachzukommen.

Fidel und Raúl Castro hatten sich ihr Leben lang um ein gutes Image in der Presse bemüht und bei ihren öffentlichen Ansprachen immer wieder erklärt, niemand werde gegen seinen Willen auf Kuba festgehalten.

»Wer gehen will, soll gehen!« hatte der Verteidigungsminister in seiner jüngsten Rede vor hohen Militärs betont.

Und der Oberbefehlshaber selbst hatte in einem vom kubanischen Fernsehen ausgestrahlten Interview mit einem ausländischen Journalisten erklärt: »Nicht wir sind dafür verantwortlich, wenn einige Kuba nicht verlassen können, sondern die Vereinigten Staaten, weil sie sich weigern, ihnen Visa auszustellen. Unsere Türen stehen immer offen.«

Nach meiner Flucht müßte Vicky so tun, als wäre sie so tief getroffen, daß sie in ihrem psychischen Ausnahmezustand weder eine Erklärung gegen mich abgeben, noch eine der von den Führern der Revolution angebotenen Privilegien annehmen konnte. Das würde ihr ermöglichen, eine Ausreisegenehmigung zu beantragen, nachdem ich die entsprechenden US-Visa erhalten hatte.

Nach und nach nahm in mir ein neuer Plan Formen an. Er enthielt zwar viele Risiken, war aber die einzige Alternative.

Und wenn sie Vicky und den Kindern trotz ordentlicher

Visa die Ausreise verweigern? Dann wende ich mich in den Vereinigten Staaten an die Presse, und Vicky wird die in Havanna akkreditierten Auslandskorrespondenten aufsuchen. Das öffentliche Aufsehen würde sie dazu bewegen, meiner Familie sofort die Ausreise zu gestatten.

Als ich am Tag nach Corderos und Valdéz' Besuch nach Hause kam, schlug ich Vicky einen kleinen Familienausflug zu einem nahen Fluß vor. Wir nahmen zwei in der Sowjetunion gekaufte Fußbälle mit und zogen los. Am nächsten Tag mußte ich für eine Woche nach Havanna, um mich mit den neuen MIG-23 BN vertraut zu machen. Auf dem Rückweg sollte ich in Varadero ein Haus, das bisher als Ferienunterkunft für Piloten genutzt worden war, einer der neuen Gesellschaften für internationalen Tourismus übergeben, die von pensionierten Militärs geleitet wurden.

Die Kinder rannten sofort ans Wasser, warfen sich lachend die Bälle zu und spritzten sich naß, während Vicky und ich von einem Felsen aus zusahen.

»Ich fürchte, ich muß zunächst mit einer MIG fliehen«, sagte ich. »Eine andere Möglichkeit gibt es nicht.«

»Wann?«

»Sobald sich nach meiner Rückkehr aus Havanna eine Gelegenheit dazu ergibt. Aber ich hole euch dann so schnell wie möglich nach.«

»Und dann?« fragte Vicky.

Ich erklärte ihr ausführlich, wie sie sich nach meiner Flucht verhalten sollte, dann fragte ich: »Meinst du, daß du es schaffen wirst?«

»Ich denke schon ...«

»Du darfst Ihnen nicht den geringsten Hinweis darauf geben, daß du von meinen Absichten gewußt hast, sonst lassen sie dich nicht mehr in Ruhe.«

»Ich bemühe mich nach Kräften. Es wird ihnen nie gelingen, ein Geständnis aus mir herauszubekommen, selbst wenn sie mir mit dem Tod drohen.«

»Ich glaube nicht, daß sie dich foltern würden. So ist das System nicht.«

»Du mußt mit den Jungen sofort umziehen, damit sie andere Kinder nicht beschimpfen können, ihr Vater sei ein Verräter. Zieh nach Havanna zu deinen Eltern. Sie werden froh sein, euch um sich zu haben. Erzähl den Jungen, ich sei vorübergehend an einen anderen Stützpunkt versetzt worden – in die Sowjetunion beispielsweise. Aber wenn die ersten Untersuchungen überstanden sind, sage ihnen die Wahrheit, sprich ausführlich mit ihnen darüber.«

»Das wird nicht leicht.«

»Ich weiß, deswegen möchte ich ganz sicher sein, daß du es auch schaffen wirst.«

»Natürlich schaffe ich es.«

»Noch etwas: Du mußt davon ausgehen, daß sie jedes deiner Worte abhören. Also mach deinem Herzen ruhig Luft, nachdem sie dir die Neuigkeit überbracht haben. Rede mit dir selbst, beschimpfe mich, wüte . . . Vielleicht kann sie das davon überzeugen, du hättest wirklich nichts gewußt.«

»Verstehe.«

»Und wenn alles gutgegangen ist, rufe ich dich an und bitte dich um Verzeihung, dir nie etwas von meinen Plänen erzählt zu haben. Und dann, nachdem ich mich gemeldet habe, geh zur US-Botschaft und bitte um Visa für die Kinder und dich. Ich mache das gleiche in den Staaten.«

»Und wenn uns die Vereinigten Staaten keine Visa ausstellen?«

»Dann komme ich zurück.«

Vicky starrte mich entsetzt an.

»Wenn es auf dieser Welt keine Zuflucht für uns gibt, dann halte ich das Leben nicht mehr für lebenswert . . . Ich glaube, das ist ein Risiko, das wir eingehen müssen.«

Sie senkte schweigend den Kopf. Ihr war klar, daß uns keine Alternative blieb.

»Wir müssen Vertrauen haben«, fügte ich hinzu. »Wenn

wir alles richtig machen, dann habe ich genügend Zeit, die nötigen nordamerikanischen Visa zu besorgen. Wenn wir Sie erst einmal haben, können sie dich nicht auf Kuba festhalten. Es wäre ein internationaler Skandal, wenn sie dich und die Kinder als Geiseln festhalten, während sie dauernd das Wort ›Menschlichkeit‹ im Munde führen. Ich bin sicher, daß sie das nicht riskieren.«

»Ich auch . . .«

Eine Weile lang saßen wir schweigend da und sahen den Kindern beim Spielen zu, während hinter ihnen die Sonne unterging.

»Ich denke, sie werden dich und die Kinder in aller Stille ausreisen lassen, um alles Aufsehen zu vermeiden.«

Vicky lächelte, und nach Monaten schimmerte wieder Hoffnung in ihrem Blick auf. »Ihnen bleibt keine Wahl. Wie lange werden wir getrennt sein?«

»Ich weiß es nicht. Das hängt davon ab, wann ich die Visa bekomme. Aber wenn sie dich dann noch auf Kuba festhalten, müssen sie mit dem Skandal rechnen, den ich euretwegen entfesseln werde.«

Wie naiv wir doch waren! Wie überschätzten wir das Interesse der internationalen Presse und wie unterschätzten wir die Reaktionen der kubanischen Behörden!

Am nächsten Tag fuhr ich nach Havanna und stattete zunächst einmal meinen Eltern einen Besuch ab, die mir sofort ihr Auto zur Verfügung stellten. Bei meinen Fahrten zum Lehrgang an der Technischen Hochschule der Luftwaffe bemerkte ich immer wieder dasselbe Auto hinter mir. Früher hatte ich kaum in den Rückspiegel geschaut, aber jetzt versetzten mich meine Fluchtpläne in einen hochgradigen Spannungszustand.

Als ich eines Nachmittags zum Haus meiner Schwiegereltern zurückkehrte, war der verhängnisvolle Wagen schon wieder hinter mir, und ich beschloß, einen Umweg über die belebte Rampa zu machen, um festzustellen, ob ich tatsächlich verfolgt wurde. Als sich plötzlich vor mir eine Parklükke auftat, fuhr ich an den Straßenrand und hielt. Im Rückspiegel sah ich, daß der andere Wagen in zweiter Spur anhielt, und ein Mann in karierten Hemd ausstieg, während der Fahrer auf einen freiwerdenden Parkplatz wartete. Ich schloß mich der Schlange vor einem Eisstand an und sah, daß der Fahrer wenige Minuten später zu seinem Gefährten trat. Es war klar, daß sie mich verfolgten, es war aber auch deutlich, daß ihnen die Folgen der Wirtschaftskrise zu schaffen machten. Für ihren Auftrag stand ihnen nur ein einziges Fahrzeug zu Verfügung, so daß sie einfach auffallen mußten . . .

Warum verfolgten sie mich? Hatte Cordero meine Skepsis gegenüber jenen weitergegeben, die nicht bereit waren, Kritik aus dem Volk zu ertragen? Oder hatte sie Méndez über meine Ansichten zum Verlauf des Golfkrieges informiert?

Von meinem Platz in der Schlange beobachtete ich meine Verfolger unauffällig und erinnerte mich an den Zwischenfall mit dem Tagesbefehl und die Meinungen, die ich zum Kriegsverlauf am Persischen Golf geäußert hatte. Vielleicht hatte ihnen Méndez mitgeteilt, ich hege höchst verdächtige Ansichten. Vielleicht auch Cordero . . . Jedenfalls mußte ich mich sehr vorsehen, sonst würde ich nie eine Chance bekommen, unsere Pläne in die Wirklichkeit umzusetzen, sagte ich mir und ärgerte mich darüber, daß ich nun auch in der Schlange ausharren mußte, bis ich an der Reihe war.

Ich fuhr zu meinen Schwiegereltern und am nächsten Tag nach Varadero, ohne daß sie mir folgten – jedenfalls konnte ich sie nicht entdecken.

Varadero war schon immer einer meiner Lieblingsorte gewesen. Weniger wegen seiner landschaftlichen Schönheit, sondern weil ich hier einen großen Teil meiner Kindheit verbracht hatte. Hier war ich während des Schwimmunterrichts am Strand entlanggelaufen, hatte im Sand gelegen, um auf die Schildkröten zu warten, die nachts an Land kamen, um ihre Eier abzulegen. Inzwischen hatte sich der herrliche Urlaubsort sehr verändert, war nun fast ausschließlich ausländischen Touristen vorbehalten. Von Freunden erfuhr ich, daß angesichts der Armut auf Kuba Hunderte von Jugendlichen in die internationalen Touristenorte geströmt waren, um sich zu prostituieren und ihre Körper für die einfachsten Dinge des täglichen Bedarfs zu verkaufen – unter offensichtlichem Stillschweigen der Behörden, die sich nicht mit den Touristen anlegen wollten, die ihre Dollars auf Kuba ausgaben.

Da ich mir diese Welt mit eigenen Augen ansehen wollte, von der ich nicht glaubte, daß es sie gab, schlenderte ich am Abend durch die Straßen meines geliebten Küstenortes. Überall waren neue Restaurants eröffnet worden, aber – wie Schilder an ihren Türen und in ihren Fenstern besagten – ausschließlich für Ausländer. Da ich Durst hatte, betrat ich eines von ihnen, spürte aber sofort den beleidigenden Blick eines Kellnerns auf mir, der mir sagte: »Ich gebe Ihnen das Glas Wasser, aber Sie sollten wissen, daß dieses Restaurant nur für ausländische Touristen geöffnet ist.«

»Entschuldigung, das wußte ich nicht«, erwiderte ich, drehte mich um und ging zur Tür.

»He, Genosse – Ihr Glas Wasser!« rief er mir nach.

»Vielen Dank . . . ich habe plötzlich keinen Durst mehr«, erwiderte ich, ohne mich umzudrehen, und eilte auf die Straße hinaus.

Sogar mein Land haben sie mir genommen, dachte ich schmerzlich berührt, während ich meinen aufschlußreichen Spaziergang durch eine neue Welt fortsetzte, die von der Revolution geschaffen worden war, die einst unter dem Wahlspruch angetreten war, keine Unterschiede zwischen den Menschen zu machen.

Ein paar Schritte weiter umringten Passanten ein paar Autos, und ich ging neugierig darauf zu. Über der Tür zu einem Gebäude im Stil einer mittelalterlichen Burg verkündete ein flimmerndes Schild »El Castillito Discoteque«. Vor dem Eingang stand mehr als ein Dutzend junger Mädchen in engen, kurzen Röcken. Sie unterhielten sich angeregt untereinander und schwenkten die Arme, bis eines der Autos mit blauen Nummernschildern, die nur Ausländer mieten konnten, am Straßenrand hielt. Dann umringten sie den Wagen und beschwatzten den Fahrer, doch eine von ihnen in die Discothek einzuladen. Der Tourist betrachtete seine aufdringlichen Bewunderinnen mit einer Mischung aus Erschrecken und Begeisterung, dann ergriff er eine beim Arm und betrat mir ihr die Welt der Unterhaltung, zu der ausschließlich Touristen Zutritt hatten. Auf der anderen Straßenseite stand ein Streifenwagen der Polizei, und etliche Beamte behielten die Szene im Auge – »damit die Dinge nicht aus dem Ruder laufen«, wie man mir erklärte.

Mit bitteren Empfindungen machte ich mich auf den Rückweg zum Ferienhaus. Ich hatte in Varadero etliche Jahre auf der Schule verbracht, aber ich erkannte es nicht wieder. Die Ideale der Revolution waren längst der skrupellosen Jagd auf harte Devisen gewichen.

Während früher der Immobilienbesitz von Kubanern unter dem Vorwand sozialer Gerechtigkeit beschlagnahmt worden war, verkaufte man nun Haus und Grundbesitz an ausländische Hotelinvestoren, die Kubanern keinen Zutritt gewährten und Schwarzen – in Art einer Apartheid gegen Kubaner – ihre Arbeitsverhältnisse kündigten.

So also sah das entwürdigende Schicksal aus, das die Revolution meinem Volk bereitet hatte!

Eine der häufigsten Forderungen unseres Revolutionsführers in den Anfangsjahren hatte gelautet, daß Kuba die Revolution brauche, um seiner Prostitution endlich ein Ende zu setzen.

»Vor dem Sieg der Revolution war Kuba das Hurenhaus des Kontinents«, hatte er bei zahllosen Anlässen erklärt.

Auch wenn ich zu dieser Zeit noch nicht gelebt hatte, hegte ich keinerlei Zweifel daran, daß die Prostitution auf Kuba vor der Revolution weit verbreitet gewesen war. Aber jetzt waren unsere Prostituierten Ingenieure, Hochschulabsolventen, Facharbeiter und Angestellte, die sich aus der Not heraus zu diesem Gewerbe gezwungen sahen – für eine Einladung zum Essen, zum Tanz in einer Discothek, für ein Stück Seife, ein bißchen Parfum, ein Kleidungsstück. Heute waren unsere Prostituierten die billigsten, aber bestausgebildetsten der Welt!

Am nächsten Morgen übergab ich die Schlüssel des Hauses den Vertretern der Tourismusgesellschaft und fuhr in dem Bewußtsein nach Santa Clara zurück, ein Mensch ohne Land, ohne Heimat zu sein. Aber das ist nur im Moment so, sagte ich mir, denn ich werde eine Heimat für meine Familie finden, in der gewisse Rechte gewahrt werden und es ein Gefühl für Eigentum gibt – zumindest an sich selbst. Jetzt war ich fest davon überzeugt, daß mein nächster Solo-Flug in die Vereinigten Staaten führen würde.

Vicky und die Jungen hatten bereits vom Balkon aus nach mir Ausschau gehalten, und als sie mich aus dem Bus steigen sahen, kamen sie die Treppen heruntergelaufen. Da wir uns eine Woche lang nicht gesehen hatten, mußten mir Reyniel und Alejandro unbedingt alles mitteilen, was sich inzwischen in der Schule ereignet hatte. Den Rest des Nachmittags verbrachten wir spielend auf dem Wohnzimmerboden, und als es Zeit zum Schlafengehen war, wisperte ich Vicky zu: »Beim nächsten Alleinflug . . .«

Sie schmiegte sich an mich, legte ihren Kopf auf meine Brust und schlief ein.

Am nächsten Morgen entschuldigte ich mich bei Reyniel und Alejandro, die sich bitter darüber beklagten, daß ich sonntags immer arbeiten mußte, und machte mich schon früh auf den Weg zu meinem – vermutlich letzten – Dienst in der Kommandozentrale. Nachmittags statteten mir Vicky und die Jungen einen Überraschungsbesuch ab. Sie hatten das Haus Stunden zuvor verlassen, um auf den Bus zu warten und am Offizierskasino nach Pizzas anzustehen. Aber nun waren sie endlich da – mit knusprigen Pizzas und voller Freude. Die Jungen waren überglücklich, endlich wieder einmal an meinem Arbeitsplatz zu sein, aber Vicky konnte ihre Nachdenklichkeit nicht ganz verbergen.

»Weißt du schon, wann du fliegen wirst?« fragte sie, als fürchte sie sich vor der Antwort.

»Am M ... Mittwoch«, stammelte ich und erinnerte mich an das Telephongespräch, das ich wenige Stunden zuvor mit Cordero über den Flugplan geführt hatte. »Glücklicherweise habe ich in dieser Woche keinen Dienst in der Kommandozentrale, so daß ich häufiger zu Hause sein kann.«

Auch Vicky war froh, daß wir in diesen entscheidenen Tagen wenigstens zusammensein konnten. In den letzten Wochen hatte es weder auf der Basis noch im Wohnblock Wasser gegeben. Aus diesem Grund war Alejandros Spielgruppe geschlossen worden, und Frauen mit kleinen Kindern durften im Moment ihrer Arbeit fernbleiben.

Zum Abendessen machten wir uns über die Pizzas her, die uns ganz hervorragend schmeckten, aber als der Augenblick des Abschieds gekommen war, begann Alejandro zu weinen.

»Ich will hier bei Papa schlafen!« jammerte er, als Vicky ihn bei der Hand nahm und gehen wollte.

Ich wollte ihm erklären, daß Kinder in der Kommandozentrale nicht schlafen konnten, aber mir versagte die Stimme und ich mußte hinausgehen, damit sie mir meine Erschütterung nicht ansahen. Vicky räusperte sich und bestand darauf, daß die Jungen unverzüglich mit ihr nach Hause gingen.

Am nächsten Tag schloß ich mich in meinem Büro ein, holte die Karte heraus, auf der auch der Süden der Vereinigten Staaten eingezeichnet war und stellte die für einen Flug zur Boca Chica Naval Air Station auf Key West nötigen Berechnungen an. Ich lernte die Daten auswendig, bemühte mich, keinerlei Spuren auf der Karte zu hinterlassen, die sich von unseren üblichen Karten dadurch unterschied, daß auf ihr der südliche Bereich der USA verzeichnet war, entnahm meiner Schreibtischschublade etliche Geheimdokumente und brachte sie in das Büro zurück, in dem sie normalerweise aufbewahrt wurden.

Ich will frei sein, sagte ich mir. Wenn sie mich aufnehmen, dann müssen sie das ohne alle Bedingungen tun – auch wenn mir einige dieser Dokumente mit Sicherheit eine positivere Aufnahme sichern könnten.

Gerade als ich das Hauptquartier verlassen wollte, kamen Cordero und Valdés auf mich zu.

»Gehen wir kurz in mein Büro«, erklärte Cordero ernst, während Valdés lächelnd neben ihm stand. »Wir möchten eine Videokassette vorführen, die das Büro des Ministers allen Kommandanten zugeschickt hat.«

In seinem Büro warteten bereits der Stabschef und der Erste Navigator des Stützpunktes auf uns.

Das Band begann mit einer Aufzählung der jüngsten CIA-Aktivitäten gegen Kuba und zeigte bereits im Fernsehen ausgestrahlte Aufnahmen von angeblichen Diplomaten der US-Vertretung in Havanna, die Geheimbotschaften in toten Briefkästen deponierten. Dann war davon die Rede, daß »gewisse Offiziere der Streitkräfte der CIA angeboten haben zu kollaborieren«. Bei der Verurteilung dieser Verräter nahm die Stimme des Moderators einen ausgesprochen schrillen Ton an. Mit versteckter Kamera aufgenommenes Material zeigte dann die Redaktion der Armeezeitschrift *Verde Olivo*, in der sich einige Journalisten Witze über unseren Revolutionsführer erzählten. Dann folgte der Fall des verantwortlichen Oberst der Marine-Nachrichtentruppe, der es »gewagt hat, Kritik am Oberbefehlshaber zu üben«.

Dieses Verbrechens hatte sich auch Hauptmann Jardinero schuldig gemacht, der Kommandeur der Wachmannschaft im Militärkrankenhaus von Santiago de Cuba. Der letzte auf dem Band geschilderte Fall betraf einen Dozenten am Militärtechnischen Institut von Havanna. Der Hauptmann hatte in einem Schreiben an die Parteileitung und das Institut bekannt, Christ zu sein, und darum gebeten, auf seinem Posten bleiben zu dürfen, da er keinen Widerspruch zwischen seiner religiösen Überzeugung und seinen Pflichten als Soldat erkennen könne. Sein Vertrauen in die Staatsführung hatte ihn dazu verleitet, der jüngsten Kampagne Glauben zu schenken, mit der die Regierung gläubige Männer und Frauen zum Eintritt in die Partei aufrief. Ihm war nicht bewußt geworden, daß es sich dabei lediglich um ein neues Täuschungsmanöver handelte, der Bevölkerung politische Veränderungen vorzugaukeln.

Als das Band lief, war mir nicht entgangen, wie aufmerksam mich Valdés beobachtete, besonders an der Stelle, an der von jenen gesprochen wurde, »die der CIA in die Falle gegangen« waren.

Daher wandte ich mich nach dem Abspielen zu ihm um und meinte: »Die Botschaft des Ministers ist eindeutig.«

»Es freut mich, daß Sie sie verstanden haben«, erwiderte er, als wolle er mir eine Warnung zukommen lassen.

In achtundvierzig Stunden bin ich so weit weg, daß ihr mich nicht zu einem nächsten Opfer machen könnt, entgegnete ich unhörbar und bat Cordero, den Raum verlassen zu können.

Abends sprachen wir zwar nicht über die Angelegenheit, aber Vicky konnte ihre Nervosität kaum beherrschen. Und der Morgen kam so schnell, als hätten wir kaum geschlafen. Es würde wohl der letzte gemeinsame Tag für lange Zeit werden.

»Kaffee ist nicht da, aber ich kann dir einen Tee aufbrühen«, sagte Vicky mit trauriger Stimme.

»Nein, vielen Dank. Ich glaube, ich würde ihn nicht hinunterbekommen«, erwiderte ich, küßte sie und machte mich auf den Weg zur Basis.

Den Morgen verbrachte ich damit, die verschiedenen Staffelbereiche zu inspizieren und die Männer aufzusuchen, von denen ich mich insgeheim verabschieden wollte. Ich empfand einen tiefen Respekt für diese Männer und wurde von der Vorstellung gequält, daß sie mich schon morgen für einen Verräter halten würden.

Irgendwann wird die Geschichte die wahren Verräter enthüllen, tröstete ich mich, als ich zusah, wie sie die Maschinen für die morgigen Flüge vorbereiteten.

Ich durchstreifte den Stützpunkt, um im Stillen von jeder Ecke Abschied zu nehmen und ging dann zu den anderen Piloten, da ich mich über die letzten Einzelheiten der Flüge informieren wollte, die ich mit Chirino absolvieren würde. Chirino kannte ich bereits aus meiner Kadettenzeit, und nun war er aus Havanna gekommen, um uns in die Handhabung der neuen MIG-23 einzuweihen. Zunächst würde ich mit ihm in einer Übungsmaschine aufsteigen, um dann mein Solo zu absolvieren – in die Freiheit oder den Tod.

Vicky erwartete mich zu unserem letzten gemeinsamen Abendessen. Mit schnellen Schritten legte ich die anderthalb Kilometer bis nach Hause zurück. Schon als ich in die Straße einbog, sah ich Vicky und die Jungen auf dem Balkon auf mich warten. Die beiden kamen mir entgegengerannt, und wie immer packte ich sie mir unter die Arme und lief mit ihnen die Treppen hinauf.

Sofort servierte Vicky das Essen und erinnerte die Jungen daran, daß sie heute rechtzeitig ins Bett zu gehen hatten. Wir beide mußten noch eine Menge miteinander besprechen.

»Mehr haben wir nicht, aber es ist mit Liebe zubereitet«, sagte Vicky, während sie mit zitternden Händen Reis, gefüllte Kartoffeln und schwarze Bohnen auf den Tisch stellte.

»Alles, was du an meiner Seite getan hast, ist mit Liebe geschehen«, sagte ich, und sie lief in die Küche, damit die Kinder ihre Tränen nicht sahen.

Ein paar Minuten später kam sie wieder und setzte sich schweigend zu uns an den Tisch.

»Mama, warum eßt ihr denn nichts?« fragte Reyniel, als er sah, daß wir unsere Teller nicht anrührten, sondern uns nur stumm umblickten: auf die Kinder, die Möbel, auf uns, überallhin . . .

»Wir leisten euch nur Gesellschaft, bevor ihr ins Bett geht«, sagte Vicky. »Wir essen dann ein bißchen später.«

Schweigend räumten wir den Tisch ab, während die Kinder schlafen gingen. Schweigend suchten wir das Familienalbum hervor, betrachteten langsam alle Photos und wählten dann zwei aus. Wir hielten das größere an die Brusttasche meiner Fliegeruniform, und dann schnitt es Vicky unter Tränen auf die richtige Größe zusammen. Das andere Photo paßte in meine Brieftasche. Neben meinen Ausweispapieren waren die Bilder das einzige, was mich auf meinem Flug begleiten würde.

Vielleicht war es die letzte Nacht, die wir miteinander verbringen konnten, und wir gaben uns ihr mit ganzer Leidenschaft hin.

»Ich werde inständig darum beten, daß du sicher dort ankommst«, flüsterte mir Vicky mitten in der Nacht ins Ohr.

»Geh sofort nach Havanna zu deinen Eltern. Bleibe hier nicht länger als unbedingt notwendig. Und habe Vertrauen: Die Liebe muß über alle Lügen triumphieren«, sagte ich zu ihr, als die Stunde meines Abschieds gekommen war.

Noch hatte ich die Zeit, Reyniel und Alejandro einen kurzen Brief zu schreiben: »Es gibt Entscheidungen, für die man unter Umständen mit dem Leben bezahlen muß . . . Das ist dann eine verhängnisvolle Fehlentscheidung . . . Aber mitunter handeln Menschen gegen ihr Gewissen – aus Furcht, eine Fehlentscheidung zu treffen . . . Aber das ist feige, und Feigheit ist schlimmer, als etwas Falsches zu tun . . . Ihr müßt wissen, daß ich Euch nie verlassen habe, und daß ich kein Verräter gewesen bin . . . Ich kämpfe für Euer Recht auf Freiheit. Und das ist das gleiche, als würde ich um meine Ehre kämpfen. Ich habe nur eine Bitte an Euch: Verteidigt als erwachsene Männer Eure Ehre genauso entschlossen, wie ich meine verteidigt habe . . .«

»Verstecke es dort, wo es niemand finden kann. Gib es den Kindern, wenn sie größer sind – für den Fall, daß ich meinen Bestimmungsort nicht erreiche«, sagte ich zu Vicky und gab ihr den Brief.

»Ich bete darum, daß sie es nie zu lesen brauchen!«

»Besonders hart wird es wohl für meinen Vater werden. Sag ihm bitte, daß ich kein Verräter bin . . .«

Ich küßte die Kinder, die tief und ahnungslos schliefen, und brach dann, von meinen Gefühlen überwältigt, neben dem Bett zusammen. Vicky legte ihre Hand fest auf meine Schulter, ging dann aber ebenfalls in die Knie.

Nachdem wir uns ein bißchen beruhigt hatten, gingen wir zur Tür. Wir umarmten uns, und obwohl ich scharf die Luft einzog, kamen mir die Tränen. »Ich weiß nicht, wann wir uns wiedersehen, aber ich gebe dich nie auf. Falls sie euch nicht ausreisen lassen, komme ich zurück. Ich weiß zwar noch nicht, wie ich es anstellen werde – ob mit einem Boot, einem Hubschrauber, einem Flugzeug, einem Ballon oder ob ich schwimme . . . Aber ich komme zurück! Es geht um einen Kampf der Wahrheit gegen die Lüge, der Liebe gegen den Haß. Zweifle nie daran, daß die Liebe siegen wird.«

Ich machte auf dem Absatz kehrt, rannte die Treppen hinunter und flehte Gott an, mir die Kraft für den Flug zu einem neuen Ziel zu geben, an dem meine Kinder in Freiheit aufwachsen konnten. An der Straßenecke drehte ich mich zum letzten Mal zu unserer Wohnung um. Vicky winkte mir nach. Ich erwiderte ihren Abschiedsgruß und wiederholte lautlos: »Ich gebe dich nie auf!«

XV

Der erste Tag

Vicky stand gedankenverloren an der Küchentür und sah Alejandro beim Spielen zu. Er rutschte mit seinen kleinen Flugzeugen in den Händen auf dem Wohnzimmerboden herum und durchquerte in seiner Vorstellung die phantastischsten Bereiche.

Armes kleines Ding, dachte sie. Hat absolut keine Ahnung, was vorgefallen ist.

»Rrrrrrr!« machte Alejandro die Startgeräusche nach und hob die kleinen Flugzeuge hoch in die Luft, die ich kurz vor seiner Geburt für Reyniel aus Holz geschnitzt hatte.

Vicky dachte an die letzte MIG, die an diesem Morgen abgehoben hatte, als sie gerade mit Alejandro auf dem Weg zum Markt gewesen war, um ihre Ration an Milch und Brot einzukaufen. Hat er es geschafft? Ist er dort sicher gelandet? Warum dieses totale Schweigen? Und wenn sie ihn nun abgeschossen haben? O Gott, wie lange muß ich diese Ungewißheit noch ertragen?

Ein Klopfen an der Wohnungstür ließ sie erschreckt herumfahren.

Großer Gott, sind sie das? Ich habe Angst.

Mit angehaltenem Atem ging sie zur Tür. Als sie zur Klinke griff, merkte sie, daß ihre Hand zitterte.

»Wer ist da?« fragte sie furchtsam.

»Ich, Mama.«

Mit einem Seufzer der Erleichterung riß sie die Tür auf. Sie hatte vergessen, wie spät es war, und daß Reyniel mittags aus der Schule kam.

»Was ist denn los, Mama?«

»Nichts.«

»Du siehst ganz blaß aus.«

»Ich habe nicht mit dir gerechnet. Dein Klopfen hat mich erschreckt.«

»Wirklich?« Er grinste durchtrieben, hob die Hände, als wollte er sie fangen und stürzte mit wildem Schrei auf sie zu: »Huhuuu!«

»Laß die Späße. Jetzt mußt du erst einmal in Ruhe essen«, sagte Vicky und ging in die Küche zurück.

Wenig später kehrte sie mit zwei Tellern Reis und je einem Setzei zurück.

»Alejandro, leg die Flugzeuge weg und iß mit deinem Bruder zu Mittag«, sagte sie und stellte ein Glas Wasser neben jeden Teller. Die Kinder rannten auf ihre Stühle zu, und Vicky setzte sich schweigend zu ihnen.

Ich muß mich beherrschen. Wenn sie es gewesen wären, hätten sie sofort gemerkt, wie nervös ich bin ... Warum hören meine Hände nicht endlich zu zittern auf? dachte sie, während sie den Jungen beim Essen zusah.

»Was ist denn mit dir, Mama? Ißt du denn gar nichts?« erkundigte sich Reyniel plötzlich.

»Ich habe vorhin schon gegessen. Ich war so hungrig ...« log sie, und die beiden sahen sie mißtrauisch an, weil sie wußten, wie gern sie es hatte, daß sie ihr Essen gemeinsam einnahmen. Aber sie sagten nichts.

Sie haben die Flüge eingestellt, aber niemand sagt mir irgend etwas! Ich muß mich wirklich zusammenreißen, sonst sehen sie mir an der Nasenspitze an, daß ich es wußte! Wieder blickte Vicky auf die Uhr. Er hat mir gesagt, es würde nicht länger dauern als zwanzig Minuten. Hat er es geschafft?

Weit weg, am südöstlichen Zipfel der Vereinigten Staaten versammelte sich eine Menschengruppe um den vor kurzem gelandeten Düsenjäger der kubanischen Streitkräfte.

»Sie sagt, sie sei Liene Johnson, eine FBI-Beamtin«, übersetzte der Sergeant die Worte der Frau, die gerade zu uns gestoßen war.

Seit ich aus dem Cockpit gesprungen war, um den liebenswürdigen Oberst um Asyl zu bitten, der mir die Hand entgegengestreckt hatte, waren kaum ein paar Minuten vergangen. Jetzt lief er herum und erteilte seinen Männern irgendwelche Anordnungen, aber seine freundliche Geste hatte auch den Rest von Furcht zerstreut, die ich noch vor diesem Land gehabt haben mochte, das mir stets als Brutstätte von Unrecht, Rassismus und Unterdrückung geschildert worden war. Ich wandte mich an die FBI-Beamtin und nickte ihr schüchtern lächelnd zu.

»Sie möchte wissen, ob Sie irgendwelche Waffen oder Drogen bei sich haben«, übersetzte der Sergeant.

»Ich habe nur das bei mir«, erwiderte ich und holte Ausweispapiere, Führerschein, Zigaretten, Feuerzeug sowie die Photos von Vicky und den Jungen aus den Taschen.

Bevor ich ihr das Photo überreichte, sah ich es mir noch einmal an. Ich erinnerte mich daran, wie Vicky das Bild gestern abend zurechtgeschnitten hatte und dachte an meine Abschiedsküsse für meine Jungen.

»Ist das Ihre Familie?« fragte sie und betrachtete das Photo, während mir die Kehle eng wurde.

»Meine Frau und meine Kinder.«

»Sie haben eine sehr nette Familie«, bemerkte sie, gab mir das Photo und die anderen Gegenstände zurück und sah mich wieder an.

In diesem Moment war keine Übersetzung nötig: Sie sah in meinen Augen die Ungewißheit, mit der ich meine Lieben betrachtete, und ich in ihren ein tiefes Mitgefühl, für das ich immer dankbar sein werde.

»Würden Sie bitte mit uns kommen, Major?«

Der Oberst deutete auf die geöffnete Autotür.

»Selbstverständlich«, erwiderte ich, richtete dann aber

noch ein Wort der Erklärung an die Waffenspezialisten, die versuchten, das 23-Millimeter-Geschoß der MIG zu entschärfen, indem sie den Projektilstreifen herauszogen, der an einer Seite des Rumpfes befestigt war. Dann nahm ich meine Ausrüstung auf, setzte mich in den Wagen und fuhr mit dem Oberst zum Kontrollturmgebäude. Dort fanden wir in einer Lounge mit Couch, Tisch, zwei Sesseln und etlichen Telephonen Zuflucht vor der schier unerträglichen Hitze.

»Setzen Sie sich bitte«, sagte der Oberst und deutete auf einen der Sessel. »Was möchten Sie? Eine Coke? Einen Hamburger?«

»Nein ...«

»Oder hätte Sie lieber ein Sandwich?«

»Vielen Dank, aber ich habe keinen Appetit.«

»Dann vielleicht einen Kaffee?«

Das war das einzige, was ich hinunterbekommen würde. Mein Magen schien wie gelähmt durch die Welle der Emotionen, die mich überflutete. »Ja, gern.«

Der Oberst bat um Kaffee für alle, während die FBI-Beamtin mit ihrem kleinen Notizbuch mir gegenüber Platz nahm.

»Haben Sie Verwandte in den Vereinigten Staaten?« fragte sie fast sanft. Noch immer stand ein Hauch von Mitgefühl in ihren Augen. Ich muß ja einen beklagenswerten Eindruck machen! dachte ich.

»Ja, etliche Tanten, Onkel, Cousins und Cousinen.«

»Wissen Sie, wo sie leben? Haben sie irgendwelche Telephonnummern?«

»Ich weiß nur, daß eine Tante in Miami wohnt, kenne aber weder ihre Adresse noch Telephonnummer.«

»Können Sie uns vielleicht andere Informationen geben, die uns helfen, sie ausfindig zu machen?«

»Nein. Ich glaube, ihr Sohn Charles ist Offizier bei der Air Force.«

»Wie heißt er? Ihr Cousin?«

»Charles, Charles Armenteros.«

Sie schrieb sich den Namen auf und ging dann zum Telephon.

»Ihr Kaffee, Major.«

Der Sergeant, der mir bereits als Dolmetscher geholfen hatte, hielt mir eine Tasse dampfenden Kaffees entgegen.

»Oh, vielen Dank.« Ich war tief berührt von der Freundlichkeit dieser Frauen und Männer, die – so hatte man es mir beigebracht, eigentlich meine schrecklichsten Feinde sein müßten.

Eine Frau mit blonden Haaren und großen grünen Augen betrat den Raum, unterhielt sich kurz mit dem Oberst und trat dann auf mich zu.

»Ich bin Linda Harrison von der US-Einwanderungsbehörde«, sagte sie in perfektem Spanisch und streckte mir die Hand entgegen. »Haben Sie etwas dagegen, daß ich Sie photographiere?«

»Selbstverständlich nicht.« Ich stand auf und stellte mich vor den neutralen Hintergrund der Wand.

»Major?«

Die FBI-Beamtin deutete aufs Telephon. »Ich habe Ihren Cousin Charles am Apparat.«

Ich war fassungslos. Innerhalb weniger Minuten hatte sie Charles gefunden, praktisch ohne genauere Informationen ...

»Charles?«

»Ja ... Sie behaupten, mein Cousin zu sein? Wie heißt mein Vater?«

Er wollte sichergehen, daß ich tatsächlich sein Vetter war.

Wir sprachen kurz miteinander, und er war sehr schnell überzeugt – und so gerührt, daß ich ihn beruhigen mußte. Er wollte auf der Stelle von seinem Luftwaffenstützpunkt in Texas herbeieilen, mich sehen, mich umarmen, mir helfen ...

»Einen Moment bitte«, unterbrach ich ihn, »ich bin hier bei sehr liebenswürdigen Leuten, die dir die Situation erklären können.«

Schließlich verstand er, und ich übergab den Hörer an die FBI-Beamtin, die sich mit meinem Cousin weiter auf Englisch unterhielt. Ich sah mich im Raum um, in dem einige Leute telephonierten, andere eifrig Notizen machten und wieder andere hinausgingen oder hereinkamen und so eine Atmosphäre emsiger Betriebsamkeit schufen.

Und ich bin der Grund für die ganze Aufregung? fragte ich mich besorgt und stellte fest, daß es der erste Augenblick war, in dem niemand mit mir sprach. Plötzlich bekam ich unbändigen Appetit auf eine Zigarette. Ich wandte mich an den spanischsprechenden Sergeant: »Entschuldigung, Sergeant, kann ich hier irgendwo eine Zigarette rauchen?«

»In der angrenzenden Lounge. Ich bringe Sie hin.«

In dem Nebenraum standen ein Sergeant und ein schwarzer Soldat auf, um mich zu begrüßen.

»Ich überlasse Sie guter Gesellschaft, Major«, sagte der erste Sergeant, bevor er ging und mich zum erstenmal ohne die Hilfe eines Dolmetschers zurückließ. »Ich denke, Sie werden prächtig miteinander auskommen.«

»Frau? Kinder . . .?« fragte mich der Soldat.

»*No comprendo . . .*«, sagte ich und hob hilflos die Schultern.

»Familie?« wiederholte er.

»*Ah, familia! Si, esposa y dos ninos*«, antwortete ich und nahm für die Zahlen die Finger zur Hilfe.

Dann zog er seine Brieftasche heraus und zeigte mir ein Photo seiner Frau und seiner Tochter. Auch der Sergeant und ich holten unsere Familienbilder hervor, und zwischen uns entspann sich eine kuriose Unterhaltung, in der wir einander sehr gut verstanden, obwohl sie nur Englisch redeten und ich nur Spanisch sprach.

»Keine Sorge«, tröstete mich der Soldat. »Alles kommt schon in Ordnung.«

»*Como*?«

»Frau, Kinder, Sie ...«, versuchte er es noch einmal und deutete erst auf das Photo, dann auf mich. Schließlich verschränkte er zwei Finger ganz fest und meinte: »Alle zusammen, bald ...«

Der Sergeant und ich tauschten zur Erinnerung unsere Feuerzeuge aus, und der Soldat bot mir die Dose Coca-Cola an, die er sich gerade gekauft hatte. Ich hatte gar keinen Durst, nahm sie aber dankbar an und mußte dann verlegen errötend feststellen, daß ich mit dem Verschluß nicht klar kam. Als wir uns voneinander verabschiedeten, löste der Soldat sein Staffelabzeichen von seiner Brusttasche und schenkte es mir zur Erinnerung an unsere Begegnung. Ich wollte die Geste erwidern, stellte aber beschämt fest, daß alle meine Abzeichen fest angenäht waren. Er schien den Grund für meine Verlegenheit zu spüren, sah mich mit aufrichtiger Sympathie an, deutete auf die Rückseite des Emblems und las vor, was er dort hingeschrieben hatte:

»Willkommen in der Freiheit.«

Ich drückte ihm die Hand und sagte mit bedenklich schwankender Stimme auf Spanisch: »Vielen Dank, mein Freund. Sie wissen nicht, wieviel mir diese Worte bedeuten!«

»Major, darf ich Sie mit zwei Offizieren des Luftwaffen-Geheimdienstes bekanntmachen, die gerade eingetroffen sind?« Auf der Schwelle stand mein Dolmetscher mit zwei Männern.

»Hauptmann Sánchez«, sagte der jüngere und trat einen Schritt vor, um mir die Hand zu schütteln.

»Rodríguez«, sagte der andere. »Herzlich willkommen.«

»Wie ich höre, sprechen Sie beide Spanisch ...«

»Wir sind Puertoricaner«, erklärte der Hauptmann freundlich und fügte hinzu. »Hätten Sie eine Minute Zeit für uns?«

»Selbstverständlich.« Da ich ihnen mit Sicherheit einige Fragen zu beantworten hatte, setzte ich mich mit ihnen an einen nahe stehenden Tisch.

Captain Sánchez wollte gerade etwas aus seinem Aktenkoffer nehmen, als ich auf seiner Armbanduhr sah, daß es bereits drei Uhr nachmittags war.

Wie es wohl Vicky und den Kindern ging?

Vicky hatte schon eine Weile am Fenster gestanden und durch einen Spalt in der Jalousie auf die Straße hinuntergeblickt. Ihr blieb fast das Herz stehen, als sie sah, wie Cordero, Méndez und Cortés dem Geländewagen entstiegen, der gerade unten geparkt hatte.

»Sie kommen!« flüsterte sie ängstlich und eilte ins Bad, um sich im Spiegel zu betrachten. »Ich muß aussehen wie immer!«

Nach dem Mittagessen war Reyniel in die Schule zurückgekehrt und Alejandro hatte sich zu seinem Mittagsschläfchen hingelegt, während sie wieder dem ungewissen Schweigen ausgeliefert war, das sich seit dem Start der letzten MIG über die Basis gesenkt hatte. Von ihrem Ausguck hinter der Jalousie hatte sie eine ungewöhnliche Nervosität an den Nachbarn beobachtet, die vom Stützpunkt zurückkehrten. Sie hatten sich vor dem Haus zusammengeschart und schienen sich nur flüsternd zu unterhalten, als hätten sie Angst, belauscht zu werden. Dann und wann blickten sie verstohlen zu unserer Wohnung herauf. Es war offensichtlich, daß sie Bescheid wußten, es ihr aber nicht sagen konnten. Warum können sie es mir denn nicht endlich sagen?

Während sie den friedlich schlafenden Alejandro betrachtet hatte, waren ihr die Tränen gekommen, und sie hatte Gott verzweifelt gefragt, ob es mir auch gutging – so weit von ihr entfernt. Sie befürchtete, daß ihre Tränen sie verraten würden, wenn sie kamen, um sie zu verhören. Mehrmals hatte sie sich schon das Gesicht mit kaltem Wasser gewaschen und sich nach Kräften bemüht, ihre Gefühle zu beherrschen.

Immer wieder quälte sie die Frage, warum niemand zu ihr kam, obwohl es alle längst wußten. Sie hatte das Gefühl, an dem sie umgebenden Schweigen noch ersticken zu müssen. In ihrer Not war sie zu Miriam hinuntergegangen, der Frau meines guten Freundes Oberstleutnant Pedro Díaz. Dort traf sie auch Marlen an, Corderos Frau und Sekretärin, die gerade vom Stützpunkt zurückgekehrt war. Aber beide Frauen hatten sich in Vickys Anwesenheit ausgesprochen nervös verhalten und alle Gespräche über die Basis sorgsam vermieden.

Und jetzt kamen sie also.

Sie dachte, sie hätte ein Klopfen gehört, verließ das Bad und rieb sich die blassen Wangen. Vicky atmete tief durch und öffnete die Tür. Vor ihr standen die drei Männer aus dem Geländewagen, deren Gesichter ihr so vertraut waren, und sie beschloß, die Initiative zu ergreifen. »Was ist? Ist irgend etwas passiert?«

Sie blickten sie schweigend an.

»Was ist denn los? Sagt es mir doch! Ist mein Mann tot?«

»Schlimmer . . . er lebt«, erklärte Cordero schließlich mit einer Mischung aus Furcht und Wut in der Stimme. »Er ist in den Vereinigten Staaten gelandet!«

Die Freude nahm ihr fast den Atem. Oh, Gott, ich danke dir! Er hat es geschafft! jubelte sie innerlich, gefolgt von einem lauten: »Waaas?«

»Er ist in den Vereinigten Staaten gelandet. Ich kann nur hoffen, daß es sich um einen technischen Fehler handelt . . . und nicht um Verrat«, meinte Cordero kühl, und Vicky begriff, daß dieser Mann, ein Freund seit langen Jahren, nicht mehr mein Freund war – nicht meiner, nicht ihrer, nicht der unserer Kinder.

Vielleicht ist er es nie gewesen, überlegte sie und wußte, daß er sich nur noch von seinem Selbsterhaltungstrieb leiten lassen und sich so weit wie möglich von uns abgrenzen würde – jetzt, da wir in Ungnade gefallen waren.

»Das glaube ich nicht!« rief Vicky und ließ sich in einen Sessel fallen. Dann schlug sie die Hände vors Gesicht und überließ sich den Tränen, die sie bis jetzt nicht weinen durfte.

Sie standen schweigend um sie herum, sahen und hörten ihr wildes, hemmungsloses Schluchzen, das nicht vorgetäuscht war. Plötzlich schoß Vicky ein Gedanke durch den Kopf: Seine Eltern . . . Ich muß es ihnen sagen. Wer weiß, was sie ihnen sonst alles erzählen! Und sie stand auf, wollte in unser Schlafzimmer gehen.

»Was willst du tun, Vicky?« fragte Cordero.

»Seine Eltern anrufen. Ich muß ihnen sagen, was passiert ist.«

»Nein, das darfst du nicht. Wir informieren sie später.«

»Warum später?«

»Mach dir darüber keine Sorgen. Die Untersuchungen laufen noch. Danach werden wir es ihnen sagen, aber jetzt noch nicht.«

Corderos Stimme klang, als erteilte er irgendwelche Instruktionen: kühl, knapp, unbeteiligt.

»Tu im Moment gar nichts. Wir melden uns wieder bei dir.« Ohne ein weiteres Wort marschierte er zur Tür hinaus und die Treppen hinunter, gefolgt von seinen Begleitern.

Vicky ging zum Sessel zurück und spürte, daß sie alle Gefühle sorgsam für sich behalten mußte. Auf den Augenblick der Konfrontation hatte sie sich vorbereitet, aber nun gewann die schmerzliche Ungewißheit die Oberhand, wie lange wir getrennt sein, ob wir uns überhaupt wiedersehen würden. Sie sehnte sich nach Mitgefühl, nach irgendeinem

Menschen, der ihr wenigstens ein bißchen Sympathie zeigte, aber dieser Mensch war nicht gekommen.

»Ich werde inzwischen bei dir bleiben . . .«, erklang Marlens Stimme hinter ihr. Sie hatte ihre gegenüberliegende Wohnung verlassen, um Vicky Gesellschaft zu leisten, die glaubte, daß sie wenigstens von ihr Zuspruch und Trost hören würde. Aber Marlen nahm einfach Platz und sah zu, wie Vicky weinte. Kein Wort, kein einziger ermunternder Satz von einer Frau, die ihre Nachbarin und Freundin gewesen war, nichts. Nur ihre unsicheren Blicke auf Vickys Hände, hinter denen sie ihr Gesicht verbarg.

Ist das nun echt, oder tut sie nur so? fragte sich Vicky. War sie früher eigentlich wirklich meine Freundin? Ich weiß nicht, aber falls sie Mitleid mit mir hat, kann sie es zumindest nicht zeigen.

Als Alejandro erwachte, war glücklicherweise gerade Miriam heraufgekommen. Sie sprach zwar kaum ein Wort mit Vicky, aber in ihrem Blick stand Mitgefühl, und Vicky bemerkte mit Dankbarkeit, daß auch sie geweint hatte.

»Ich nehme Alejandro mit, dann kann er bei uns spielen. Reyniel auch, wenn er aus der Schule kommt. Und mach dir keine Gedanken über das Abendessen, ich sorge für die beiden«, sagte Miriam schließlich, und Vicky war für diese mutige Geste ihrer Freundin unendlich dankbar.

Marlen und sie waren wieder allein. Erneut schlug Vicky die Hände vors Gesicht und schaukelte in ihrem Sessel hin und her, wollte mit dieser gleichmäßigen, tröstlichen Bewegung die Angst vor dem Unbekannten abbauen, die sich in ihr zusammenballte.

Nach einer Weile ergriff Marlen endlich das Wort. »Du warst für diesen Mann doch immer nur eine Sklavin. Er hat dich nie geliebt, und deshalb konnte er dich auch ohne Zögern im Stich lassen . . .«

Glaubt sie wirklich, was sie da sagt? Ist die Freundschaft mit mir so furchteinflößend für sie? Hat sie Angst.

Vicky sprang auf und lief, ohne ein Wort zu sagen, ins Bad. Obwohl sie den ganzen Tag nichts gegessen hatte, war ihr, als müßte sie sich übergeben. Ihr Magen verkrampfte sich. Wie schrecklich sich die Dinge doch entwickelt hatten! So unerträglich hatte sie sich das alles nicht vorgestellt!

Ich sehne mich nach meinen Eltern! Wann werden sie mir endlich erlauben, sie anzurufen? Wir müssen hier so schnell wie möglich fort! dachte Vicky, setzte sich auf das Toilettenbecken, stützte die Ellbogen auf die Knie und den Kopf in die Hände. Alles in ihr sträubte sich dagegen, sich wieder den prüfenden Blicken der Frau auszusetzen, die noch gestern ihre Freundin gewesen war.

Wie geht es ihm jetzt? Behandeln sie ihn auch gut? Vicky schickte ihre Gedanken auf eine Reise in das Land, das man uns stets als Hölle geschildert hatte, das für uns jedoch zur Hoffnung auf Freiheit geworden war.

In Boca Chica überschütteten mich die beiden Offiziere des militärischen Geheimdienstes mit ihren Fragen.

»Was hat Sie dazu gebracht, Ihre Einstellungen zu ändern?« wollten sie beispielsweise wissen, und ich hätte nicht angenommen, daß das für sie von vorrangiger Wichtigkeit war. Obwohl mir bewußt war, daß die Vereinigten Staaten aufgrund ihrer ausgefeilten Erkundungs- und Überwachungssysteme genaue Kenntnisse über Lage und Position kubanischer Truppen und Waffen haben mußten, hatte ich doch mit einer Reihe von Fragen in dieser Richtung gerechnet. Aber nachdem sie sich ein knappes Bild über meinen Lebenslauf verschafft hatten, zeigten sich die Abwehr-Offiziere an den Motiven für eine so radikale Veränderung und meiner psychologischen Entwicklung sehr viel mehr interessiert als an kubanischen Militärgeheimnissen.

»Das läßt sich mit ein paar Worten schwer beantworten. Es gab da keinen entscheidenden Faktor. Ich war überzeugter Kommunist, mir ging es nicht um irgendwelche Privilegien, sondern stets um die Sache. Vielleicht könnte man sagen, daß mich die Wahrheit – die reine, unverfälschte Geschichte, die man stets vor uns geheimgehalten hat – zu meiner Entscheidung geführt hat. Das und der gesunde Menschenverstand. Der Zusammenbruch des Kommunismus hat mich weder enttäuscht noch frustriert, weil ich keine materiellen Dinge zu verlieren hatte. Als die Wahrheit endlich ans Licht kam, empfand ich lediglich tiefe Empörung und Wut über die Art und Weise, wie man uns alle benutzt, ausgebeutet und betrogen hat, und darüber, daß ich dabei meine persönliche Würde verloren habe, meine Integrität, ohne die ich nicht leben kann.«

»Und Sie glauben, diese hier wiederfinden zu können?«

»Ich halte die Vereinigten Staaten keineswegs für das Paradies. Ich bin auch nicht hergekommen, um ›die Seiten zu wechseln‹, da ich nie mehr blindlings an irgendein Dogma, irgendeine Führungspersönlichkeit oder irgendeine Parteiorganisation glauben werde. Meine Lebenserfahrung bewahrt mich davor, noch einmal in die gleiche Falle zu tappen. Da wäre der Tod vorzuziehen. Ich bringe nur die Hoffnung mit, hier die Wahrheit zu finden, nach der ich suche, mein Recht, mir aufgrund eigener Informationen selbst ein Urteil bilden zu können, und das denken und sagen zu können, was ich will. Ich hoffe zu Gott, das hier zu finden – denn wenn es nicht so ist, wäre das Leben meines Erachtens nicht lebenswert.«

Gelegentlich hörte Hauptmann Sánchez auf zu schreiben und sah mich konzentriert an. Mitunter hatte ich den Eindruck, zu viel zu reden oder mich nicht richtig verständlich machen zu können. Irgendwann hielt ich inne und fragte, ob ich ausführlicher werden sollte.

»Nein, nein. Reden Sie nur, reden Sie so, wie es Ihnen gerade in den Sinn kommt.«

Also sprach ich weiter. Ich redete, redete, und genoß

zum ersten Mal das wundervolle Gefühl, alles aussprechen zu können, was ich dachte.

»Und an welchem Punkt haben Sie tatsächlich Ihre Einstellung geändert?«

»Dafür gab es keinen präzisen Moment. Wie ich Ihnen schon sagte, war ich von den kommunistischen Idealen überzeugt, mußte aber nach und nach feststellen, daß sie alle falsch waren. Von den Führern meines Landes und ihrem Regierungssystem bis hin zur marxistischen Philosophie, mit der ich aufgewachsen bin. Die Erkenntnis, daß der Kommunismus in Europa nicht funktioniert hat, reichte mir nicht aus. Ich mußte mir selbst beweisen, daß er in keinem Land funktionieren kann – und aus welchen Gründen. Ich mußte ganz sicher sein, daß ich nicht aus rein egoistischen Motiven heraus handelte oder die hilflosen Opfer der in aller Welt vorherrschenden Ausbeutung betrog. Ich mußte mir beweisen, daß der Kommunismus die bestehenden Ungerechtigkeiten nie beseitigen kann, sondern nur weiter verschärft.«

»Was sind Ihre unmittelbaren Pläne?«

»Mit meiner Familie hier leben zu können, für meine Frau und meine Söhne Visa zu erhalten, Englisch zu lernen und mir eine Arbeit zu suchen.«

»Glauben Sie, einen guten Job finden zu können?«

»Ich habe nichts dagegen, wieder ganz von vorn anzufangen. Ich habe Zutrauen zu mir selbst und weiß, daß die Dinge nur besser werden können.«

Plötzlich wurde Sánchez hinausgerufen und kam wenig später mit zwei Männern in dunklen Anzügen zurück, denen er mich vorstellte.

»Diese beiden FBI-Beamten würden sich ebenfalls gerne mit Ihnen unterhalten.«

»Ich bin Rubén«, erklärte der jüngere und streckte mir die Hand entgegen.

»Und mein Name ist José«, stellte sich der andere vor, ein hochgewachsener, schlanker Mann Anfang fünfzig.

»Sie sprechen ja ebenfalls Spanisch«, stellte ich fest.

»Ich bin Puertoricaner«, erklärte Rubén gelassen, »und José ist Kubaner. Wir gehören also alle zu einer Familie.«

Vermutlich hatte er es gesagt, um mein Vertrauen zu gewinnen, aber warum gingen sie davon aus, daß ich Menschen spanischer Herkunft gegenüber aufgeschlossener sein könnte?

»Es ist zwar angenehm, daß wir ohne Dolmetscher auskommen, aber sonst finde ich nichts Besonderes daran, daß Sie Puertoricaner oder Kubaner sind.«

»Damit haben Sie durchaus recht.«

Rubén schien Mitte dreißig zu sein. Seine sportlichen Slipper wurden von den Umschlägen seiner Hosenbeine fast verdeckt, und seine Haare hatte er mit irgendeinem Haarpflegemittel sorgsam nach hinten gekämmt. Mit seinen gepflegten Händen und dem Gebaren eines kultivierten Dandys wirkte Rubén auf mich wie ein Mann, der sich gleich nach seiner Hochschulausbildung auf irgendeinen bürokratischen Posten begeben hatte – wie ein Mann ohne jede praktische Erfahrung.

»Zunächst und vor allem heißen wir Sie herzlich willkommen«, erklärte Rubén, während José schwieg. Ich reagierte mit einem Kopfnicken. Sein Überschwang machte mich verlegen. »Wir möchten Ihnen aber auch einige Fragen stellen«, fuhr Rubén fort.

Ich sah eine weitere Reihe von Fragen auf mich zukommen, aber da ich wegen meiner allgemeinen Erregung keinerlei Ermüdungserscheinungen verspürte, sagte ich ihnen alles, was sie wissen wollten.

»Name? Vorname? Geburtsdatum? Welche Schulen haben Sie besucht? Nennen Sie alle Wohnorte und Adressen seit dem Zeitpunkt Ihrer Geburt. Wann sind Sie in die Luftwaffe eingetreten? In die Partei? Welche Positionen hatten Sie inne?« fragte Rubén, und José stellte einen zweiten Lebenslauf von mir zusammen.

»Weshalb sind Sie in die Vereinigten Staaten gekommen? Wann haben Sie sich dazu entschlossen?«

Mehr oder weniger waren es die gleichen Fragen, die ich schon einmal beantwortet hatte. »Welchen Organisationen oder Gruppierungen haben Sie sonst noch angehört?« wollte Rubén dann wissen.

»Nun ... ich habe mit dem militärischen Geheimdienst zusammengearbeitet.«

Rubéns Gesichtsausdruck wurde sehr ernst. »Das haben Sie mir vorhin nicht gesagt.«

Miene und Tonfall wirkten auf mich fast so, als hätte er einen Verbrecher auf frischer Tat ertappt. Aber ich war kein Verbrecher. Ich war auch kein Hund, der um Gnade winselte. Ich hatte nie aus niederen Motiven heraus gehandelt und daher nicht die geringste Veranlassung, mich für irgend etwas schämen zu müssen. Diese Behandlung gefiel mir nicht, und das wollte ich ihn spüren lassen.

»Und warum hätte ich es Ihnen vorhin sagen sollen?« fragte ich und sah ihm direkt in die Augen.

»Sie haben recht«, erwiderte er lächelnd, »es gab für Sie keinen Grund, es mir zuvor zu sagen.«

In diesem Moment kam die Mitarbeiterin der Einwanderungsbehörde herein, die mich Stunden zuvor photographiert hatte.

»Es ist alles in Ordnung«, sagte sie lächelnd und hielt mir eine Leinentasche entgegen. »Hier drin finden Sie Kleidung und ein paar andere Dinge für die ersten paar Tage. Und hier sind fünfundzwanzig Dollar. Sie werden sie brauchen.«

»Ich danke Ihnen sehr«, sagte ich und schüttelte ihr die Hand, tief berührt von dieser freundlichen und einfühlsamen Geste.

Bevor ich das Geld einsteckte, warf ich einen neugierigen Blick auf die Banknoten. Noch nie zuvor hatte ich Dollars gesehen – diese US-Dollars, für deren Besitz man auf

Kuba ins Gefängnis kommen konnte, es sei denn, man gehörte den oberen Rängen der Hierarchie an.

»Es wird langsam Zeit für Sie«, sagte Sanchéz, der gerade den Raum betreten hatte. »Draußen wartet ein Flugzeug, das Sie zur Homestead Air Force Base bringen wird. Falls Sie möchten, können Sie sich vor dem Abflug waschen und umziehen.«

»Nein, vielen Dank. Das würde ich lieber nach der Ankunft erledigen.«

Jetzt flogen wir also zu einem Ort, den ich bisher nur als eines der Ziele kannte, mit denen wir uns auf den Militärakademien beschäftigt hatten. Es war bereits dunkel, aber ich hatte sie noch gar nicht gefragt, was sie eigentlich mit mir vorhatten. Aber warum sollte ich mir Sorgen machen? sagte ich mir. Mein Schicksal liegt ohnehin in ihren Händen. Als ich in Begleitung der beiden FBI-Beamten die Maschine besteigen wollte, kam der Sergeant auf uns zu, der für mich übersetzt hatte.

»Ich wollte mich nur schnell von Ihnen verabschieden, Major. Ich habe Ihnen hier ein Buch mitgebracht, das ich vor einiger Zeit gelesen habe. Es wurde von einem außergewöhnlichen Menschen geschrieben, und ich bin sicher, daß es Ihnen gefallen wird. Er schildert das Kuba, das Sie nicht kennen.«

Ich schüttelte ihm herzlich die Hand und las die Widmung, die er in das Buch geschrieben hatte. Der Umschlag zeigte das Gesicht eines jung aussehenden Mannes mit entschlossenem Blick: Es war Armando Valladares, und der Titel des Buches lautete *Contra Toda Esperanza (Wider alle Hoffnung)*.

Endlich konnte ich die Worte des Mannes lesen, den meine Regierung einen »Terroristen« nannte, und der während meines Aufenthalts in Angola seine Freiheit wiedererhalten hatte, dachte ich.

Wir bestiegen die kleine zweimotorige Maschine und flogen nach Homestead, ohne miteinander zu sprechen. Als wir kurz vor der Landung über dem Stützpunkt kreisten, sah ich nördlich von uns am Horizont ein Meer von Lichtern glitzern.

»Das ist Miami«, sagte Rubén, der meine neugierigen Blicke aus dem Fenster bemerkt hatte.

»So groß habe ich es mir nicht vorgestellt«, erwiderte ich, verblüfft über die gewaltige Ausdehnung der als »Hauptstadt der Exilkubaner« bekannten Metropole.

»Miami hat sein Wachstum teilweise den Kubanern zu verdanken, die seit 1959 dorthin emigriert sind«, fügte José hinzu.

Ich erinnerte mich mit Wehmut an das einst so schöne Havanna, das inzwischen zur Ruine verkommen war. Wie würde unsere Hauptstadt heute aussehen, wäre sie nicht seit Jahrzehnten bedenkenlos heruntergewirtschaftet worden? fragte ich mich.

Nach der Landung hielt das Flugzeug vor einem Gebäude mit riesigen Fenstern und einem Vordach, das sich weit auf das Vorfeld hinaus erstreckte. Der Pilot öffnete die Seitentür, und Sanchéz bat mich, als erster auszusteigen. Vor der Gangway war ein roter Teppich ausgebreitet, neben dem zwei Soldaten mit ihren Gewehren Aufstellung genommen hatten. Hinter ihnen stand der Stützpunktkommandant. Sie empfingen mich mit militärischen Ehren!

Konfus und bewegt stolperte ich vorwärts und vergaß in meiner Erregung sogar, korrekt zu grüßen. Ihre großzügige Ritterlichkeit einem sich ergebenden Feind gegenüber nahm mir fast den Atem! Schließlich grüßte ich die beiden Soldaten als erste – erneut ein Verstoß gegen das militärische Protokoll, und sie streckten mir verwirrt die Hände entgegen. Himmel, war ich durcheinander!

»Willkommen«, sagte der Kommandant, als ich endlich vor ihm stand. »Es ist uns eine große Freude, Sie als Gast bei uns zu haben.«

Wir fuhren mit dem Auto zu dem Gebäude, in dem ich wohnen sollte, wie mir Sánchez während des Fluges erzählt hatte. Dort führte mich der Kommandant in einen großen, zweckmäßig eingerichteten Raum mit einer Couch, einigen Sesseln, einem Tisch, Fernsehgerät und Kühlschrank.

»Hier können Sie sich erst einmal ein bißchen eingewöhnen«, sagte der für die Sicherheit auf der Basis zuständige Oberst, der sich zu uns gesellt hatte. Dann zeigte er uns das Bad und ein Schlafzimmer mit dem größten Bett, das ich je zu Gesicht bekommen hatte. Daraufhin verabschiedeten sich meine Gastgeber, während die Beamten des Luftwaffen-Geheimdienstes und des FBI noch einige Minuten blieben.

»Falls Sie Hunger haben, Major ... Hier sind genügend Lebensmittel, bedienen Sie sich«, sagte Rodriguéz, der die ganze Zeit eher schweigsam gewesen war, und öffnete den Kühlschrank und den daneben stehenden kleinen Schrank.

»Vielen Dank, aber ich habe noch immer keinen Appetit.«

»Aber Sie sollten zumindest eine Kleinigkeit essen ...«

»Was hätten Sie morgen früh gern zum Frühstück?« unterbrach Sanchéz.

»Ich weiß nicht recht. Normalerweise trinke ich nur eine Tasse Kaffee.«

»Sie müssen aber etwas essen. Sagen Sie mir, ob Sie etwas Besonderes möchten. Es wäre uns ein Vergnügen, es Ihnen bringen zu können.«

»Vielen Dank, aber ...«

»Wir wollen doch nur, daß es Ihnen wirklich gutgeht ...«, beharrte Sanchéz, und ich merkte, daß ich errötete.

»Also gut. Dann hätte ich gern etwas Obst oder einen Fruchtsaft.«

»Na endlich!«

Sanchéz notierte sich meine Wünsche, dann setzten wir

uns vor den Fernseher, in dem gerade ein spanischer Sender in Miami die Nachricht meiner Ankunft verbreitete. Sie zeigten Photos von der MIG-23, die bereits in Boca Chica in einen Hangar gebracht worden war, und die Nachrichtensprecherin erwähnte meinen Namen und meinen militärischen Rang, irrte sich aber bei meiner Altersangabe um vier Jahre und behauptete, ich hätte gleich nach der Ankunft mit großem Appetit etliche Hamburger verputzt.

»Aber das stimmt doch gar nicht!« rief ich, und meine Vernehmungsbeamten lachten laut auf.

Als die Nachrichtensendung zu Ende war, verabschiedeten sie sich.

»Die Tür wird von zwei bewaffneten Soldaten bewacht«, sagte Sanchéz und deutete in die entsprechende Richtung. »Aber sie sind ausschließlich zu Ihrem Schutz da. Sie können sich jederzeit frei bewegen und brauchen uns nur zu sagen, wenn Sie die Basis verlassen möchten.«

»Morgen früh kommen wir wieder. Dann können Sie auch mit Ihrer Tante in Miami telephonieren«, fügte Raúl hinzu, und dann wünschten sie mir eine erholsame Nacht und ließen mich allein.

Ich ging ins Schlafzimmer und packte die Leinentasche aus, um dann das Bad zu nehmen, das ich dringend nötig hatte. Essen wollte ich noch immer nicht, und ich wußte auch, daß ich wohl kaum einschlafen können würde. Ich wünschte mir den nächsten Morgen herbei und mit ihm die Beamten, von denen ich mich inzwischen abhängig fühlte wie ein kleines Kind. Mechanisch holte ich die Gegenstände aus der Tasche, nahm sie aber kaum wahr. Meine Gedanken waren bei Vicky, bei den Jungen, bei meinen Eltern, bei meinen früheren Kameraden.

In Santa Clara war es bereits sieben Uhr abends, aber Vicky hatte nichts mehr von Cordero gehört. Den ganzen Nachmittag war sie zwischen Wohnzimmer und Bad unterwegs gewesen, unaufhörlich geplagt von Magenkrämpfen. Reyniel und Alejandro waren bei Miriam, und Vicky war ihr sehr dankbar, daß sie die Jungen versorgte und so gut wie möglich von den Ereignissen ablenkte.

Glücklicherweise hatten auch andere Nachbarn den Jungen gegenüber Diskretion gewahrt, auch wenn Vicky aufgefallen war, daß einige Reyniel und Alejandro so mitleidig betrachteten, als wäre ihr Vater unerwartet von einer tödlichen Krankheit dahingerafft worden.

Nachmittags waren einige Mädchen erschienen, die vor dem Besuch des Militärinstituts ein praktisches Jahr auf der Basis absolvierten, um Vicky Gesellschaft zu leisten, weil Marlen eine Verabredung wahrnehmen mußte. Sie hatten mit verwirrten Mienen herumgestanden und wußten nicht, was sie sagen sollten, während Vicky ihre innere Unruhe kaum noch beherrschen konnte. Inzwischen waren wenigstens einige ihrer engsten Freunde gekommen, um ihr in ihrer Not Beistand zu leisten. Sie saßen mit traurigen, kummervollen Mienen da, als wäre ich so plötzlich gestorben, abgestürzt wie etliche meiner Kameraden in der Vergangenheit.

Eine weitere Nachbarin erschien und bat Vicky kurz ins Badezimmer.

»Sie berichten bereits darüber im amerikanischen Radio«, flüsterte sie Vicky zu und meinte damit die Ausstrahlungen des US-Regierungssenders Martí, den viele Kubaner heimlich hörten.

Daraufhin ging Vicky entschlossen zum Telephon, um meine Eltern anzurufen. »Ich kann nicht zulassen, daß sie es aus dem Radio erfahren. Das wäre zu furchtbar für sie . . .«

Mein jüngster Bruder meldete sich.

»Orlando?«

»Ja . . .«

»Hier Vicky. Sind deine Eltern da?«

»Ja. Ist irgend etwas geschehen?« Orlando war Vickys angespannter Tonfall nicht entgangen.

»Ja. Dein Bruder ist mit seinem Flugzeug in den Vereinigten Staaten gelandet. Heute, gegen mittag . . .«

»Was?«

»Er ist in die Vereinigten Staaten geflogen. Sag deinen . . .«

Weiter kam sie nicht. Orlando hatte den Hörer auf die Gabel geworfen und war zu meiner Mutter in die Küche gerannt.

»Mama, Mama! Was für eine Schande, was für eine Schande!« schrie er fassungslos.

»Was ist denn passiert, Sohn? Nun sag doch endlich, was geschehen ist!«

Es war ein Mittwoch, und wie an jedem Mittwoch, wenn ich flog, hatte meine Mutter den Tag über mehr als sonst an mich gedacht. Sie hatte immer Angst davor, daß mir in diesen Maschinen, vor denen sie sich so fürchtete, etwas Schreckliches zustoßen könne. Inzwischen hatte mein Vater seinen Platz vor dem Fernseher verlassen und war zu Orlando geeilt, aber der stand nur da, drückte beide Hände gegen die Schläfen und rief unaufhörlich: »Was für eine Schande, was für eine Schande!«

Mein Vater wurde leichenblaß, sah meinen Bruder schweigend an, während meine Mutter mit beiden Fäusten gegen Orlandos Brust schlug und schrie: »Oré, Oré! Was ist Oré zugestoßen? Sag es mir!«

»Er ist nicht tot, er lebt . . .«, erwachte Orlando endlich aus seiner Hysterie.

»Was ist denn passiert?«

»Er ist in die Vereinigten Staaten geflohen!«

Es wurde totenstill. Meine Mutter starrte Orlando mit weitaufgerissenen Augen an, als könne sie nicht fassen, was sie da gerade gehört hatte.

»Das ist nicht wahr«, sagte mein Vater.

»Vicky hat es mir gerade eben erzählt«, entgegnete Orlando.

Mein Vater rannte ans Telephon, um Vicky anzurufen, aber der Anschluß war besetzt.

Vicky sprach mit ihrer jüngeren Schwester in Havanna.

»Aurora, Oré ist . . . fort«, begann Vicky zögernd.

»Er hat dich verlassen? Das glaube ich nicht.«

»Nein, nein . . . er ist . . .«

»Unwichtig, Schwester. Wenn er dich verlassen will, kannst du jederzeit zu uns ziehen.«

»Nein, Aurora, er will mich nicht verlassen . . .«

»Das hätte ich ihm auch gar nicht zugetraut.«

Aurora war schon immer ganz groß darin gewesen, Vermutungen über andere anzustellen.

»Er ist mit seiner Maschine in die Vereinigten Staaten geflogen . . .«

»Sagtest du gerade ›Vereinigte Staaten‹?«

»Ja.«

»Nein!« Auroras hemmungsloses Schluchzen hielt Vicky davon ab, ihr mehr zu erzählen.

In Matanzas versuchte mein Vater erneut, zu Vicky durchzukommen, aber die Leitung war schon wieder besetzt.

Diesmal war Cordero am Apparat und sagte Vicky, daß eine Delegation aus Havanna unterwegs sei, um sie zu befragen. Vicky lief ein Schauder über den Rücken und sie wußte nun, warum man ihr gegenüber so lange geschwiegen hatte.

Sie wollten nicht, daß ich mich auf diese Begegnung vorbereite, dachte sie, als sie den Hörer auflegte. Gleich darauf klopfte es an der Tür.

Als erster betrat Oberstleutnant Ernesto die Wohnung, gefolgt von einigen Fremden.

»Wir müssen Ihnen ein paar Fragen stellen und die Wohnung durchsuchen ... Wir können uns noch immer nicht erklären, warum Ihr Mann so etwas getan haben kann und müssen nach Beweisen suchen ...«

»Bitte, setzen Sie sich doch«, erwiderte Vicky und deutete auf die Sessel, von denen unsere Freunde angesichts des hohen Besuchs aufgestanden waren.

»Nein, wir würden uns lieber in Corderos Wohnung mit Ihnen unterhalten, während diese Räume hier untersucht werden.«

»Gut«, erwiderte Vicky und machte die paar Schritte, die unsere Wohnung von der Marlens und Corderos trennten, der in diesem Moment gerade vom Stützpunkt zurückkehrte.

Er hat es mir erst in allerletzter Minute mitgeteilt, dachte Vicky, als sie ihn fünf Minuten nach ihrem Telephongespräch die Treppen heraufkommen sah.

Sie hatten kaum die Wohnung betreten, als das Telephon klingelte. Marlen meldete sich, streckte aber gleich darauf Vicky den Hörer entgegen. »Für dich, Vicky. Deine Schwiegereltern.«

Vicky warf einen fragenden Blick auf die Besucher aus Havanna, und einer von ihnen nickte zustimmend. Mein Vater konnte nicht glauben, was er hörte, und wollte mit Cordero sprechen, der ihm knapp und schnell erklärte, was sich ereignet hatte. Meine Mutter und mein jüngster Bruder standen während des Gesprächs neben meinem Vater. Sie bemerkten, daß er leichenblaß wurde. Dann legte er langsam den Hörer auf und äußerte seine für lange Zeit letzten Worte: »Mein Sohn hat mir das Herz gebrochen ...«

Da wußten sie, daß es wahr war.

»Der Junge muß verrückt geworden sein! Wie konnte er so etwas nur tun?« rief meine Mutter und fügte hinzu: »Er muß verrückt sein ... Wer weiß, wie Sie ihn nun foltern, um militärische Geheimnisse aus ihm herauszubekommen!«

Orlando holte sich die Autoschlüssel, um zu unserem Bruder zu fahren.

»Faure, Faure! Oré ist in die Vereinigten Staaten geflohen!« rief er, als er ins Haus stürmte. Die beiden brachen in Tränen aus, umarmten sich und weinten noch immer, als sie zu meinen Eltern zurückfuhren. Von diesem Augenblick an herrschte im Haus meiner Eltern eine Atmosphäre der Trauer – sie sollte noch lange anhalten.

In Santa Clara sah sich Vicky in Corderos Wohnung einer Flut von Fragen durch die Geheimdienstoffiziere ausgesetzt, während andere inzwischen unsere Räume auf den Kopf stellten, nach Beweisen für meine »Verbindungen zum Feind« suchten und eine Reihe von Abhörmechanismen in der Wohnung anbrachten, um Vickys Aktivitäten zu überwachen. Sie wußten nicht, daß sich Vicky bereits definitiv entschlossen hatte, am nächsten Tag zu ihren Eltern nach Havanna zu ziehen.

»Hat sich Ihr Mann in letzter Zeit Ihnen gegenüber kritisch über die Revolution geäußert?« wollte der verantwortliche Offizier wissen und beugte sich vor, als rechne er mit einer schockierenden Antwort. Vor Beginn der Befragung hatte er eine kleine Ledertasche so beiläufig auf dem Tisch deponiert, als begleite ihn das Ding überallhin. Jetzt hörte Vicky, daß sich in der Tasche die Bänder eines Aufnahmegerätes leise surrend drehten.

»Nein«, erwiderte sie. »Er kam vom Stützpunkt nach Hause, spielte mit den Kindern oder sah fern. Über Politik hat er nie mit mir gesprochen.«

»Und was ist mit dem Oberbefehlshaber? Hat Ihr Mann ihn irgendwann in Ihrem Beisein kritisiert?«

»In keiner Weise. So etwas würde er nie tun.«

»Und wenn er sich die Reden des Oberbefehlshabers anhörte ... Wie sah er da aus, welchen Gesichtsausdruck hatte er?«

»Bei den letzten Ansprachen des Oberbefehlshabers hatte er stets Dienst auf der Basis.«

»Verstehen Sie bitte – wir müssen hinter die Motive kommen, aus denen heraus er die Revolution verraten hat, den Oberbefehlshaber verraten hat, Sie verraten hat . . .«

»Ich verstehe das ja selbst nicht. Ich kann mir absolut keinen Grund vorstellen. Ich zermartere mir das Hirn, finde aber keine Erklärung . . .«

In diesem Moment klopfte es. Es war einer der Offiziere, die inzwischen mit der Durchsuchung unserer Wohnung fertig waren. Er flüsterte dem Verantwortlichen etwas zu, deutete dann auf Vicky und sagte lauter. »Die Nachbarin ist gerade mit den Kindern heraufgekommen. Sie wollen ihrer Mutter gute Nacht sagen, bevor sie schlafen gehen.«

Vicky eilte sofort hinüber und beruhigte die Jungen, indem sie ihnen erzählte, sie helfe Marlen bei irgendeiner Hausarbeit. Miriam versprach ihr, ein wachsames Auge auf Reyniel und Alejandro zu haben, bis sie eingeschlafen waren, und Vicky kehrte zurück, um weitere Fragen zu beantworten.

»Ist Ihnen in letzter Zeit am Verhalten Ihres Ehemannes irgend etwas Eigenartiges aufgefallen?«

»Ich weiß nicht, was Sie mit ›eigenartig‹ meinen. Ihn schienen die gleichen Dinge wie immer zu beschäftigen – sein Beruf und seine Arbeit.«

»Ist er in letzter Zeit ausgegangen, ohne Ihnen zu sagen wohin?«

Glauben sie wirklich, die CIA hätte ihn eingefangen? fragte sich Vicky, als sie merkte, in welche Richtung die Fragen führten. »Das wäre unmöglich gewesen. Wenn er nicht seinen normalen Dienst auf dem Stützpunkt versah, hatte er Alarmbereitschaft. Wir haben in den letzten acht Monaten gerade einmal zwei Wochenenden gemeinsam verbracht.«

»Und in der Sowjetunion? Ist er nie nach Moskau gefahren, um sich mit jemandem zu treffen?«

»Wenn wir nach Moskau gefahren sind, dann gemeinsam und mit den Kindern. Ich habe ihn dort nie in der Gesellschaft irgendwelcher Fremder gesehen.«

»Welche Freunde hatte er in der Sowjetunion?«

»Die kubanischen Studenten und einen russischen Militärangehörigen, der an der Akademie beschäftigt war.«

»Auch an seinem ganz privaten Benehmen ist Ihnen nichts aufgefallen? An seinem Sexualverhalten beispielsweise? Hat sich da etwas geändert?«

Vicky erkannte, daß sie versuchten, die innigsten Momente unserer Beziehung aus Licht zu zerren, die unter anderem deshalb so unvergleichlich schön waren, weil wir sie niemandem anvertrauten.

Sie wollen doch nicht etwa am Erfolg oder Scheitern seiner sexuellen Beziehungen ermessen, ob er ein Kommunist ist oder nicht?

Die Stimme des Untersuchungsbeamten riß sie aus ihren Gedanken. »Ich meine ... Haben Sie vielleicht irgendwelche Symptome für Homosexualität an ihm bemerkt?«

Da wußte Vicky, worauf sie wirklich aus waren, erkannte die wahren Gründe für die ausführliche Befragung und die Durchsuchung der Wohnung. Sie wußten genau, daß die CIA ihren Mann nie hätte anwerben können, denn selbst wenn sie es gewollt hätte – die Gelegenheit wäre einfach nicht da gewesen. Sie wußten genau, daß niemand ihn dazu überredet hatte, in die Vereinigten Staaten zu fliehen, ihnen war klar, daß er aus eigenem Antrieb heraus gehandelt hatte. Also suchten sie nach etwas ganz anderem.

Der Mann, der sich jetzt als Verräter entpuppt hatte, war ein loyaler Sohn der Revolution gewesen, der ihr sein ganzes Leben lang aus idealistischen Motiven heraus gedient hatte. Wenn seine Wohnung bescheiden eingerichtet war, dann entsprach das genau seiner anspruchslosen Lebensart und seiner bedingungslosen Pflichtauffassung, die ihm das Vertrauen seiner Kameraden eingebracht hatten. Wie sollten sie diesen Männern die Flucht ihres Mannes erklären? Die wahren Gründe konnte sie ihnen kaum nennen. Also brauchten sie irgend etwas, irgendwelche Beweise, aufgrund derer sie eine Kampagne gegen ihn starten konnten, um seinen Ruf unter seinen Kameraden in Mißkredit zu bringen. Sie brauchten verzweifelt irgend etwas, und wenn es nur eine negative Behauptung von einem Menschen war, der ihn besser kannte als jeder andere, von seiner Frau. So etwas werden sie von mir nie bekommen, dachte Vicky.

»Niemals«, begann sie. »Sie alle kennen ihn sehr gut und wissen selbst genau, daß er nicht homosexuell ist. Unsere eheliche Beziehung war immer sehr glücklich – vom ersten Tag bis heute.«

»Wir wußten, daß Sie das sagen werden«, meinte der Verantwortliche fast enttäuscht.

»Aber was sollte ich denn sonst sagen? Alles andere wäre eine Lüge.«

Der Mann blickte auf seine Uhr, stand auf und beendete so das Gespräch. »Wir bleiben mit Ihnen in Verbindung.« Als er schon an der Tür war, fügte er noch hinzu: »Ach, ich hätte es um ein Haar vergessen! Ein Psychologe aus Havanna wird sich um Sie kümmern. Ihr Mann hat Sie zwar verlassen, aber die Revolution sorgt dafür, daß es Ihnen und den Jungen an nichts fehlen wird.« Dann verließ er mit seinem Troß die Wohnung.

Vicky wandte sich an Cordero. »Morgen ziehe ich zu meinen Eltern. In den nächsten Tagen komme ich noch einmal vorbei, um meine Sachen zu packen und die Wohnungsschlüssel zu übergeben.«

Cordero sah sie ohne jedes Zeichen von Mitgefühl an. »Du solltest noch eine Weile hier bleiben. Zumindest bis die Untersuchung beendet ist.«

»Sie können mich auch bei meinen Eltern in Havanna

befragen. Aber ich ertrage es nicht, auch nur einen Tag länger hier zu bleiben.«

»Überleg es dir noch einmal. Aber auf jeden Fall werde ich mich darum kümmern, daß dich ein Wagen des Stützpunkts zum Busbahnhof fahren kann«, sagte er noch, als Vicky bereits auf dem Weg in unsere Wohnung war.

Sie sah nach den tief schlafenden Jungen und dankte Miriam für die Hilfe, die sie so selbstverständlich angeboten hatte. Dann eilte sie ans Telephon und rief Nachbarn ihrer Eltern an, von denen sie zu ihrer großen Erleichterung hörte, daß diese bereits auf dem Weg zu ihr waren.

Dann sind sie morgen hier. Dann bin ich wenigstens nicht mehr so allein, dachte Vicky.

Als nächstes rief sie bei meinen Eltern an und fragte meinen Bruder Faure, ob er sie am nächsten Tag mit dem Auto meines Vaters abholen könne, da sie sich außerstande fühle, wer-weiß-wie-lange am Busbahnhof zu warten.

»Mach dir keine Sorgen. Ich bin noch vor zwölf bei dir«, versprach er.

Sie ging wieder ins Schlafzimmer und betrachtete schweigend die Jungen. Es war fast drei Uhr morgens, aber sie wußte, daß sie doch keinen Schlaf finden würde. Wie soll ich ihnen das alles nur erklären? fragte sie sich und blickte sich in der Unordnung um, die die Offiziere nach ihrer Durchsuchung zurückgelassen hatten. Ich bin sicher, daß sie mich abhören, dachte sie und erinnerte sich an meine Warnungen. Also setzte sie sich aufs Bett, starrte verzweifelt an die Zimmerdecke und rief – nur für die Ohren ihrer Lauscher bestimmt: »Warum, Liebes? Warum hast du das getan? Wie konntest du uns so verlassen – für immer?!«

Dann sah sie sich noch einmal in den Räumen um, die viele Jahre lang unser Zuhause gewesen war, und verabschiedete sich im stillen von ihnen.

XVI

Zeit des Wartens

»Offiziere, Soldaten, Genossen – gestern morgen sind wir Opfer eines Verrats geworden . . .«

Die Männer und Frauen, die sich auf dem Paradeplatz versammelt hatten, lauschten Corderos Stimme, die ernster als sonst aus den Lautsprechern dröhnte. Noch vor Morgengrauen waren sie von ihren Bataillonskommandeuren aufgefordert worden, sich zu einer »Mißbilligungsdemonstration« einzufinden, die gleichzeitig in allen anderen militärischen Einrichtungen Kubas stattfinden würde. Jeder fühlte sich durch das von einem Mitglied ihrer großen Familie begangene Verbrechen von einer Empfindung kollektiver Scham erfaßt. Mit gesenkten Köpfen hörten sie den Worten des Basiskommandanten zu und verspürten zutiefst die Demütigung, einen Verräter in ihren Reihen gehabt zu haben.

». . . und wir haben uns hier versammelt, um unsere tiefe Mißbilligung gegenüber einem Menschen zum Ausdruck zu bringen, der uns vorgespielt hat, unser Bruder zu sein, um uns dann das Messer des Verrats in den Rücken zu stoßen. Nieder mit dem Verräter!«

Corderos Stimme klang rauh und emotionsgeladen.

»Nieder!« wiederholten die Soldaten und reckten die Fäuste.

»Es gibt Verräter, die dazu fähig sind, dem Teufel ihre Seele für Geld zu verkaufen, aber die Imperialisten sollten wissen – sie sollten es wirklich wissen, daß kein Geld der

Welt einen einzigen der Kämpfer kaufen kann, die heute hier zusammenstehen!« fuhr Cordero immer erregter fort.

»Der Imperialismus läßt sich aber von den Verrätern täuschen, den Feigen und Kleinmütigen, die nicht fähig sind, sich den Schwierigkeiten zu stellen, die uns durch sein Wirtschaftsembargo aufgezwungen wurden . . . Diese nordamerikanischen Imperialisten glauben, daß wir alle unser Vaterland verraten werden. Doch da irren sie sich gründlich. Dieses Volk und seine Streitkräfte werden eher sterben, als vor ihnen in die Knie zu gehen!«

Cordero schlug mit der Faust auf das Podium: »Dem Verräter gilt unser ewiger Haß!«

»Haß!« wiederholten die Versammelten.

»Tod den Verrätern des Vaterlands!«

»Tod!«

»Sozialismus oder Tod . . .«

»Wir werden siegen!« schloß der hundertstimmige Chor.

Dann trat Cordero ein paar Schritte zurück und überließ dem Politoffizier das Mikrophon.

»Mit unserer Mißbilligung und unserem Protest«, begann Méndez wohlüberlegt und ließ seinen Blick über die Reihen der Angetretenen schweifen, »verleihen wir auch der Tatsache Ausdruck, daß wir der glänzenden Staatsführung unseres Oberbefehlshabers mehr denn je vertrauen. Daß wir in diesem Vertrauen nie schwanken, und unsere Reihen von dem schmutzigen Verrat säubern werden, der sich unter uns ereignet hat.«

Wieder senkten alle die Köpfe. Das Vertrauen des Oberbefehlshaber mißbraucht zu haben, war doppelt verwerflich.

Méndez holte tief Luft und stimmte dann mit weit hallender Stimme die Parole an, die wir alle schon in der ersten Klasse gelernt hatten:

»Oberbefehlshaber: Was es auch sei, wie, wo und wann auch immer . . .«

»Befiehl es!« skandierten alle unisono.

In unserer Wohnung bereitete Vicky mit Hilfe ihrer Eltern den Aufbruch vor. Die Jungen waren begeistert gewesen, beim Erwachen ihre Großeltern vorzufinden, und wollten nun zum Spielen auf die Straße hinunter. Aber Vicky lehnte es immer wieder ab, da sie von einer Nachbarin wußte, daß sich vor dem Haus eine Gruppe Kinder versammelt hatte, um Reyniel und Alejandro dafür zu beschimpfen, daß ihr Vater ein »Verräter« sei. Als die Kinder nach mir fragten, sagte sie ihnen zunächst einmal, ich hätte Bereitschaftsdienst, und sie hatte es auch noch nicht über sich gebracht, Reyniel einen Grund dafür zu nennen, warum er heute nicht in die Schule zu gehen brauchte.

Doch inzwischen hielt sie den Zeitpunkt für gekommen, ihnen eine Erklärung zu geben. Sie bat die Jungen, sich zu setzen und ihr genau zuzuhören.

»Euer Onkel Faure ist auf dem Weg hierher, um uns alle abzuholen.«

»Hurra! Dann können wir mit unseren Cousins und Cousinen spielen!« jubelte Alejandro.

»Papa ist für längere Zeit zu einem anderen Stützpunkt versetzt worden, daher werden wir bei den Großeltern in Havanna wohnen.«

»Hurra!« schrie Alejandro noch einmal, der mit seinen vier Jahren nicht den Eindruck machte, besonders an dem Ort zu hängen, wo er bisher gelebt hatte.

»Aber warum hat sich Papa denn nicht von uns verabschiedet, Mama?« erkundigte sich Reyniel ungewöhnlich ernst.

»Er mußte noch in der Nacht los und wollte euch nicht wecken. Aber er hat euch beide zum Abschied geküßt und mit euch gesprochen, als ihr geschlafen habt.«

Vicky wollte den Jungen noch weiteres erklären, als bereits Faure mit seiner Frau Isabel aus Matanzas eintrafen.

Sie sagten kein Wort, aber als Faure Vicky vor sich stehen sah, nahm er sie weinend in die Arme, während Isabel die beiden gleichfalls umarmte. Noch nie waren in unserer Familie so viele Tränen vergossen worden. Die Jungen betrachteten die Szene höchst überrascht, liefen dann zu ihrer Mutter und klammerten sich an sie.

»Mama, warum weinst du? Warum weinen denn alle?« fragte Reyniel verängstigt und ebenfalls den Tränen nahe.

»Weil ... weil dein Vater lange Zeit nicht bei uns sein wird, weil es mir nicht gefällt, unsere Wohnung zu verlassen – das macht uns alle ganz traurig.«

Mit verschreckten Gesichtern warteten die Kinder ab, daß sich die Erwachsenen endlich ein wenig beruhigten. Als sie gerade darüber sprachen, was mitzunehmen wäre und wie sie das alles in dem kleinen Auto verstauen wollten, klopfte es an der Wohnungstür. Eine junge Frau mit kastanienbraunen Haaren und kummervollen grauen Augen stand auf der Schwelle. Sie trug die Uniform eines Oberleutnants.

»Guten Tag, ich bin Magalis, Psychologin im Verteidigungsministerium, und bin gekommen, um Ihnen zur Seite zu stehen.«

»Treten Sie doch bitte näher«, erwiderte Vicky und bat sie, Platz zu nehmen.

»Nein, vielen Dank. Könnten wir vielleicht irgendwo ein paar Worte unter vier Augen sprechen?« fragte der Gast und betrachtete die Anwesenden flüchtig.

»Ja ... im Schlafzimmer.«

Sie betraten den Raum, den Vicky noch zwei Tage zuvor mit mir geteilt hatte und setzten sich aufs Bett, gleich gegenüber der Kommode, deren Schubladen alle unsere Erinnerungsstücke enthielten.

»Ich bin tief betroffen von der Art und Weise, wie Ihr Mann Sie verlassen hat. Ich kann mir vorstellen, wie schwer das alles für Sie ist und bin vom Verteidigungsministerium beauftragt, Sie nach Kräften zu unterstützen.«

Vicky hörte schweigend zu und erinnerte sich daran, daß Cordero sie schon früh am Morgen angerufen und ihr mitgeteilt hatte, daß weitere Untersuchungsbeamte aus Havanna eingetroffen seien, um sie zu befragen. Später hatte er sich noch einmal bei ihr gemeldet und gemeint, nur die Psychologin würde sie aufsuchen, die anderen Neuankömmlinge seien an einer Unterhaltung mit ihr nicht interessiert. Und jetzt sprach die junge Frau in den süßesten Tönen auf sie ein.

»Zunächst einmal möchte ich, daß Sie mir soviel wie möglich über Ihr gemeinsames Leben erzählen – von dem Augenblick an, an dem Sie sich kennengelernt haben. Wie hat sich Ihr Mann Ihnen und den Kindern gegenüber normalerweise verhalten? Ist er oft allein ausgegangen? Hat er getrunken?«

Also begann Vicky von unserer Ehe zu erzählen und zeigte der Frau auf deren Aufforderung auch unser Familienalbum. Und Vicky erkannte, daß diese Psychologin aus anderen als den vorgeschobenen Gründen zu ihr geschickt worden war. Sie sollte Material zutage fördern, mit dem eine Verleumdungskampagne gegen mich in die Wege geleitet werden konnte. Doch damit konnte Vicky nicht dienen.

»Er hat mich immer geliebt. Er war ein wunderbarer Vater, stets liebevoll zu den Jungen, sehr aufmerksam gegenüber seinen Eltern ... Das wissen Sie sicherlich längst, aber etwas anderes kann ich Ihnen wirklich nicht erzählen. Zu Hause, auf der Basis, im Umgang mit Freunden und Nachbarn – nie war er anders als pflichtbewußt und liebenswürdig. An Alkohol fand er nie Geschmack, und ebensowenig hatte er Lust, sich seine Zerstreuung irgendwo anders zu suchen. Nach seinem Dienst kam er sofort nach Hause geeilt, um mit uns zusammen zu sein ... Und wenn wir einmal auf Urlaub fuhren, hat er stets zunächst ein paar Tage bei seinen Eltern verbracht. Sein einziger Zeitvertreib war das Tauchen und immer, wenn er mit seinen Brüdern zusammen war, ist er mit ihnen tauchen gegangen. Ich kann mir einfach nicht erklären, warum er es getan hat!« Vicky erzählte unter Schluchzen, während die Psychologin schweigend zuhörte.

Die Tür öffnete sich.

»Vicky? Wird es noch lange dauern? Wenn wir nicht bald aufbrechen, kommen wir vor Einbruch der Dunkelheit nicht mehr nach Havanna«, drängte mein Bruder. Ihm ging es weniger darum, die nächtliche Fahrt zu vermeiden, als darum, Vicky endlich aus der Wohnung herauszubekommen, in der sie alles an mich erinnern mußte.

»Ja, wir müssen wirklich los«, antwortete Vicky und stand auf. Die Psychologin erhob sich ebenfalls und versprach Vicky, sie noch häufiger aufzusuchen.

»In Havanna ist es sogar leichter für mich, Ihnen zu helfen, da ich dort wohne«, erklärte sie beim Abschied.

Kurz bevor sie die Wohnung verlassen wollten, erschien Marlen und bat Vicky, noch einmal kurz in ihre Wohnung zu kommen. Dort saß Leutnant Valdés vom Geheimdienst des Stützpunktes.

»Stimmt es, daß Sie fortziehen, Vicky?« erkundigte er sich offenkundig besorgt.

»Ja. Wir wollen gerade los.«

»Aus diesem Grund bin ich gekommen. Sie werden noch ein paar Tage hierbleiben müssen.«

»Es tut mir leid, aber ich könnte es nicht ertragen, mich auch nur eine Minute länger hier aufzuhalten. Alles erinnert mich an ihn, und ich habe keine Ahnung, wie ich die Jungen ablenken soll. Ich brauche die Unterstützung meiner Familie, und deshalb ziehe ich nach Havanna.«

»Aber hören Sie . . . wir sind auf Ihre Hilfe angewiesen! Wir haben keinerlei Hinweise. Wir wissen nicht, was geschehen ist, aus welchen Gründen er es getan haben könnte. Wir müssen diese Angelegenheit aufklären, und Sie sind die einzige, die uns dabei helfen kann.«

»Ich weiß nicht, was ich Ihnen sonst noch sagen könnte. Ich weiß nicht mehr als Sie. Tut mir leid, aber ich werde fahren. Es wäre nicht gut für die Kinder, wenn sie noch länger hierbleiben würden.«

»Lassen Sie die Kinder doch mit Ihren Verwandten vorausfahren und bleiben Sie noch ein paar Tage hier.«

»In dieser Situation trenne ich mich nicht von den Jungen. Sie können ja nach Havanna kommen, wenn Sie noch etwas von mir wollen.«

Valdés sah ausgesprochen bleich aus. Mit diesem Widerstand hatte er nicht gerechnet, und mit Vicky sah er seine letzte Chance schwinden, sich mit irgendwelchen »Erkenntnissen« seinen Vorgesetzten gegenüber verantworten zu können. Es war seine Aufgabe, derartige Vorfälle zu verhindern, und ihm war klar, daß ihn seine Vorgesetzten dafür verantwortlich machen würden, das Vorhaben des »Verräters« nicht rechtzeitig erkannt und durchkreuzt zu haben. Meine Akte, in der selbst die belanglosesten Bemerkungen verzeichnet waren, die ich irgendwann zu irgend jemandem gemacht hatte, würde nun gegen ihn und seine Geheimdienstkollegen verwendet werden. Sie würde als Beweis für ihre laxe Arbeit herhalten, und von nun an konnten sie mit keiner Beförderung mehr rechnen, sondern mußten froh sein, wenn sie ihre Posten nicht verloren. Vielleicht war sich Valdés sehr wohl bewußt, daß die oberste Staatsführung die Gründe für meine Desertion nur zu gut kannte, sie gegenüber dem Volk und dem Militär jedoch nie nennen würden. Und es war keineswegs unwahrscheinlich, daß die neu aus Havanna eingetroffene Untersuchungskommission schließlich – um ihre Hände in Unschuld zu waschen – Valdés' Namen auf die Liste jener »nachlässigen und verantwortungslosen Offiziere« setzten, die meine Flucht nicht verhindert hatten.

Die Blässe auf Valdés' Gesicht verriet seine Angst vor dem Unvermeidlichen. Er war in Ungnade gefallen.

»Aber Sie müssen uns doch verstehen, Vicky! Wir haben noch immer nichts gefunden . . . keinen einzigen Grund, der uns erklären könnte, warum er zum Verräter geworden ist!« Und ganz im Gegensatz zu seinem üblichen anmaßenden Tonfall, flehte er Vicky nun fast schluchzend an: »Bitte, Vicky, bleiben Sie noch ein paar Tage hier!«

Vicky blickte ihn mitleidig an, erkannte die plötzliche, tiefe Panik des von allen auf der Basis gefürchteten Mannes, der nun verzweifelt bemüht war, seinen Kopf zu retten. Aber sie befand sich in keiner sehr viel besseren Lage, und es gab nichts, wodurch er sie in Santa Clara festhalten konnte. Es sei denn, man nahm sie fest. Aber das würden sie nicht tun. Damit wäre ihnen nicht geholfen, denn das würde sie in den Augen der anderen Piloten nur noch schlechter aussehen lassen. Es war sehr viel ratsamer, Vickys Vertrauen zu gewinnen. Vielleicht könnte sie, wenn sie den ersten Schock erst einmal überwunden hatte, in irgendeiner Weise dazu beitragen, ein Lügengespinst zu knüpfen. Und falls man sie der Komplizenschaft verdächtigte, war es ohnehin klüger, sie unter Bewachung zu halten, während man ihr das trügerische Gefühl vermittelte, den Geheimdienst erfolgreich hinters Licht geführt zu haben. Entwischen konnte ihnen Vicky ohnehin nicht. Sie hatten sie stets unter Kontrolle.

»Es tut mir leid, Valdés. Ich kann nicht bleiben, selbst wenn ich es wollte. Dazu hätte ich nicht die Kraft.«

»Sollten wir nicht endlich losfahren?« Wieder war es mein Bruder, der nachsah, wo Vicky eigentlich blieb.

»Vielleicht wird sie auf Sie hören«, begann Valdés und wiederholte Faure alles, was er schon Vicky gesagt hatte.

»Sehen Sie denn nicht, in welchem Zustand sie sich befindet? Sie ist doch seit dem Schock, den sie gestern erlitten hat, nicht mehr bei sich. Sie braucht Ruhe und den Beistand ihrer Familie! Sie können sie jederzeit in Havanna aufsuchen, wenn es unbedingt nötig sein sollte.«

Vielleicht hätte Valdés Vicky am liebsten festgenommen, um ihr ein Geständnis zu erpressen, aber er traf keine Entscheidungen mehr. Die lagen in den Händen der Leute, die gerade aus Havanna eingetroffen waren und dem Verteidigungsminister direkt unterstanden.

In meiner ersten Nacht auf der Homestead Air Force Base bekam ich kein Auge zu. Ich dachte an Vicky, die Jungen, meine Eltern, Brüder und Freunde sowie an die Auswirkungen, die meine Flucht auf sie alle hatte. Immer wieder fragte ich mich, wie Vicky mit den verhängnisvollen Fragen fertig würde, die man ihr stellen würde. Obwohl ich mich erst vor knapp vierundzwanzig Stunden von Vicky und den Kindern verabschiedet hatte, kam es mir so vor, als hätte ich sie seit Ewigkeiten nicht mehr gesehen. Und als ich nun daran dachte, wieviel Zeit bis zum Wiedersehen vergehen konnte, schnürte mir die Verzweiflung die Kehle zu.

Zur Ablenkung begann ich das Buch von Armando Valladares zu lesen, und seine Schilderungen der von der Revolution von Anfang an begangenen Verbrechen wirkten auf mich absurd übertrieben. Enttäuscht legte ich es beiseite, überzeugt davon, daß diese Aufzählungen mehr von leidenschaftlicher Überzeugung als von Wahrheitsliebe diktiert waren. Ich hielt mich an die unter linksorientierten Intellektuellen so beliebte Vorstellung von einer Revolution, die das Opfer der Verleumdungen der Vereinigten Staaten geworden war.

Plötzlich wurde im Nebenraum leise die Tür geöffnet. Es war Sanchéz, der mich nicht wecken wollte, dann aber voller Erstaunen feststellte, daß ich bereits völlig bekleidet aus dem Schlafzimmer trat.

»Ich habe nicht besonders gut geschlafen. Mußte dauernd an meine Frau und die Jungen denken. Aber ich bin sehr froh, daß Sie schon so früh da sind, denn mit der Einsamkeit komme ich nicht besonders gut klar.«

»Ich habe ihnen etwas mitgebracht«, sagte er und griff in seinen Diplomatenkoffer. »Es ist eine Taschenbibel. Ich weiß, wie wichtig es für Sie ist, endlich zu Gott gefunden zu haben. Diese Ausgabe ist in dreihundertfünfundsechzig Abschnitte unterteilt, also können Sie jeden Abend vor dem Einschlafen ein Kapitel lesen.«

Diese Geste berührte mich tief.

»Vielen Dank, Sanchéz. Sie schenken mir, was ich am nötigsten hatte«, sagte ich, während ich in dem Buch blätterte – der ersten Bibel meines Lebens. »Aber dürfte ich Sie vielleicht um einen weiteren Gefallen bitten?« fuhr ich fort, ging ins Schlafzimmer und holte meine Fliegeruniform. »Glauben Sie, daß man den Soldaten finden kann, der mir dieses Abzeichen gegeben hat?« Ich hielt das Schildchen so, daß er die Widmung und die Unterschrift des Mannes lesen konnte, der es mir am Tag zuvor in Boca Chica gegeben hatte.

»Ja, ich glaube schon, daß ich ihn finden werde.«

»Ich möchte ihm diese Uniform zur Erinnerung an unsere Begegnung schenken.«

Nachdem sich Sanchéz gesetzt hatte, sprachen wir über dieses und jenes, bis jemand mit dem Frühstück an die Tür klopfte: einem Tablett voller Obst, Toast, Butter, Fruchtsaft und Kaffee.

»Es ist mir sehr peinlich, Sanchéz«, erklärte ich beim Anblick des Tabletts, »aber ich fürchte, ich kann höchstens eine Tasse Kaffee trinken.«

»Aber das verstehe ich doch. Machen Sie sich darüber nur keine Gedanken.«

Wenige Minuten später erschienen Rubén und José.

»Ich habe eine Überraschung für Sie«, sagte Rubén, trat ans Telephon und holte einen Zettel aus der Tasche seines dunklen Anzugs. »Jetzt rufe ich Ihre Tante an, dann können Sie mit ihr sprechen. Sie können ihr sagen, daß Sie bei uns sind, aber nennen Sie ihr bitte nicht Ihren Aufenthaltsort.«

Meine Tante hatte mich zum letzten Mal gesehen, als ich drei oder vier Jahre alt gewesen war, und wir gemeinsam Weihnachten gefeiert hatten. Aber sie schien überglücklich, daß ich in den Vereinigten Staaten war. Sie erzählte mir, daß ein Team des lokalen Fernsehsenders auf ihrer Arbeitsstelle erschienen war und tausend Fragen gestellt hatte, auf die sie keine Antwort gewußt hätte, und daß sich ein Betrüger im Fernsehen bereits als mein älterer Bruder ausgegeben hätte. Danach lud sie mich ein, bei ihr zu wohnen.

»Nun, ich weiß noch nicht – vielleicht.«

»Was soll das heißen – ›vielleicht‹? Dein Vater ist mein Bruder, und ich kann dir nur raten, so schnell wie möglich zu mir zu kommen . . .«

Diese liebevoll-bestimmende Art war so typisch für meine Verwandte, die vor fast einem halben Jahrhundert die Felder von Zaino verlassen hatte. Auch nach mehr als drei Jahrzehnten in der Vereinigten Staaten hatte sich ihr Verhalten weniger verändert als das meines Vaters auf Kuba.

»Bitte, versteh doch, daß ich jetzt noch keine Entscheidung treffen kann. Ich habe noch nicht mit den Schwestern meiner Mutter gesprochen. Ich weiß nicht, wo ich eine Arbeitsstelle finde . . . Im Grunde weiß ich noch gar nichts!«

»In Ordnung, das sehe ich ein. Sag mir, wo du bist, dann komme ich zu dir.«

»Das kann ich dir nicht sagen, Tantchen, ich . . .«

»Haben Sie dich etwa verhaftet? Hör mal, ich wende mich sofort an einen Anwalt . . .«

»Nein, nein, Tantchen«, unterbrach ich hastig. »Ich bin nicht im Gefängnis. Mir geht es gut und ich befinde mich in ausgezeichneter Gesellschaft.«

»Und warum kann ich dann nicht zu dir kommen?«

»Das gilt nur für kurze Zeit. Du mußt einsehen, daß meine Flucht die ohnehin komplizierten Beziehungen zwischen den beiden Regierungen nicht gerade verbessert. Die Angelegenheit muß erst noch gründlich untersucht werden.«

»Wer ist diese ›ausgezeichnete Gesellschaft‹?«

»Das FBI.«

»Verstehe. Die haben sich auch schon bei mir gemeldet. Wie wirst du behandelt?«

»Sehr gut, mit großer Rücksichtnahme und Respekt.«

»Ich möchte dich besuchen, und wenn es nur ganz kurz ist. Ich möchte dir Geld bringen.«

»Nein, das ist wirklich nicht nötig. Wie ich schon sagte, geht es mir gut.«

»Bist du ganz sicher, daß ich nicht doch einen Anwalt einschalten soll? Schließlich hast du deine Rechte.«

Meine Tante hatte offenbar keine rechte Vorstellung von meiner Situation. Dennoch erfüllten mich ihre letzten Worte mit großer Genugtuung. Zum ersten Mal in meinem Leben hatte jemand betont, daß ich bestimmte Rechte besaß.

»Sicher, aber du brauchst wirklich keinen Anwalt aufzusuchen«, lachte ich, und endlich schien sie sich zu beruhigen.

Nachdem ich den Hörer aufgelegt hatte, blieb ich einige Sekunden lang nachdenklich neben dem Telephon stehen. Ich fühlte mich meiner Tante so nahe, als hätten wir uns erst gestern getrennt. Ihre Art hatte mich sehr beeindruckt, ihr Freimut, ihre Offenheit, ihre skeptische Frage im Hinblick auf das FBI.

So weit geht hier die Freiheit? fragte ich mich fasziniert.

»Wie geht es Ihrer Tante?« unterbrach Rubén meine Überlegungen. »Alles in Ordnung?«

»Ja, aber sie will mich auf der Stelle in die Arme schließen.«

»Keine Sorge, Sie werden einander bald sehen können.

Und bis es soweit ist, möchten wir Ihnen den Aufenthalt so angenehm wie möglich machen. Wenn Sie wollen, können wir Ihnen morgen die Stadt zeigen.«

Die nächsten Stunden plauderten wir miteinander wie Bekannte, die sich ein bißchen besser kennenlernen wollen, über unsere unterschiedlichen Lebensumstände, über Sport, den Krieg am Persischen Golf, über Musik, über Kuba, über die Vereinigten Staaten. Ich wußte sehr wohl, daß auch diese scheinbar lockere Unterhaltung Bestandteil meiner gründlichen Überprüfung war, aber das beunruhigte mich nicht. Im Gegenteil: Ich genoß ihre Gesellschaft als die von Freunden in einem Land, in dem ich bisher noch keine Gelegenheit hatte, meine Verwandten zu treffen.

Aber ich war weit davon entfernt, ruhig zu sein. Die ungeheuren Veränderungen und das Schicksal meiner Familie gingen mir nicht eine Sekunde lang aus dem Sinn. Am frühen Nachmittag konnte ich einfach nicht mehr stillsitzen.

»Wäre es vielleicht möglich, einen kleinen Spaziergang zu machen?«

Lächelnd stand Sanchéz auf. »Selbstverständlich. Auch ich kann ein bißchen Bewegung gebrauchen.«

Minuten später liefen wir zügig am Ufer eines künstlichen Sees auf dem Stützpunktgelände entlang. Mir fielen die vielen Familien und Paare auf, die uns Hand in Hand entgegenkamen. Ich dachte an mein Leben auf Kuba zurück, an das Leben, das meine Kameraden noch immer führten. Dort hatten Angehörige nur sehr selten aus Anlaß politischer Feiern Zugang zur Basis.

Am Abend brachte mir Sanchéz eine wohlschmeckende und appetitlich angerichtete Mahlzeit aus dem Club des Stützpunktes.

»Sie haben sich große Mühe gegeben«, meinte er lächelnd und wies auf eine Blume in einer schmalen Vase, die neben Schüsseln und Tellern auf dem Tablett stand.

»Ihre Freundlichkeit ist überwältigend«, meinte ich leicht

verlegen. Zum ersten Mal seit Tagen verspürte ich Anzeichen von Hunger und aß mit großem Appetit, während wir die Fernsehnachrichten verfolgten.

In der Nacht hatte ich einen gräßlichen Alptraum. Ich befand mich in einer endlosen Salzwüste und schleppte mich mühsam über einen Berg, hinter dem Vicky und die Jungen um Hilfe schrien. Die Sonne dörrte meine Haut aus, ließ sie aufspringen, und feine Salzkristalle setzten sich in den Wunden fest. Blutend quälte ich mich schließlich den Hügel hinauf, schien aber keinen Schritt weiterzukommen. Dann hörte ich keine Schreie mehr, sah aber die Silhouetten von zwei Hyänen am Horizont verschwinden. Schweißgebadet wachte ich auf und sah auf die Uhr. Ich hatte kaum zwanzig Minuten geschlafen.

Am Morgen erschienen Rubén und José mit einem dritten, sehr jungen Kollegen. Alle waren unserem Ausflug nach Miami entsprechend gekleidet. Ich saß auf dem Beifahrersitz und ließ die eindrucksvolle Metropole auf mich wirken, die ich aus dem Flugzeug erstmals gesehen hatte, den Hauptzufluchtsort kubanischer Exilanten. Die gewaltigen Autobahnen, die vielen modernen Autos jeder Größe und Machart, die Mautstellen erregten meine ganze Aufmerksamkeit. Doch mehr als alles andere verblüfften mich die Rasenflächen, die sich sorgsam gemäht kilometerweit neben den Straßen und vor den Häusern erstreckten. Das überstieg mein Fassungsvermögen! Während meiner jahrelangen Dienstzeit auf dem Luftwaffenstützpunkt Santa Clara hatten wir es nicht einmal fertig gebracht, das Gras zu beiden Seiten der Rollbahnen zu mähen, um die Vögel davon abzuhalten, in großen Schwärmen niederzugehen, sich an den Samen gütlich zu tun und damit die Flugsicherheit bei den Starts und Landungen zu gefährden. Und daß Gras zu beiden Seiten einer Autobahn gemäht wurde, hatte ich in meinem ganzen Leben noch nicht gesehen.

Bei unserer Besichtigungstour kamen wir auch durch die Calle Ocho, das Zentrum von Little Havanna, das Herz der kubanischen Exilgemeinde. Eine Gruppe älterer Leute saß im Patio eines eigenartigen Seniorenclubs, zu dem unter Sechzigjährige keinen Zutritt hatten. Vom Zaun aus sah ich sie Domino spielen und hörte sie über die große Liebe ihres Lebens diskutierten, über Kuba. Jeder von ihnen hatte nur einen Traum: die Rückkehr. Bei ihrem Anblick empfand ich das Leid von mehr als einer Million Kubaner, die gezwungen gewesen war, ihre Heimat zu verlassen, weil sie dort nicht in Würde leben konnten.

Auf dem Rückweg besuchten wir eine Shopping Mall, und im Gegensatz zu den Erwartungen meiner Freunde war ich von der Vielfalt des dortigen Angebots kaum beeindruckt. Mir hatten die gestutzten Rasenflächen vollauf genügt. Aber die Dutzenden von Familien, die dort mit ihren Kindern herumspazierten, erinnerten mich an die Leere in ähnlichen Einkaufzentren auf Kuba oder in der Sowjetunion. Rubén bestand darauf, daß wir in ein Geschäft gingen, wo er mich umsichtig dazu zwang, ein paar Turnschuhe anzuprobieren.

»Darin werden Sie sehr viel bequemer joggen«, erklärte er, als er sie mir überreichte.

Als wir wieder im Auto saßen, versuchte ich, ein bißchen mehr über mein weiteres Schicksal in Erfahrung zu bringen. »Wie lange werde ich Ihrer Meinung nach noch bei Ihnen bleiben?« fragte ich Rubén und drehte mich zu ihm um.

»Keine Ahnung ... Vielleicht eine oder zwei Wochen, vielleicht auch drei. Ich weiß es wirklich noch nicht«, meinte er zögernd und kratzte sich nachdenklich sein Knie. Dann blickte er mich an und erklärte aufmunternd: »Aber machen Sie sich keine Sorgen. Lange kann es nicht mehr dauern. Zunächst einmal müssen wir ganz sicher sein, daß Ihr Leben außerhalb des Stützpunktes nicht gefährdet ist. Es ist durchaus vorstellbar, daß Dutzende kubanischer Geheimdienstleute nach Ihnen Ausschau halten, um ihr Mütchen an Ihnen zu kühlen, und wir wollen verhindern, daß sie damit Erfolg haben.«

»Ich verstehe«, erwiderte ich, denn ich wußte, daß auch sie Zeit brauchten, um festzustellen, wer ich wirklich war, ob die Geschichte stimmte, die ich ihnen erzählte. Sie hatten auch die Sicherheit ihres Landes zu wahren.

»Aber wir bemühen uns, Ihnen den Aufenthalt bei uns so angenehm wie möglich zu machen«, schloß er und schlug sich aufs Knie, das er zuvor gekratzt hatte.

»Noch eine Frage. Was muß ich eigentlich tun, um für meine Frau und die Kinder Visa zu bekommen?«

»Zunächst einmal sollten Sie abwarten, bis Ihr rechtlicher Status hier geklärt ist. Und dann tun Sie einfach das, was alle in einem solchen Fall machen. Dabei können wir Ihnen nicht helfen.«

»Verstehe.«

Zwei weitere Wochen vergingen, bis die Beamten, die in dieser Zeit wahre Freunde wurden, ihre Untersuchungen abschlossen, und die MIG an Kuba zurückgegeben wurde. In dieser Zeit hatte ich fast täglich mit meinen Verwandten in Miami, New Jersey und Texas telephonieren dürfen, aber treffen konnte ich mich mit ihnen nicht. Und nun verabschiedete man sich von mir und erklärte, ich könne gehen, wohin ich immer wolle. Mir öffnete sich eine Welt mit Verwandten und neuen Freunden, die bereit waren, mir bei der Verwirklichung meines eigentlichen Traumes zu helfen: dem Wiedersehen mit Vicky und den Jungen.

Überall bei meinen Verwandten wurde ich mit offenen Armen empfangen, darunter auch von Großcousins und -cousinen, von deren Existenz ich bis dahin nichts gewußt hatte, die mich aber behandelten, als wäre ich mit ihnen aufgewachsen. Diese Menschen hatten sich die kubanische Familientradition über viele Jahre hinweg bewahrt und an ihre

Kinder weitergegeben, die auf der Insel selbst inzwischen fast vergessen war, weil familiäre Werte dort von der Ideologie verachtet wurden. Jeder machte mir Geschenke, darunter fast immer Geld. Das würde ich auf jeden Fall für meinen Start brauchen, versicherten sie mir, aber ihre Großzügigkeit brachte mich immer wieder zum Erröten. Mit der Zeit stellte ich fest, daß eine tiefe Solidarität unter den kubanischen Exilanten herrschte, die alle mit großer Herzlichkeit aufnahmen, denen die Flucht von der Insel gelungen war, und ihnen halfen, wo immer sie konnten.

An vielen Tagen versuchte ich vergebens, mit Vicky zu telephonieren, aber die Verbindungen mit Kuba erwiesen sich als höchst unzuverlässig. Ich verbrachte Stunden neben dem Telephon, hörte aber immer wieder den gleichen Satz der Vermittlung: »Alle Leitungen sind belegt.« Inzwischen war ein Monat vergangen, seit ich Vicky zum letzten Mal gesehen hatte, und ich wurde vor Unruhe und Sorgen fast verrückt. Und dann, eines Morgens klappte es dann doch. Ich hatte bei Nachbarn meiner Schwiegereltern angerufen und nun große Angst, daß die Verbindung wieder zusammenbrechen könnte, bevor Vicky am Apparat war.

»Oré?« rief Vicky, atemlos von dem weiten Weg, in die Muschel.

Ich wollte ihr soviel sagen, klar und deutlich sprechen, brachte aber nur ein gestammeltes: »Liebes, o mein Liebes . . .« über die Lippen.

»Oré . . .?«

Auch Vicky konnte kaum sprechen. Wir wurden beide von unseren Gefühlen überwältigt und brachen in unkontrolliertes Schluchzen aus.

»Wie geht es euch?« fragte ich schließlich mit bebender Stimme.

»Gut, aber wir sind sehr traurig. Die Jungen wissen noch immer nicht, was wirklich passiert ist.«

»Mein Liebes . . . verzeih mir, daß ich dir nie etwas davon gesagt habe«, erklärte ich, um sie zu schützen.

»Aber warum hast du das getan? Warum bist du fortgegangen?«

»Das kann ich dir jetzt nicht erklären, aber du mußt wissen, daß ich dich noch immer sehr liebe. Verzeih mir.«

Vicky weinte. Sie mußte mich reden lassen, aber dazu war ich kaum in der Lage. Wieder rang ich um Beherrschung. »Ich konnte dir nichts davon erzählen«, sagte ich schließlich. »Ich möchte nur wissen, ob auch du mich noch liebst.«

»Mein Leben . . .!« begann Vicky schluchzend.

»Vicky, mein Liebes . . .« Auch ich schluchzte unbeherrscht wie ein kleines Kind.

»Wein doch nicht so, Liebling«, bat sie mich unter Tränen.

»Ich möchte nur wissen, ob du mich liebst.«

»Natürlich liebe ich dich. Ich weiß nicht, was du getan hast, aber ich werde dich immer lieben!«

»Möchtest du mit den Kindern zu mir kommen?«

»Ganz egal, wo du auch bist – mitten in einer Wüste oder in der Antarktis . . . wir wollen bei dir sein. Wir brauchen dich . . .«

Das waren ihre letzten Worte. Unsere Verbindung war unterbrochen worden. Aber wir wußten beide, daß wir von diesem Augenblick an darum kämpfen würden, wieder vereint zu sein.

Seit Vickys Ankunft in Havanna hatte die Psychologin sie zwei bis dreimal pro Woche aufgesucht. Jedesmal erkundigte sie sich nach unserem Eheleben, stellte immer neue Fragen im Rahmen einer Untersuchung, die als Hilfe getarnt war, und betonte stets und ständig, daß ich sie betrogen und verraten hätte, daß sie ein neues Leben beginnen müsse.

Zwei Wochen nach meiner Flucht in die Vereinigten Staaten fuhr Vicky mit meinem Bruder noch einmal nach Santa Clara, um sich um ihre Lebensmittelkarten zu kümmern, ein paar letzte Habseligkeiten zu holen und unsere Wohnungsschlüssel Cordero zu übergeben. Da der Lastwagen, den sie zum Preis von vier

Monatsgehältern gemietet hatten, dauernd schlapp machte, hatten sie für die Fahrt fast zwanzig Stunden gebraucht, und nun trugen sie alle Gegenstände unter den kühlen Blicken von Marlen und Cordero zum Auto hinunter, die in ihrer geöffneten Wohnungstür standen, als wollten sie ihrer Mißbilligung Ausdruck geben.

Die Furcht, mit einer in Ungnade gefallenen Familie in Verbindung gebracht zu werden, war so groß, daß sich ein früherer Freund ein paar Tage zuvor geweigert hatte, einen Ventilator mit zu Vicky nach Havanna zu nehmen, den sich Miriam ausgeliehen hatte.

»Bist du übergeschnappt?« hatte er sie angefahren. »Ich habe keine Lust, mir Schwierigkeiten einzuhandeln.«

Vicky hatte bei ihrem kurzen Aufenthalt Gelegenheit, mit einigen treuen Freunden zu sprechen, und diese berichteten ihr die neuesten Gerüchte, die in der Umgebung des Stützpunktes von Mund zu Mund gingen. Manche waren fest davon überzeugt, ich sei wegen des Vorwurfs illegalen Schlachtens in die Vereinigten Staaten geflohen, andere schworen darauf, daß mich Vicky mit einer meiner Geliebten ertappt hatte, während wieder andere behaupteten, ich hätte einem verbotenen Händlerring angehört, dem die Polizei auf die Spur gekommen war. Niemand, der mich kannte, gab auch nur einen Pfifferling auf derlei Klatsch, aber Vicky erkannte, daß sich die Propagandainstitutionen in Ermangelung echter Beweise zur Verbreitung kindischer Gerüchte entschlossen hatten, um die wahren Gründe für meine Desertion zu verschleiern.

Vicky und die Jungen lebten nun im kleinen Dreizimmerhaus meiner Schwiegereltern mit einer achtköpfigen Familie zusammen, da Vickys Bruder und Schwester inzwischen ebenfalls geheiratet hatten und mit ihren Ehepartnern und Kindern unter dem Dach der Eltern wohnten. Sie alle halfen Vicky und den Kindern nach besten Kräften, aber da sie und unsere Söhne an ein eher unabhängiges Familienleben gewöhnt waren, wurde ihnen jeder weitere Tag unter diesen beengten Verhältnissen zur Qual. Das blieb jenen nicht verborgen, die mit unserem »Fall« betraut waren.

Nach unserem Telephongespräch hatte Vicky den Jungen die Wahrheit über meinen Aufenthaltsort erzählt, und zu ihrer Überraschung nahm Reyniel die Neuigkeit sehr positiv auf. »Wenigstens ist er nicht in der Sowjetunion. Aber die Vereinigten Staaten sind ein gutes Land!«

In den letzten Wochen in Havanna hatte der Neunjährige erkannt, warum Kinder seines Alters auf die Frage, was sie werden wollten, fast ausnahmslos antworteten: »Ausländer.«

Eines Abends erschien die Psychologin zu ungewöhnlicher Stunde und fragte Vicky zum ersten Mal, ob sie von mir gehört hätte. Da erkannte Vicky, daß sie über das Telephongespräch vom Tag zuvor informiert war.

»Ich habe mit ihm telephoniert«, erwiderte Vicky gelassen und entschlossen, das Recht unserer Familie auf Vereinigung zu verteidigen – unabhängig von allen politischen Erwägungen.

»Tatsächlich? Aber Sie glauben doch nicht etwa, daß Sie diesem Verräter etwas bedeuten?!« rief die Psychologin.

»Er sagte, er liebe mich noch immer und fragte, ob auch ich ihn noch liebe«, erklärte Vicky unbeeindruckt.

»Aber Sie werden doch hoffentlich nicht so unvernünftig sein, sich für einen Mann zu opfern, der Ihnen bereits bewiesen hat, daß er Sie nicht liebt.«

Vicky richtete ihren Blick auf einen vagen Punkt an der Wand und fuhr fort: »Und ich weiß, daß wir nicht getrennt voneinander leben können ...«

»Machen Sie keinen Fehler, Mädchen. Sie sind noch jung und hübsch. Ihre ganze Zukunft liegt vor Ihnen ... Sie werden sich doch nicht etwa für einen Mann opfern, der Sie nicht wirklich liebt. Denn wenn er Sie lieben würde, hätte er so etwas nie getan! Doch obwohl er ein Verräter ist, will sich die Revolution Ihnen und Ihren Kindern gegenüber großzügig zeigen. Wir werden Ihnen helfen, ein neues Leben zu beginnen, sich wieder in die Gesellschaft zu integrieren, damit Ihre Kinder in einer anständigen Welt ohne Gewalt und Drogen aufwachsen.«

»Sie scheinen mich nicht verstanden zu haben. Keiner von uns kann ohne den anderen leben.«

»Da irren Sie sich. Sie glauben das nur, weil Ihr großer Schock noch nicht allzu lange zurückliegt. Aber ich bringe Ihnen heute ein paar sehr gute Neuigkeiten.«

Vicky sah sie mißtrauisch an. Welche guten Nachrichten sollte diese Frau ihr schon bringen können?

»Die Revolution hat beschlossen, Ihnen in der Nähe Ihrer Eltern ein geräumiges Haus zur Verfügung zu stellen und Ihnen den Posten einer Dentistin in einer nahegelegenen Poliklinik anzubieten.«

Vicky glaubte ihren Ohren nicht trauen zu können. Ein geräumiges Haus für sie und die Kinder im Zentrum von Havanna ... Sie kannte Tausende, die nach Jahrzehnten aufopfernden Dienstes für die Revolution noch immer in unzumutbaren, abbruchreifen Gebäuden wohnen mußten, die ihnen häufig über dem Kopf zusammenbrachen und mitunter tödliche Unfälle verursachten. Und wieviele andere Familien mußten getrennt voneinander leben, weil sie nicht einmal ein behelfsmäßiges Dach fanden, unter dem sie zusammenziehen konnten? Und eine Stellung als Dentistin an einer Poliklinik in Havanna, während Tausende Ärzte und Dentisten jahrelang irgendwo auf dem Land praktizieren mußten, weil es für sie in der Hauptstadt nie eine Position zu geben schien? Offensichtlich war unser Telephongespräch abgehört worden, und nun machte man ihr Angebote, von denen andere nicht einmal träumen konnten.

Vicky richtete ihren Blick wieder auf den imaginären Punkt an der Wand und setzte ihre Schilderung unserer Unterhaltung ungerührt fort. »Er hat mich gefragt, ob ich zu ihm kommen will.«

»Sie haben ihm doch hoffentlich gesagt, er könne sich zum Teufel scheren, oder?«

»Ich sagte ihm, ich würde sofort zu ihm kommen, wo er auch sei. Ganz gleich, ob am Pol oder in einer Wüste – wichtig sei nur, daß wir uns lieben. Die Jungen lieben ihren Vater, und wir drei wollen wieder mit ihm zusammen sein.«

»Sie wissen ja nicht, was Sie da reden. Man wird Sie nie ausreisen lassen.«

»Warum denn nicht? Ich bin kein Staatsfeind. Ich bin nur eine Frau, eine Mutter. Meine Söhne verstehen noch nichts von Politik und haben nur einen Wunsch: wieder bei ihrem Vater zu sein. Warum sollten wir nicht zu ihm dürfen?«

»Weil er ein Verräter ist . . .«

»Und dafür will man uns bestrafen?«

»Nein, im Gegenteil. Wir offerieren Ihnen das Beste, was die Revolution zu bieten hat.«

»Wir brauchen nichts. Wir wollen nur zu ihm.«

Die Psychologin senkte den Kopf und schwieg ein paar Sekunden. Dann holte sie tief Luft, hob die Schultern, ließ sie wieder fallen und meinte resignierend: »Ich wußte, daß Sie das sagen würden. Ich wußte es von Anfang an.«

Sie stand auf und ging mit gesenktem Kopf langsam zur Tür. Dann drehte sie sich noch einmal zu Vicky um und hob einen Finger. »Überlegen Sie es sich noch einmal. Sie werden Sie nie ausreisen lassen.«

Vicky hatte an diesem Tag stundenlang versucht, mit der US-Vertretung zu telephonieren, um – entsprechend unserer Vereinbarung – auch von Havanna aus Visa für sich und die Jungen zu beantragen. Am nächsten Tag erreichte sie schließlich jemanden.

»Sie sollten abwarten, bis Ihre Visa genehmigt sind, bevor Sie die für Ihre Ausreise nötigen Schritte bei den kubanischen Behörden unternehmen«, riet man ihr. »Wir melden uns bei Ihnen, sobald wir eine Antwort haben.«

In den Vereinigten Staaten entdeckte ich unterdessen die Traditionen und religiösen Überzeugungen, die mir seit meiner

Kindheit vorenthalten worden waren. Aufgeregt wie ein Kind bereitete ich mich eines Sonntags darauf vor, mit meinen Onkeln und Cousins eine Messe zu besuchen. Meine Eltern hatten mich nach der Geburt taufen lassen, als auf Kuba Religiosität noch keine Schande für jene war, die sie praktizierten, aber jetzt betrat ich zum ersten Mal in vollem Bewußtsein eine Kirche. Es war meine erste Messe. Verwirrt saß ich neben meiner Familie und hatte keine Ahnung, was ich tun mußte, kannte weder Gebete noch Lieder, aber als der Chor die ersten Hymnen anstimmte, meldete sich in mir eine unbezwingbare Macht. Ich spürte sie in mir, wo sie stets gewesen war, auch wenn man sie vor mir verleugnet hatte; ich verspürte sie in der versammelten Gemeinde, in allem. Und ich weinte innerlich dankbar, weil ich Liebe spürte, mich endlich als Mensch fühlen konnte.

Nach und nach erfuhr ich durch meine Familie und ihre Freunde von den erschreckenden Verbrechen, die von der kubanischen Regierung im Namen der Revolution begangen worden waren. Photos, Videobänder und Aussagen von Zeugen, von denen einige durch die von Armando Valladares in seinem Buch beschriebenen Folterungen verstümmelt worden waren, brachten mir Gewißheit über ein Kuba, dessen Existenz ich während der Perestroika in der Sowjetunion nur intuitiv vermutet hatte. Erst da nahm ich Valladeres' Buch wieder zur Hand und erkannte entsetzt, daß die Vergehen sogar noch furchtbarer waren, als er sie geschildert hatte.

Ich hörte auch, daß Familien geflüchteter Kubaner als Geiseln auf der Insel festgehalten wurden, obwohl ihnen von einer Reihe anderer Länder Visa ausgestellt worden waren. Viele von ihnen hatten ihre gesamte Energie darauf verwandt, dieses Unrecht aller Welt bekanntzumachen, waren damit aber bei Behörden und bei der Presse fast immer auf taube Ohren gestoßen und konnten sich nur auf die Hilfe von Menschenrechtsinstitutionen verlassen, die wiederum oft genug von ihren Regierungen ignoriert wurden.

Da erkannte ich mit Entsetzen, wie naiv doch Vickys und

meine Überzeugung gewesen war, die kubanischen Behörden würden sie und die Kinder ausreisen lassen – aus Angst, die internationale Öffentlichkeit könnte sie sonst als Geiselnehmer unschuldiger Frauen und Kinder brandmarken. Die Möglichkeit, daß die Zukunft meiner Familie in den Händen von Menschen lag, die sie verachteten, erfüllte mich mit Schrecken. Inzwischen wußten sie, daß Vicky zu mir wollte, ich zweifelte aber keinen Moment daran, daß sie sie dazu bringen wollten, genau das Gegenteil zu sagen. Vicky und die Kinder waren ihrer Gnade ausgeliefert, und nur eine schnelle Erteilung der Visa gewährte ihnen einen gewissen Schutz, da sie dadurch von der Regierung der Vereinigten Staaten als Flüchtlinge anerkannt würden.

Einer meiner Cousins riet mir, Kontakt zum Büro für Kubanische Angelegenheiten beim US-Außenministerium aufzunehmen. Ohne dort jemanden zu kennen und ohne jede Empfehlung rief ich Ende April dort an und stellte mich auf die einzige Art vor, die zumindest einige Aussicht auf Hilfe versprach:

»Ich bin der Pilot, der mit der MIG-23 am zwanzigsten März aus Kuba gekommen ist«, erklärte ich und erfuhr gleich darauf, daß ich mit Miss Vicky Huddleston sprach, die sofort bereit war, sich mit mir zu treffen. Mein Cousin Paul Gómez fuhr mich mit seinem Auto unverzüglich nach Washington, und nach einem anstrengenden Tag auf den Straßen kam ich erschöpft und schmutzig im beeindruckenden Gebäude des Außenministeriums an. Miss Huddleston hörte sich mit großem Interesse die Gründe an, die mich zum Verlassen Kubas bewogen hatten. Mit besonderem Mitgefühl reagierte sie, als ich ihr mit Tränen in den Augen von Vicky und den Kindern erzählte.

»Bitte beruhigen Sie sich«, sagte sie einfühlsam. »Ich werde tun, was ich kann, das verspreche ich Ihnen.«

Von dem Augenblick an verbrachte ich die Nächte am Telephon und bemühte mich, wenigstens einmal pro Woche mit Vicky sprechen zu können. Jedesmal hoffte ich auf ihre Mitteilung, sie habe endlich die Visa erhalten, und jedesmal versprach ich ihr aufmunternd, sie würde sie bestimmt bald bekommen.

Die Psychologin besuchte sie weiterhin zwei- bis dreimal wöchentlich und riet ihr immer wieder, ein neues Leben zu beginnen, in das angebotene Haus zu ziehen, die Stellung in der Poliklinik anzunehmen und den Verräter zu vergessen, der sie für imperialistische Dollars im Stich gelassen habe.

Inzwischen warteten auch die Jungen ungeduldig auf ihre Visa und wollten allabendlich vor dem Schlafengehen wissen, wie lange es denn noch dauern würde, bis sie endlich zu ihrem Papa fahren konnten. Immer wieder tröstete sie Vicky, daß es sicher bald soweit sei, und hegte unentwegt die trügerische Hoffnung, daß sie nach dem Erhalt der Dokumente unverzüglich ausreisen durften. Doch es wurde Juni, bis ich die langerwartete Neuigkeit hörte: »Wir haben die Visa. Heute habe ich sie von der US-Vertretung erhalten. Morgen leite ich die notwendigen Schritte für die Ausreise ein.«

Auf den Rat von Freunden und Verwandten hatte ich mich aller öffentlichen Erklärungen enthalten, da sie argumentierten, mein Schweigen würde die kubanischen Behörden unseren Wünschen geneigter stimmen. Ich hatte mich bewußt von den kubanischen Kreisen in Miami nach Orlando zurückgezogen und lernte fleißig Englisch, um so schnell wie möglich eine Arbeitsstelle finden zu können.

Jetzt konnten wir nur noch auf die Reaktion der kubanischen Behörden warten.

Am Tag nach Erhalt der Visa ging Vicky zur zuständigen Gemeindebehörde, um die Ausreiserlaubnis zu beantragen. Die Büros befanden sich in einem alten Haus aus der Kolonialzeit. Als Vicky die in der großen Eingangshalle Wartenden nach dem Ende der Schlange fragte, blickte jemand resigniert von der Bank hoch und deutete einen Flur entlang. Auch in diesem Raum, der ohne den hohen, dunklen Empfangstresen in einer

Ecke durchaus das Wartezimmer einer Dental-Poliklinik hätte sein können, saß bereits ein rundes Dutzend Leute. An der linken Wand zeigte ein großes farbenfrohes Plakat Kuba mit der Aufschrift: »In diesem Land bin ich glücklich.« Auch an den anderen Wänden hingen zwischen Wahlsprüchen wie »Ich bleibe«, »Ich bin loyal« und »Sozialismus oder Tod« Ansichten der Insel.

»Der Nächste!« riß die Stimme eines jungen Mädchens in der Uniform des Innenministeriums Vicky aus ihrer Nachdenklichkeit.

»Füllen Sie diese Formulare aus und bringen Sie sie mit den entsprechenden Geburtsurkunden, vier Paßphotos von jedem sowie einhundertfünfzig Pesos in Briefmarken wieder her«, sagte sie und hielt Vicky drei Formularstapel entgegen, ohne sie anzusehen.

Außer sich vor Freude verließ Vicky den Raum. Ich kann es kaum glauben, dachte sie selig. Plötzlich scheint alles ganz einfach zu sein. Sie eilte zu den Kindern zurück, um sofort die nötigen Photos machen zu lassen, und lief die drei Kilometer zum Haus meiner Schwiegereltern zu Fuß, weil sie in ihrer Hochstimmung viel zu ungeduldig war, um auf den Bus warten zu können.

Es kostete Vicky zwei Tage, die Photographien anfertigen zu lassen, die Geburtsurkunden zu beschaffen und die Briefmarken zu kaufen. Zwei Nächte verbrachte sie mit dem Ausfüllen der Formulare, die Frage um Frage ihr gesamtes Leben erkundeten: Warum wollte sie ausreisen? Wer erwartete sie im Ausland? Welchen Organisationen hatte sie zu welchen Zeiten und in welchen Positionen angehört? Welche ihrer Verwandten lebten im Ausland? Aus welchen Gründen waren sie emigriert? Hatten sich irgendwelche Angehörige irgendwann politischer Vergehen strafbar gemacht? Und in welchem Verwandtschaftsverhältnis stand sie zu ihnen? Die Liste nahm und nahm kein Ende.

Im Morgengrauen hatte sie endlich auch die letzten Fragen

beantwortet und eilte sofort zum Ausreisebüro zurück. In ihrer Nervosität konnte sie sowieso nicht schlafen, und sie wollte möglichst die erste sein, sobald das Büro seine Türen öffnete.

Die Frau hinter dem Tresen betrachtete die Dokumente mit offensichtlicher Mißbilligung.

»Und wo ist Ihre Arbeitsbefreiung?« erkundigte sie sich ohne aufzublicken.

»Was meinen Sie damit?« fragte Vicky zurück und bekam eine Ahnung, daß sich die Dinge vielleicht doch nicht so einfach gestalteten, wie sie angenommen hatte.

»Tun Sie nicht so ahnungslos. Als Dentistin sind Sie verpflichtet, eine Bescheinigung des Gesundheitsministeriums beizubringen, daß Sie das Land verlassen können.«

»Das verstehe ich nicht. Ich bin doch zur Zeit gar nicht in meinem Beruf tätig.«

»Trotzdem brauchen Sie die Bescheinigung des Ministeriums.«

»Aber ich weiß nicht, wie ich mir die beschaffen soll.«

»Woher soll ich das wissen? Wenden Sie sich an die für die Provinz zuständige Stelle des Ministeriums, in der Sie zuletzt gearbeitet haben.«

Für den Moment sah Vicky ihre Hoffnungen zerstört. Sie mußte nach Santa Clara, um dort das benötigte Dokument zu beantragen.

»Ist diese Bescheinigung das einzige, was mir fehlt?« erkundigte sie sich vorsichtshalber.

»Nein. Sie brauchen auch noch eine Unbedenklichkeitserklärung der Technischen Forschungsabteilung für Ihren Ehemann.«

»Und wo ist diese Abteilung?«

»Schreiben Sie«, sagte die Frau und gab Vicky Papier und Stift.

Vicky notierte sich die Adresse, dankte der Frau und eilte davon, um die verlangten Bescheinigungen einzuholen.

»Wann hat Ihr Ehemann Kuba verlassen?« fragte die Frau

hinter dem Schreibtisch, den ein rotes Schild mit der Aufschrift »Information« zierte.

»Im März . . .«

»Diesen Jahres?«

»Ja.«

»Tut mir leid, aber unsere Unterlagen über Emigranten enden 1989.«

»Und was soll ich nun tun?«

»Auf welche Weise hat Ihr Ehemann das Land verlassen?«

»Mit einer MIG-23.«

»Du meine Güte! In diesem Fall kommt seine Akte gar nicht hierher. Aber das weiß man im Ausreisebüro sehr gut, also gehen Sie zurück und sagen Sie ihnen, daß es hier keine Unterlagen über Ihren Mann gibt und nie geben wird.«

Auf dem Heimweg fragte sich Vicky, ob die Beschaffung dieses Dokuments nicht zu einem unüberwindlichen Hindernis werden würde. Aber da ihr ja auch noch ihre Arbeitsbefreiung fehlte, bat sie ihren Vater, sie auf der anstrengenden Fahrt nach Santa Clara zu begleiten.

Da Vicky meine Habseligkeiten verkauft hatte, war sie nun in der Lage, für eine – illegale – Mitfahrgelegenheit nach Santa Clara den Gegenwert eines Monatslohns zu bezahlen.

»Wir wollen hoffen, daß Sie Ihre Arbeitsbefreiung in Kürze erhalten«, erklärte die liebenswürdige Frau, die den entsprechenden Antrag an die Provinzabteilung des Gesundheitsministeriums mit der Schreibmaschine ausfüllte.

»Entschuldigen Sie bitte, aber heißt das, daß ich sie nicht gleich mitnehmen kann?«

»Tut mir leid«, erklärte die Frau freundlich, »aber diese Anträge müssen vom Ministerium auf nationaler Ebene befürwortet werden. Wenn das geschehen ist, schicken sie die Unterlagen direkt an die Ausreisebehörden. Sie werden dann von dort benachrichtigt.«

Den Rückweg legten Vicky und ihr Vater schweigend zurück. Als sie gegen Mitternacht in Havanna eintrafen, sahen sie, daß Reyniel und Alejandro im Wohnzimmer schliefen.

»Sie haben abends kaum etwas gegessen und wollten einfach nicht ins Bett, bevor du wieder da bist«, beschwerte sich ihre Großmutter bei Vicky.

Als Vicky die Jungen auf die Wangen küßte, wurden sie wach und fragten sofort: »Hast du es geschafft, Mama? Wann fahren wir zu Papa?«

»Es wird noch ein bißchen dauern«, antwortete sie, brachte sie zu der Matratze, die ihnen zu dritt als Bett diente, und mutmaßte verbittert, daß sich auf dem Weg zu unserer Familienvereinigung noch einige Hürden auftun würden.

Am nächsten Morgen ging sie wieder zur Ausreisebehörde.

»Meine Arbeitsbefreiung wird vom Ministerium direkt hierher geschickt«, erklärte sie der Frau hinter dem Tresen, die sie bereits kannte, und dachte, wenn sie noch etwas benötigten, würden sie es sie schon wissen lassen.

»Und die Unbedenklichkeitserklärung für Ihren Ehemann?«

»In der Technischen Forschungsabteilung sagten sie mir, ihre Unterlagen gingen nur bis 1989.«

»Auf welche Weise ist Ihr Ehemann ausgereist?« fragte die Frau und sah Vicky erstmals an.

»Er hat Kuba am zwanzigsten März mit einer MIG-23 verlassen.«

Die Frau machte große Augen und legte die Stirn in Falten. »Aber wenn das so ist . . . Sie werden einsehen, daß das ein ganz besonderer Fall ist. Warten Sie einen Moment.« Sie verschwand durch eine Tür und kam Minuten später mit einem Major des Innenministeriums wieder.

»Ihr Ehemann ist also der MIG-Pilot, der im März die Revolution verraten hat?« fragte er Vicky und starrte sie durchdringend an.

»Nun ja, er hat im März das Land verlassen . . .«

»Sie sollten wissen, daß wir in einem solchen Fall nicht entscheiden dürfen. Das kommt allein dem Oberkommando zu.«

»Und wann werde ich über diese Entscheidung informiert?«

»Wir sollten eigentlich in wenigen Wochen eine Antwort haben.«

»Ich verstehe.« Diesmal verließ Vicky sehr langsam den Raum mit seinen Ansichten schöner Landschaften, von denen sich Millionen Kubaner verabschiedet hatten, um künftig als Emigranten von ihnen zu träumen.

Während Vicky auf eine Reaktion der Auswanderungsbehörde wartete, kam die Psychologin fast täglich, um ihren unveränderten Text aufzusagen: Sie solle nach meinem Betrug an ihr endlich ein neues Leben beginnen, in das behagliche Haus im Bezirk Vedado ziehen und die versprochene Arbeit aufnehmen. Und Vicky hörte sich alles an, erzählte mit gewisser Genugtuung Einzelheiten aus unserem glücklichen Zusammenleben und betonte, wie sehr wir einander liebten. Aber das beeindruckte Magalis nicht. Sie spielte ihre Platte unverdrossen weiter ab, obwohl sie wußte, daß Vicky nicht im Traum daran dachte, ihre Meinung zu ändern.

Gleich nach ihrem Umzug nach Havanna hatten Nachbarn Vicky darauf aufmerksam gemacht, daß Tag und Nacht Fremde vor dem Haus saßen und sich das Kommen und Gehen genau notierten. Wenn Vicky die Kinder zur Schule brachte, sprang für gewöhnlich einer dieser Fremden nervös von den Stufen des gegenüberliegenden Hauses hoch, um ihnen zu folgen. Unwillkürlich mußte Vicky über diese Naivität lächeln. Ganz gleich, wohin sie auch ging – sie folgten ihr überallhin. Sie fragte sich, ob es nicht ein Beweis für die totale Erniedrigung eines Staates war, wenn er es sich leistete, ungeheure Mittel für die Überwachung von Abertausenden zu verschwenden, die lediglich ein moralisches Risiko für die Regierung darstellten.

In ihrer neuen Situation als Frau eines Mannes, der aus Kuba geflüchtet war, lernte sie mit der Zeit die wahre Einstellung vieler Menschen kennen, die sie seit ihrer Kindheit kannte, von denen sie aber nie angenommen hatte, sie stünden dem System kritisch gegenüber. Durch sie lernte Vicky das andere Kuba unter dem Deckmantel revolutionärer Begeisterung kennen – eine verstohlene Existenz, die in täglichen Kleinkämpfen auf dem Schwarzen Markt, im heimlichen Abhören ausländischer Sender und in allabendlichen Gebeten um ein Ende des Elends und eine neue Hoffnung für die Insel bestand.

Nach zwei Wochen ungeduldigen Wartens erkundigte sich Vicky bei der Auswanderungsbehörde nach dem aktuellen Stand der Dinge.

»Wir haben noch keine Antwort. Wenn es soweit ist, erhalten Sie von uns ein Telegramm«, erklärte die Frau ohne aufzublicken.

Trotz der Versicherung, man würde sich bei ihr melden, stattete Vicky in den folgenden drei Wochen der Behörde immer mal wieder eine Visite ab. Und bei ihrem letzten Besuch blickte die Frau arrogant zu ihr hoch und erklärte: »Ihr Antrag auf Ausreise ist abschlägig beschieden worden.«

»Mit welcher Begründung?«

»Wissen Sie das nicht selbst gut genug? Weil Ihr Ehemann ein Verräter ist, junge Frau!«

Empörung, Hilflosigkeit und Verzweiflung kochten in Vikky hoch.

»Aber das betrifft ihn. Was haben Sie uns vorzuwerfen?«

»Daß Sie seine Familie sind.«

Die Frau griff zu einem Stift und notierte sich etwas, um anzudeuten, daß das Gespräch beendet war.

»Ich verstehe das einfach nicht«, beharrte Vicky auf ihrem Recht, angehört zu werden. »Der Oberbefehlshaber und der Zweite Parteisekretär haben in ihren öffentlichen Ansprachen immer wieder darauf hingewiesen, daß jeder Ausreisewillige Kuba verlassen kann.«

Die Frau blickte auf die Formulare, die sie vorgeblich ausfüllte. »Das ist eine allgemeine Aussage, die auf den Fall eines Verräters nicht zutrifft.«

»Bei ihren Reden haben sie aber von Ausnahmen nichts erwähnt.«

»Hören Sie, junge Frau – wissen Sie wirklich nicht, daß das Ministerium des Inneren die Anweisung hat, allen Angehörigen von Verrätern die Ausreise zu verweigern?«

»An eine solche Anweisung glaube ich nicht. Die Verfassung unseres Landes besagt, daß ich jederzeit ausreisen kann, und es gibt kein Gesetz, das dieses Recht aufhebt.«

»Es gibt aber eine Anweisung, die Ihnen die Ausreise nicht gestattet.«

»Kann ich diese Anweisung sehen?«

»Nein. Es ist eine mündliche Anweisung.« Sie blickte über Vickys Schultern. »Der Nächste!« schrie sie.

Inzwischen war ein Monat vergangen, seit Vicky die Visa erhalten hatte, die sie noch immer als Rettungsanker betrachtete, aber nun verspürte sie die ganze Macht eines Systems, das sie nicht nur an der Wahrung ihrer Rechte hinderte, sondern sie auch dazu zwang, sich mit Bürokraten herumzuschlagen, die keinerlei Entscheidungsbefugnisse hatten.

Nein, damit finde ich mich nie ab, sagte sie sich immer wieder und überlegte fieberhaft, welche Schritte sie nun unternehmen konnte.

Glücklicherweise hatten wir zweimal miteinander telephonieren können, ohne unterbrochen zu werden. Daher war ich über den Verlauf der Dinge informiert.

Mit jedem Tag wurden sich die Jungen ihrer Situation bewußter und bekamen langsam Zweifel daran, daß wir einander je wiedersehen würden. Eines Abends hörte Vicky unterdrücktes Schluchzen, und als sie die Tür zum Schlafzimmer öffnete, sah sie, daß Alejandro an die Wand gelehnt am Boden kauerte und tränenüberströmt zu einem Photo von mir sprach. Beschämt darüber, bei dieser intimen Geste beobachtet worden zu sein, wandte er sich Vicky zu und sagte: »Mama, mein Herz kann es nicht mehr länger ertragen.« Die verzweifelten Worte des Jungen jagten Vicky einen kalten Schauer über den Rücken.

Reyniel spielte nicht mehr so unbeschwert wie früher, und sein stets lächelndes Gesicht wirkte ernst und verschlossen, auch wenn Vicky ihn nie weinen sah. Schweigend sah er zu, wie die Hoffnungen seiner Mutter zerstört wurden, und er tröstete sie: »Bitte, Mama, sei doch nicht so traurig!«

Im Alter von zehn Jahren litt er unter Schlaflosigkeit und bekam psychosomatische Hustenanfälle, die ihn nicht wieder losließen.

Ich wollte mich an die Öffentlichkeit wenden und die kubanische Regierung beschuldigen, meine Familie für meine Handlungen zu bestrafen, aber Freunde, Verwandte und selbst Vicky rieten mir, damit noch zu warten, bis alle anderen Möglichkeiten ausgeschöpft waren. Aber ich schrieb Dutzende Briefe an die Regierungen verschiedener lateinamerikanischer Staaten und Spaniens und bat sie, sich bei der kubanischen Regierung für die Freilassung meiner Familie zu verwenden. Doch angesichts des Leids überall auf der Welt, von dem ich täglich aus der freien Presse der Vereinigten Staaten erfuhr, erhoffte ich mir nur wenig von Regierungen, die gemeinhin vor noch schrecklicheren Verbrechen nur allzu gern die Augen verschlossen.

Vicky wiederum schrieb an den Oberbefehlshaber, an den Verteidigungsminister, den Chefideologen der Partei, an den Innenminister, den Leiter der Auswanderungsbehörde, an die berühmten Führungspersönlichkeiten der Revolution, und sie lieferte alle Briefe persönlich in den betreffenden Ministerien und Behörden ab. Als sie einen Monat später ein Telegramm von der zentralen Auswanderungsbehörde erhielt, eilte sie in der Hoffnung dorthin, ihre Briefe hätten endlich Erfolg gehabt. Die Behörde befand sich in einem Villenkomplex, dessen Besitzer nach dem Sieg der Revolution Kuba verlassen hatten. Ein neu errichteter Zaun ließ nur einen schmalen Zugang offen, der von einem Soldaten bewacht wurde.

»Gehen Sie hinein und fragen Sie nach Oberstleutnant

Manuela«, erklärte er Vicky, nachdem er ihren Personalausweis und das Telegramm inspiziert hatte.

Im kleinen Vorzimmer wartete bereits eine junge Frau mit einem Sohn und einer Tochter im Alter von sieben oder acht Jahren auf das Gespräch, zu dem sie zitiert worden waren. Vicky grüßte und setzte sich dann auf eine der drei Bänke, ohne ein weiteres Wort mit der Frau zu wechseln. Von dem Vorraum ging eine Reihe von Türen ab, und es herrschte ein ständiges Kommen und Gehen von Behördenangehörigen, bis die Frau mit den beiden Kindern schließlich aufgerufen wurde. Wenig später hörte Vicky die Frau weinen und dann die unangenehme Stimme einer weiteren Frau, die sie anschrie: »Ihr Ehemann ist ein Verräter! Sie gehören einem Personenkreis an, dem unter keinen Umständen die Ausreise gestattet wird!«

»Andere dürfen Kuba doch verlassen«, schluchzte die Mutter der Kinder. »Warum wollen Sie uns das nicht auch gestatten?«

»Diese Fälle wurden von oberster Stelle genehmigt. Aber bei Ihnen ist das anders. Er ist ein Verräter! Keiner von Ihnen wird Kuba jemals verlassen!«

Vicky hörte angstvoll zu, und dann war sie an der Reihe. Sie sah sich einer durchaus attraktiven, gutfrisierten Frau in der Uniform eines Oberstleutnants gegenüber, die emsig in Dokumenten blätterte und keinen Blick auf die Frau verschwendete, die ihr bereits geraume Zeit gegenübersaß.

Eine weitere junge Frau mit Hauptmannsstreifen auf den Schultern saß hinter dem rechten Schreibtisch. Sie hatte Vicky gebeten, sich so lange zu gedulden, bis man sich um sie kümmern würde.

Schließlich legte der weibliche Oberstleutnant die Akte mit geringschätziger Geste beiseite, lehnte sich im Sessel zurück und betrachtete Vicky so bemüht gelassen, als habe sie eine ebenso lästige wie unbelehrbare Bittstellerin vor sich. »Ich weiß gar nicht, warum Sie eigentlich an uns geschrieben haben, Victoria. Die Entscheidung wurde Ihnen bereits vom bezirklichen

Auswanderungsbüro mitgeteilt. Sie ist unumstößlich. Ihr Ehemann ist ein Verräter, der mit der Revolution unzufrieden ist.«

Schweigend hörte Vicky zu und stellte fest, daß die Stimme der Frau einen zunehmend aggressiv-anmaßenden Ton annahm.

»Werden Sie doch endlich erwachsen, Mädchen! Hören Sie auf, sich wie eine Torin zu benehmen und fangen Sie ein neues Leben an. Ziehen Sie in das Haus, das Ihnen die Revolution großzügigerweise zur Verfügung stellt, nehmen Sie die Arbeit an, die man Ihnen angeboten hat. Mit Ihrer augenblicklichen Einstellung schaden Sie Ihren Kindern mehr, als Sie ihnen helfen. Warum wollen Sie denn unbedingt mit einem Verräter zusammenleben?«

Vicky sagte noch immer kein Wort. In ihrer hilflosen Wut brach sie in Schluchzen aus und sah die Frau durch einen Tränenschleier wild gestikulieren, hörte sie immer lauter werden. Schließlich hielt sie es nicht mehr aus. Sie sprang auf und schrie ihr Gegenüber genauso laut an: »Mein Mann ist kein Verräter! Für mich nicht! Er ist mein Mann, der Vater meiner Kinder, der Mann, der mich liebt, und den ich immer lieben werde! Betrachten Sie die Dinge doch auch einmal vom Standpunkt einer Mutter aus!«

Die Frau im Rang eines Oberstleutnants starrte Vicky verblüfft an, dann ließ sie sich wortlos in ihren Sessel zurückfallen.

»Sie müssen das einsehen, Mädchen«, meinte die Frau am benachbarten Schreibtisch in versöhnlichem Ton. »In Fällen wie Ihrem können sie keine Ausreise gestatten. Bedenken Sie doch die möglichen Auswirkungen auf die anderen Piloten der Luftwaffe.«

Vicky hätte fast laut aufgelacht. Zum ersten Mal hatte ein Vertreter der Regierung ihr gegenüber eingeräumt, daß Militärangehörige und Offiziere buchstäblich Geiseln waren – auch wenn das vielen nicht bewußt war.

»Hören Sie auf das, was Hauptmann Zonia Ihnen sagt«, meinte Manuela nun ein bißchen höflicher. »Es gibt nun einmal Situationen, in denen wegen möglicher Folgewirkungen keine Ausreise gestattet werden kann. Es ist aber durchaus vorstellbar, daß Ihnen in ein paar Jahren unter Umständen das Verlassen Kubas erlaubt wird.«

Vicky blickte sie fragend an.

»Wenn er sich beispielsweise verpflichtet, in den Vereinigten Staaten keinerlei öffentliche Erklärungen gegen die Regierung Kubas abzugeben, und wenn Sie das Haus beziehen, das Ihnen angeboten wurde, wenn Sie zu arbeiten beginnen . . .«

Vicky lächelte vielsagend. Wenn sie sich darauf einließ, konnte sie jede Hoffnung auf ein Wiedersehen aufgeben.

»Und noch etwas«, fügte Manuela hinzu. »Falls Sie mit uns sprechen wollen, können Sie jederzeit zurückkommen. Sie brauchen der Wache am Tor nur zu sagen, wer Sie sind.«

Vicky ging in der festen Überzeugung nach Hause, daß man nichts unversucht lassen würde, sie und die Jungen am Verlassen des Landes zu hindern. Aber eine Hoffnung blieb ihr noch: Ihre Briefe an die höchsten Repräsentanten der Revolution waren noch unbeantwortet. Sie würde noch ein wenig warten, bevor sie offen um unser Recht zu kämpfen begann, als Familie dort zusammenzuleben, wo wir es wollten.

Da sie meine Eltern längere Zeit nicht gesehen hatte, beschloß sie, in den Ferien mit den Jungen nach Matanzas zu fahren, da sie das ein wenig von ihren täglichen Problemen ablenken würde. Bei meinen Schwiegereltern hatten die Kinder kein einziges Spielzeug, und den heruntergekommenen Zoo kannten sie bereits in- und auswendig. Nicht einmal das Fernsehen bot ihnen Zerstreuung, da die Kinderprogramme aus wirtschaftlichen Gründen nicht mehr ausgestrahlt wurden.

Bei der Ankunft in Matanzas stellte Vicky erschreckt fest, wie dünn meine Eltern geworden waren. Wider besseres Wissen hatten sie sich in die Hoffnung geflüchtet, ihr verlorener ältester Sohn könnte als möglicher Agent des kubanischen Geheimdienstes wieder auftauchen, der mit höchst geheimer Mission im feindlichen Ausland gewesen war. Tiefberührt nahm Vicky zur Kenntnis, zu welchem Einfallsreichtum Eltern in ihrem Leid um einen Sohn fähig sind, wenn sie nicht mehr in der Lage sind, die Realitäten um sich herum wahrzunehmen.

»Ich weiß, wie schwer es für euch beide ist, aber ihr müßt der Wahrheit ins Gesicht sehen – zu eurem eigenen Besten«, sagte sie, aber mein Vater stand auf und schloß sich lange Zeit in seinem Zimmer ein.

Ich hatte viel über meine Eltern nachgedacht, besonders über meinen Vater, und ich wußte, wie schwer erträglich die Wahrheit für ihn war, welche Schuldgefühle er angesichts des tragischen Verlustes seines Sohnes und seines eigenen Schicksals empfinden mußte. Seine Träume schützten ihn vor einer noch schmerzlicheren Erkenntnis, denn wenn er die erschrekkende Realität um sich herum endlich wahrnähme, sähe er sein ganzes Leben *ad absurdum* geführt.

Bei ihrer Rückkehr nach Havanna erwartete Vicky und die Jungen eine Überraschung: zwei gleichlautende Telegramme vom zweiten und dritten Mann in der Hierarchie des Staates:

»Schreiben erhalten. Ihr Fall wird überprüft. Sie erhalten Antwort.«

XVII
Die Liebe wird siegen

In den letzten Augusttagen 1991 konnte ich wieder mit Vicky telephonieren und erfuhr von ihrer Begegnung mit Oberstleutnant Manuela ebenso wie von den beiden Telegrammen, die am Tag zuvor eingetroffen waren und in uns neue Hoffnungen weckten, so daß wir beschlossen, noch etwas abzuwarten.

Vielleicht war ja doch eine der von mir angeschriebenen Regierungen initiativ geworden und hatte sich bei den kubanischen Behörden für uns eingesetzt, sagte ich mir.

Aber Vicky mußte noch einen weiteren Monat warten, bis sie schließlich von einer geheimnisvollen Frau aufgesucht wurde, die ihr sagte, sie möge sich am nächsten Morgen im Büro von Raúl Castro im Staatsratsgebäude einfinden, wo ihr die endgültige Entscheidung in ihrem Fall mitgeteilt werden würde.

Also haben unsere Bitten doch sein Herz erweichen können, ging es Vicky durch den Kopf, als sie die Neuigkeit hörte. Sie verbrachte eine schlaflose Nacht und ging dauernd ins Badezimmer, da sie wieder unter den Magenkrämpfen litt, die sie immer dann zu überfallen schienen, wenn ihr eine schicksalhafte Entscheidung bevorstand. Da sie sich am Morgen schwach und ausgelaugt fühlte, bat sie ihre Mutter darum, sie zu den Regierungsgebäuden hinter dem berühmten Platz der Revolution zu begleiten. Als ihnen der mit einem AKM-Gewehr bewaffnete Wachtposten die Glastür öffnete und auf den Auskunftsschalter wies, klopfte ihr Herz zum Zerspringen.

Vicky und ihre Mutter betraten eine gigantische Empfangshalle mit schimmerndem Marmorfußboden und opulenten

Lampen, die die Schönheit der Einrichtung und der überall stehenden Topfpflanzen ebenso betonte wie die ungewöhnliche Eleganz der hier Arbeitenden. Von der sie umgebenden Pracht eingeschüchtert, traten Vicky und ihre Mutter unsicher auf den Tresen mit der Aufschrift »Information« zu.

Eine der Frauen begrüßte sie lächelnd, telephonierte kurz mit dem Büro des Zweiten Parteisekretärs und bat sie dann, einen Augenblick zu warten.

»Guten Morgen, ich bin Magalis Chácon, eine Assistentin des Verteidigungsministers. Würden Sie mir bitten folgen?« erklärte wenig später eine elegant gekleidete, zierliche Frau. »Sie müssen leider hier warten«, fügte sie hinzu, als sich Maria erhob, um sich ihnen anzuschließen.

Vicky folgte der Frau in ein winziges Büro, das gerade Platz für einen Schreibtisch mit Telephonen, drei Stühle und einen Computer bot, der Vickys Aufmerksamkeit erregte, da sie zum ersten Mal in ihrem Leben ein Datenverarbeitungsgerät sah.

Von einem der Stühle erhob sich eine Frau. »Ich bin Melba Chávez, eine Mitarbeiterin des Chefideologen der Partei.«

»Nun, setzen wir uns doch«, meinte Magalis und fügte hinzu: »Genosse Raúl Castro ist durch seine vielfältigen Aufgaben bedauerlicherweise verhindert, Sie persönlich zu begrüßen, Victoria, aber er hat uns gebeten, uns an seiner Stelle um Sie zu kümmern. Das gleiche trifft auf den Genossen Carlos Aldana zu, dessen Assistentin, wie Sie sehen, an unserem Gespräch teilnehmen wird.«

Vicky erkannte, daß diese Männer die Angelegenheit ihren Assistentinnen übergeben hatten, weil sie nicht den Mut aufbrachten, die von ihnen verfügten Ungerechtigkeiten persönlich zu vertreten. Sie beugte sich auf ihrem Stuhl vor und konzentrierte sich auf Magalis' Worte.

»Wir möchten Ihnen mitteilen, daß Ihr Fall vom Parteivorstand und dem Oberkommando der Streitkräfte überprüft worden ist. Und wir wurden gebeten, Ihnen folgende Entscheidung mitzuteilen . . .«. Magalis machte eine kurze Pause, und

Vicky spürte, daß ihr ein erwartungsvoller Schauer über den Rücken rann. »Ihr Ehemann kann zurückkommen.«

»Was haben Sie gerade gesagt?«

»Ja, bei der Überprüfung Ihres Falls kamen wir zu der Überzeugung, daß Ihr Ehemann aus dem Impuls heraus gehandelt hat, aus einer plötzlichen Gefühlsaufwallung. Wir wollen Ihnen mitteilen, daß die Partei und die Regierung ihm die Chance zur Rückkehr geben.«

»Aber was erwarten Sie? Daß er zurückkommt, um vor Gericht gestellt zu werden?«

»Nun, dabei wird mit Sicherheit in Betracht gezogen werden, daß er keinerlei Erklärungen gegen die Revolution abgegeben hat.«

Jetzt begriff Vicky, daß sie und die Jungen Geiseln der kubanischen Regierung waren, die darauf hoffte, daß mich der Schmerz über unsere Trennung früher oder später zur Rückkehr bewegen würde. Dann wären sie in der Lage, einen Schauprozeß wegen Landesverrats einzuleiten, der gleich zwei Zwecken diente: einer Demonstration der Bußfertigkeit des Verräters sowie einer exemplarischen Warnung an die Streitkräfte durch dessen unmittelbare Hinrichtung. Das Schicksal General Ochoas und anderer Offiziere, die – wie es hieß – in aller Stille exekutiert worden waren, konnte Vicky kaum eines Besseren belehren.

»Aber verstehen Sie denn nicht, daß wir uns seine Rückkehr gar nicht wünschen? Mit meinen Briefen wollte ich unsere Möglichkeiten ergründen, zu ihm ausreisen zu dürfen.«

»Diese Möglichkeit gibt es nicht. Niemals!«

Vicky kam sich unendlich hilflos vor. Ihr Leben und das ihrer Kinder hingen von den willkürlichen Entscheidungen der Regierenden ab – hatte stets davon abgehangen. Kein Gesetz, kein Richter, selbst die Verfassung konnte etwas gegen den Willen der Einzelnen ausrichten, die ihre Schicksale nach Belieben bestimmten.

»Das ist ungerecht. Die Jungen leiden, sie brauchen ihren Vater.«

»Die Schuld für ihr Leiden liegt allein bei dem, der sie bedenkenlos im Stich gelassen hat. Sie sollten das Haus und die Arbeitsstelle annehmen, die man Ihnen angeboten hat und ein neues Leben als vorbildliche Mutter beginnen. Wie könnte es in Ihrem Sinne sein, Ihre Kinder einer derart korrupten Gesellschaft auszuliefern, die von Drogenmißbrauch, Prostitution, Rechtlosigkeit und Lastern aller Art in unvorstellbarem Ausmaß geplagt wird?«

In diesem Moment betrat ein Mann im Rang eines Oberst ohne anzuklopfen den Raum und hörte ihrer Unterhaltung schweigend zu.

»Ich würde meine Kinder nie irgendwelchen Gefährdungen aussetzen«, begann Vicky und spürte, daß ihre Stimme zwischen Hilflosigkeit und Empörung schwankte. »Wir wollen lediglich als Familie mit ihm zusammenleben und wissen selbst gut genug, wie wir unsere Söhne zu erziehen haben. Ich werde warten, selbst wenn es den Rest meines Lebens dauern sollte. Aber irgendwann werden wir wieder zusammenkommen.«

»In diesem Fall«, mischte sich der Oberst ein, »sollten Sie vielleicht wissen, was der Genosse Verteidigungsminister gesagt hat. Ich zitiere: ›Wenn dieser Mann die Nerven hatte, mit einer meiner MIGs zu verschwinden, ist er vielleicht auch mutig genug, zurückzukommen, um seine Familie zu holen.‹«

Vicky erwiderte den arroganten Blick des Oberst und dachte, was sie nicht auszusprechen wagte: Dein Minister sollte mutig genug sein, für seine Verbrechen persönlich geradezustehen, anstatt das an seine Untergebenen zu delegieren!

Resigniert stand sie auf, war aber froh, zum ersten Mal nicht in Tränen ausgebrochen zu sein. Nein, sie würden sie nie wieder weinen sehen! Vicky verabschiedete sich und machte sich auf die Suche nach ihrer Mutter. Während sie sehr schweigsam nach Hause gingen, fragte sich Vicky verzweifelt, was sie den Jungen sagen sollte, die vorhin noch so sicher gewesen waren, ihren Vater bald wiederzusehen. »Weil

Fidel und Raúl Castro wirklich gut sind«, wie Reyniel betonte, als sie ihn zum Abschied geküßt hatte.

Die Kinder nahmen die Neuigkeit ebenso schweigend wie gefaßt auf und sahen ihre Mutter zuversichtlich an, als sie ihnen versprach: »Ich kann euch zwar noch nicht sagen, wann das sein wird – aber zweifelt niemals daran, daß wir mit eurem Vater wieder zusammenleben werden.«

Vicky war durch ihre Erfahrungen härter geworden und nun entschlossen, mit Würde und Liebe als ihren einzigen Waffen dem System entgegenzutreten, das sie zu vernichten drohte. Wir haben schon viel zu lange in dem unwürdigen Schweigen verharrt, das uns von ihnen aufgezwungen wurde, sagte sie sich. Von nun an gehe ich in die Kirche, auch wenn sie mir das als Rebellion auslegen. In Gott sind wir uns nahe, auch wenn uns im Moment schier unüberwindliche Hindernisse trennen. Und ich scheue mich nicht mehr, Diplomaten und ausländische Journalisten auf unsere Notlage aufmerksam zu machen und sie um ihre Hilfe zu bitten.

Am nächsten Tag erschien wieder die Psychologin. Sie fragte nach den Kindern, und Vicky erinnerte sich daran, daß ihr eine Bekannte erzählt hatte, sie wäre auch schon in der Schule gewesen, um sich nach dem Verhalten der Jungen zu erkundigen. Sie wollte wissen, ob sie beim Fahnenappell vor der Flagge salutierten, an patriotischen Feiern teilnahmen und ob sie von ihrem Vater sprachen.

»Sie wissen genau, wie es den Kindern geht und wie sie unter der Situation leiden«, erklärte Vicky und sah ihr fest in die Augen. »Von nun an werden sie mich in die Kirche begleiten und in Gott das Vertrauen und die Hoffnung finden, die ihnen hier genommen wurden.«

»Haben Sie sich das auch gut überlegt? Sehen Sie sich doch an, wie Sie leben. Sie erhalten nie eine Ausreisegenehmigung. Sie sollten in das Haus ziehen, eine solche Gelegenheit bietet sich kaum jemandem sonst. Ich wohne noch immer bei meinen Eltern.«

»Mir fehlt nichts. Nur die Möglichkeit, zu meinem Mann ausreisen zu können.«

»Aber warum machen Sie Ihre ganze Zukunft von einem Verräter abhängig? Er ist ein junger Mann. Vermutlich hat er längst ein reiches, attraktives junges Mädchen kennengelernt . . .«

Vicky sah sie mitleidig an und legte der Psychologin aufseufzend eine Hand auf den Arm. »Sie machen mich ganz traurig, Magalis.«

Die junge Frau sah sie erstaunt an.

»Wie lange sind Sie jetzt verheiratet?«

»Seit fünf Jahren«, erwiderte die Psychologin verwirrt.

»Es bedrückt mich, daß Sie trotzdem offensichtlich noch keine echte Liebe kennengelernt haben . . .«. Magalis wartete verblüfft auf weitere Erklärungen, und Vicky fuhr mit leichtem Druck auf ihren Arm fort: »Daß Sie niemals so geliebt wurden, wie ich geliebt werde. Liebe ist nicht käuflich, und nichts wird mich dazu bringen, ihn aufzugeben. Und ich weiß, daß er notfalls sein ganzes Leben lang auf mich warten wird.«

Die Psychologin senkte den Kopf, blickte wieder hoch, als wollte sie etwas sagen, aber die Worte schienen ihr in der Kehle steckenzubleiben. Sie brachte nur ein hilfloses: »Ich . . . ich . . .« heraus.

Dann stand sie langsam auf und ging zur Tür.

»Leben Sie wohl, Vicky«, sagte sie, ohne sich umzudrehen. Sie kam nie wieder, um Vicky dazu zu überreden, endlich ein neues Leben zu beginnen.

Erst im Oktober konnte ich wieder mit Vicky sprechen. Das Telephon war unser einziges Kommunikationsmittel – bis auf die wenigen Briefe, die dann und wann ein mutiger Kubaner auf eine Auslandsreise mitnahm, um sie dort aufzugeben. Anfangs hatte ich Vicky häufig Briefe geschickt, die sie jedoch so selten erreichten, daß ich das Schreiben schließlich ganz aufgab.

Angesichts der vielen Fälle, von denen ich nach und nach

erfuhr, befürchtete ich fast schon, man würde sie nie ausreisen lassen, doch dann erhielt ich von Vicky grünes Licht, mich mit unseren Belangen an die Öffentlichkeit zu wenden.

»Es wird bestimmt nicht leicht«, warnte ich sie. »Von jetzt an wird das System alle seine Unterdrückungsmechanismen gegen dich und die Kinder in Gang setzen. Sie werden dich Tag und Nacht überwachen und den geringsten Anlaß ausnutzen, dich ins Gefängnis zu bringen . . . Bis jetzt wollten sie dich nur überreden, von nun an werden sie versuchen, dich zu vernichten. Geh möglichst nicht aus dem Haus, denn irgendeiner ihrer Handlanger könnte dich auf der Straße provozieren, um dich in einen öffentlichen Skandal zu verwickeln. Vertraue niemandem, der dir Kontakte zu geheimen Dissidentenkreisen anbietet. Sei einfach nur eine Mutter und Ehefrau, die um die Zusammenführung ihrer Familie kämpft. Und vor allem denke nicht darüber nach, das Land auf illegalem Weg verlassen zu können. Vertraue niemandem, der dir eine solche Möglichkeit anbietet.«

Das alles sagte ich Vicky in großer Hast – aus Angst, sie könnten das Gespräch unterbrechen, bevor ich ihr alles Notwendige gesagt hatte. Inzwischen hatte ich genügend Informationen über das wahre Gesicht des Regimes, die mir bei meiner Flucht noch gar nicht bekannt gewesen waren. Ich wußte, wozu sie fähig waren, um Vicky zum Aufgeben zu zwingen.

Auf keinen Fall würde man sie wegen ihres Verlangens nach Wiedervereinigung der Familie inhaftieren, denn sie verübten ihre Verbrechen stets unter dem Deckmantel einer Justiz, die sie revolutionär nannten. Ihnen war klar, daß Vicky mit ihrem Kampf um Familienzusammenführung nur die Sympathie von immer mehr Menschen gewinnen konnte, und daß das die Autorität der Regierung schwächen mußte. Also mußten sie Delikte erfinden, und ich wußte, daß sie buchstäblich vor nichts zurückschrecken würden, um sie mit gewöhnlichen Kriminellen gleichsetzen zu können. Das gäbe ihnen das Recht, sie zu mißhandeln, ihr unter dem Vorwurf ihrer »bedenklichen Lebensführung« die Kinder zu nehmen und sie derart einzuschüchtern, daß sie sich schweigend mit der dauerhaften Trennung ihrer Familie abfinden mußte.

Ich wußte auch, daß nur die Aufmerksamkeit der internationalen Öffentlichkeit meine Familie davor bewahren konnte, von einem Regime versklavt zu werden, das so großen Wert darauf legte, für beliebt und gerecht gehalten zu werden. Aus diesem Grund mußte ich die Situation meiner Familie so schnell und umfassend wie möglich bekanntmachen. Ich mußte Vicky davor bewahren, in eine Falle zu tappen, die es ihnen ermöglichte, zu ihren Bedingungen mit ihr zu verfahren.

Nachdem ich mein Gespräch mit Vicky beendet hatte, sah ich auf die Uhr. Ein Uhr morgens. Tante Miladis wird Verständnis dafür haben, daß ich sie zu dieser Stunde anrufe, sagte ich mir und wählte auch schon ihre Nummer.

»Tante Miladis, ich komme gleich zu dir, wenn ich darf. Ich starte meinen Kampf um Vicky und die Kinder. Dafür ist Miami der beste Ort.«

Danach rief ich meinen hilfsbereiten Cousin Paul an.

»Paul, könntest du für mich einen guten Journalisten ausfindig machen, der an unserem Schicksal interessiert ist?«

»Wann?«

»Gleich morgen früh, wenn es geht.«

»Du kannst dich fest darauf verlassen.«

Es dämmerte bereits, als ich das Schild entdeckte, das die Autobahnausfahrt Hialeah ankündigte. Aber auch meine Tante hatte seit meinem Anruf kein Auge zugetan. Vom ersten Tag meines Aufenthalts in den Vereinigten Staaten an hatte sie sich liebevoll um mich gesorgt, obwohl wir weit entfernt voneinander wohnten. Sie teilte meinen Kummer um Vicky und meine Söhne, und nun betrachtete sie mein Vorhaben mit gewisser Skepsis, da sie befürchtete, meine Gespräche mit der Presse könnten die kubanische Regierung veranlassen, noch mehr Druck auszuüben.

»Aber es ist die einzige Möglichkeit, sie genau davon abzuhalten. Sie unterdrücken Vicky nicht wegen meiner Äußerungen, sondern weil sie ihr Beispiel fürchten. Und eine unverzügliche Kampagne in der Öffentlichkeit ist der einzige Schutz, den ich ihr geben kann.«

Gerade, als Miladis mit mir schimpfte, weil ich keinen Appetit auf ihr Frühstück hatte, erschien Paul. Wir umarmten uns, dann holte er einen Zettel aus der Tasche und gab ihn mir.

Tomás Regalado stand da, und darunter die Telephonnummer des allseits bekannten kubanischen Journalisten. Wir warteten bis neun Uhr, dann rief ich ihn an. Schon eine Stunde später holte mich Regalado mit seinem Auto ab und fuhr mit mir zu einem lokalen Rundfunksender, der auch auf Kuba empfangen werden konnte.

Es wurde mein erstes Interview, die erste Verlautbarung des Vergehens gegenüber meiner Familie auf Kuba. Danach begleitete mich Paul noch zu einer ganzen Reihe von Gesprächen mit Reportern des *Miami Herald*, des *Diario de las Américas* und führenden Persönlichkeiten der kubanischen Exilgemeinde in Miami. Die Letztgenannten kämpften seit vielen Jahren für die Einhaltung der Menschenrechte auf Kuba und boten mir nun ohne Zögern die Unterstützung ihrer Organisationen und Kurzwellensender bei der Verwirklichung meiner Absichten an, unseren Fall auch auf der Insel bekanntzumachen.

Besonders bewegend war meine Begegnung mit Jorge Mas Canosa, dem Leiter der National Cuban-American Foundation, einem intelligenten, tatkräftigen Mann, der sich mit großem Interesse die Gründe anhörte, die mich auf den Weg ins Exil geführt hatten. Dann schilderte er mir seine Vision eines demokratischen, marktwirtschaftlich orientierten Kuba, ohne gigantische Armee, wo Privatbesitz und der Glaube an menschliche Freiheiten die notwendigen Anreize dafür bieten würden, das Land aus der Armut zu führen.

Beeindruckt von seiner lebhaften Persönlichkeit hörte ich aufmerksam zu und stellte zu meiner großen Freude fest, daß er ähnliche Vorstellungen wie ich von einem freien Kuba hatte.

»Unser Rundfunksender steht Ihnen zur Verfügung«, erklärte er, als wir uns voneinander verabschiedeten. Und dann schenkte er mir ein Glas Honig von den Bienen, die sich in dem Lieferwagen eingenistet hatten, mit dem er in der Anfangszeit seines Exils Milch ausgefahren hatte. Den Wagen hatte er in seinem Garten als Symbol dafür aufgestellt, zu welchem Wohlstand man es bringen kann, wenn man in einem freien Land arbeitet.

Am nächsten Tag traten wir vor die Mikrophone seines Senders, der überall auf Kuba und in anderen Ländern gehört werden konnte. Das Interview leitete Ninoska Pérez, eine Journalistin, die Kuba bereits als Kind verlassen hatte, und eine leidenschaftliche Verteidigerin der Rechte ihres Volkes geworden war.

Während dieser Sendung gelang es uns mit der Hilfe eines befreundeten Journalisten in Kanada, ein Telephongespräch mit meiner Familie zustandezubringen. Zum ersten Mal konnten Vicky und die Jungen öffentlich über ihre Situation sprechen. Als sie auf ihrem Recht bestanden, das Land verlassen zu können, blieb keiner von uns unberührt. Reyniel erklärte, er komme sich vor wie ein Sklave, und Alejandro wiederholte immer wieder: »Ein paar böse Männer wollen mich nicht zu meinem Papa lassen.« Ihre Worte wurden aus der Tonkabine übertragen, und nach und nach versammelten sich die Mitarbeiter der Foundation um die Lautsprecher und brachen unter dem Eindruck der verzweifelten Stimmen in Tränen aus. Ninoska war kaum in der Lage, weiter ihre Fragen zu stellen. Dann ergriff Mas Canosa das Wort:

»Wenn dieser kubanischen Familie etwas zustoßen sollte, mache ich vor aller Welt die Brüder Castro dafür verantwortlich. Sie haben keinerlei politische Verbindungen. Sie sind nur eine Mutter mit ihren beiden unschuldigen Kindern.«

»Ihr seid ihre einzige Hilfe, ihr einziger Schutz«, rief ich den Zehntausenden Kubanern zu, die uns hörten. »Und daher bitte ich Euch, meiner Familie in dieser schweren Zeit geistigen Beistand zu gewähren, menschliche Wärme ... Niemand hat das Recht, eine Familie auseinanderzureißen.«

Unsere Staatsführung wurde nicht müde, öffentlich immer wieder zu erklären, daß jeder das Land verlassen konnte, der den Wunsch danach hatte, und ich wußte, daß viele Kubaner ihnen glaubten, da sie es nicht besser wußten. Wenn die Bevölkerung vom Schicksal Vickys und der Jungen erfuhr, war das eine weitere Motivation für die Regierung, sich offener Repressalien ihnen gegenüber zu enthalten.

Wir waren der kubanischen Regierung zuvorgekommen. Jetzt wäre es schwieriger für sie, ein Verbrechen an Vicky und den Kindern zu begehen.

Zum Schluß der Sendung wiederholte ich die Überzeugung, die ich vor langer Zeit schon einmal zu Vicky gesagt hatte:

»Hier geht es um einen Kampf der Wahrheit gegen die Lüge, der Liebe gegen den Haß – und die Liebe wird siegen!«

Noch am Abend der Radiosendung wurde das Haus von Vikkys Eltern von Besuchern überschwemmt, die verstohlen oder ganz offen kamen, um ihr ihre Hilfe anzubieten. Sie brachten Geld, Nahrungsmittel, vor allem aber ihr Mitgefühl und ihre Gebete. In den nächsten Tagen riß der Strom der Besucher nicht mehr ab. Manche Bewohner anderer Provinzen nutzten einen Aufenthalt in Havanna, um meine Familie aufzusuchen. Ihnen völlig unbekannte Landarbeiter und Fischer brachten Vicky und den Jungen etwas zu essen. Zwei alte Frauen aus der Provinz Camagüey versicherten, sie würden sie in ihre Gebete einschließen, und eine andere schickte den Kindern Spielzeug, das sie jahrelang aufbewahrt hatte. Die Notlage meiner Familie inspirierte sogar zu Gedichten. Zehn Mütter aus Havanna schrieben an Fidel Castro, forderten die unverzügliche Ausreise meiner Familie und übergaben diesen Brief internationalen Pressevertretern. Kein Tag verging, an dem sich nicht irgendwo im Land in Form von Interviews mit ausländischen Journalisten eine Stimme des Protestes gegen die Unterdrükkung ihrer Menschenrechte erhob. Der Mut, mit dem Vicky und die Jungen ihr Recht verteidigten, als Familie zusammenleben zu dürfen, ließ selbst viele der Funktionäre auf der unteren Regierungsebene nicht unberührt, mit denen sie täglich zu tun hatten. Anstelle von Mißbilligung und Verachtung erfuhr meine Familie von diesen Leuten, die zunehmend unter wirtschaftlichem Mangel und politischer Kontrolle litten, oft genug Mitgefühl und Respekt.

Ohne es zu wollen, wurde Vicky zu einer bekannten Persönlichkeit, die auf der Straße freundlich von Menschen gegrüßt wurde, unter denen sich zu ihrer Überraschung auch wohlbekannte Revolutionäre befanden. In den Warteschlangen vor den Geschäften wurde sie zu ihrer Verlegenheit stets vorgelassen, und Kinder aus der Nachbarschaft erklärten, sie würden jeden Versuch energisch bekämpfen, ihr oder den Jungen etwas anzutun. Sobald ein neuer »Beobachter« seinen Posten auf der gegenüberliegenden Straßenseite bezog oder die Staatssicherheit – die bereits das Nachbarschaftsverteidigungskomitee darüber informiert hatte, daß es sich bei Vicky um »einen gefährlichen Feind« handelte – eine neue Untersuchung durchführte, wurde meine Familie von irgend jemandem davon unterrichtet.

Gleichzeitig mußte sich Vicky aber auch mit Geheimagenten auseinandersetzen, die sie zur Beteiligung an illegalen Unternehmungen überreden wollten, um damit eine Handhabe zu bekommen, sie festzunehmen. Obwohl ich Vicky mit Hilfe des Radios aufforderte, sich vor den Leuten in acht zu nehmen, die ihr das »freundschaftliche« Angebot machten, sie außer Landes zu schaffen, kamen genau diese »Freunde« auf sie zu. Aber Vicky erwiderte auf derlei Offerten stets, sie würde Kuba nur mit Erlaubnis der Behörden verlassen.

»Papa, du hast überhaupt nicht reagiert, als ich dir über das Radio Küßchen gegeben habe«, beklagte sich Alejandro bitter, als wir kurz darauf miteinander telephonieren konnten.

Später erzählte mir Vicky, daß Alejandro beim Klang meiner Stimme auf das Radio zugelaufen war, es umarmt und geküßt hatte.

Eines Tages brachte mir Paul die Telephonnummer von Armando Valladares, den die Revolution wegen seiner kritischen Ansichten als Terroristen verleumdet und zweiundzwanzig Jahre lang in Gefängnissen gequält hatte. Nach seiner Freilassung war er Botschafter der Vereinigten Staaten bei der UN-Kommission für Menschenrechte gewesen und widmete nun seine ganze Energie und Erfahrung der Verteidigung der Menschenwürde in einer von ihm gegründeten Stiftung, die auch seinen Namen trug.

»Ich glaube, er könnte dir helfen«, sagte Paul.

Armando bot mir sofort seine Unterstützung an, und beide stimmten wir in der Überzeugung überein, daß nur ständige öffentliche Anklagen Vicky und die Kinder schützen und schließlich zu ihrer Freilassung führen konnten. Er selbst hatte seine Freiheit nur aufgrund des internationalen Drucks auf die kubanische Regierung erhalten, der von seiner Frau weltweit initiiert worden war.

»Wir müssen eine möglichst breite Öffentlichkeit suchen, und dabei sollten wir in Washington beginnen«, sagte er und schlug vor, daß wir uns an Kongreßmitglieder, Senatoren und Diplomaten wandten. Gleichzeitig bot er mir an, für diese Zeit in seinem Haus in Virginia zu wohnen.

Von da an blieb ich in ständigem Kontakt mit ihm und Kristina Arriaga, der Geschäftsführerin der Valladares Foundation, die sich unverzüglich mit den Menschenrechtsorganisationen in Verbindung setzte, mit denen die Stiftung zusammenarbeitete.

Das Jahresende rückte näher und damit mein erstes Weihnachtsfest in Freiheit. Plötzlich gab es überall Christbäume, Santa Claus erschien überall und man hörte die traditionellen Lieder. Zum ersten Mal wurde ich von Verwandten und Freunden mit Geschenken bedacht und suchte in den Geschäften selbst nach Festgaben. In jedem Schaufenster, in jedem Regal sah ich Kinderträume und empfand die Abwesenheit meiner Jungen besonders schmerzlich, die ihrer Geschenke, ihrer Träume, ihrer Kindheit beraubt wurden. Benommen lief ich in diesen Tagen von Haus zu Haus und fühlte in mir eine Leere, die nichts ausfüllen konnte.

Als zwölf Glockenschläge das Neue Jahr ankündigten, umarmten sich in der Wohnung eines Freundes Eltern und Kinder, während ich auf den Balkon trat, um zu den Sternen aufzublicken und an meine Familie zu denken.

»Du mußt stark sein, Orestes. Früher oder später werden sie wieder bei dir sein«, erklang hinter mir die Stimme meines Freundes, der mich taktvollerweise nicht ansah.

»Da kannst du ganz sicher sein . . . früher oder später. Dies sind meine letzten Feiertage ohne sie«, erwiderte ich, ohne mich umzudrehen, ballte die Fäuste und holte tief Luft, während ich seine tröstende Hand auf meiner Schulter spürte.

Zwei- oder dreimal pro Woche nahm ich an den Veranstaltungen der Voice of the Foundation teil und fühlte mich vom Zuspruch und der Unterstützung der Frauen und Männer gestärkt, die für die Cuban American National Foundation arbeiteten. Eines Nachmittags erschienen die vier amerikanischen Eigner des Rundfunksenders, und nachdem sie von Ninoska über die Notlage meiner Familie erfahren hatten, baten sie mich zu sich in ein kleines Büro. Dort bildeten wir schweigend einen Kreis, faßten einander bei den Händen, und dann sprach einer der Männer das erste Gebet, das ich in englischer Sprache hörte – »Gott, erhöre das Flehen deiner Kinder . . .«, und nachdem er geendet hatte, liefen uns allen die Tränen über die Wangen. An diesem Tag beteten die Kinder des US-amerikanischen Volkes, das man mich hassen gelehrt hatte, für meine Kinder. Nein, nie würde ich zulassen, daß meine Söhne zu dem gleichen Haß erzogen würden – lieber würde ich sterben!

Mit unseren Radiosendungen gewannen wir die Unterstützung der Kubaner in Miami und auf der Insel, aber das allein erzeugte noch längst nicht den Druck, der die kubanische Regierung dazu zwingen würde, Vicky und die Jungen ausreisen zu lassen. Wir brauchten den moralischen Beistand möglichst vieler Männer, Frauen und Kinder in aller Welt, die bereit waren, in Briefen an die kubanischen Behörden die Freilassung meiner Familie zu fordern. Wenn es uns gelang, Hunderttausende dieser Briefe nach Kuba zu schicken, würde die große Anteilnahme am Schicksal von Vicky und den Kindern der Regierung nichts anderes übrig lassen, als ihre Ausreise zu erlauben. Aber wie sollte ich diese Menschen erreichen und ihnen begreiflich machen, daß ihre Hilfe dringend vonnöten war? Für eine großangelegte Kampagne fehlte mir einfach das Geld. Als Paul und ich die ersten Flugblätter mit Photos von Vicky und den Kindern bezahlen wollten, übernahm ein Freund großzügigerweise die Kosten.

Ende Januar 1992 führten Künstler und Intellektuelle im Jacob Javits Convention Center in New York eine Veranstaltung durch, auf der behauptet wurde, daß es auf der Insel keine Menschenrechtsverletzungen gäbe, für die kubanische Revolution geworben und Geld für die Regierung gesammelt wurde. Aus allen Teilen der Vereinigten Staaten eilten Tausende von Kubanern herbei, um in den Straßen von Manhattan gegen diese eklatante Verzerrung der Wahrheit zu demonstrieren. Mit einer von der Cuban American National Foundation gecharterten Maschine flogen Paul und ich nach New York – im Gepäck die ersten zwanzigtausend Flugblätter mit Vicky und den Kindern, die unser Freund Armando Munoz finanziert hatte. Dutzende Freunde und Sympathisanten verteilten sie während der Demonstration und warben mit Schildern, die dieselben Photos trugen, für unser Anliegen. Auch viele Freunde aus anderen Ländern hatten sich trotz des schneidenden Windes vor dem Javits Center versammelt und hörten sich die Aussagen der vielen Opfer an. Zum ersten Mal erhielt ich die Gelegenheit, vor einer öffentlichen Versammlung zu sprechen, und ich schämte mich nicht meiner Tränen über die Freiheit in meiner neuen Heimat, während die im Convention Center versammelten Feinde dieser Freiheit von der Polizei beschützt wurden.

Bei dieser Protestversammlung lernte ich Janet Weininger kennen, ein weiteres Opfer kubanischer Behördenwillkür. Seit achtzehn Jahren kämpfte sie unermüdlich um die Überführung der sterblichen Überreste ihres Vaters, eines US-Piloten, der bei der Invasion in der Schweinebucht abgeschossen worden war. Aber die kubanische Regierung verlangte fünfunddreißigtausend Dollar von Janet für ihr Recht, den Menschen in seiner Heimaterde bestatten zu können, der ihrem Herzen am nächsten stand. Dieses Geld konnte Janet Weininger nicht aufbringen. Im selben Jahr wie Vicky und ich hatte sie einen F-16-Piloten geheiratet, und unsere Kinder waren ungefähr im gleichen Alter. Daher fühlten wir einander besonders verbunden. Die außerordentlich tatkräftige Janet schrieb sofort an die wichtigsten Zeitungsredaktionen und arrangierte Begegnungen mit einflußreichen Persönlichkeiten, um dadurch die Freilassung meiner Familie zu erreichen.

In dieser Zeit wurde das Haus der Familie Weininger eine Art Koordinierungszentrale für unsere Bemühungen, wo wir uns täglich trafen, um unsere weiteren Schritte zu besprechen. Ich konnte mich mit meinen kläglichen Englischkenntnissen zwar kaum verständlich machen, aber für die aufrichtige Anteilnahme dieser Familie werde ich immer dankbar sein.

Inzwischen war unser Kampf in der kubanischen Gemeinde von Miami weithin bekannt, und Hunderte helfender Hände streckten sich uns entgegen. Nicht wenige Freunde ließen mich verlegen erröten, wenn sie mir Geld in die Tasche steckten, um ihren Beitrag zu unseren Bemühungen zu leisten. Eines Tages bat ich Paul, in einem von einem kubanischen Ehepaar geführten Atelier ein paar Photos von Vicky und den Söhnen abziehen zu lassen, die ich gerade noch bezahlen konnte. Als ich sie abholte, hielten sie zusätzlich Hunderte Abzüge kostenlos für mich bereit. Es stellte sich heraus, daß die Besitzer nach der

Flucht des Ehemannes in den sechziger Jahren ein ähnliches Schicksal wie wir erlitten hatten. Mit der Zeit wurde ich für Bertha und Benito Filomía eine Art Adoptivsohn, den sie mit großer Liebenswürdigkeit umsorgten.

Eines Tages erhielt ich die Telephonnummer von Álvarez Andrade, einem ehemaligen Angehörigen der Staatssicherheit, dem kurz zuvor die Flucht aus Kuba gelungen war, und der mich sprechen wollte. Sofort rief ich ihn an und erfuhr, daß er bis zu seiner Flucht in der Zentrale des gefürchteten Unterdrückungsapparates beschäftigt gewesen war.

»Ich bin über Pläne informiert, die gegen Sie und Ihre Familie gerichtet sind, möchte aber am Telephon nicht darüber sprechen«, erklärte er und schlug ein Treffen vor, mit dem ich selbstverständlich sofort einverstanden war.

Als hätte er Angst, wir könnten belauscht werden, erzählte mir Álvarez mit sehr leiser Stimme, daß Raúl Castros direkt unterstellte Mitarbeiter des militärischen Geheimdienstes den Plan gefaßt hätten, mich zu ermorden. Davon hätte er erfahren, weil sie zur Verwirklichung die Mithilfe der Staatssicherheit benötigten. Álvarez zufolge waren mit unserem Fall befaßte Psychologen zu dem Schluß gekommen, daß ich über die Trennung von meiner Familie bald so verzweifelt sein würde, daß ich eine Rückkehr nach Kuba erwägen könnte, sobald sie mir Straffreiheit in Aussicht stellten. Kubanische Geheimagenten würden zum geeigneten Zeitpunkt an mich herantreten, um meine Heimkehr vorzubereiten, mich auf dem Weg nach Kuba aber ermorden. Daraufhin würde die kubanische Regierung verbreiten, ich sei als Geheimagent in kubanischem Auftrag in den Vereinigten Staaten gewesen, von mit der CIA zusammenarbeitenden konterrevolutionären Organisationen in Miami jedoch enttarnt und umgebracht worden, als ich nach Kuba zurückkehren wollte. Dann wollte man mein Photo in der Halle der Märtyrer im Gebäude der Staatssicherheit aufstellen und gar eine Schule nach mir benennen. Vor Kummer über meinen Tod gebrochen, würde Vicky endlich das Haus und den Posten in der Poliklinik annehmen, sowie zusätzlich noch ein Auto, das ihr die Revolution als noble Geste gegenüber der Familie einer ihrer jüngsten Helden zur Verfügung stellen würde. Den Rest erledigte die revolutionäre Presse, und niemand würde auch nur noch im Traum daran denken, daß ein Mann mit makellosem Lebenswandel, ein wahrer Sohn der Revolution, mit ihr gebrochen haben könnte.

Eines Abends rief mich ein langjähriger Freund, der beruflich häufiger im Ausland unterwegs war, aus Mexiko an.

»Machst du dir eigentlich klar, in welch furchtbarer Lage sich Vicky und deine Söhne befinden? Sie haben nicht die geringste Chance, das Land zu verlassen«, begann er und fügte dann mit deutlichem Vorwurf hinzu: »Ich weiß, daß du deine Entscheidung früher oder später bereuen wirst, denn du allein bist für ihre Situation verantwortlich. Vielleicht sollte ich dir sagen, daß ich bereit bin, als Vermittler zwischen dir und den Behörden zu fungieren, falls du dich zur Rückkehr entschließt.« Da wußte ich, daß er nicht mehr unser Freund war – aber auch, daß ich damit die erste direkte Mitteilung der kubanischen Regierung erhalten hatte.

»Vielen Dank«, erwiderte ich, »aber lieber sterbe ich, als daß ich meine Kinder verrate.« Er rief mich nie wieder an, obwohl er wie zuvor oft ins Ausland fuhr.

Paul und ich hatten schließlich soviel Geld zusammen, daß wir ein Auto mieten konnten, um für eine Woche nach Washington und New Jersey fahren zu können. Dort wollten wir die Bemühungen der Valladares Foundation mit den Aktivitäten von meinen und Vickys Angehörigen koordinieren, die dort leben. Wir verbrachten zwei Tage bei meiner Tante und meinem Onkel in New Jersey und lernten dort Dutzende von Menschen kennen, die bereit waren, uns moralisch und materiell zu unterstützen. In New Jersey erfuhr ich auch erstmals die wahren Gründe, die meine Verwandten zum Verlassen Kubas gezwungen hatten, als ich elf Jahre alt war, und ich reagierte mit einer Mischung aus Empörung und Schmerz auf die Tatsache, daß mir dieser Eingriff der Revolution in unsere Familie verheimlicht worden war.

In einer kleinen Wohnung in West New York lebten sie bescheiden, aber schuldenfrei, obwohl sie außer ihren beiden kleinen Kindern nichts in die Vereinigten Staaten mitgebracht hatten als ihren Arbeitswillen. Dieses Recht, von den Früchten ehrlicher Arbeit anständig leben zu können, wurde den Menschen auf Kuba seit vielen Jahren verwehrt, und deshalb hatten inzwischen nahezu zwanzig Prozent der Bevölkerung die Insel verlassen.

Meine Tante Fela war noch genauso liebenswürdig und aufrichtig wie 1950, als sie mit ihren acht Schwestern zunächst nach Cabaiguán emigrierte. Ebenso klein und mollig wie spontan und tatkräftig, schien sie allgegenwärtig zu sein. Ich begann unter den kulinarischen Verlockungen zu leiden, mit denen sie mich jeden Augenblick verwöhnte.

»Iß, mein Junge, iß! Du bist ja nur Haut und Knochen«, ermunterte sie mich, wenn ich nach einem köstlichen Mahl aufstöhnend erklärte, keinen Bissen mehr hinunterbekommen zu können.

Sie hatten eine eigene Initiative zur Freilassung meiner Familie im Nordosten der Staaten ins Leben gerufen, und täglich verteilte Onkel Raúl in Dutzenden von Geschäften und Unternehmen Flugblätter, die er und meine Tante gedruckt hatten, während mein Cousin William prominente Persönlichkeiten mit Briefen und Faxen um ihre Unterstützung bat. Unterdessen waren Paul und ich pausenlos mit dem Auto unterwegs, um mit Journalisten und einflußreichen Leuten zu sprechen, um Schulen, Kirchen und Synagogen aufzusuchen. Als wir schließlich erschöpft in Washington eintrafen, warteten dort Armando und Kristina mit weiteren Terminen auf uns.

Armando lud uns in sein Haus ein, das vom Lachen und Rufen seiner drei lebhaften Kinder erfüllt war, die uns während unserer Unterhaltung um die Beine wieselten. Ihr Geschrei war Musik in meinen Ohren, erinnerte mich aber auch schmerzhaft an meine Jungen. Es dauerte nicht lange, und ich spielte auf dem Fußboden mit den kleinen Rangen, die mich »Onkel« nannten und mein Herz eroberten. Martha und Armando erzählten uns aus ihrem Leben und von dem weltweiten Kampf, der nötig war, Armando aus der Haft zu befreien. Dann ging er mit uns in seine Bibliothek und zeigte uns die leidenschaftlichen Liebesgedichte an Martha, die er in seiner Strafzelle auf winzige Zettel geschrieben und hinausgeschmuggelt hatte.

»Trotz der Qualen haben sie mich nie dazu gebracht, sie zu hassen«, erklärte Armando, während ich entsetzt hörte, welchen Folterungen man ihn unterworfen hatte.

Am nächsten Morgen lernten wir Kristina kennen, die mit uns zu den vielen Terminen ging, die sie für uns im US-Congress vereinbart hatte. Sie kam auf dem Bürgersteig auf uns zu, streckte uns die Hand entgegen und sagte schlicht: »Ich bin Kristina.«

Sie hatte ein mädchenhaftes Gesicht, lebhafte braune Augen und redete wie ein Wasserfall.

»Ihre Krawatte ist einfach scheußlich«, stellte sie sofort nach der Begrüßung zu meiner Verblüffung fest. Nie zuvor hatte ich mir irgendwelche Gedanken über das Aussehen meiner Krawatte gemacht.

Dann erläuterte sie den von ihr sorgfältig vorbereiteten Terminplan, und wir unterhielten uns über die beste Vorgehensweise in der Welt der Politik, die mir absolut unbekannt war.

»Selbst eine Krawatte kann da von Bedeutung sein«, fügte sie hinzu und erklärte damit, warum sie sich für mein Äußeres interessierte.

Im Kongreß folgten wir Kristina von einem Büro ins andere und staunten über ihre Meisterschaft im Umgang mit Menschen ebenso wie über die Freundlichkeit, mit der wir in jedem Raum begrüßt wurden, ohne daß uns jemand nach unseren Ausweispapieren oder einer Bestätigung unserer Gesprächstermine gefragt hätte.

Innerhalb kurzer Zeit war es Armando und Kristina gelungen, etliche Senatoren und Kongreßabgeordnete zu einem Brief an die kubanische Regierung zu überreden, in dem sie sich für eine Ausreise Vickys und der Jungen einsetzten. Selbst wenn dieser Brief nicht zu einer Freilassung führen sollte, gewährte er meiner Familie doch einen beträchtlichen Schutz vor möglichen Repressalien. Jetzt wußte man auf Kuba, daß man auch auf Capitol Hill Interesse an dem Fall hatte.

In letzter Minute wurde es durch Fürsprache eines Freundes von Kristina auch noch möglich, Wayne Smith kennenzulernen, den ehemaligen Leiter der US-Vertretung in Havanna, der sich guter Beziehungen zur kubanischen Regierung erfreute und häufig auf die Insel reiste. Ich hatte kaum Platz genommen, als Smith in fließendem Spanisch auch schon die Politik der Vereinigten Staaten gegenüber Kuba zu kritisieren begann.

»Ich bin gekommen, um Ihre Hilfe bei der Ausreise meiner Frau und meiner Söhne zu erbitten. Das ist alles, woran ich interessiert bin«, erklärte ich und vermied jede Diskussion über ein Thema, zu dem ich eine andere Meinung hatte als er. Waren die Vereinigten Staaten dafür verantwortlich, daß die kubanische Staatsführung das große Verbrechen begangen hatte, das Volk und die Revolution zu verraten, die diese Politiker an die Macht gebracht hatte?

Aber das war die Haltung nicht weniger Intellektueller, die noch immer davon überzeugt waren, eine echte Revolution könnte die Schrecken der Welt beenden. Ähnliches hatte sich angesichts der Verbrechen Stalins und Maos ereignet, die inzwischen die Welt schockierten. Und nun wiederholte es sich im Hinblick auf Kuba bei jenen Leuten, die aus der Sicherheit der Demokratien heraus, in denen sie lebten, eine Tyrannei rechtfertigten, anstatt sich umfassend zu informieren und sich der Wahrheit mutig zu stellen.

Schließlich hörte mir Smith zu, und ich bat ihn lediglich

darum, sich bei seinem nächsten Aufenthalt auf Kuba bei den dortigen Behörden dafür einzusetzen, einer Frau und zwei unschuldigen Kindern die Ausreise zu gestatten.

»Ich bringe auf jeden Fall eine Reaktion aus Kuba mit, das verspreche ich Ihnen«, sagte er und notierte sich meine Telephonnummer. Ich dankte ihm und fragte mich beim Verlassen des Büros, ob dieses Versprechen wirklich ernstgemeint war. Smith reiste danach etliche Male nach Kuba, rief mich aber nie an.

Immer, wenn ich darüber enttäuscht war, daß uns jemand nicht half, erinnerte mich Kristina daran, daß ein langer, beschwerlicher Weg vor uns lag, das Ziel aber nicht unerreichbar war.

»Wir stehen erst am Anfang«, sagte sie und gab mir eine Liste mit weiteren Organisationen und Persönlichkeiten, an die ich mich wenden konnte. »Wir müssen hart arbeiten, aber wir werden es schließlich schaffen.«

Am Ende des Monats trat die UN-Kommission für Menschenrechte in Genf zusammen, und aus diesem Anlaß sollte ich durch die Association for Continental Peace (ASOPAZCO) die Möglichkeit erhalten, um internationale Fürsprache bei dem Bemühen zu bitten, die Freilassung meiner Familie von der kubanischen Regierung zu erhalten. Armando und Kristina statteten mich mit Empfehlungsschreiben an mehrere Botschafter und Delegationsleiter aus, die sie im Verlauf der Jahre durch ihre Tätigkeit kennengelernt hatten.

Unterdessen forderte Vicky die Regierung erneut heraus, indem sie Briefe an ausländische Persönlichkeiten schrieb, die sie in den verschiedenen Botschaften in Havanna übergab.

Wenn es uns gelingt, unseren Fall vor die Vereinten Nationen zu bringen, müssen sie sie freilassen, sagte ich mir hoffnungsvoll und nahm tage- und nächtelang Kassetten mit Aussagen von Vicky und den Kindern auf, die ich als Beweis vorlegen wollte, wenn die kubanische Delegation behaupten sollte, unseren Fall gäbe es nicht.

Mit einem von der Cuban-American National Foundation bezahlten Flugticket reiste ich voller Illusionen nach Genf und genoß zum ersten Mal die Möglichkeit, frei reisen zu dürfen, ohne jemanden um Erlaubnis fragen zu müssen. Im Genf wurde ich von Mari Paz Martínez Nieto und María del Valle Álvarez Guelmes abgeholt, deren Organisation durch Vermittlung von Armando und Mas Canosas meine Rede vor der Menschenrechtskommission ermöglichte, und die meinen Aufenthalt in der Schweiz bezahlte. Mari Paz war eine zierliche Spanierin mit pechschwarzen Haaren und lebhaften, klugen Augen, die ihre ganze Energie für die Wahrung der Menschenrechte einsetzte. Die aufrichtige, mutige, wegen ihrer Offenheit gefürchtete Frau war vom Leiter der Staatssicherheit geschlagen worden, als sie wenige Minuten nach ihrer Landung auf dem Flughafen von Havanna des Landes verwiesen wurde, weil sie dort die Verletzungen der Menschenrechte untersuchen wollte. Der siebenundzwanzigjährige Valle war mit Träumen von einer gerechteren Welt aus Argentinien gekommen und stellte nun wie Mari Paz seine Tatkraft und seine Begabung der Organisation bei ihrer Arbeit für die Benachteiligten zur Verfügung.

Zusammen mit Luis Zúniga, einem ehemaligen politischen kubanischen Gefangenen, mit dem ich das Hotelzimmer teilte, waren sie meine Mitstreiter in dem Kampf, den ich vor den Augen der Welt bestehen wollte. Gemeinsam bereiteten wir meine Rede vor und nahmen in sie auch die Namen anderer Familien in derselben Notlage auf.

Am ersten Tag der Kommissionstagung überraschte und empörte mich die Intervention von Vilma Espín, der Frau eines der Castro-Brüder, die das Recht der kubanischen Regierung verteidigte, unsere Familie dauerhaft zu trennen. Als sie davon sprach, auf Kuba würde das Recht des Kindes in beispielhafter Weise gewahrt, war ich der Übelkeit nahe. Am Ende ihrer Rede, in der sie den »Yankee-Imperialismus für den Hunger und das Elend von Millionen Kindern dieser Welt« verantwortlich machte, erklärte sie, es wäre besser, diese Kinder würden durch die Auswirkungen eines Atomkrieges ums Leben kommen, als daß sie dem Hunger zum Opfer fielen, unter dem sie zu leiden hätten.

Nie hätte ich angenommen, eine solche Ungeheuerlichkeit vor den Vereinten Nationen anhören zu müssen. Die Angehörigen der kubanischen Delegation liefen durch die Gänge des Versammlungsraumes und applaudierten heftig, um die Versammelten ebenfalls zu Beifallsbekundungen anzuregen, und ich war entsetzt über die Gleichgültigkeit, mit der das Plenum diesen Aufruf zur Kenntnis nahm, die Welt in ein Inferno zu stürzen.

»Ich wende mich an diese Versammlung und die internationale Gemeinschaft mit der Bitte um Unterstützung, die Notlage meiner Frau und meiner Kinder zu beenden, die von den Regierungsbehörden meines Landes als Geiseln festgehalten werden«, begann ich mit unsicherer Stimme vor den Diplomaten, die von einer Ecke des Saales zur anderen liefen, während ich sie bisher für Musterbeispiele an Ordnung und Disziplin gehalten hatte. Mit knappen Worten schilderte ich die Situation, in der meine und andere Familien zu leben gezwungen waren – willkürlich getrennt, in ständiger Angst und Unsicherheit sowie in dem Bewußtsein, daß unser Schicksal nicht von Gesetzen, sondern vom Willen der Menschen abhing, die uns verachteten.

Als ich zum Schluß die Namen der Opfer und jener aufrief, die sie gefangenhielten, unterbrach mich der erregte Leiter der kubanischen Delegation, indem er pausenlos mit der Faust auf sein Pult schlug. Nicht einmal vor den Vereinten Nationen zeigten sie Anstand! Was konnte man da noch für Kuba zu erhoffen?

Zum Ende der Sitzungsperiode stimmte die Mehrheit der Berufung eines besonderen UN-Vertreters zu, der die Einhaltung der Menschenrechte auf Kuba überprüfen sollte. Nach der Abstimmung ergriff der Leiter der kubanischen Delegation das Wort, attackierte jene Staaten, die die Wahrung der Menschenrechte auf der Insel forderten, und erklärte, unter diesen Umständen würde keinem Vertreter der höchsten internationalen Organisation gestattet, seinen Fuß auf die Insel zu setzen.

Enttäuscht von den Ergebnissen meiner Reise kehrte ich nach Miami zurück. Die von der starken Bürokratisierung unterhöhlten Vereinten Nationen waren der Lächerlichkeit preisgegeben worden durch die kubanischen Regierungsvertreter, die sich einfach über die Entscheidungen der UN hinwegsetzten und die Rechte von Millionen Menschen in aller Welt mißachteten. Sie rechneten kühl mit meiner verzweifelten Situation, und ich sah mich von kubanischen Agenten förmlich belagert, die sich als Exilanten ausgaben und mir vorschlugen, mit ihrer Hilfe auf die Insel zurückzukehren, um Vicky und die Jungen zu holen: notfalls mit Hilfe ausgefeilter Technik von Froschmännern und Untergrundbewegungen auf Kuba. Aber ich kannte das Schicksal der wenigen Unglücklichen, die sich vollbewaffnet und mit der irrigen Hoffnung zur Insel begeben hatten, diese mit ihren Gewehren befreien zu können – und bei der Landung auf die vorab alarmierte Küstenwacht trafen. Damit hatten sie der kubanischen Regierung jedesmal nur einen weiteren Vorwand geliefert, die CIA und die kubanische Exilgemeinde in Miami lautstark des Terrorismus zu bezichtigen. Und prompt führten die »feindlichen Invasionen« zu Demonstrationen eines übersteigerten Nationalbewußtseins eines durch Desinformation geblendeten Volks ebenso wie zur Unterdrückung jeder Opposition auf Kuba.

Ein paar Monate später entschloß sich ein kubanischer Geheimagent, der in eine der Exilorganisationen eingeschleust worden war, zur Flucht nach vorn: Er ermöglichte es einem lokalen TV-Sender, mit versteckten Kameras und Mikrophonen eines der Treffen aufzunehmen, auf denen er Instruktionen von einem bei den UN akkreditierten kubanischen Geheimdienstoffizier erhielt. In der Folge berichtete er auch, daß er von der Regierung in Havanna Mittel zur Finanzierung einer dieser von Exilgruppen durchgeführten illegalen paramilitärischen Unternehmungen gegen Kuba erhalten hatte.

Es gab aber auch sehr viele andersgeartete »Hilfsangebote«. Eines Tages wurde ich von einer Gruppe wohlhabender Geschäftsleute eingeladen, die mir einen Bell-Hubschrauber zur Rettung meiner Familie zur Verfügung stellen wollten. Da ich diesen Leuten vertraute, war ich von der Idee fasziniert. Doch meine Begeisterung legte sich sehr schnell, als sie im Gegenzug von mir verlangten, Fidel Castro bei einer seiner öffentlichen Reden aus dem Hubschrauber heraus zu erschießen.

»Sie erhalten von uns ausreichend Geld, um danach mit ihrer Familie irgendwo auf der Welt ein sicheres und unerkanntes Leben führen zu können«, erläuterten sie, um mir die Sache schmackhaft zu machen.

»Vielen Dank, aber ich bin nicht der Mann, nach dem Sie suchen«, war meine Antwort. Ich habe sie nie wiedergesehen.

Mit jedem Tag nahm meine Überzeugung zu, daß die kubanische Regierung einer Ausreise von Vicky und unseren Söhnen aus Furcht vor den Reaktionen der jüngeren Offiziere in den Streitkräften nie zustimmen würde. Früher oder später müßte ich sie selbst von der Insel holen. Aber wie? Dazu brauchte ich zunächst die nötigen Mittel und dann einen überzeugenden Plan, den ich durch einen absolut vertrauenswürdigen Menschen Vicky auf Kuba mitteilen lassen mußte. Beides hatte ich nicht. Und die Menschen, denen ich vertraute, reisten nicht nach Kuba.

Inzwischen hatte Janet den Kontakt zu einer Gruppe prominenter Kubaner in Atlanta hergestellt, die uns einluden und vorschlugen, uns in Georgia um die Intervention bekannter Persönlichkeiten zu bemühen. Zwar ließ uns Ted Turner vom CNN knapp mitteilen, er könne uns leider nicht helfen, aber

Coretta Scott King gewährte uns großartige Unterstützung. Wir konnten die Witwe Martin Luther Kings zwar bedauerlicherweise nicht persönlich kennenlernen, da sie zu dieser Zeit auf Reisen war, aber sie schrieb einen unzweideutigen Brief an Fidel Castro, in dem sie die unverzügliche Freilassung der Kinder und Vickys forderte. Das Schreiben der Witwe des großen US-amerikanischen Bürgerrechtlers wurde von der kubanischen Führung jedoch ebenso ignoriert wie die Briefe unzähliger anderer. Und wieder einmal fühlte ich mich in meiner Ansicht bestärkt, daß derartige Aktionen keinen Erfolg hatten.

Kurz vor unserer Rückkehr nach Miami erhielt ich bei meiner Tante einen Anruf.

»Wir gehören zur Canadian Broadcasting Corporation und waren gerade auf Kuba. Dort haben wir ein Interview mit Ihrer Familie aufgenommen – die Adresse hatte uns Kristina von der Valladares Foundation gegeben. Wir würden Ihnen die Aufnahmen gern zeigen und danach ein kleines Gespräch mit Ihnen führen.«

Nach Beendigung des Gesprächs lief ich ungeduldig in der Wohnung auf und ab und wartete auf die Ankunft der Journalisten. Ich glaubte, das Herz würde mir zerspringen. Sie brachten mir Bilder von den Menschen, die mir am teuersten waren, und die ich seit einem Jahr nicht mehr gesehen hatte.

Vicky wirkte tapfer und ungebrochen, als sie den Reportern die US-Visa zeigte, die sie nicht nutzen konnte. Und doch hatten die langen Monate der Schikanen und des Leids Spuren auf ihrem Gesicht hinterlassen.

Sie filmten mich, als ich mir die Aufnahmen auf dem Videorecorder ansah, und es bedurfte fast übermenschlicher Anstrengungen, meine Gefühle zu beherrschen. Aber als die Kinder dann darüber klagten, daß »böse Menschen« ihnen nicht gestatteten, bei ihrem Papa zu leben, den sie unendlich vermißten, konnte ich meine angestauten Emotionen nicht länger zurückhalten.

Nächtelang fand ich keinen Schlaf. Immer wieder grübelte

ich verzweifelt darüber nach, wie lange ich brauchen würde, ein eigenes Rettungsunternehmen in die Wege zu leiten, falls diese Fernsehsendung wieder keine Ergebnisse brachte.

Was ich auch immer tun werde – es muß auf jeden Fall weit weg von Miami geschehen, sagte ich mir. Es war nahezu unmöglich, einen Plan zur Befreiung meiner Familie zu entwikkeln, ohne den Verdacht der in dieser Stadt zahlreich vertretenen kubanischen Agenten zu erregen.

Armando und Kristina waren zu dieser Zeit ohnehin der Meinung, es wäre für eine erfolgversprechende Kampagne besser, wenn ich in der Nähe der Foundation wohnte. Also verabschiedete ich mich von meinen Verwandten und den zahllosen Freunden, die ich bereits in Miami gefunden hatte, um in Alexandria, Virginia, ein winziges Apartment in einem vor allem von afrikanischen Studenten bewohnten Wohnblock zu beziehen.

Hier kann sich beides gleichzeitig entwickeln, sagte ich mir, als ich am ersten Abend in der neuen Umgebung schlaflos an die Decke starrte, die öffentlichen Aktionen und meine eigenen Rettungspläne.

XVIII

Mitstreiter, Helfer, Freunde

Sobald ich mich in Alexandria ein bißchen eingelebt hatte, lud mich Armando zu einer Veranstaltung der Casa Kuba ein, einer Vereinigung der kleinen kubanischen Gemeinde in Virginia. Es ging ihm darum, daß ich die Leute kennenlernte, um unter ihnen Mitstreiter für unser Vorhaben zu gewinnen. Als ich in das Theater kam, hatte die Veranstaltung bereits begonnen, und ich suchte mir einen Platz in den vorderen Reihen, da ich von den Sängern und der kubanischen Atmosphäre der Darbietungen tief beeindruckt war. Die Lieder, Tänze und Rezitationen boten mir in der Ferne ein Stück Heimat, deren kulturelle Authentizität auf der Insel längst mit der Revolution untergegangen war.

Die Valladares Foundation sorgte dafür, daß ich schnell in einen Strudel der Aktivitäten geriet. Im Kongreß, in der Organization of American States sowie bei verschiedenen religiösen Institutionen lief ich von Büro zu Büro, während ich gleichzeitig Möglichkeiten erkundete, meine Familie auf eigene Faust aus Kuba herauszubekommen. Für einen Piloten boten sich ein Hubschrauber oder ein Flugzeug als Fluchtmittel an. Doch bevor ich mich um ein Fluggerät kümmern konnte, mußte ich zunächst den amerikanischen Pilotenschein erwerben. Daher arbeitete ich intensiv an der Verbesserung meiner Englischkenntnisse, um einen der Kurse belegen zu können, die in der Umgebung angeboten wurden.

Armando bat mich eines Tages, mit ihm zusammen Elena Díaz-Versón Amos aufzusuchen, die zusammen mit ihrem verstorbenen Mann die American Family Life Insurance Company ins Leben gerufen hatte und die Direktorin ihrer Stiftung war.

»Sie kann eine große Hilfe für Sie sein, und sie möchte Sie unbedingt kennenlernen«, erklärte Kristina, der nicht entgangen war, daß ich nicht gerade begeistert reagierte.

Mir war die Vorstellung höchst unangenehm, daß Elena in mir einen Bittsteller um Geld sah, der damit seiner Familie zur Freiheit verhelfen wollte.

»Vielen Dank, aber ich brauche weniger Geld als vielmehr Menschen, die mich in meinem Kampf unterstützen«, erwiderte ich Kristina mit der Offenheit, die unsere Beziehung kennzeichnete.

»So sollten Sie nicht reden, denn Sie kennen Elena noch nicht.«

Schließlich überwand sie meinen Widerstand, und ich flog mit einem Privatflugzeug, das uns Elena geschickt hatte, nach Columbus, Georgia. Dort lächelte uns am Fuß der Gangway eine ebenso schlicht wie geschmackvoll gekleidete Frau entgegen, die uns allen ihren Begleitern vorstellte und temperamentvoll ihre Anordnungen erteilte. Wir bestiegen mit ihr eine wartende Limousine, die sich unter einer Polizeieskorte auf Motorrädern sofort in Bewegung setzte, während sie übermütig gestand: »Dieses Auto gehört mir gar nicht. Aber es ist die einzige Limousine in der Stadt. Ich habe sie vom Beerdigungsinstitut ausgeliehen.« Sie brach in helles Lachen aus, in das wir alle einstimmten.

Auf der Fahrt zu ihrem Haus erzählte sie von der Geschichte der Stadt, die sie leidenschaftlich liebte, und freute sich wie ein Kind, wenn die Polizeieskorte an jeder Kreuzung die Hupen ertönen ließen.

Elena wohnte im Penthouse eines sechsgeschossigen Hauses neben dem Bürogebäude ihrer Versicherungsgesellschaft, das mit seiner Höhe die ganze Stadt dominierte. Als wir ihr Apartment mit seinen schimmernden Marmorfußböden betraten, zog sie mit einem erleichterten Seufzer die Schuhe aus und rief: »Oh, ich liebe es, barfuß durch die Wohnung zu laufen. Ziehen Sie doch auch die Schuhe aus, wenn Sie mögen.«

Verblüfft über die Freiheiten, die ich mir in einer Wohnung erlauben durfte, die ich noch nie betreten hatte, folgte ich Kristinas und Armandos Beispiel und genoß die angenehme Kühle des Steinfußbodens unter meinen bestrumpften Füßen. Nach kurzer Zeit war mir, als würde ich Elena schon jahrelang kennen, und ihre unbefangene Offenheit faszinierte mich so, daß ich lachen mußte wie seit langem nicht mehr. Alles in dieser mit Blumen angefüllten Wohnung trug den Stempel ihrer Persönlichkeit.

Elena hatte den Mann sehr geliebt, dessen Frau sie schon als ganz junges Mädchen geworden war, und sein Tod im Jahr zuvor schien eine große Leere in ihr hinterlassen zu haben.

Als ich ihr die Einzelheiten der Notlage schilderte, in der sich Vicky und unsere Söhne befanden, brach sie in Tränen aus und erklärte spontan, mit ihnen telephonieren und ihnen Briefe schreiben zu wollen, als gehörten sie zu ihrer eigenen Familie. Von da an warb sie unermüdlich um Unterstützung bei ihr bekannten Kongreßabgeordneten und Senatoren sowie bei Persönlichkeiten in Kirchen und an Schulen, die uns helfen konnten. Durch ihre Fürsprache lernten wir Coretta Scott King nun auch persönlich kennen. Sie empfing uns in ihrem Büro im King Center und äußerte ihre Bereitschaft, die Zusammenführung unserer Familie auf jede denkbare Weise zu unterstützen.

Sie schrieb auch an Ted Turnier und bat ihn, sich aufgrund seiner Bekanntschaft mit Castro für die Ausreise Vickys und der Jungen zu verwenden. Wir erhielten jedoch keine Antwort und beschlossen, nicht weiter zu insistieren.

Auf Kuba erhielt Vicky die einzige Antwort auf ihre vielen Briefe an ausländische Persönlichkeiten. Danielle Mitterand, die Frau des französischen Staatspräsidenten, brachte ihr Bedauern darüber zum Ausdruck, für Vicky und die Kinder keine US-Visa beschaffen zu können. Da es offenbar ein Mißverständnis gegeben hatte, schrieb ihr Vicky, daß sie die nötigen Visa schon hätte und sie lediglich darum bitte, sich bei ihrem – in der offiziellen kubanischen Presse bereits angekündigten – Besuch auf Kuba bei Fidel Castro für ihre Ausreise aus humanitären Gründen zu verwenden. Der zweite Brief von Madame Mitterand war unmißverständlich: »Es tut mir leid, aber Ihr Ehemann hat offensichtlich kubanische Militärgeheimnisse mit in die Vereinigten Staaten genommen. Daher sehe ich mich außerstande, Ihrer Bitte zu entsprechen.«

Andere Menschen gaben mir jedoch meinen Glauben an eine überwiegend gerechte und noble Welt zurück. So der junge Brandon Scheid, ein Student an der George Washington University und Mitarbeiter der Valladares Foundation, der immer wieder neue Strategien für unser Vorhaben entwickelte. Unermüdlich schrieb er an die Presse, an Politiker, Kirchenvertreter, Künstler, und schien bei aller Bescheidenheit fast besessen von dem Willen, in unserem Fall der Gerechtigkeit zum Sieg zu verhelfen. Spaßeshalber bezeichnete ich ihn als die wirksamste Waffe der Vereinigten Staaten gegen ihre Verleumder, und er starrte mich so entgeistert an, als könne er nicht begreifen, daß in einem Teil der Welt die erklärte Absicht bestand, sein Land als Reich des Egoismus und des Brudermordes zu bezeichnen.

Nach meiner Rückkehr nach Virginia wurde ich von einem Kubaner zum Lunch eingeladen, der sich seit seinen Jugendjahren der Einhaltung der Menschenrechte verpflichtet hatte, und der uns nun helfen wollte. Frank Calzón war der Vertreter vom Freedom House in Washington, und in dieser Eigenschaft standen ihm vielfältige Kontakte zum US-Congress und zur nationalen Presse zur Verfügung, die unseren Bemühungen neuen Auftrieb geben konnten. Als einer der Organisatoren von Armandos Freilassung war Frank fest davon überzeugt, daß ausreichend öffentlicher Druck die kubanischen Behörden zum Einlenken bewegen würde.

Wie schon in Miami nahmen mich nun auch in Virginia kubanische Familien unter ihre Fittiche und lenkten mich mit

Einladungen und den unterschiedlichsten Veranstaltungen intensiv ab, damit ich mich nicht allein fühlte. Inzwischen war auch Armandos Heim für mich zu einem zweiten Zuhause geworden, und ich trieb Martha oft genug damit zur Verzweiflung, daß sie nun noch ein viertes Kind hatte, das mit ihren drei Sprößlingen und dem Hund auf dem Boden herumtobte. Dann warf sie uns von der Küchentür aus einen skeptischen Blick zu und rief: »Höchste Zeit zum Essen, Kinder. Es steht schon auf dem Tisch!«

Jetzt waren fünf Rangen Anlaß für ihre liebevolle Entrüstung: drei Kinder, der Hund und ich. Und wenn Armando oder Martha bemerkten, daß ich ausnahmsweise mal nicht mit den anderen spielte, erkundigten sie sich besorgt, ob etwas nicht stimme.

»Mir gefällt das Herumtoben mit den Kindern«, antwortete ich dann und sah traurig zu, wie die anderen ohne mich spielten, »aber manchmal ist die Stille meiner Kinder lauter als der Lärm, den eure machen.«

Es war bereits Juni, und inzwischen waren Tausende mehrsprachiger Postkarten mit Photos von Vicky und den Jungen von der Valladares Foundation und Freedom House gedruckt und an Interessierte verteilt worden, damit diese sie an die kubanische Regierung schickten. Frank Calzón startete darüber hinaus mit freiwilligen Helfern der Organisation Of Human Rights eine Brief- und Postkartenaktion an die spanische Königin Sophia, damit diese sich beim bevorstehenden Gipfel der Iberoamerikanischen Staaten in Madrid bei dem kubanischen Staatschef für uns einsetzte. Aus diesem Anlaß hatte ich mit der Hilfe von Mari Paz Kontakt zum Präsidenten der Junta de Galicia aufgenommen, der sich ausgezeichneter Beziehungen zur kubanischen Regierung erfreute und kürzlich mit der höchsten kubanischen Auszeichnung geehrt worden war. Durch die diplomatischen Bemühungen der Junta waren bereits etliche politische Gefangene freigelassen worden, und ich nahm mit großer Freude zur Kenntnis, daß der Präsident *Fidel Castro* brieflich um die Ausreise meiner Familie gebeten hatte.

Das wird er kaum ablehnen können, dachte ich und hoffte, daß Fidel Castro wenigstens der Bitte eines Mannes entsprechen würde, den er einen Freund Kubas nannte. Doch da irrte ich mich.

Zu dieser Zeit erhielt mein Schwiegervater die Einladung seiner Schwestern in New Jersey zu einem Besuch aus humanitären Gründen, da er sie seit mehr als zwanzig Jahren nicht mehr gesehen hatte. Er besorgte sich ein US-Touristenvisum und seine Schwestern zahlten eine hohe Summe in Dollar für die Reiseunterlagen und das Flugticket, das nur bei einem Reisebüro erworben werden konnte, das die harte Währung an die kubanische Regierung weiterleitete. Nun brauchte er nur noch an Bord zu gehen.

In meiner Vorfreude kaufte ich für ihn bereits ein paar der würzigen *puros*, die er so gern rauchte, und gab mich meinen Illusionen hin, den Mann bald in meine Arme schließen zu können, den ich wie meinen eigenen Vater verehrte.

Auf Kuba bereitete sich Gerardo aufgeregt wie ein Kind auf die Reise vor. Er hatte seine Dokumente, das Ticket – alles, was er brauchte. Am nächsten Morgen wäre es soweit. Er würde er zum Flughafen fahren.

In wenigen Stunden werde ich bei meinen Schwestern sein, und auch Orestes sehen können, dachte er überglücklich und merkte, wie die Vorfreude seinen Pulsschlag beschleunigte. In dieser Nacht würde er wohl kaum einschlafen können.

In diesem Moment klopfte es. Das ist bestimmt wieder jemand, der möchte, daß ich in den Vereinigten Staaten einen Brief an seine Verwandten einstecke, vermutete er und ging schnell zur Tür. Das war die beliebteste Beförderungsart – und die sicherste.

»Guten Abend«, sagte der unbekannte junge Mann, der vor der Tür stand. »Gerardo Rojas?«

»Ja.«

Der Mann zog seine Brieftasche hervor, öffnete sie und ließ Gerardo einen Ausweis mit einem grünen diagonalen Streifen dem Aufdruck »DSE« sehen. Gerardo lief es kalt über den Rücken. Was konnte die Staatssicherheit von ihm wollen? Schweigend verstaute der Mann den Ausweis wieder in seiner Brieftasche, während Gerardo mit großen Augen und angehaltenem Atem auf weiteres wartete.

»Ich bin beauftragt, Ihnen mitzuteilen«, sagte der Fremde und spähte über Gerardos Schulter hinweg ins Hausinnere, »daß Sie nicht reisen können.«

Gerardo spürte, daß ihm die Kehle eng wurde. Fast ächzend fragte er: »Aber warum nicht? Ich habe alles – Flugtikket, Reiseunterlagen ... Da muß ein Irrtum vorliegen.«

»Es ist so, wie ich Ihnen gesagt habe, also packen Sie gar nicht erst Ihre Koffer, oder packen Sie sie wieder aus, wenn Sie es bereits getan haben. Sie dürfen das Land nicht verlassen, und die Gründe sind Ihnen bekannt. Der Ehemann Ihrer Tochter ist ein Verräter!«

Gerardo schleppte sich ins Schlafzimmer, starrte den geöffneten kleinen Koffer auf dem Bett an und begann zu weinen – zum ersten Mal seit dem Tod seines Vaters vor vielen, vielen Jahren.

Ende Juli sollte das Gipfeltreffen in Madrid beginnen, und ich beschloß, nach Spanien zu reisen und die dort versammelten Staatschefs und die Presse auf unser Schicksal aufmerksam zu machen.

Vielleicht wird die Peinlichkeit, als Tyrann angeprangert zu werden, der Frauen und Kinder als Geiseln behandelt, Castro zu ihrer Freilassung bewegen, dachte ich und setzte meine ganzen Hoffnungen auf den moralischen Druck, den ein Hungerstreik verursachte. Ein Freund, den ich durch Armando kennengelernt hatte, und der vor mehr als dreißig Jahren in die Vereinigten Staaten gekommen war, sich aber die Freimütigkeit eines kubanischen Bauern bewahrt hatte, übernahm die Aufgabe, mein Reisegeld unter den Mitgliedern der Casa Kuba zu sammeln. Nelson Lima und seine Familie kümmerten sich ähnlich liebenswürdig um mich wie Armando und Martha, und beide Familien waren nach Kräften bemüht, mich vor der Verzweiflung zu bewahren, die mich angesichts so vieler Fehlschläge oft überkommen wollte. Irgendwann einmal hatte ich beiläufig meine Pläne erwähnt, Vicky und die Kinder auf eigene Faust aus Kuba herauszuholen, und seither bestand Nelson an den Wochenenden regelmäßig darauf, daß ich mit ihm jagen ging oder Freunde auf dem Lande besuchte, um mich vor möglichen Handlungen abzuhalten, die leicht in einer Katastrophe enden konnten.

Die Vorbereitungen für den Hungerstreik entwickelten sich zu einer Art kollektiven Leidens – besonders aber für mich, da ich zum Opfer der übertriebenen Fürsorge meiner Freunde wurde, die ungezählte Vorschläge parat hielten, um zu verhindern, daß während meines Fastens irgend etwas schiefging.

»Sie müssen unbedingt Vitamine zu sich nehmen!«, »Du mußt vor allem sofort mit dem Rauchen aufhören!« und »Du mußt vorher ausreichend essen, um genügend Reserven aufzubauen!« waren nur einige der Ratschläge, mit denen ich von morgens bis abends eingedeckt wurde.

Elena kam regelmäßig aus Georgia, und wir trafen in ihrer Wohnung in Washington zusammen, um den aktuellen Stand unserer Kampagne zu diskutieren. Inzwischen hatte sie sich mit Kirchen in verschiedenen Ländern in Verbindung gesetzt, die rund um die Welt Bittgottesdienste für Vicky und die Kinder abhielten. Begeistert zeigte sie mir eine der Karten mit Photos meiner Familie, auf denen die Menschen gebeten wurden, an den Fürbitten teilzunehmen. Kurz bevor ich nach Spanien fliegen sollte, lud sie Armando, Kristina und mich zum Abendessen ein. Alle sahen zu, wie ich mit großem Appetit aß, den sie längst aus Sorge um mich verloren hatten.

Plötzlich zeigte Elena auf mich und rief: »Wenn dieser Hungerstreik nicht bald vorüber ist, werden wir noch alle verhungern – nur er nicht!«

Armando war der einzige, der mich voll unterstützte. Nach seinen eigenen Hungerstreiks in kubanischen Gefängnissen wußte er, daß nichts wirklich Nachteiliges geschehen konnte.

»Zu Beginn des Hungerstreiks mußt du bei guter Gesundheit sein, das ist das Entscheidende«, erklärte er. »Dann kann es zu keinen negativen Folgen kommen. Die Hungergefühle sind zwar furchtbar, aber das legt sich nach zwei Tagen. Danach verlierst du das Interesse am Essen und fühlst dich sogar ganz wohl.«

Ich wußte, daß ich die geplante Woche lang durchhalten konnte, aber die Vorstellung, daß mich dabei ständig zunehmende Hungergefühle peinigen würden, erheiterte mich nicht im mindesten.

»Keine Angst. In weniger als zwei Tagen wirst du kaum noch das Bedürfnis haben zu essen«, berichtete Armando aus eigener Erfahrung.

Der Tag meiner Abreise kam, und mit den Spenden von mehr als einhundert Freunden und Unterstützern flog ich nach Spanien. Kurz zuvor hatte ich mit Vicky über meine Absichten gesprochen und sie mit Mühe davon abbringen können, zur selben Zeit auf Kuba ebenfalls in den Hungerstreik zu treten.

»Das wäre auf Kuba völlig unsinnig, denn niemand würde deine Aktion überhaupt zur Kenntnis nehmen«, argumentierte ich. »Und ich brauche dich gesund und kräftig.«

Dann las mir Reyniel einen Brief vor, den er an den kubanischen Staatschef geschrieben hatte: »Da ich weiß, wie gut Sie zu Kindern sind, bin ich ganz sicher, daß Sie uns zu unserem Papa fahren lassen, sobald Sie diesen Brief lesen.«

Ich brachte es nicht über mich, ihm seine kindliche Zuversicht zu nehmen.

In Madrid erwarteten mich Mari Paz und Valle. Sie zeigten sich fast noch besorgter als meine Freunde in Virginia.

»Sie sind verrückt. Spanien ist nicht die Vereinigten Staaten. Ein Hungerstreik macht hier absolut keinen Eindruck«, erklärten sie mir immer wieder und versuchten, mich von meinem Vorhaben abzubringen.

»Andererseits können wir durch Gespräche mit Journalisten Artikel lancieren, die alle Gipfelteilnehmer lesen werden. Das kann nicht ohne Eindruck bleiben.«

Ich war ein paar Tage vor Beginn des Gipfeltreffens nach Spanien gekommen und nutzte diese Zeit zu Interviews mit Journalisten und zu einem Auftritt in einer beliebten Radiosendung, die von Encarna Sánchez moderiert wurde. Monate zuvor war unsere Familie schon einmal telephonisch in ihrer Sendung zu hören gewesen – ich aus Miami, Vicky und unsere Söhne aus Havanna. Jetzt gelang es ihr, eine Live-Telephonverbindung mit Nachbarn von Vicky herzustellen. Vicky und die Jungen richteten einen ergreifenden Appell an alle spanischen Familien, während meines Aufenthalts in Madrid Briefe an Castro zu schicken, und am Ende der Sendung nannte Encarna als Anschrift Mari Paz' Büro.

Ich hatte eine achtminütige Dokumentation zusammengestellt, in der ich öffentliche Erklärungen von Fidel und Raúl Castro, auf Kuba werde niemand gegen seinen Willen festgehalten, den Aufnahmen des kanadischen Fernsehens gegenüberstellte, in denen meine Söhne erklärten, sie fühlten sich wie Sklaven, denen verwehrt werde, endlich wieder mit ihrem Vater zusammenleben zu können. Da aber niemand bereit war, das von mir mühevoll zusammengetragene Material auch nur auszugsweise auszustrahlen, setzte ich meine ganzen Hoffnungen darauf, daß mein Hungerstreik die Mauer des Schweigens brechen konnte, die die kubanische Regierung um unser Schicksal gezogen hatte. Und so tauchte ich am Morgen des 20. Juli 1992, einem Montag, mit Ketten und zwei Vorhängeschlössern bei Mari Paz und Valle im Büro auf, um mich an den Zaun um den berühmten Retiro Park zu ketten, genau gegenüber dem Alcalá-Tor und wenige Meter von dem Hotel entfernt, in dem die Präsidenten wohnten.

Um glaubwürdig zu sein, mußte ich meinen Hungerstreik in aller Öffentlichkeit durchführen, damit niemand auf den Verdacht kam, ich könnte insgeheim doch essen. Am Freitagabend hatte ich durch die Einnahme von Abführtabletten dafür gesorgt, daß sich meine Verdauungsorgane im Verlauf des Wochenendes vollständig leerten, so daß ich eine ganze Woche lang ununterbrochen am Zaun angekettet bleiben konnte. Um diese Zeit herrschten in Madrid fünfunddreißig Grad, aber auf meinem täglichen Weg zu Mari Paz' Büro hatte ich bereits eine Stelle unter Buchen ausgemacht, deren Schatten mich vor dem Austrocknen bewahren würden.

»Sie sind nicht mehr bei Trost«, stellte Mari Paz fest, als sie die Ketten und Schlösser in meinen Händen erblickte. Da ihr jedoch klar war, daß ich mich von meinem Vorhaben nicht abbringen lassen würde, ging sie mit Valle und ihrer Schwester Alicia daran, die Presse von meinen Plänen zu informieren.

Gegen Mittag schlossen sie mich an den kunstvollen gußeisernen Zaun an, und bald darauf erschienen die ersten Photographen und Reporter. Neben mir am Zaun hing ein vergrößertes Photo von Vicky und unseren Söhnen mit der Aufschrift »Castro, halte meine Familie nicht länger als Geiseln fest!« Als Ablenkung während der ärgsten Momente des Hungerstreiks hatte ich ein Exemplar von Armandos *Wider alle Hoffnung* dabei. Freunde und Unterstützer der Kampagne in Madrid waren schnell mobilisiert, und schon bald sah ich mich von Stühlen, Decken, einem Radio, einem Kühler mit Trinkwasser, einem riesigen Transparent mit der Aufschrift »Aus Protest gegen das Festhalten meiner Frau und meiner Kinder auf Kuba im Hungerstreik« sowie Hunderten von Briefen umgeben, die von Encarnas Hörern bereits an Mari Paz' Adresse geschickt worden waren.

Aus Angst davor, daß mich einige der angeblich dreihundert kubanischen Geheimagenten angreifen könnten, die Fidel Castro in Madrid bewachen sollten, bestand Oscar Pérez, ein befreundeter Pilot der Iberia darauf, daß seine Söhne nachts meinen Schlaf bewachten. Schließlich wurde eine Art ständiger Wache aus ehemals politischen Gefangenen auf Kuba aufgestellt, die inzwischen in Madrid lebten. Encarna schickte ein Reporterteam, damit ihre Hörer, die seit Monaten am Schicksal unserer Familie regen Anteil nahmen, über die neuesten Ereignisse informiert wurden. Innerhalb weniger Stunden war ich von einer Menschenmenge umgeben, die ihr Mitgefühl bekundeten und ihre Hilfe anboten. Und an diesem ersten Tag meines offiziellen Hungerstreiks, aber dem dritten, an dem ich keinerlei Nahrung zu mir nahm, bestand ich den ersten meiner Kämpfe gegen Dutzende älterer *Madrilenas*, die mich mit Tränen in den Augen anflehten, doch wenigstens ein bißchen von dem Essen zu mir zu nehmen, das sie mir verstohlen zustecken wollten.

Am Nachmittag erschien ein Team des spanischen Fernsehsenders in Miami, und ich ergriff die Gelegenheit, noch einmal bekanntzugeben, was ich bereits dem Reporter der Zeitung *ABC* gesagt hatte: Ich bot der kubanischen Regierung an, auf die Insel zurückzukehren und mich einem Verfahren wegen »Vaterlandsverrates« zu stellen – unter der Bedingung, daß sie sich öffentlich verpflichtete, meiner Frau und meinen Kindern die Ausreise zu gestatten, sobald ich auf Kuba eingetroffen war.

»Jetzt haben Sie aber wirklich den Verstand verloren!« entsetzte sich Mari Paz bei der Vorstellung, die durchaus im Bereich des Möglichen lag: daß die kubanischen Behörden meinen Vorschlag annahmen und mich unverzüglich hinrichten ließen, ohne sich an ihre Versprechen zu halten.

»Wenn sie das tun«, hielt ich ihr entgegen, »haben wir den Kampf gewonnen. Die kubanische Regierung kann nicht in aller Öffentlichkeit zugeben, daß sie unschuldige Frauen und Kinder als Geiseln zurückhalten. Meine einzige Absicht ist es, ihnen vor der internationalen Öffentlichkeit alle Argumente zu nehmen und sie auf diese Weise dazu zu zwingen, meine Familie freizulassen. Lieber würden sie Vicky und den Kindern die Ausreise gestatten, als auf meinen Vorschlag einzugehen. Sie wollen mich zurückhaben – aber nicht auf diese Weise. Sie wollen, daß ich unauffällig zurückkehre, damit sie ein neues Lügengewebe spinnen und vor dem Volk und vor den jüngeren Offizieren der Armee die wahren Gründe geheimhalten können, aus denen ich das Land verlassen habe.«

Mari Paz sah mich eine Weile nachdenklich an, dann platzte sie wieder los: »Na großartig! Dann haben wir die Schlacht wahrhaft prachtvoll gewonnen! Wir haben einen hingerichteten Vater, eine Witwe und zwei Waisen. Und wir haben den ganzen Krieg verloren!«

Ich hatte Valle gebeten, die Schlüssel zu den Vorhängeschlössern mitzunehmen, aber am Abend stellte ich fest, daß mir die Länge der Kette nicht gestattete, mich auf dem Boden auszustrecken. Ich ließ mich mit am Zaun hängenden Armen auf das Pflaster sinken und hörte auf die Stimmen meiner Wächter, bis ich in einen unruhigen Schlaf hinüberglitt. Nachts weckten mich fast unerträgliche Schmerzen in den Handgelenken. Sie waren dick geschwollen, aber lieber würde ich im Sitzen schlafen, als mich losketten zu lassen. Gegen Morgen geschah das, wovor ich mich am meisten gefürchtet hatte. Zwei Polizisten kamen auf mich zu und verlangten, daß ich die Ketten abnahm. In der Hoffnung, die Sache damit erledigen zu können, erklärte ich, die Schlüssel in die Kanalisation geworfen zu haben. Immer noch höflich, aber sehr bestimmt erklärten sie, wenn ich mich nicht vom Zaun losmachte, würden sie die Ketten durchschneiden lassen und mich des Platzes verweisen. Damit würden jene, die meine Familie als Geiseln festhielten, einen weiteren Sieg erringen, wandte ich verzweifelt, aber recht erfolglos ein, doch in diesem Moment erschienen Mari Paz und Valle.

»Er hat keine Genehmigung, hier einen Hungerstreik durchzuführen«, sagten die Polizisten zu Mari Paz. »Und die Ketten können wir auf gar keinen Fall dulden. Aber wir haben

Verständnis für sein Anliegen. Wenn er die Ketten abnimmt, kann er seinen Hungerstreik solange fortführen, wie es ihm beliebt.«

Begeistert über das Angebot der Polizisten zog Valle die Schlüssel aus der Tasche und löste die Ketten. In den nächsten Tagen patrouillierten stets zwei spanische Polizisten in der Nähe, die uns freundliche Unterstützung gewährten.

Am nächsten Tag sollte der kubanische Staatschef eintreffen, und sein Bild war bereits in der Tageszeitung *ABC* erschienen – neben einem Photo von mir, angekettet am Zaun des Retiro Parks. Der Gegensatz war beeindruckend, und ich war sehr zufrieden, etwas bewirkt zu haben, was die spanische Öffentlichkeit nicht ignorieren konnte. Jetzt wirkte er keineswegs mehr wie der charismatische Volksheld, als den er sich so gern ausgab, sondern wie ein Tyrann, der unschuldige Frauen und Kinder als Geiseln festhielt.

Vielleicht bewegt ihn dieses Aufsehen endlich zum Einlenken, sagte ich mir hoffnungsfroh. Jetzt war ich fest entschlossen, meinen Hungerstreik notfalls für die gesamte Dauer seines Aufenthalts in Madrid fortzusetzen – zumindest aber bis zu dem Zeitpunkt, an dem er zu unserem Fall der Presse gegenüber eine Stellungnahme abgab, die ihm sicher auf den Fersen bleiben würde.

Inzwischen zeigte das Thermometer fast vierzig Grad, aber ich fühlte mich nicht besonders schwach oder erschöpft. Mari Paz erzählte mir, daß auf der Plaza de Colón eine Demonstration gegen den Diktator stattfand, und daß die Demonstranten mit Kerzen in den Händen auch zu mir kommen würden, um an einer Mahnwache für Vicky und die Kinder teilzunehmen, zu der Valle im Rundfunk aufgerufen hatte. Es dämmerte bereits, als ich die Polizeisirenen hörte und die Menge über die Calle de Serrano mit Transparenten, kubanischen Fahnen und Sprechchören auf mich zukommen sah. Sie versammelten sich um mich, um ihre Solidarität mit unserem Schicksal zu bekunden.

»Du bist nicht allein, Bruder!« rief Luis Zúniga, mein Zimmergenosse aus Genf, und andere stimmten mit ein. Dann scharten sich spontan auch etliche spanische und russische Delegierte um uns, die zur Teilnahme am Gipfeltreffen nach Madrid gekommen waren. Auch alle Organisationen, die für ein demokratisches Kuba kämpften, waren gleichermaßen vertreten, und durch diese überwältigende Unterstützung wurden mir die Tragödien besonders bewußt, die kubanische Familien seit drei Jahrzehnten erdulden mußten.

Im Schein von Hunderten Kerzen beteten wir für Vicky und unsere Söhne, und der Wachsgeruch hing noch lange an den Karten, Briefen und Spielzeugen, die die Menschen als Zeichen ihres Mitgefühls dagelassen hatten. Von Kristina war per Eilpost ein riesiges Photo von Vicky und den Kindern gekommen, das nun zwischen den Tausenden Briefen hing, die wir von Spaniern erhalten hatten. Eine Collage aus Zeichnungen und Briefen von freien Kindern für meine gefangenen Söhne bedeckte gleichfalls einen Teil des Zaunes und erregte die Aufmerksamkeit von Touristen und Passanten, die stehenblieben, um sich einige davon genauer anzusehen und ihre Namen in das Buch einzutragen, das Mari Paz' Schwester Alicia ausgelegt hatte, um es später mit einem Bittgesuch an den kubanischen Staatschef zu schicken.

Plötzlich blieben auch ein Mann und eine Frau stehen, die durch ihre Kleidung leicht als kürzlich eingetroffene Kubaner zu erkennen waren, und begannen uns zu beschimpfen. Jemand reagierte erbost, aber ich bat ihn, das Paar einfach zu ignorieren, um jedes Aufsehen zu vermeiden, das die Polizei veranlassen könnte, meinen Hungerstreik abzubrechen. Schließlich verstummten sie und gingen davon.

Es war mein dritter Streiktag, und ich verspürte einen unbändigen Hunger, der mich ständig an Armandos Versicherung denken ließ, nach dem zweiten Tag würde ich kaum noch Appetit verspüren. Nur wenige Meter von mir entfernt stand ein Kiosk, an dem alle möglichen Snacks verkauft wurden, und ich litt unsägliche Qualen, wenn Leute mit einem Eis oder einer anderen Leckerei in der Hand vor mir stehenblieben, um sich mit mir zu unterhalten. Das Postamt teilte Mari Paz mit, daß an diesem Tag mehr als tausend Briefe für sie eingegangen wären, die man unmöglich zustellen könne. Mari Paz ließ sie abholen und an einer am Zaun befestigten Schnur aufhängen. Täglich vergrößerte sich der Raum, den die von mitfühlenden Menschen gebrachten Geschenke einnahmen, und mehr und mehr Touristen und *Madrilenos* erschienen, um sich in das Buch einzutragen oder sich mit mir photographieren zu lassen. Fidel Castro traf ein, wurde aber von Sicherheitskräften so intensiv abgeschirmt, daß jedes Vordringen zu ihm unmöglich war. Er war der einzige Staatschef, der den Journalisten auswich, und ich hatte die unangenehme Vorahnung, daß er jede Auseinandersetzung mit einem Reporter über Vicky und die Kinder erfolgreich vermeiden könnte.

Täglich brachte Mari Paz aufmunternde Nachrichten und Botschaften von Elena, Kristina und Armando mit – entweder in Form von Fax-Mitteilungen oder mitgeschnittenen Telephongesprächen. Sie hatten vor der Kubanischen Vertretung in Washington eine Protestdemonstration organisiert, an der auch Armandos Kinder mit Bildern von Vicky und unseren Söhnen teilgenommen hatten, die so groß waren wie sie selbst.

Am vierten Tag erhielt ich eine Tonbandnachricht von Armando und lauschte begeistert, wie die Kinder ihre Teilnahme an der Demonstration schilderten, um »endliche unsere Cousins sehen zu dürfen«, wie sie sich ausdrückten.

»Jetzt hast du das Schlimmste hinter dir. Ich bin sicher, daß du inzwischen keinerlei Hunger mehr verspürst«, kam Armandos Stimme vom Band.

Bekümmert blickte ich auf das kleine Bandgerät in meinen Händen und murmelte: »Du kannst von Glück reden, jetzt nicht vor mir zu stehen! Ich bin so hungrig, daß ich einen Elefanten bei lebendigem Leibe verdrücken könnte!«

Dann mußte ich über mich selbst lachen und verkündete

Mari Paz, daß ich ein paar nützliche Vorschläge zu einem »Leitfaden für Hungerstreikende« beizutragen hätte. Zunächst dürfe ein solcher Streik nie an einem öffentlichen Ort stattfinden, an dem der Hungerstreikende dauernd Menschen vor der Nase habe, die pausenlos irgendwelche Köstlichkeiten in sich hineinstopften.

Auch Elena schickte mir humorvolle und aufbauende Nachrichten durch unseren gemeinsamen Freund Rino Puig, der mich jeden Tag an meinem Aufenthaltsort am Parque del Retiro aufsuchte und mich dadurch aufmunterte, daß er mir ein paar weitere hundert Dollar für unsere Sache in die Tasche steckte. Von Kristina erfuhr ich, daß Elena selbst kaum noch etwas zu sich nahm – aus Sorge um meinen Hungerstreik.

Am vierten Tag meiner Qualen – dem sechsten ohne jede Nahrung, hatte ich ganz besonders unter den alten Damen und sogar ein paar Ärzten zu leiden, die mich mit Lebensmitteln in den Händen unbedingt dazu überreden wollten, wenigstens etwas zu mir zu nehmen.

»Bitte verstehen Sie doch, wenn ich nachgebe, verliere ich die Kraft, die ich brauche, um mein Vorhaben zu Ende zu bringen«, betonte ich immer wieder, aber sie schienen nicht zu verstehen und beharrten mit einer Naivität auf ihren Angeboten, die mich gleichzeitig erheiterte und folterte.

Abends versammelten sich stets ein paar Freunde aus Miami und leisteten mir zusammen mit Mari Paz, Valle und Alicia Gesellschaft, bis ich einschlief. Auch die drei hatten seit meiner Ankunft kaum gegessen und geschlafen, und setzten sich für meine Familie und mich so bedingungslos ein, als würden sie sich gleichfalls im Hungerstreik befinden.

Am Donnerstag nachmittag kam Valle mit überglücklichem Gesicht auf mich zugerannt. Er hatte an einer Pressekonferenz des spanischen Regierungschefs teilgenommen und brachte mir nun die Kassette, auf der er dessen Antwort auf die Frage aufgezeichnet hatte, ob er bereit sei, sich bei der kubanischen Regierung für unsere Familie einzusetzen.

»Wir sind selbstverständlich bereit, in diesem Fall zu intervenieren«, begann der spanische Regierungschef, »aber wir glauben, daß derartige Probleme am besten unter Ausschluß der breiten Öffentlichkeit gelöst werden können.«

Ich hörte es mir an und war, trotz Valles Begeisterung, fest davon überzeugt, daß diskrete diplomatische Schritte – so, wie sie bisher unternommen worden waren, nie zu Resultaten führen würden.

Am nächsten Morgen verließen die Staatschefs bereits wieder Madrid, und wir fingen gerade an, die Dinge abzubauen, die sich während des Hungerstreiks angesammelt hatten, darunter auch die mehr als achttausend Briefe, die wir aus ganz Spanien erhalten hatten, als wir eine Art Delegation auf uns zukommen sahen. Es stellte sich heraus, daß der chilenische Präsident mit seiner Begleitung an uns vorbeispazierte, und Valle stellte ihm mit dem Mikrophon in der Hand sofort die gleiche Frage, die er auch dem spanischen Regierungsoberhaupt gestellt hatte.

»Meiner festen Überzeugung nach ist der schlechteste Schritt der, den man gar nicht erst unternimmt«, erwiderte der Präsident Chiles, »und ich bin bereit, mich bei dem kubanischen Präsidenten für die Familie dieses Mannes einzusetzen.« Dann wandte er sich an mich und fügte hinzu. »Wenden Sie sich an unseren Botschafter in Washington und schildern Sie ihm den Fall. Er wird mich über alles informieren.«

Unser einwöchiger Kampf war vorüber. Ich hatte fünfundzwanzig Pfund abgenommen und wollte so schnell wie möglich mit der Reinigung des Platzes fertig werden, der mein Aufenthaltsort unter den Sternen gewesen war. Ich wollte nur baden und dann essen, essen, essen.

Als ich mich von Mari Paz und Valle verabschiedete, sagte ich ihnen: »Ich bin es leid, andere um Hilfe zu bitten. Ich werde Vicky und die Kinder selbst aus Kuba herausholen.«

Sie sahen mich sekundenlang schweigend an. Was hätten sie auch sagen sollen?

»Gott schütze Sie«, flüsterte Mari Paz und küßte mich auf die Wange.

Frustriert verließ ich Madrid. Wieder hatte der kubanische Staatschef entkommen können, ohne daß jemand von ihm offiziell gefordert hätte, meine Lieben freizulassen. In den nächsten vier Monaten bemühten sich Kristina, Brandon und ich vergebens um einen Termin in der Chilenischen Botschaft in Washington.

»Wir lassen Sie wissen, wann Sie mit Ihren Unterlagen vorbeikommen können«, erklärte man uns am Telephon, wenn wir darum baten, mit dem Botschafter oder einem seiner Mitarbeiter sprechen zu können. Schließlich gaben wir auf, und ich machte mir wieder einmal bewußt, daß es nur eine Möglichkeit gab, Vicky und die Kinder zu befreien: Ich mußte sie selbst aus Kuba herausholen.

XIX

Jemand, dem man vertrauen kann

Anfang August nahm ich Kontakt zu den kubanischen Familien in den Vereinigten Staaten auf, die sich nach Informationen von Mari Paz in ähnlicher Situation wie wir befanden, und schlug ihnen vor, gemeinsam und öffentlich für unsere Rechte zu kämpfen, anstatt auf das nicht vorhandene Mitgefühl der kubanischen Behörden zu hoffen. Einige der Familien hatten ihre Verwandten bereits seit acht Jahren nicht mehr gesehen. Nach vielen Telephongesprächen sowie Aufrufen in Radio und Fernsehen trafen sich Angehörige von Familien, die von der kubanischen Regierung als Geiseln festgehalten wurden, in Miami. Intellektuelle, Ärzte, Techniker und Wirtschaftsfachleute fanden sich zusammen, um die Organisation Parents for Freedom zu gründen, die weder über Personal noch über finanzielle Mittel verfügte. Unser einziges Ziel waren regelmäßige Kontakte, um durch den Austausch von Erfahrungen und die Bündelung unserer Anstrengungen unseren Aktionen größeren Nachdruck zu verleihen. In den nächsten Monaten wurde Parents for Freedom zu einer unüberhörbaren Stimme im Ringen darum, die Aufmerksamkeit der Welt auf die kubanische Praxis zu richten, die Verwandten jener Menschen zu bestrafen, die sich der Tyrannei der Regierung nicht ergeben wollten. Bereits Ende September übergab unsere Organisation dem mit der Untersuchung von Menschenrechtsverletzungen auf Kuba Sonderbeauftragten der Vereinten Nationen eine Dokumentation aller uns bekannten Fälle.

Unterdessen bereitete Frank Calzón in Washington eine Aktion mit Luftballons vor, die Photos von Vicky und den Kindern trugen. Frank hatte auch neue Karten drucken lassen, auf denen die Ausreise meiner Familie gefordert wurde, und so fuhren wir eines Sonntags mit seinen freiwilligen Helfern der Organization Of Human Rights nach Georgetown, um den Passanten die Karten und ihren Kindern die aufgeblasenen Ballons zu überreichen.

Nach den vielen Fehlschlägen war es mir jedoch ziemlich unangenehm, Menschen auf der Straße darum anzuflehen, diese Postkarten abzuschicken. Ich kam mir vor wie jemand, der um seine Rechte bettelt. Manche Fußgänger wichen uns aus, als befürchteten sie, von uns belästigt zu werden, und andere warfen die Karten in den nächsten Abfallkorb. Aber die meisten von ihnen nahmen sie mit skeptischer Miene entgegen, als könnten sie sich nicht erklären, aus welchen Gründen meine Familie von einer Regierung festgehalten werden sollte. Wären Frank und seine Freiwilligen nicht so begeistert von der Aktion gewesen, hätte ich es sehr schnell aufgegeben, unbeteiligte Passanten zu behelligen. Aber so trat ich fast zaghaft und mit sichtbarer Verlegenheit weiterhin auf die Fußgänger zu. Ein junger bärtiger Mann nahm eine Karte, las sie, sah mich verächtlich an und erklärte: »Ich denke nicht daran, diese Karte abzuschikken. Wären Sie nicht geflohen, befände sich Ihre Familie jetzt nicht in dieser Notlage.«

Beschämt nahm ich ihm die Postkarte wieder ab und meinte: »Verzeihen Sie, ich wollte Ihnen nicht zu nahe treten.«

Was hätte ich ihm sonst sagen sollen? Er hatte immer in Freiheit gelebt, konnte stets offen sagen, was er dachte. Wie konnte er unsere Situation da verstehen? Unwissenheit, nicht Gefühllosigkeit, hatte ihn so reagieren lassen.

Ein anderer, ebenfalls jüngerer Mann fragte mich mißbilligend: »Und warum holen Sie sie nicht selbst?«

Und wenn ich Jahre damit verbringen würde, den Menschen der freien Welt die Situation zu erklären, in der sich meine Lieben befanden, würden sie es wohl kaum begreifen können. Wenn ich versuchte, Vicky und die Kinder auf eigene Faust zu retten, setzte ich ihr Leben aufs Spiel. Die kubanische Küstenwache war von der Regierung angewiesen, bei jedem Fluchtversuch rücksichtslos von der Waffe Gebrauch zu machen. Viele unschuldige Kinder waren bereits von Maschinengewehren getötet wurden, an denen Rekruten saßen, die darauf gedrillt waren, in jedem Boot, das Kuba verließ, eine Terrorgruppe der CIA zu sehen. Und wenn sie dann bemerkten, daß nur unschuldige Kinder darin saßen, war es bereits zu spät. Danach wurden die Soldaten vom Dienst befreit und erhielten psychologische Behandlung, als wäre alles nur ein bedauerlicher Irrtum gewesen, für den niemand verantwortlich gemacht werden konnte. Andere Soldaten nahmen ihren Platz ein, um wieder auf »feindliche Übergriffe« mit der Schußwaffe zu reagieren.

So war es auch 1980 bei dem berüchtigten Massaker am Canímar gewesen. Die offizielle Presse hatte berichtet, daß Terroristen ein Touristenboot überfallen und das Feuer auf die an Bord befindlichen Kinder eröffnet hätten, dann aber von der Küstenwache überwältigt worden wären. Zeugen der Ereignisse, die später in die Vereinigten Staaten entkommen konnten, erzählten eine andere Geschichte. Danach hätten sich zwei Soldaten, die ihren Militärdienst bei einer nahe am Fluß Canímar stationierten Einheit ableisteten, zur Flucht entschlossen. Sie bestiegen ein Ausflugsboot, richteten ihre AKM-Gewehre auf die Besatzung und forderten, in die Vereinigten Staaten gebracht zu werden. Die Besatzung setzte sich über Funk mit der Küstenwache in Verbindung, die das Boot, auf dem Familien mit ihren Kindern eine Ausflugsfahrt unternehmen wollten, kurzerhand versenkte. Die Kinder, von denen einige erst wenige Monate alt waren, ertranken in der Bucht von Matanzas, weil ein grausames Regierungssystem eher ihren Tod in Kauf nahm, als zwei Soldaten von der Insel fliehen zu lassen.

Dieses Schicksal drohte auch uns, falls mein Rettungsversuch bemerkt wurde, und die Vorstellung, daß eines meiner Kinder von einer Kugel niedergeschossen werden könnte, war für mich unerträglich. Aber welche Sicherheit hatte ich eigentlich, daß sie ungefährdet unter einer Regierung lebten, die bereits den Tod von so vielen Kindern angeordnet hatte? Mit jedem Tag wurde die Lage auf Kuba explosiver, und ich bezweifelte nicht im geringsten, daß die Regierung zu offenem Terror übergehen würde, sobald sie einen Volksaufstand zu befürchten hatte. Dann wäre das Leben von Vicky und den Kindern genau wie das der Kinder vom Canímar keinen Pfifferling mehr wert.

Ich durfte nicht damit rechnen, daß ihr Leben den Menschen etwas bedeutete, die sie bereits als Geiseln festhielten. Wir konnten nicht ewig darauf warten, als Familie in Freiheit zusammenleben zu dürfen – wir mußten um dieses Recht kämpfen. Wir hatten schon alles Menschenmögliche versucht und würden das auch weiter tun, aber von jetzt an mußte ich vor allem einen Weg finden, sie auf dem Luftweg zu retten.

Für einen Piloten wie mich war es nicht allzu schwer, den auf dem Boden oder auf dem Wasser operierenden Mannschaften der Küstenwache auszuweichen. Von meinem Militärdienst her kannte ich das kubanische Luftabwehrsystem praktisch auswendig: seine Staffelung, die Grenzen seiner Radaranlagen und Boden-Luft-Raketeninstallationen sowie die Kommandostrukturen für die Anordnung eines militärischen Einsatzes. Diese Kenntnisse versetzten mich in die Lage, einen erfolgversprechenden Plan zu entwickeln – solange ich ihn strikt geheimhielt. Dazu brauchte ich lediglich mein Hirn, ein Flugzeug oder einen Hubschrauber und einen Menschen, dem ich absolut vertrauen konnte, um Vicky von meinem Vorhaben in Kenntnis zu setzen.

Selbstverständlich wollte ich mit meinem Vorhaben keinesfalls gegen Gesetze der Vereinigten Staaten verstoßen oder ihre Regierung in Verlegenheit bringen. Ich war den USA dankbar und hatte die feste Absicht, ihre Gesetze zu achten, die jetzt auch meine waren und meine Rechte und Freiheiten wahrten. Zunächst würde ich eine Pilotenlizenz erwerben, um dann überlegt und ganz legal zu Werke zu gehen.

Nach verschiedenen Versuchen fand ich im September 1992 eine Flugschule in Virginia, die zum Preis von zweihundert Dollar das für einen Flugschein benötigte theoretische Wissen vermittelte. Ich meldete mich für den Lehrgang an und entwikkelte schon bald eine freundschaftliche Beziehung zu Dr. Donald Robb, dem Leiter der Flugschule, der begeistert war, mich zum Schüler zu haben und sein Bestes tat, mir möglichst schnell zu einem Pilotenschein zu verhelfen.

»Den Schein brauche ich, um eine Anstellung zu finden«, erklärte ich ihm ebenso wie allen Freunden und Bekannten, um erst gar keinen Verdacht im Hinblick auf meine wahren Absichten aufkommen zu lassen.

Eines Tages hörte ich, daß jemand, dem ich rückhaltslos vertraute, nach Kuba fahren würde. Ich bat ihn, Vicky etwas auszurichten.

»Sag ihr, daß ich sie holen werde«, vertraute ich ihm an. »So Gott will, noch vor Weihnachten.«

In einem Geschäft in Washington fand ich die Höhenkarten von Kuba, die ich für meine Planungen brauchte. Auf ihnen trug ich die Standorte der Radar- und Raketenanlagen im Westen der Insel ein und berechnete ihre Reichweite aufgrund ihrer technischen Daten und der landschaftlichen Gegebenheiten. In verschiedenen Farben zeichnete ich die Bereiche ein, in denen sie Ziele in verschiedener Höhe lokalisieren und zerstören konnten, wie auch jene, in denen Besonderheiten des Terrains in bestimmten Höhen eine Entdeckung verhinderte. So erhielt ich einen genauen Überblick über die Gebiete, in denen ich mit maximaler Abwehr zu rechnen hatte, sowie andere, die üblicherweise nur minimal geschützt waren, und schließlich die, in denen ich mich relativ gefahrlos bewegen konnte, ohne von Radaranlagen entdeckt und von Artillerie oder Boden-Luft-Raketen getroffen zu werden.

Dann sah ich mich vor dem Problem des günstigsten Landeplatzes. Seine Wahl hing von den geographischen Gegebenheiten ebenso ab wie von von der Frage, ob Vicky und die Jungen dorthin gelangen konnten, ohne Verdacht zu erregen. Bei meiner Entscheidung hatte ich viele Faktoren zu bedenken, und jeden Abend verbrachte ich Stunden über meinen Karten, zeichnete neue Daten ein und machte mir Notizen.

Ich war mir ganz sicher, daß das kubanische Luftabwehrsystem kaum optimal auf ein Eindringen in den nationalen Luftraum reagieren konnte, da aufgrund der Wirtschaftskrise und des Treibstoffmangels die meisten Radaranlagen abgeschaltet und viele Raketen nicht einsatzbereit waren. Darüber hinaus waren die Bedienungsmannschaften durch andere Aufgaben – wie den Anbau ihrer Nahrungsmittel – abgelenkt, und der Mangel an ordentlichem Training mußte zu extrem langsamen und mitunter fehlerhaften Reaktionen führen. Ich riskierte es jedoch nicht, mich auf die letztgenannten Faktoren zu verlassen, sondern ging bei meinen Planungen davon aus, daß das kubanische Luftabwehrsystem perfekt funktionierte. Nur so konnte ich zu einem wirklich sicheren Plan gelangen.

Immer wieder überprüfte ich meine Daten, kam aber stets zu dem gleichen besorgniserregenden Schluß: Die sichersten Landeplätze für eine Rettung waren für Vicky und die Jungen zu weit entfernt. Daher würde ich mich für einen Ort innerhalb des Radius entscheiden müssen, in dem sie sich normalerweise bewegten. Entweder in der Nähe ihrer Eltern in Havanna oder in der Umgebung meines Elternhauses in Matanzas. Aber beide Städte waren durch Radaranlagen und Raketenstützpunkte dicht geschützt.

Nur eine Tatsache konnte uns einen gewissen Vorteil verschaffen: das nahezu funktionsuntüchtige System der kubanischen Kommandostruktur. Die kubanische Staatsführung war im stillen überzeugt davon, daß das Land nie wirklich angegriffen werden könnte, und fürchtete zudem, von den eigenen Leuten abgeschossen zu werden, wenn sie auf der Insel unterwegs war. Deshalb hatte sie eine Kommandostruktur geschaffen, die ihr die letzte Entscheidung über einen Einsatz gegen Flugobjekte überließ. Das Fehlen ausreichender Kommunikationsverbindungen und automatisierter Datenübertragung mußte sich für uns ebenso günstig auswirken wie die Schwierigkeit, den aktuellen Aufenthaltsort unserer Staatsführung ausfindig zu machen, die ihre Reisepläne stets geheimhielt. Das würde uns die Zeit geben, die wir brauchten.

Und so begann ich die Zeit zu berechnen, die uns zur Verfügung stehen würde: die Zeit, die der Radartechniker brauchte, um die Annäherung eines unbekannten niedrigfliegenden Objekts zu bestätigen; die Zeit, die es ihn kostete, diese Information mit seinen primitiven Kommunikationsmitteln an den Befehlsstand weiterzugeben; die Zeit, die die diensthabenden Offiziere benötigen würden, um die Neuigkeit an die Divisionshauptquartiere weiterzugeben, von dort zur Luftabwehr in Havanna und weiter zum Oberkommando der Streitkräfte; und schließlich die Zeit, die nötig war, Castro aufzuspüren, um von ihm eine Entscheidung zu bekommen. Dann addierte ich die Zeit für den umgekehrten Prozeß hinzu, ebenso wie die Minuten, die es auf den Raketenbasen kosten würde, die Radaranlagen in Betrieb zu nehmen, das Ziel zu orten und die Waffen einsatzbereit zu machen. Selbst wenn ich davon ausging, daß die kubanische Luftabwehr optimal funktionierte, würde es mindestens fünfzehn Minuten nach meiner Entdeckung dauern, bis sie auf mich feuern könnten.

Als nächstes mußte ich präzise bestimmen, wie lange ich vom Moment meiner Ortung durch kubanische Radaranlagen bei meinem Anflug auf die Insel bis zu dem Moment brauchte, an dem ich mit meinen Passagieren auf dem Rückflug den Bereich größter Raketen-Treffsicherheit durchquerte. Doch das ließ sich nicht genau sagen, bevor ich nicht wußte, welchen Flugzeugtyp ich für das Rettungsunternehmen benutzen würde, zu welcher Höchstgeschwindigkeit die Maschine in geringer Höhe fähig war und in welcher Entfernung es von den elektromagnetischen Wellen des kubanischen Radarsystems erkannt werden konnte. Doch wenn die von uns benötigte Zeit kürzer war als jene, die die Kubaner brauchten, um ihre Informationen zu übermittelten, hatten wir durchaus eine Chance, das Luftabwehrsystem des Landes auszumanövrieren!

Nachdem ich lange Zeit nicht mehr mit Vicky telephoniert hatte, gelang es mir dann eines Morgens doch, zu ihr durchzukommen. Sie war zutiefst deprimiert über die Fehlschläge, die unsere vielfältigen Unternehmungen erlitten hatten und litt sehr unter dem Druck, dem sie sich ausgesetzt sah. In einem Brief, den jemand aus Kuba herausgeschmuggeln konnte, hatte sie mir geschrieben, daß ein Jugendlicher aus der Nachbarschaft mit einem Graffiti ein Ende der Tyrannei gefordert hatte. Daraufhin war er denunziert und festgenommen worden. Aus dem Gefängnis hatte er Vicky eine Botschaft zukommen lassen: »Nehmen Sie sich in acht. Man setzt mir sehr zu, um Sie in den Fall verwickeln zu können.«

Da wußte Vicky, daß sie jeden Vorwand, selbst eine Falschbeschuldigung nutzen würden, um sie ins Gefängnis zu stekken. Nach diesem Brief war ich noch verzweifelter als zuvor, denn mir war klar, daß sie früher oder später einen Grund finden würden, um Vicky hinter Gitter zu bringen und unsere Söhne der staatlichen Fürsorge zu übergeben. Das wäre das Ende unserer Familie, und ich hatte nicht mehr viel Vertrauen in die Reaktionen einer Welt, die mit zuviel anderen Dingen beschäftigt zu sein schien, als auch nur einen Versuch zu unternehmen, die kubanischen Behörden an einem solchen Verbrechen zu hindern. Ich mußte so schnell wie möglich handeln.

»Ich gebe euch nie auf, niemals . . . Koste es, was es wolle . . .«, sagte ich ihr bei unserem Telephongespräch immer wieder, um ihr klarzumachen, daß ich bereits Vorbereitungen für ihre Rettung traf.

»Keine Angst, Oré. Selbst wenn sie mich lebendig verbrennen, werde ich mich nie von dir lossagen«, erwiderte sie weinend.

Ich hörte, daß Alejandro unbedingt mit mir sprechen wollte, und was er mir sagte, erschütterte mich.

»Papa, hör mir mal gut zu«, begann er sehr leise und geheimnisvoll. »Du kannst doch kommen und uns holen. Nachts, wenn die Polizei schläft ... Dann kommst du mit einem Hubschrauber, aber paß auf, daß keine Polizisten in der Nähe sind ...«

Aus Angst, die Phantasien des Jungen könnten etwaige Lauscher auf die Spur unserer Pläne bringen, wollte Vicky Alejandro unterbrechen.

»Nein, nein, laß ihn nur reden«, erwiderte ich, als ich Alejandros enttäuschtes Schluchzen im Hintergrund hörte.

»Papa«, sagte er wieder mit seiner hohen Kinderstimme, »hör mal, wenn keine Polizei auf der Straße ist, landest du einfach mit dem Hubschrauber auf dem Dach des Hauses. Und dann läßt du einen Sack an einem Seil herunter. Wir kriechen alle in den Sack, und du ziehst uns hoch ... Dann fliegen wir alle davon ...«

Als ich meinem Sohn zuhörte, dachte ich, mein Herz müßte brechen. In den letzten Monaten war ich kaum in den Schlaf gekommen und hatte nachts immer wieder Stimmen gehört, Stimmen, die um Hilfe riefen ... Und nun hörte ich die Hilferufe meines Sechsjährigen. Wie verzweifelt er sich doch anhörte! Welches Verbrechen sie an einem unschuldigen kleinen Kind begingen!

»Alé«, sagte ich so ruhig wie möglich, während ich meine ganze Beherrschung brauchte, um nicht die Fassung zu verlieren. »So etwas würde ich nie tun ...«

Ich log ihn bewußt an, und das schmerzte mich zutiefst.

»Warte nur ab, schon bald wirst du mit einem Passagierflugzeug zu mir kommen können, sehr wahrscheinlich noch vor den Weihnachtsfeiertagen, die du noch nie richtig erlebt hast, die dir aber gefallen werden, wenn du erst einmal hier bist.«

»Mit dem Weihnachtsmann und den drei Heiligen Königen?«

»Du kennst sie schon?« fragte ich zurück, froh darüber, ihn von seinem Thema abgebracht zu haben.

»Ja, Mama hat mir davon erzählt, und auch in der Kirche habe ich davon gehört . . . Aber ich will dich bald wiedersehen!« Seine letzten Worte schrie er förmlich heraus.

»Wir sehen uns bald wieder, mein Sohn«, sagte ich mit zitternder Stimme. Als Vicky ihm den Hörer aus der Hand nahm, begann er schluchzend zu protestieren.

»Ich will meinen Papa wiedersehen. Sofort!«

»Verbrecher, Feiglinge«, ächzte ich außer mir vor Wut über die kubanische Regierung.

»Mein Lieber«, hörte ich Vicky. »Du mußt ihm verzeihen. Nachts vor dem Einschlafen denkt er sich die wildesten Dinge aus, nur um von hier fortzukommen.«

»Ich begreife nicht, wie sie Kinder derartig quälen können.«

»Papa, ich bin's, Reyniel.«

Wie immer wollte mir jeder von ihnen etwas sagen, bevor das Gespräch unterbrochen wurde.

»Mach dir keine Sorgen, denn ich bin ein Mann geworden.« Seine Stimme klang fest und stolz. Die anderthalb Jahre, in denen wir uns nicht sehen konnten, hatten ihn härter gemacht.

»Ich kümmere mich um Mama und meinen Bruder. Du mußt weiter kämpfen, Papa, denn wir werden sie besiegen.«

Nach dem Gespräch glaubte ich, verrückt werden zu müssen. Wenn sie doch nur meine Kapitulation im Austausch gegen die Freiheit meiner Familie akzeptieren würden! Aber sie wollten alles: Vicky, die Jungen und mich. Nur durch gnadenlose Versklavung aller Kubaner konnten sie sich an der Macht halten. Von da an kam ich nicht mehr zur Ruhe. Wie besessen ging ich daran, meinen Pilotenschein zu machen, ein geeignetes Flugzeug sowie jemanden zu finden, der Vicky die Pläne zu ihrer Rettung übermitteln konnte.

Wie von Sinnen stürzte ich mich in meine Aufgaben und

spürte oft genug die besorgten Blicke meiner Umgebung, die in mir offenbar einen Besessenen sahen, der sich einem unmöglichen Auftrag verpflichtet hat. Einer meiner Freunde wollte mich in bester Absicht sogar dazu überreden, ein neues Leben zu beginnen.

»Du bist auf dem Weg, dich langsam selbst zu zerstören«, sagte er, sah mich aber nicht an. »Du mußt diesen Kampf aufgeben, den du ja doch nie gewinnen kannst. Vicky kann nicht mehr lange durchhalten ... Such dir eine Frau und baue eine neue Beziehung auf.«

Mitleidig lächelnd erwiderte ich: »Ich weiß, daß du es ernst mit dem meinst, was du sagst. Aber bei uns ist es etwas anders. Eines Tages liebt man und wird wiedergeliebt ... Dann ist es völlig gleichgültig, ob einen andere Menschen für verrückt halten.«

Eines Abends rief mich Franz Calzón an und erzählt mir, daß Tom Carter, ein Reporter der *Washington Post*, in wenigen Tagen nach Kuba reisen würde.

»Wenn er dort deine Familie interviewt, können wir hier vielleicht mit größerer Aufmerksamkeit für euren Fall rechnen«, meinte er.

Am nächsten Morgen begleitete mich Kristina in die Redaktion der *Washington Post.* Mr. Carter empfing uns sehr liebenswürdig und hörte sich höchst interessiert alles an, was ich ihm über Kuba berichtete. Als ich ihn dann bat, mit Vicky und den Kindern zu sprechen, verdüsterte sich seine Miene, und ich erkannte, daß er die möglichen Risiken eines solchen Unternehmens fürchtete.

Wenige Tage später landete Tom in Havanna, und seine europäischen Kollegen schilderten ihm ihre Erfahrungen.

»Einige Journalisten haben politische Dissidenten interviewt, ohne Probleme mit den Behörden zu bekommen, aber man kann nie mit Sicherheit sagen, wie sie jeweils reagieren werden«, erklärten sie. »Wir können Ihnen jedoch nicht raten, die Familie dieses Piloten aufzusuchen, denn das wird der kubanischen Regierung mit Sicherheit nicht gefallen.«

Am nächsten Morgen ging Tom mit Kamera und Tonbandgerät zu meiner Familie. Während er mit Vicky sprach, konnte er seine Nervosität über die möglichen Konsequenzen kaum verbergen. Doch schon am Nachmittag kam Tom wieder – diesmal ohne Tonband und Kamera, dafür aber mit Lebensmitteln und anderen Dingen für Vicky und die Jungen. Nachdem er sich verabschiedet hatte, sah ihm Vicky von der Tür aus nach, tief bewegt von der Großzügigkeit eines Mannes, der seine Angst und Nervosität so tapfer überwunden hatte.

Gegen Ende September rief mich Armando eines Nachmittags an. »Komm her. Hier bei mir im Büro sitzen zwei Mexikanerinnen, die bald nach Kuba fahren.«

Die Frauen hatten Armando um Unterstützung in ihrem Kampf für die Rechte der Geisteskranken in Mexiko gebeten. Nur mit ihrem Mut, ihrer Menschenliebe und mit Zuversicht ausgestattet, begehrten sie gegen die in der Bürokratie herrschende Praxis auf, öffentliche Mittel zu entwenden, die für geistig Behinderte bestimmt waren, was die bedauernswerten Kranken zu einem Leben unter unmenschlichen Bedingungen verurteilte.

»Guten Tag, ich bin Azul Landeros«, sagte eine blonde, hübsche Frau und stand auf, um mich zu begrüßen. »Und das ist la Chaparra«, fügte sie hinzu und deutete auf ihre junge Begleiterin.

Nachdem Armando erfahren hatte, daß die beiden in der folgenden Woche auf Kuba an einem psychiatrischen Kongreß teilnehmen würden, erzählte er ihnen von Vicky und den Kindern. Die Mexikanerinnen boten spontan ihre Hilfe an.

»Sagen Sie uns, was wir tun sollen, was wir ihnen mitnehmen können«, sagte Azul zu mir. »Was es auch sei, wir werden es tun.« Voller Verständnis hörte sie zu, als ich sie bat, Vicky und den Jungen ein paar Briefe, Photos und ein Video der jüngsten TV-Aufnahmen über unseren Fall mitzunehmen. Ich wollte, daß meine Familie erfuhr, daß sie auch nach den vielen Fehlschlägen nicht allein stand, daß die überwältigende – wenn auch nicht sehr mächtige – Mehrheit hinter uns stand.

Am nächsten Morgen suchte ich sie in ihrem Hotel auf. Unter dem Arm trug ich einen Karton, den Kristina gepackt hatte, während ich mit einem langen Brief an Vicky beschäftigt gewesen war. Liebevoll und umsichtig hatte sie Medikamente, Vitamine, einen kleinen Spielzeuglaster und andere Dinge zu den Videos und Photos getan.

Im Hotel begrüßte mich die dritte in ihrem Bunde mit einem Lächeln.

»Ich heiße Virginia und habe mit großer Rührung vom Schicksal Ihrer Familie erfahren. Sie müssen sich sehr lieben.«

Wir tranken eine Tasse Kaffee miteinander, und sie wollten alles über unser Leben wissen. Nachdem ich ihnen von unserem Kampf und von unserem Leid erzählt hatte, spürte ich einen mitfühlenden Händedruck. Ich blickte auf und sah in Virginias tränenüberströmtes Gesicht. Sie brauchte nicht zu sprechen, was sie dachte, stand in ihren Augen. Ich fühlte mich vom Mitgefühl einer ungewöhnlichen Persönlichkeit umfangen, die dazu fähig war, den empfindlichsten Bereich unserer Seele zu erfassen, den Bereich, den wir am ängstlichsten geheimhalten: den unserer Schmerzen und Leiden. Als wir uns voneinander verabschiedeten, hatte ich – ohne etwas über ihr Leben zu wissen – das sichere Gefühl, ihnen zu vertrauen und notfalls sogar unser Leben in ihre Hände geben zu können.

Nach ihrer Ankunft in Kuba warteten sie auf eine Gelegenheit, Vicky zu besuchen. Mehrmals waren sie in ihrem Mietauto am Haus meiner Schwiegereltern vorbeigefahren, aber die ständige Anwesenheit eines Polizisten an der Straßenecke machte sie nervös. Dann entschloß sich Virginia zum Aussteigen, während Azul weiter ihre Runden fuhr. Sobald der Polizist abgelenkt war, schlüpfte Virginia durch den Torbogen über den Patio und zu Vickys Tür.

Vicky saß gerade mit Alejandro auf dem Schoß gedankenverloren vor dem Fernseher, als plötzliche eine schwarzhaarige Frau in der Tür stand.

»Vicky?«

Tonfall und Stimme der Frau sagten Vicky, daß sie keine Kubanerin vor sich hatte. Sie sprang auf.

»Er hat Sie geschickt, stimmt's?«

»Ja.«

Schnell betrat Virginia den Raum, stellte den Karton ab und holte einen Photoapparat und eine Videokamera aus ihrer Tasche.

»Er schickt ihnen das, aber zunächst einmal möchte ich ein paar Aufnahmen machen. Er wünscht sich Photos und ein Video von Ihnen allen«, erklärte sie hastig, als befürchte sie, durch das Auftauchen der Polizei daran gehindert werden zu können.

Reyniel kam aus dem Schlafzimmer, begrüßte Virginia und begann in dem Karton zu stöbern.

»Photos, Mama! Sieh doch nur! Papa hat jede Menge Photos geschickt!« rief er immer wieder, hielt die Bilder aus Genf und Madrid hoch, würdigte aber das Spielzeug keines Blickes.

»Er liebt Sie sehr . . . Sie sind eine ganz erstaunliche Familie!« sagte Virginia und machte ein Photo nach dem anderen. »Ich bin nicht allein. Zwei Freundinnen sind mit mir gekommen, und wir werden Ihnen helfen, von hier zu entkommen, um wieder mit ihm vereint zu sein.«

Vicky sah Virginia schweigend und ebenso fasziniert zu, wie ich bei meiner ersten Begegnung mit dieser Frau gewesen war. Dann begann sie zu weinen. Virginia nahm sie in die Arme, brach ebenfalls in Tränen aus, riß sich dann aber energisch zusammen und meinte: »Kopf hoch, Vicky! Sie werden sehen, es wird alles gut, und Sie werden schon sehr bald wieder bei ihm sein. Warten Sie nur ab, wie wir das machen.«

Gerührt von den Worten dieses Schutzengels begann Vicky wieder zu schluchzen.

Azul erschien an der Tür. »Oh, Sie armes, armes Mädchen! Ich kann Ihnen gar nicht sagen, welche Gefühle ich Ihnen und Ihren Kindern entgegenbringe.«

Damit nahm sie Vicky in die Arme und ließ sie lange nicht mehr los – eine Szene, die Virginia im Film festhielt.

Dann setzten sie sich. Azul nahm Vickys Hand und erzählte ihr: »Ich habe ihn bei Armando Valladares kennengelernt, und er bat mich, Ihnen zu sagen, wie sehr er Sie und die Kinder liebt, daß er ohne Sie drei nicht leben kann, und daß er Sie auf irgendeine Weise hier herausholen wird.«

Innerhalb kürzester Zeit war das Haus vom zauberhaften Charme dieser bemerkenswerten Frauen durchdrungen, die meine Söhne mit Küssen überschütteten.

»Weißt du eigentlich, daß du mir eine Todesangst eingejagt hast?« wandte sich Azul an Virginia. »Du hast nicht auf mich gewartet, und als ich dich dann nicht sah, dachte ich schon, der Polizist hätte dich festgenommen.«

Virginia lächelte. Sie brauchte nichts zu sagen: Ihr Wesen, ihre Erscheinung drückte Zuversicht und Zuneigung aus.

Am nächsten Tag kamen sie wieder, um Vicky abzuholen.

»Wir möchten so gern etwas für die Jungen kaufen«, betonten sie, bevor sie gemeinsam zu einem jener Geschäfte fuhren, in denen hinter zugezogenen Gardinen ausschließlich Waren gegen harte Dollars an Touristen verkauft wurden. Und Vicky war überwältigt von ihrer Großzügigkeit. Sie füllten den Kofferraum, die Rücksitze und sogar den Kofferraum eines weiteren Autos mit Produkten, von denen Vicky noch nicht einmal geträumt hatte. Für die drei schienen die Einkäufe – Kleidung, Schuhe, Nahrungsmittel – ganz selbstverständlich zu sein. Aber Vicky, die so viele Lebensmittel noch nie auf einmal gesehen hatte, wurde bei soviel Großzügigkeit fast ohnmächtig.

Dann nahte der Augenblick des Abschieds. In nur wenigen Tagen hatten sie einander so gut kennengelernt, daß allen Tränen in den Augen standen.

»Ich möchte Ihnen etwas geben, das mir sehr teuer ist«, sagte Virginia zu Vicky und löste ein Holzkreuz von ihrem Hals. »Sie können es mir an dem Tag wiedergeben, an dem sie alle wieder vereint sind.«

»Wir werden Ihnen jeden Monat jemanden schicken, der Lebensmittel für Sie kauft«, versprach Azul zum Abschied. Und von da an verging kein Monat, in dem nicht ein Besucher in ihrem Namen mit Nahrungsmitteln und liebevollen Grüßen bei meiner Familie aufgetaucht wäre.

»Eine Delegation des Bundes Junger Kommunisten aus Kuba befindet sich auf einer Rundreise durch verschiedene Städte«, erzählte mir Brandon eines Nachmittags. »Heute abend führen sie eine Veranstaltung an meiner Universität durch.«

Brandon, Kristina und ich entschlossen uns spontan zur Teilnahme – mit Photos von Vicky und den Kindern. Uns war klar, daß sie den nordamerikanischen Studenten weismachen wollten, Kuba sei ein demokratisches Land, in dem die Rechte des Einzelnen besser als in jedem anderen Staat geachtet wurden. Und wir waren entschlossen, die Rechte der Anwesenden auf Information zu wahren und – so höflich wie möglich – auf die wahren Tatbestände hinzuweisen.

Als wir den Saal betraten, stellten wir schockiert fest, daß den Angehörigen der kubanischen Vertretung in Washington gestattet worden war, Einfluß auf die Plazierung der Zuhörer zu nehmen. Einige Leute in ihrer Begleitung traten vor und verwehrten uns den Zugang zu den leeren Plätzen in den vorderen Reihen.

Im hinteren Bereich des Raumes stand ein großer Tisch mit den Werken der berühmtesten kommunistischen Autoren sowie Reden und Interviews mit Fidel Castro. Am Rand des Tisches stand ein Pappkarton mit der Aufschrift »Spenden«, und ich bemitleidete jene, die naiv genug waren, ihr Geld für eine Sache zu geben, die ihnen verwehrte, andere Bücher als die ausgestellten zu lesen.

Wir suchten uns Plätze in den hinteren Reihen und hörten den kubanischen Besuchern zu, die von Professor Yvonne Captain-Hidalgo hereingeführt worden waren. Sie verbreiteten die altbekannten Argumente über kostenlose Ausbildung und kostenlose Gesundheitsfürsorge. Und sie wußten, was sie taten. Da sich US-Amerikaner zunehmend Sorgen über die ständig steigenden Kosten für ärztliche Versorgung machten, konnten sie durchaus auf aufnahmebereite Ohren bei den Studenten rechnen.

Als der Zeitpunkt für Fragen und Antworten gekommen war, hob ich beharrlich die Hand, um endlich die Aufmerksamkeit von Professor Captain-Hidalgo zu erregen, die ausschließlich Zuhörern aus den vorderen Reihen das Wort erteilte, die keine Fragen stellten, sondern die Wunder beschrieben, denen sie während ihrer kurzen Aufenthalte auf Kuba begegnet waren.

Auch ich hatte etwas zu sagen. Ich wollte den Studenten, die sich diese Lügen anhörten, erklären, daß die kostenlose Ausbildung und medizinische Versorgung einen Preis hatten, der mit Geld nicht zu bemessen war: mit dem Leben selbst, mit dem Recht zu denken und seine Meinung zu äußern, sich umfassend zu informieren und reisen zu können. Ich wollte ihnen die verzweifelte Situation meiner Frau und meiner Kinder schildern, und die Vertreter des Bundes Junger Kommunisten fragen, wie sie sich dazu stellten. Aber es sah ganz so aus, als würde ich dazu keine Gelegenheit erhalten. Ich konnte meine Hand so nachdrücklich recken, wie ich wollte: Professor Captain-Hidalgo schien entschlossen, mich zu übersehen. Und das in den Vereinigten Staaten von Amerika!

Auch Brandon meldete sich zu Wort. Aber der junge Nordamerikaner wurde von Kubanern in seinem eigenen Land am Reden gehindert!

»Dies ist ein freies Land, und niemand wird mich am Reden hindern!« protestierte Brandon und holte das Photo von Vicky und den Kindern hervor. »Ich verlange, daß Sie mir erklären, warum dieser Familie nicht gestattet wird, Kuba zu verlassen.«

Die kubanischen Besucher reagierten überrascht, und nach einigen Sekunden der Verwirrung erklärte einer von ihnen: »Das wissen wir nicht. Wir sind lediglich aufgrund eines Kulturaustauschprogramms mit nordamerikanischen Studenten hier.«

Schöner Kulturaustausch!

Die Veranstaltung endete, und ich verließ sie mit dem befriedigenden Gefühl, daß den anwesenden Studenten mit dem Verhalten der Besucher ein gutes Beispiel für die vom Kommunismus gewährten Freiheiten geboten worden war. Diesmal hatten sie ihr Auditorium nicht hinters Licht führen können, aber ich hatte zum ersten Mal seit meiner Flucht wieder die Ohnmacht gefühlt, meine Meinung nicht sagen zu dürfen.

Wieviele werden sie auf ihrer Reise durch so viele amerikanische Städte täuschen können? fragte ich mich angesichts ihrer Praktiken verbittert, die in diesem Land gewährten Freiheiten zu dessen Zerstörung auszunutzen.

Noch an diesem Abend schrieb ich einen Brief an Professor Captain-Hidalgo:

». . . Ich bin fest davon überzeugt, daß die Wahrheit auf der Strecke bleibt, wenn Andersdenkende nicht ihre Meinung sagen dürfen . . . Ich wäre Ihnen sehr verbunden, wenn Sie zu einem Ihnen genehmen Termin ein paar Minuten Zeit finden würden, um mit mir über das Thema Kuba zu diskutieren . . .«

Dem Brief fügte ich ein Videoband des Interviews bei, das das kanadische Fernsehen mit Vicky und unseren Söhnen geführt hatte, und Brandon steckte den Umschlag am nächsten Tag in den Privatbriefkasten von Professor Captain-Hidalgo. Ich bekam nie eine Antwort. Bedauerlicherweise handelte Professor Captain-Hidalgo im Gegensatz zu den jungen Männern, denen ich in den Straßen von Georgetown begegnet war, nicht aus Unwissenheit.

Eines Abends im Oktober rief mich Frank Calzón mit einer aufregenden Neuigkeit an. US-Präsident Bush hatte sich zu einem Besuch in Miami angesagt und wollte in einer Rede auch die Forderung an die kubanische Regierung richten, Vicky und die Kinder ausreisen zu lassen. Da dieser Appell von allen internationalen Medien publiziert werden würde, könnte ihn die Staatsführung in Havanna nur schwer ignorieren.

Während der Ansprache saß ich neben der Familie des Präsidenten und hörte bewegt zu, wie er die Namen von Vicky und unseren Söhnen nannte, um dann dem kubanischen Regierungschef zuzurufen: »Castro, tun Sie das Richtige, tun Sie das Anständige: Lassen Sie die Familie Lorenzo ausreisen!«

Ich dankte Präsident George Bush. Zum ersten Mal hatte sich ein bedeutender Staatschef mutig und unmißverständlich für meine Familie ausgesprochen. Als ich nach der Rede mit Frank dieses Ereignis feierte, konnte ich nicht mehr an mich halten. »Wenn der Appell des Präsidenten von der kubanischen Regierung ignoriert wird, hole ich sie auf eigene Faust«, sagte ich zu meinem Freund.

»Sag so etwas nicht . . . Davon will ich lieber nichts wissen«, erwiderte Frank in der festen Überzeugung, daß derartige Geheimnisse niemandem anvertraut werden sollten.

Ich hoffe, du irrst dich, dachte ich bei mir. Wenn es keinen Menschen gibt, dem ich vertrauen kann, ist das Leben nicht mehr lebenswert.

XX

Boten der Liebe

Tage vergingen – ohne die erhofften Reaktionen in den Medien und ohne eine wie auch immer geartete Antwort der kubanischen Regierung auf den Appell des Präsidenten der Vereinigten Staaten von Amerika. In meiner Verbitterung über die vielen Enttäuschungen beschloß ich, mit Armando über das zu sprechen, was ich bislang nur angedeutet hatte.

»Ich fliege nach Kuba und hole Vicky und die Jungen da heraus«, sagte ich ihm bei einem kurzen Spaziergang durch seinen Garten.

Armando blieb wie angewurzelt stehen und starrte mich entsetzt an.

»Bist du verrückt geworden? Du willst es also tatsächlich tun?«

»Ich kann dieses Warten nicht mehr ertragen. Ich glaube, es bringt mich noch um, wenn ich es nicht wenigstens versuche.«

»Du mußt Geduld haben, den Kampf weiterführen.«

»Das alles hat doch keinen Sinn. Sie lassen meine Familie nie ausreisen.«

»Sie haben sie bisher nur deshalb nicht ausreisen lassen, weil wir noch nicht genug Druck ausüben konnten. Ich weiß, wovon ich rede – schließlich hat mich Marthas weltweite Kampagne aus dem Gefängnis befreit.«

Armando war unübersehbar besorgt. Mein Zustand in den letzten Monaten war ihm nicht entgangen, und nun befürchtete er offenbar, daß ich in meiner Verzweiflung zu einer Kurzschlußhandlung fähig sein könnte. Darüber hinaus war er aufgrund eigener Erfahrungen sicher, daß steter internationaler Druck zur Freilassung meiner Familie führen mußte. Aber die Zeiten hatten sich geändert. Seinerzeit hatte sich die kubanische Regierung stark und sicher gefühlt, aber jetzt war sie durch die eigenen Verbrechen ebenso geschwächt wie durch den Zusammenbruch des Ostblocks. Vor allem fürchtete sie die jungen Offiziere in den Streitkräften und würde alles tun, diese von ihrer Unnachgiebigkeit zu überzeugen.

Nein, meine Familie würde nie die Erlaubnis zur Ausreise erhalten, und das versuchte ich nun auch Armando zu erläutern.

»Ich denke, du machst einen Fehler«, wandte er ein. »Sie könnten dich schnappen, dich töten, euch alle töten. Vicky und die Jungen brauchen dich lebendig, nicht tot.«

Jetzt wirkte er wirklich beunruhigt. Meine Gefangennahme, mein möglicher Tod wären nicht nur für meine Familie ein furchtbarer Schlag, sondern auch für seine und für zahllose Freunde. Er wollte nicht, daß mir etwas zustieß, und die Vorstellung, daß sie mich töten könnten, versetzte ihn in höchste Erregung.

»Du bist mein Freund, Armando, und ich möchte dir sagen, daß ich meine Entscheidung bereits getroffen habe. Seit Monaten denke ich über nichts anderes mehr nach. Es gibt keinen anderen Weg. Ich handele nicht aus einer Laune heraus, sondern habe stundenlang über meinen Karten gesessen und alles bis ins Detail hinein geplant. Es besteht durchaus eine Chance, und die werde ich nutzen.«

»Hast du auch an die Konsequenzen gedacht, wenn sie dich gefangennehmen und töten?«

»Eher gehe ich an unserer augenblicklichen Situation zugrunde. Ich habe nicht die Kraft, noch länger zu warten. Ich fürchte um Vickys Sicherheit und die der Jungen. Mit jedem Tag schließt sich das Netz enger um sie. Ich habe die schreckliche Ahnung, daß irgend etwas geschehen wird, und das läßt mich nicht mehr schlafen. Stell dir vor, du überredest mich jetzt, und morgen stößt ihnen etwas zu ... Dann müßte ich meine Feigheit dafür verantwortlich machen, und dann möchte ich nicht mehr leben.«

Armando stand einige Sekunden lang schweigend da, sein Gesicht zeigte Angst, und ich wußte, daß er sich in meine Lage versetzte und über das Schicksal meiner Kinder nachdachte.

»Du kannst auf mich zählen. Aber ich würde gern wissen, wie du Vicky über deine Pläne informieren willst. Vielleicht können meine Codeerfahrungen aus dem Gefängnis ganz hilfreich sein.«

Erleichtert darüber, daß mich Armando verstand, umarmte ich ihn. Er war derjenige meiner Freunde, den ich umfassend in mein Vorhaben einweihen würde.

»Wie willst du sie darüber informieren, wann und wo du landen wirst?«

»Ich werde einen vertrauenswürdigen Menschen bitten, ihnen eine detaillierte Mitteilung zu überbringen. Dann nenne ich ihr am Telephon ein Schlüsselwort, dem sie entnehmen kann, daß ich am nächsten Tag da sein werde.«

»An welches Schlüsselwort denkst du?«

»Ich habe vor, auf einer Autobahn in der Nähe eines Strandes zu landen, den wir beide gut kennen. Also erwähne ich diesen Ort ganz beiläufig, als erinnerte ich mich an die erste Zeit unserer Liebe.«

»Das ist nicht gut. Keineswegs darfst du irgendeinen Ort nennen. Du mußt dir ein anderes Codewort einfallen lassen.«

Gemeinsam dachten wir über ein Schlüsselwort nach, das absolut unauffällig in jede x-beliebige Unterhaltung einzufügen war. An diesem Abend kehrte ich sehr viel ruhiger in mein Apartment zurück. Ich hatte einen Freund, dem ich das größte Geheimnis meines Lebens anvertrauen konnte. Ich war nicht mehr allein.

Am nächsten Tag sprach ich mit Kristina. Wir hatten lange Monate eng zusammengearbeitet, sie kannte alle meine Probleme aus nächster Anschauung und hatte sich trotz ihrer jungen Jahre wie eine ältere Schwester um mich gekümmert. Zunächst erregte sie sich sehr, als ich ihr von meinen Plänen zu erzählen begann, aber schließlich verstand sie meine Beweggründe. »Aber Sie sollten bis zum letzten Moment mit unserer Öffentlichkeitskampagne weitermachen«, riet sie mir. »Ich habe inzwischen David Asman erreicht. Übermorgen treffen wir uns mit ihm in New York.«

Schon lange hatten wir darauf gehofft, daß der bekannte Journalist des Wall Street Journal einen Artikel über das Schicksal meiner Familie veröffentlichen würde. Eine Publikation in dieser renommierten Zeitung könnte die kubanische Regierung durchaus so in Verlegenheit bringen, daß sie sich dazu durchrang, Vicky und unsere Söhne freizulassen.

Asman begrüßte uns überaus herzlich und rückte schließlich mit einem Vorschlag heraus, der mit dem Stil seiner Zeitung am besten in Einklang zu bringen war.

»Schreiben Sie einen Artikel, und wir werden sehen, ob wir ihn drucken können.«

Das Ergebnis erschien unter der Überschrift »Botschaft an Fidel: Exekutieren Sie mich, aber lassen Sie meine Familie frei« in der Ausgabe vom 21. November. Aber es gab nie eine Reaktion der kubanischen Regierung. Der Henker lehnte es ab, in aller Öffentlichkeit mein Leben gegen die Freiheit meiner Familie einzutauschen. Statt dessen ließ er Vicky eine beängstigende Botschaft zukommen.

Vicky schrubbte gerade Wäsche auf einem Waschbrett, als ihre Mutter ihr nervös mitteilte, daß sie ein Fremder sprechen wolle.

»Mich?« fragte Vicky überrascht, trocknete sich die Hände an dem weißen Fetzen eines Mehlsacks ab und ging ins Wohnzimmer.

»Sie werden aufgefordert, in der Villa Marista zu erscheinen«, erklärte der Fremde und überreichte ihr ein Schriftstück.

Die Erwähnung der gefürchteten Staatssicherheitszentrale jagte Vicky einen Schauer über den Rücken.

»Sie sollten morgen früh Punkt acht Uhr dort sein«, fügte der Fremde über die Schulter hinweg hinzu und verließ das Haus.

Am folgenden Morgen erschien Vicky mit den Kindern bei dem Offizier, bei dem sie sich melden sollte.

»Warum haben Sie die Kinder mitgebracht?« erkundigte er sich gereizt.

»Sie begleiten mich überallhin«, erwiderte Vicky und sah ihm direkt in die Augen.

Er trug Zivil und hielt eine angezündete *puro* der Sorte zwischen den Fingern, die normalerweise für den Export bestimmt war. Jetzt lehnte er sich in seinem Sessel zurück, warf den Kopf nach hinten und blies eine Rauchwolke zur Decke. Dann betrachtete er die Zigarre in seiner Hand, neigte den Kopf, blickte Vicky sehr ernst an und fragte mit Grabesstimme:

»Wissen Sie, warum Sie wir Sie hergebeten haben?«

Nun ließ er seine Muskeln mit der unbewußten Geste eines Menschen spielen, der lange Zeit vor dem Spiegel verbringt, um die Ergebnisse seiner sportlichen Ertüchtigung zu betrachten.

»Nein, das weiß ich nicht. Haben Sie sich schließlich doch dazu entschlossen, uns ausreisen zu lassen?«

Der Offizier sah sie verblüfft an, stand auf und machte ein paar nervöse Schritte durch den Raum.

»Nein, keineswegs. Damit haben wir nichts zu tun. Das ist Sache der Auswanderungsbehörde.«

»Und?«

»Warten Sie einen Augenblick. Ich bin gleich wieder da«, erklärte er und verließ das Zimmer.

Vicky sah sich im Raum um, blickte auf den Schreibtisch, auf dem keinerlei Papiere lagen, zu der Bank an der Wand hinüber, wo die Jungen schweigend warteten, auf die Fernsehkamera, die von der Decke herabhing. Es war fünfzehn Minuten nach acht. Sie holte das Spielzeug aus der Tasche, das ihr Kristina geschickt hatte, und gab es den Kindern, die sich schüchtern damit zu beschäftigen begannen. Dann setzte sie sich wieder und wartete.

Zwei Stunden später war der Offizier noch immer nicht wiedergekommen. Nach drei Stunden wurden die Kinder ungeduldig, und Vicky versuchte sie mit der Schokolade zu beruhigen, die sie von Virginia und Azul erhalten hatte. Es wurde zwölf Uhr, und Vicky begann sich zu fragen, wie lange sie noch warten mußte, als der Offizier endlich wieder auftauchte.

»Nach unseren Erkenntnissen wurden Sie von Leuten aufgesucht, die Ihnen angeboten haben, Ihnen beim illegalen Verlassen des Landes behilflich zu sein.«

»Tatsächlich?« Schöne Erkenntnisse, dachte sie und sah ihn kühl an, schließlich habt ihr sie mir doch geschickt.

»Wir wissen auch, daß Sie diese Angebote abgelehnt haben.«

»Ich werde Kuba nur verlassen, wenn Sie mir die Ausreise gestatten. Wir haben uns keines Verbrechens schuldig gemacht!« Vicky spürte, daß sie nicht mehr lange ruhig bleiben konnte. »Welches Unrecht haben die Kinder begangen, daß Sie sie auf diese Weise betrafen? Welches Verbrechen haben sie begangen?«

»Ich bitte Sie, Señora, damit habe ich absolut nichts zu tun ...«, stotterte der Mann und senkte den Blick auf die Unterlagen, die er mitgebracht hatte. »Ich möchte nur, daß Sie diese Erklärung unterschreiben, mit der Sie sich verpflichten, das Land nicht illegal zu verlassen.«

Vicky nahm das Schriftstück entgegen, unterschrieb es und dachte: Ihr seid die Gesetzesbrecher, wenn ihr die Menschen gegen ihren Willen hier festhaltet. Das Gesetz erlaubt uns, das Land zu verlassen. Und wir werden es unter allen Umständen verlassen.

Nachdem ich die theoretischen Prüfungen bestanden und vom Leesburg Aerodrome aus ein paar Flüge unternommen hatte, war ich sicher, den entscheidenden Test für den Pilotenschein hinter mich bringen zu können, und suchte Dr. Robb auf.

»Ich denke, ich kann mich an die Prüfung wagen.«

»So schnell? Aber Sie sind doch kaum in der Luft gewesen.«

»Als Pilot habe ich genügend Flugstunden hinter mich gebracht. Da ich sie nachweisen kann, sind die rechtlichen Bedingungen erfüllt.«

»Aber normalerweise . . .«

»Bitte, Doktor Robb – ich muß die Prüfung ablegen. Von diesem Schein hängt das Schicksal meiner Familie ab«, bat ich.

Dr. Robb wurde zugänglicher.

»Lassen Sie uns gemeinsam einen Probeflug machen«, schlug er vor.

Nach der Landung gab er mir eine Telephonnummer.

»Unter dieser Nummer erreichen Sie Mister Pears. Das ist der Prüfer der Federal Aviation Administration. Vereinbaren Sie mit ihm einen Prüfungstermin.« Er verabschiedete sich mit einem festen Händedruck von mir und fügte hinzu: »Viel Glück, mein Sohn.«

Mr. Pears hörte mir aufmerksam zu.

»Vor dem 13. Dezember kann ich Sie nicht prüfen. Oder möchten Sie lieber bis zum Januar warten?«

»Auf keinen Fall. Möglichst nicht später als am 13. Dezember.«

»Also gut: um zehn Uhr morgens auf dem Flugfeld in Leesburg.«

»Ich werde pünktlich sein.«

Wenn es mir gelingt, ein Flugzeug aufzutreiben, könnte ich mein Vorhaben gleich nach dem 13. Dezember in die Wirklichkeit umsetzen. Wenn Gott will, können die Jungen bald ihr erstes Weihnachtsfest feiern, sagte ich mir überglücklich.

Auf Einladung von Elena flogen Armando, Kristina und ich wieder nach Columbus. Wir wollten mit einem Gottesdienst in ihrer Kirche die weltweiten Fürbitten für Vicky und unsere Söhne einleiten, die sie initiiert hatte, aber auch die Einzelheiten eines Treffens zwischen Armando und Michail Gorbatschow besprechen, der in der folgenden Woche zu einem Besuch nach Mexiko kommen würde. Ich sollte bei dem Gespräch als Dolmetscher fungieren und die Gelegenheit erhalten, den bedeutenden Staatsmann zu bitten, sich bei dem kubanischen Staatschef für meine Familie einzusetzen. Meine Freunde waren noch immer überzeugt, Vickys Ausreise auf andere Weise als mit meinem riskanten Rettungsunternehmen erreichen zu können.

Auf unserem Weg in die Stadt grüßten uns mehrere gigantische Plakate an der Autobahn, auf denen Vicky und die Kinder abgebildet waren. Bewegt erkannten wir, daß sie Elenas Werk waren. Pfarrer Creede Hinshaw leitete den Gottesdienst, und wir waren ihm für sein persönliches Interesse am Schicksal meiner Familie sehr dankbar. Als ich dann ebenfalls zu den Gläubigen sprach, konnte ich angesichts der vielen weinenden Menschen meine Tränen nicht zurückhalten. Ihre Gebete, ihr Gottvertrauen würde uns begleiten, wohin wir auch gingen. In einer Welt mit soviel Liebe und Brüderlichkeit konnte uns der Haß nicht vernichten.

Am Abend setzten wir vier uns zusammen, um die Details der Mexiko-Reise und meine Pläne für Vickys Rettung zu besprechen. Viele Monate lang hatte Elena über mich gewacht und mich in unseren Telephongesprächen mit ihrem lebhaften Geist, ihrem Mut und ihrer Zuversicht immer wieder aufgerichtet. Aber nun wurde sie bei meinen Worten immer trauriger und sichtlich beunruhigt darüber, was passieren konnte.

»Wenn ich es nicht mache, wird das Leben für mich sinnlos.«

Sie blickte mich lange an, und ich sah Tränen in ihren Augen. Dann ergriff sie meine Hand und sagte: »Ich weiß, daß mein Mann Johnny Ihnen beipflichten würde. Er war genauso wagemutig wie Sie. Sie können sich in jeder Hinsicht auf meine Unterstützung verlassen. Woher bekommen Sie das Flugzeug?«

»Das weiß ich nicht. Ich bin immer noch auf der Suche.«

»Ich habe einen Freund, der Ihnen gern helfen wird. Lassen Sie es mich wissen, wenn Sie Ihr Flugzeug gefunden haben.«

Mir war bewußt, daß Elena von sich sprach. Sie hatte sich stets die größte Mühe gegeben, angesichts ihres Reichtums meinen Stolz nicht zu verletzen.

Ich nutzte meinen Aufenthalt in Columbus, um mit Elenas Piloten zu Mittag zu essen, die ich bei unserem ersten Besuch in der Stadt kennengelernt hatte.

»Ich bin auf der Suche nach einer Maschine. Sie können sich denken, wofür ich sie brauche.«

Erschreckt sah Gary von seinem Teller hoch. Er schien nicht glauben zu können, was ich da andeutete.

»Sind Sie noch bei Sinnen? Damit legen Sie Ihren Kopf freiwillig in die Schlinge.«

»Wir wollen das Thema nicht vertiefen. Aber ich würde mich freuen, wenn Sie mir helfen könnten, ein billiges Flugzeug zu finden, das auf kleinem Raum abheben und landen kann.«

»Ich habe eine Maschine zu verkaufen«, mischte sich Ron ein. »Eine Cessna 310F, Baujahr 1961.«

Als ich begriff, was er da gerade gesagt hatte, sprang ich in die Höhe.

»Wo ist sie? Können wir sie uns ansehen?«

Jetzt mischte sich Gary ein. »Weißt du auch, wozu er sie haben will? Unter Umständen setzt du dich damit tief in die Tinte«, sagte er zu Ron.

Mir stieg das Blut ins Gesicht. »Ich möchte die Maschine Ihres Freundes kaufen, nicht mehr und nicht weniger!« Dann riß ich mich zusammen und fuhr wesentlich ruhiger fort: »Und wenn ich das Flugzeug gekauft habe, ist es nicht mehr seins. Dann bin ich dafür verantwortlich, was ich damit anstelle.«

»Aber sie werden Nachforschungen anstellen.«

Garys Verhalten kam mir reichlich merkwürdig vor. Ich suchte nicht nach einem Komplizen für ein Verbrechen, sondern nach jemandem, der mir ganz legal eine Maschine verkaufte. Ihn ging das alles ohnehin nichts an.

Ich begann mir Sorgen zu machen, was er unter Umständen tun oder sagen könnte. Mehr als einmal hatten charakterschwache Menschen die Bemühungen anderer gefährdet, weil sie die damit verbundenen Risiken nicht akzeptieren wollten – auch wenn es nicht ihre eigenen waren. Im Fall irgendeiner Indiskretion von ihm stünde das Leben meiner Familie auf dem Spiel.

»Verbietet irgendein Gesetz, Dinge zu verkaufen, die einem gehören?« fragte ich und machte keinen Hehl aus meiner Verärgerung über seine Einmischung.

Gary blieb skeptisch.

»Ich würde die Maschine gern verkaufen«, wiederholte Ron.

»Wieviel?«

»Dreißigtausend.«

»Noch habe ich das Geld nicht, aber bald. Versprechen Sie mir, das Flugzeug an keinen anderen zu verkaufen. Das Schicksal meiner Familie hängt davon ab.«

»Sie können sich darauf verlassen.«

Nach meiner Rückkehr nach Virginia blieb mir vor der Abreise nach Mexiko ein Tag, meine Planungen abzuschließen. Virginia und Azul waren die am besten geeigneten Menschen, Vicky eine Nachricht zu überbringen. Wenn ich sie doch nur in Mexiko treffen könnte, dachte ich und verfaßte hastig eine Mitteilung, die ich unverzüglich Azul faxte:

»Wir kommen nach Monterrey ... Es ist sehr wichtig, daß wir uns dort sehen. Ich glaube, wir können gemeinsam Weihnachten feiern ...«

Wenig später rief Azul an.

»Selbstverständlich kommen wir zu Ihnen nach Monterrey.«

Ich breitete die Karte auf dem Tisch aus und stellte anhand der technischen Daten einer Cessna 310F und der vierspurigen Autobahn entlang der Küste bei Matanzas meine Berechnungen an. Ich hatte mich für den El-Mamey-Strand als Landeplatz entschieden. Er lag in der Nähe der Wohnung meiner Eltern. Vicky konnte sich mit den Kindern dorthin begeben, ohne Verdacht zu erregen. Die Zeit, die verstreichen würde, bis sie aufgrund der bekannten Umstände ihre Raketen einsatzbereit hatten, war mir bereits bekannt. Jetzt mußte ich nur noch herausfinden, ob es mir gelingen konnte, vor Ablauf dieser Frist wieder aus der Reichweite ihrer Waffen heraus zu sein.

Wenn ich mich knapp über dem Meer hielt, konnte ich erst dreißig Seemeilen vor meinem Landeplatz gesichtet werden, und die Reichweite der Boden-Luft-Raketen betrug lediglich zwölf Seemeilen. Die Maschine erreichte eine Höchstgeschwindigkeit von zweihundertzwölf Knoten. Wenn ich nicht länger als eine Minute am Boden blieb, könnten wir uns vierzehn Minuten und fünfzig Sekunden nach meiner Entdeckung bereits wieder aus dem Wirkungsbereich der Raketen entfernt haben. Und das waren zehn Sekunden weniger, als die kubanische Luftwaffe für den Einsatz der Waffen benötigte.

Über internationalen Gewässern konnten uns nur die kubanischen Kampfflugzeuge gefährlich werden, und denen könnten wir im Schutz der Dunkelheit entkommen. Für meinen Flug und die Landung auf der Autobahn brauchte ich aber gute Sicht. Daher war die Abenddämmerung der beste Zeitpunkt für die Rettung. Als Kampfflieger wußte ich, daß meine früheren Kameraden – wegen der Treibstoffkrise, und weil sie ihre Funkanweisungen von Navigatoren erhielten, die auf Radarschirme mit mangelhafter Auflösung angewiesen waren – ein fremdes Objekt kaum orten konnten, das mit geringer Geschwindigkeit und dicht über dem Meeresspiegel durch die Dunkelheit flog.

Dann setzte ich mich an den Computer und begann mit den winzigsten Schrifttypen meine Mitteilung an Vicky zu tippen.

»*Cuchita*«, begann ich. Es war mein Kosename für Vicky in unseren intimsten Augenblicken, daher würde sie wissen, daß der Brief echt war. Dann fuhr ich fort:

»Sei eine halbe Stunde vor Sonnenuntergang auf der Autobahn am El-Mamey-Strand. Nähere dich dem Flugzeug von hinten. Achte auf die Propeller. Halte die Kinder fest an den Händen. Und nun die Schlüsselwörter: Wenn du mit meinem Plan einverstanden bist, antwortest du auf meine Frage ›Wie geht es meinem Vater?‹ mit ›Er hat abgenommen, aber es geht ihm gut.‹ Mit dem Satz ›Ich schicke dir Geld für einen Videorecorder‹ kündige ich dir an, daß ich am folgenden Tag landen werde. Nenne mir den Zeitpunkt des Sonnenuntergangs, indem du mich um Schuhe in einer dieser Zahl entsprechenden Größe bittest. Unsere Zeiten müssen unbedingt übereinstimmen . . .«

Im Morgengrauen war ich mit dem Brief fertig. Ich sah auf mein Flugticket und stellte fest, daß ich mich nicht mehr hinlegen konnte. In wenigen Stunden mußte ich auf dem Flughafen sein. In Mexiko wartete eine höchst interessante Begegnung mit Gorbatschow auf mich und ein noch wichtigeres Treffen mit Azul und Virginia.

Dank Elenas fröhlicher Unbekümmertheit wurde es ein sehr amüsanter Flug, und am nächsten Tag bereiteten wir uns in einem kleinen Büro des Kongreßzentrums auf das Gespräch mit Gorbatschow vor.

Nach wie vor hegte ich eine große Bewunderung für Michail Gorbatschow, der meiner Ansicht nach für die enormen Veränderungen in unserer Welt verantwortlich war. Darüber hinaus war ich ihm auch ganz persönlich dankbar. Ohne die Perestroika würde ich vielleicht noch immer in der surrealen Welt des Hasses verharren, in der ich aufgewachsen bin. Während des Essens am vergangenen Abend hatte ich mit seiner Frau Raissa gesprochen und Hoffnung geschöpft, als sie fast zärtlich meine Hand nahm und versprach, sobald wie möglich mit ihm über unseren Fall zu reden.

»Vertrauen Sie uns«, sagte sie, als wir uns voneinander verabschiedeten.

Jetzt befand ich mich im selben Raum mit dem Politiker,

und nachdem Armando und Gorbatschow ein paar Worte miteinander gewechselt hatten, fragte ich meinen Freund, ob ich Gorbatschow ansprechen dürfe.

»Michail Sergejewitsch, seit zwei Jahren werden meine Frau und meine beiden kleinen Kinder auf Kuba als Geiseln festgehalten . . .«

Das Lächeln schwand aus seinem Gesicht. Er schob meine Hand mit dem Kassettengerät, das ihn bisher nicht gestört hatte, zur Seite und sagte: »Individuelle Familienprobleme sollten im Zusammenhang mit dem kubanischen Problem insgesamt gelöst werden. Aus diesen Gründen . . .«

Ich hörte nicht mehr zu, schaltete das Bandgerät ab, das ihn so beunruhigt hatte, trat ein paar Schritte zurück und meinte: »Bemühen Sie sich nicht, es ist nicht so wichtig.«

Minuten später nahm ich an der Pressekonferenz des gefeierten Staatsmannes teil. Jemand aus dem Auditorium wollte wissen, ob er von der Existenz eines göttlichen Willens überzeugt sei, und er verlor sich in einem Wortgewirr, aus dem niemand schlau wurde.

»Glauben Sie an Gott oder nicht?« wiederholte ein anderer die Frage präziser.

Wieder sagte er weder ja noch nein, und ich sah ihn vom Altar meiner Helden stürzen.

Nein, ein solcher Mann hat die Perestroika nicht willentlich initiiert, dachte ich nach meiner Begegnung mit einer der von mir am meisten verehrten Persönlichkeiten. Er hat sie ins Leben gerufen, um nicht vernichtet zu werden!

Am Nachmittag trafen Virginia und Azul ein – zuversichtlich wie immer. Wir sechs setzten uns in die Hotelbar, wo ich sie leise und ausführlich mit meinen Plänen vertraut machte und auch von meiner Vorahnung sprach, Vicky und den Jungen würde etwas Furchtbares zustoßen, wenn ich nicht schnell und entschlossen handelte. Als wieder jemand die Risiken erwähnte, denen ich alle Beteiligten aussetzte, erklärte Virginia mit tränenfeuchten Augen: »Wenn er und Vicky davon überzeugt sind, daß etwas Schreckliches passieren wird, wenn sie es nicht tun, dann sollten sie es tun. Nur sie können darüber entscheiden.«

Wieder hatte Virginia die Kraft des menschlichen Mutes intuitiv erkannt. »Und nun sagen Sie uns, wie wir Ihnen helfen können«, fügte sie lächelnd hinzu.

»Ich suche jemanden, der Vicky diesen Brief bringt«, erwiderte ich und zog den kleinen, gefalteten Zettel aus meiner Brieftasche.

Virginia nahm ihn, steckte ihn in ihre Handtasche und versicherte: »Machen Sie sich keine Sorgen. Vicky wird ihn so schnell wie möglich erhalten.«

Was würde dem Überbringer geschehen, wenn er von der Staatssicherheit gefaßt wird? fragte ich mich auf dem Rückflug in die Vereinigten Staaten. Obwohl diese Möglichkeit äußerst unwahrscheinlich war, kam ich mir doch sehr egoistisch vor, andere Menschen für meine Familie Risiken aufzubürden.

Es war der zwölfte Dezember. Morgen wäre meine Flugprüfung, und dann würde ich das Flugzeug kaufen. In ihrer unnachahmlichen Weise hatte mir Elena bereits versichert, »ihr Freund« würde die dreißigtausend Dollar für den Erwerb der Maschine an die Stiftung überweisen.

Wenn Gott will, sind wir Weihnachten wieder beieinander, dachte ich aufgeregt, als wir in Washington landeten.

Mit dem langersehnten Pilotenschein in der Tasche lief ich in meinem Zimmer ruhelos auf und ab. Es war Dienstagabend, der 15. Dezember. Als das Telephon klingelte, riß ich den Hörer förmlich von der Gabel.

»Orestes?«

Wie hatte ich darauf gewartet, diese Stimme zu hören!

»Ja?«

»Hier ist Virginia. Morgen fliege ich mit zwei Freundinnen nach Kuba. Freitag nachmittag sind wir wieder da.«

Ich zitterte am ganzen Körper. Ich hatte so lange gewartet,

so viel gelitten! Und nun entwickelte sich das, was mir noch vor Monaten unwahrscheinlich erschienen war, fast problemlos. Wie dankbar war ich Gott, daß er uns so wunderbare Freundinnen über den Weg geführt hatte! Ich setzte mich an den Schreibtisch und verfaßte mit noch immer bebenden Fingern sieben Briefe an Armando, Kristina, Elena, Mari Paz, Valle, Azul und Virginia.

»Ihr solltet wissen, daß ich nie bereut habe, Kuba verlassen zu haben – noch irgend etwas, was seither geschehen ist ... Eure Freundschaft ist ein hinlänglicher Grund, mit dem zufrieden zu sein, was ich getan habe ... Einundzwanzig Monate lang habe ich in Freiheit leben dürfen, und nicht einmal der Tod kann mir die Freiheit nehmen, die ich in mir trage. Daher kann ich mich durchaus frohen Herzens von euch verabschieden ...«

Ich las noch einmal die Briefe, die ich meinen besten Freunden – sechs Frauen und einem ungewöhnlichen Mann – hinterließ, und war mir unseres Sieges sicher. Was für ein glückliches Zusammentreffen! Oh, Frauen! Wenn sie ihre Liebe, ihre Begabungen und ihre Hingabe einsetzen, kann kein Unterfangen scheitern.

Ich nahm die Karte mit meinen Berechnungen, ein Walkie-talkie und den Scheck von der Foundation über die von Elena gespendeten dreißigtausend Dollar. Armando war geschäftlich nach Miami gefahren, und ich bat Kristina, sich mit mir am Flughafen zu treffen, damit ich mich von ihr verabschieden und ihr die Briefe übergeben konnte, bevor ich nach Columbus flog, um mein Flugzeug zu kaufen.

»Sie dürfen nur im Fall des Falles geöffnet werden«, sagte ich zu Kristina, während wir auf den Aufruf meines Fluges warteten.

Schweigend wandte sie sich ab, um sich die Tränen aus den Augen zu wischen, die sie in den letzten Tagen zurückgehalten hatte. Wie gern ich sie hatte! Die ganzen langen Monate hatten wir Seite an Seite gekämpft, uns immer neue Illusionen gemacht, die dann doch wieder enttäuscht wurden. Sie war mit ganzem Herzen und all ihrer Energie bei der Sache gewesen, hatte buchstäblich jeden angesprochen, der uns helfen konnte, dabei aber auch nicht vergessen, Vicky und den Kindern kleine Geschenke zu schicken.

»Sie kommen also nicht noch einmal nach Virginia zurück?«

»Nein.«

Sie schwieg einige Sekunden nachdenklich.

»Ich wäre gern dabei, wenn Sie starten.«

Mein Flug wurde aufgerufen. Ich umarmte sie und lief dann davon, ohne mich noch einmal umzudrehen.

»Ich werde Ihnen ein Weihnachtsgeschenk schicken«, hatte Virgina am Telephon zu Vicky gesagt.

Jetzt spielte Vicky gerade mit den Jungen, als sie den Freudenschrei ihrer Schwester hörte: »Vicky, komm schnell her!«

Sie eilte ins Wohnzimmer und sah Virginia zusammen mit ihren Freundinnen Maribel und Mónica hereinkommen.

»Hier bin ich! Ich bin das Weihnachtsgeschenk!« rief Virginia, eilte auf Vicky zu und nahm sie in die Arme.

Nachdem sie alle Familienangehörigen begrüßt hatte, bedeutete Virginia Vicky, daß sie sich mit ihr lieber in ihrem Zimmer unterhalten würde. Dort angekommen drehte Vicky das Radio auf volle Lautstärke. Virginia legte einen Finger an ihre Lippen, öffnete ihre Handtasche und suchte nach dem kleinen Zettel, den sie zu einer Winzigkeit zusammengefaltet hatte.

Schweigend las Vicky meinen Brief. Sie war kaum überrascht, da sie schon lange auf ihn gewartet hatte. Dann sah sie Virginia mit leuchtenden Augen an, nickte, biß sich aber gleichzeitig auf die Lippe, als befürchte sie, ihr könnte ein Wort entschlüpfen. Virginia reckte schweigend, aber überglücklich die Faust.

Nachdem Vicky meinen Brief im Badezimmer verbrannt und hinuntergespült hatte, kehrten sie ins Wohnzimmer zurück, wo sie laut und fröhlich für den nächsten Tag einen Strandausflug planten.

Sie zwängten sich in das kleine Auto, fuhren singend los und tauschten von Zeit zu Zeit verschwörerische Blicke aus, die von den Kindern unbemerkt blieben. Auf dem Weg zum Strand nahmen sie den Bereich der Autobahn in Augenschein, an dem ich landen wollte. Virginia bestand darauf, in einem Touristen vorbehaltenen Geschäft drei orangefarbene Hemden und drei Mützen in der gleichen Farbe zu kaufen. Als sie Vicky die Kleidungsstücke gab, flüsterte sie ihr zu: »Damit kann er Sie aus der Luft besser erkennen.«

Die Jungen wollten natürlich sofort ins Wasser und stürzten sich jauchzend in die Wellen. Nachdem sie von Vicky und Virginia wieder »an Land« gerufen worden waren, setzten sie sich alle im Kreis in den Sand und faßten sich bei den Händen. In der Mitte stand eine halb mit Sand, halb mit Wasser gefüllte Flasche. »Jetzt sucht sich jeder eine Muschel, wirft sie in die Flasche und wünscht sich insgeheim etwas«, erklärte Virginia.

Schweigend ließen sie ihre Muscheln in die Flasche fallen, schweigend saßen sie eine Weile mit gesenkten Köpfen und starrten in den Sand.

Ich habe mir gewünscht, bald bei Papa zu sein«, sagte Reyniel schließlich zu Alejandro. »Und du?«

»Ich auch.«

Auf dem Rückweg nach Havanna sahen sie, wie die Sonne am Horizont versank. Vicky sah auf ihre Uhr. Es war halb sechs, Donnerstag, der 17. Dezember.

Bis Freitag hatte ich ungeduldig auf Ron gewartet, aber nun probierten wir die Cessna No. N5819X aus.

»Können Sie mir sagen, wie schnell sie mit ausgefahrenem Fahrwerk und Landeklappen ist?« fragte ich ihn.

»Fünfundsiebzig Knoten«, erwiderte er, bremste ab und deutete auf den altmodischen Geschwindigkeitsmesser, der Seemeilen auswies.

»Können wir die Geschwindigkeit nicht noch ein bißchen mehr zurücknehmen, bis der Vogel tatsächlich am Abrutschen ist?«

Ron sah mich skeptisch an, dann sagte er: »Okay, aber hätten Sie etwas dagegen, wenn wir zuvor ein wenig Höhe aufnehmen?«

Ich vermutete, daß die kritische Geschwindigkeit der Maschine niedriger war. Im allgemeinen nannten die Hersteller eine höhere als die tatsächliche maximale Fluggeschwindigkeit, um den Piloten eine gewisse Sicherheit zu geben, aber ich mußte die tatsächlichen Grenzen kennen. Ich würde über einer verkehrsreichen Autobahn manövrieren, um dann bei erster Gelegenheit und schlechten Sichtverhältnissen zu landen.

Mit ihrer ausgezeichneten Manövrierfähigkeit und ihrem extrem kurzen Start und Landeanflug gefiel mir die Cessna 310F außerordentlich. Die Maschine war genau das, was ich brauchte! So wie meine getreuen, noblen Freundinnen und Freunde war sie mir über den Weg geführt worden, und dafür war ich Gott dankbar.

Nachdem der Kauf über die Bühne gegangen war, fragte ich Ron, ob er mich nach Marathon Key, meinem Startplatz, begleiten könnte. Ich wollte jeden Funkverkehr vermeiden, um selbst das ausgesprochen geringe Risiko auszuschließen, daß auf meinem Flug zu den Keys kubanische Funktechniker meine Stimme erkannten und ausreichend Zeit hatten, eine verstärkte Überwachung Vickys und der Jungen zu veranlassen. Er stimmte zu, und wir vereinbarten, uns abends bei Elena zu treffen.

Wenige Stunden zuvor war Kristina in Columbus eingetroffen. »Ich habe es in Washington einfach nicht ausgehalten«, gestand sie und umarmte mich.

Jeden Moment mußte Virginia wieder in Mexiko ankommen, und wir drei saßen ungeduldig in der Nähe des Telephons. Nervös unternahm Elena immer wieder Ausflüge in die Küche und kehrte mit köstlichen Happen zurück, als könnte

Essen die Zeiger unserer Uhren beschleunigen. Etliche Male klingelte das Telephon und ließ uns in die Höhe springen. Aber der ersehnte Anruf war nie dabei.

Acht Uhr. Elena lief von der Küche ins Schlafzimmer, ins Wohnzimmer und wieder zurück. Sie lächelte jedesmal, wenn sie wieder auftauchte, aber mir entging die Sorge nicht, die sie hinter ihrem Lachen verbergen wollte. Wenn ich diesmal scheiterte, würde ich es mit meinem Leben bezahlen. Kristina wollte mit ihrer Blitzlichtkamera ein paar Aufnahmen machen, aber ich bezweifelte, daß die Bilder etwas wurden. Dafür zitterten ihre Hände viel zu sehr. Unwillkürlich blickte ich auf meine Finger. Auch sie flatterten.

Halb neun. Das Telephon klingelte.

»Hallo?«

Es war die herrlichste Stimme der Welt.

»Virginia?«

»Wie geht es Ihnen? Nun, ich bin wieder da.«

»Es ist alles vorbereitet. Unsere Patientin wird an dem betreffenden Tag um Viertel vor sechs in der Praxis sein.«

Wie erstarrt hörten wir ihr zu.

»Können Sie von dort aus eine Verbindung nach Havanna herstellen? Von hier aus ist es unmöglich . . .«

»Ich kann es über einen anderen Apparat versuchen. Bleiben Sie dran.«

Schweigend lauschten wir auf Virginias Wählgeräusche.

»Ja, bitte?«

»Ich bin durchgekommen! – Vicky? Ich bin gerade nach Hause gekommen und habe Ihren Mann am anderen Apparat. Er versucht schon seit Tagen vergeblich, Sie zu erreichen. Einen Moment, bitte.«

Die Anspannung nahm mir fast den Atem.

»Was soll ich ihr sagen?« flüsterte mir Virginia aus Mexiko zu.

»Fragen Sie sie, wie es meinem Vater geht.«

»Er will wissen, wie es seinem Vater geht«, sprach sie ins andere Telephon.

Schweigen.

»Nein, nicht Ihrem Vater – seinem Vater . . .«

Schweigen.

»Sie sagt, er habe abgenommen, aber es ginge ihm gut.«

Fast hätte ich einen Luftsprung gemacht. Elena und Kristina hörten wie versteinert zu.

»Sagen Sie ihr, ich würde ihr Geld für einen Videorecorder schicken.«

Ich konnte mich vor Freude kaum halten. Aufgeregt sprang ich auf und ab, lief hin und her wie ein Kind, umarmte abwechselnd Kristina und Elena, die nicht wußten, ob sie lachen oder weinen sollten.

»Ich bleibe morgen auf keinen Fall hier«, erklärte Elena mit ihrer üblichen Direktheit. »Ich möchte auf Marathon sein, wenn Sie starten.« Dann griff sie wieder zum Telephon, rief Gary an und sagte ihm, daß sie am nächsten Morgen nach Miami fliegen wolle. »Morgen werde ich ihm sagen, wohin es wirklich geht«, meinte sie, nachdem sie den Hörer aufgelegt hatte.

Ron kam – gestiefelt und gespornt für den Flug nach Marathon Key. Aber ich bat ihn, noch kurze Zeit zu warten. Elena hatte uns gebeten, mit ihr in die Kirche zu gehen. Nachdem sie feststellen mußte, daß sie bereits geschlossen war, rief sie das Krankenhaus an und bat, in der Kapelle dort ein kurzes Gebet sprechen zu dürfen. Schwester Patrice führte uns zur Kapelle und schloß sie uns auf. Wir gingen leise hinein und knieten nieder. Hinter mir hörte ich Kristina und Elena leise weinen. Als wir die Kapelle schweigend wieder verließen, trat die Schwester mit einem Rosenkranz auf Kristina zu. »Der Herr möge Sie schützen.«

»Nehmen Sie ihn«, wandte sich Kristina an mich. »Bei Ihrem Flug werden Sie ihn brauchen.«

Ich nahm den Rosenkranz, und Schwester Patrice drückte mir stumm die Hand.

In Elenas Wohnung bat ich um eine Videokamera, breitete meine Karten aus und fragte Kristina, ob sie mich dabei filmen könnte, während ich die Einzelheiten meines Vorhabens erläuterte.

»Im Fall meiner Festnahme werden die kubanischen Behörden alles tun, um die CIA und die US-Regierung eines Terroranschlags gegen Kuba zu beschuldigen. Ich weiß auch, daß sie mir die schrecklichsten Aussagen in den Mund legen können. Daher möchte ich aller Welt deutlich machen, daß ich aus eigenem Antrieb und mit der Hilfe weniger Freunde handele. Ich bereue nichts von dem, was bisher ich für meine Freiheit und die meiner Familie getan habe . . . Ich nehme keinerlei Waffen auf meinen Flug mit – nur die Liebe zu meiner Frau und meinen Kindern . . .«

Elena holte Schokolade für die Kinder und stellte Mineralwasserflaschen in einen Kühler.

»Sie werden unterwegs etwas trinken wollen«, erklärte sie, als sie Eis in den Kühler füllte.

Kurz vor dem Abschied kam Kristina mit einem Paket aus dem Nebenzimmer.

»Diesen Jogginganzug hat Ihnen Brandon gekauft. Er ist unser Weihnachtsgeschenk. Ich möchte, daß Sie ihn anziehen«, sagte sie, packte ihn aus und hielt ihn hoch.

Sekunden später war ich in meinem neuen Anzug wieder da und wollte nur eines: los.

»Einen Augenblick noch«, hielt mich Elena mit ausgestrecktem Arm zurück. »Das ist ein Amulett unserer barmherzigen Madonna, das meiner Mutter gehört hat. Nehmen Sie es bitte mit!« sagte sie und heftete es mir an meinen neuen Anzug.

Gegen Mitternacht hoben wir in Columbus ab.

Die dreieinhalb Stunden nach Marathon legten wir bis auf Rons Funkkommunikation schweigend zurück.

Wir suchten uns ein Motel in der Nähe des Flugplatzes, und

ich trug mich unter dem erstbesten Namen ein, der mir in den Sinn kam: Joao Garcia. Wir verabschiedeten uns und gingen in unsere Zimmer. Ron, um zu schlafen, und ich, um meine Berechnungen ein letztes Mal zu überprüfen. Seit Dienstag hatte ich kein Auge zugemacht.

Es war halb fünf Uhr morgens.

XXI

Der letzte Tag

Gegen Mittag hatte sich Vicky von Virginia verabschiedet, und nach ihrem Anruf wußte sie, daß sie nicht mehr zur Ruhe kommen würde.

Sie war davon ausgegangen, daß ich längere Zeit brauchte, ein geeignetes Flugzeug zu finden, und als sie dann so überraschend die Codewörter hörte, mußte sie sich beherrschen, um vor ihren Angehörigen nicht ohnmächtig zusammenzubrechen. Dann lenkte sie sich damit ab, daß sie ihren Nachbarn unter dem einen oder anderen Vorwand Besuche abstattete. Hier, in dieser lebendigen und dichtgedrängten Umgebung war sie geboren und aufgewachsen, hatte miterlebt, wie ihre Nachbarn an die Tür kamen, um sich ebenso selbstverständlich etwas auszuleihen, wie sie von ihrer Mutter zu ihnen geschickt wurde, wenn Salz oder Zucker ausgegangen waren. Die letzten Monate waren sehr schwer gewesen, doch obwohl ihre Nachbarn alle aus revolutionären Familien stammten, die an Parteitreffen teilnahmen und für die Nachbarschaftsverteidigungskommitees die Augen offenhielten, hatten sie ihr alle von Anfang an beigestanden, sie ans Telephon gerufen, sobald ich am Apparat war, ihr Trost und Mut zugesprochen, und sie gewarnt, sobald sie ein Fremder ausspionieren wollte. Ja, sie gehörten zu ihrem Leben. Sie fühlte sich ihnen verbunden und wollte sich mit ihren kurzen Besuchen von ihnen verabschieden, ohne daß sie es wußten.

Kurz bevor ihre Mutter zu Bett ging, sagte sie ihr, daß sie am nächsten Tag meine Familie in Matanzas besuchen würde.

»Hast du dir das gut überlegt? Ihr braucht doch den ganzen Tag, um überhaupt dorthin zu kommen«, wandte María ein.

»Wir gehen schon sehr früh zum Busbahnhof. Und wenn es nach ein paar Stunden nicht geklappt hat, kommen wir zurück«, versprach Vicky, obwohl sie genau wußte, daß sie mit den sechshundert Pesos von Virginia eines der illegalen Taxis bezahlen konnte, die an der Busstation standen.

Sie schloß ihre Zimmertür, damit kein Licht hinausdrang, setzte sich vor den Spiegel und begann sich zu frisieren. Als sie sich mit bebenden Fingern die Haare aufdrehte, wurde ihr bewußt, daß sie das schon seit langer Zeit nicht mehr getan hatte.

So kann ich mich ihm nicht präsentieren, dachte sie und probierte auch den Nagellack aus, den ihr Kristina geschickt hatte. Dann legte sie auch noch ein wenig Make-up auf. Selbst zwischen Leben und Tod wollte sie für mich so schön wie möglich aussehen.

Sie drehte sich um und betrachtete nachdenklich unsere Söhne und ihre kleine Nichte, die tief und friedlich schliefen. Sie hatten keine Ahnung von dem, was sie vorhatte. Wie grausam waren ihre Eltern doch in ihrer Liebe zueinander, daß sie, ohne sie zu fragen, über ihr Schicksal entschieden! Und wie unbarmherzig war die Unschuld dieser Kinder, die uns davon abhielt, sie über unsere Pläne zu informieren! Vicky wußte, daß sie im entscheidenden Augenblick auf das Flugzeug zurennen würden. Immer wieder hatten sie ihrer brennenden Hoffnung Ausdruck gegeben, von ihrem Vater gerettet zu werden. Dennoch quälte es Vicky, daß sie den Kindern zuvor nichts sagen konnte – aus Furcht vor der Gefahr für sie alle, falls sie unwissentlich etwas ausplauderten. Morgen wäre der entscheidende Tag. Morgen wäre ihre Familie endlich wieder vereint, frei – vielleicht aber auch tot! Sie bekam panische Angst vor ihren eigenen Gedanken.

Aber was würden sie später sagen, wenn wir es nicht versucht hätten? fragte sie sich wieder und machte sich bewußt, daß wir das Risiko vor allem für die Kinder eingingen, für ihr

Recht, in Freiheit aufzuwachsen. »Wir werden es nicht zulassen, daß sie zu Sklaven gemacht werden!« flüsterte sie vor sich hin und küßte sie auf die Wangen.

Dann dachte Vicky an ihre einzige Nichte. Seit sie in das Haus ihrer Eltern zurückgekehrt war, hatte sie mit ihr zusammen in einem Bett geschlafen. Zierlich, quicklebendig und voller Energie wieselte sie den ganzen Tag um Vicky herum. Nachts rollte sie sich wie eine kleine Kugel zusammen und suchte Vickys Körperwärme. Das Kind bestand darauf, nur von ihrer Tante angezogen zu werden. Ihr zeigte sie als erstes das neue Kleid oder die neuen Schuhe, die ihr ihr Onkel aus diesem fernen Land geschickt hatte. Aber übermorgen wäre sie nicht mehr da. Vielleicht würde die Kleine sie nie wiedersehen. Als sich Vicky über sie beugte, fiel eine Träne auf das kleine Gesicht. Sie umarmte das Kind ganz fest. Wie sehr sie es doch liebte!

Sie holte die Bibel aus dem alten Schrank und setzte sich neben die Kinder, um zu lesen. Ein leichtes Kratzen schreckte sie auf, und als sie die Tür öffnete, schoß der kleine Hund an ihr vorbei ins Zimmer, den die Jungen Motica genannt hatten.

Einen Monat zuvor war das Tier an einem verregneten Nachmittag vor ihrer Tür aufgetaucht, als Vicky gerade Nachbarn einen Besuch abgestattet hatte. Reyniel und Alejandro hatten es durchnäßt auf der Schwelle entdeckt, als wollte es hereingebeten werden. Die Jungen betrachteten die Hündin neugierig, aber ihre Tante rief energisch: »Verschwinde, Hund! Mach, daß du wegkommst!« Mit einem Satz brachte sich das Tier in Sicherheit, während Aurora weiterschimpfte: »Das hätte uns gerade noch gefehlt. Dieses Haus hat ja nicht einmal genug Platz für uns!« Dann ging sie in die Küche, und Motica erschien wieder an der Tür. Aurora kam zurückgesaust, und Motica spritzte davon. Diese Szene wiederholte sich etliche Male, und jedesmal schien es Aurora mehr leid zu tun, den armen Hund davonzujagen. Bei Auroras letztem

Vertreibungsversuch folgten Reyniel und Alejandro dem Hund auf die Straße hinaus, wo sie Vicky bei ihrer Heimkehr antraf.

»Sieh doch nur, Mama«, riefen beide begeistert, und Motica wedelte zu ihren Füßen aufgeregt mit dem Schwanz.

Vicky sah sich den Hund genauer an, trat überzeugt einen Schritt zurück und erklärte: »Dieses kleine Wesen hat einen so treuen Blick. Wenn ihr wollt, nehmen wir es mit.«

Die vier betraten das Haus, und Motica lief schnurstracks in die Küche und rollte sich dort unter dem Tisch zusammen. Sie wurde der letzte Untermieter in einem bereits bis unters Dach gefüllten Haus. Täglich wartete sie auf der Türschwelle darauf, daß die Jungen aus der Schule kamen, um dann außer sich vor Freude an ihnen hochzuspringen.

Doch nun fiel Vicky auf, daß sich das Tier höchst ungewöhnlich benahm. Motica kroch auf die Matratze, die ihnen allen als Bett diente, legte den Kopf auf die Vorderpfoten und starrte Vicky mit tieftraurigen Blicken an.

»Du weißt Bescheid«, stellte Vicky fest.

Und zum ersten Mal an diesem Abend wedelte Motica mit dem Schwanz.

Es war der 19. Dezember. Das Morgenlicht schien bereits durchs Fenster, als Vicky schließlich den Rucksack zur Hand nahm, mit dem Reyniel normalerweise zur Schule ging, und die Dinge packte, die sie für die Reise brauchten: die orangefarbenen Hemden und Mützen, das Geld von Virginia, die Bibel und ein paar Bonbons. Dann ging sie leise in die Küche, um ein paar Brote zuzubereiten. Dort saß ihr Vater bereits vor seiner ersten Tasse Kaffee.

»Diese Fahrt nach Matanzas kommt mir höchst eigenartig vor«, bemerkte er und sah sie nachdenklich an.

»Papa, bitte . . .«, sagte sie leise und drückte liebevoll seinen Arm.

Gerardo senkte schweigend den Blick, und Vicky küßte ihn auf die Stirn.

Als sie mit den Kindern auf die Straße hinaustrat, drehte sie sich noch einmal zu ihren Eltern um, die ihr von der Tür aus nachsahen. Sie winkte ihnen zum Abschied zu, und sie winkten zurück. Vicky lief ein paar Schritte weiter und drehte sich wieder um. Mit Motica zwischen ihren Beinen standen sie noch immer da und sahen ihnen traurig nach.

Sie wissen es, dachte Vicky, während sie weiterging. Sie bereute, ihnen nichts gesagt zu haben. Aber wozu? fragte sie sich dann. Sie hätten sich nur zu Tode geängstigt.

Es war acht Uhr morgens, und mit ein bißchen Glück könnten sie mit einem der ersten Busse nach Matanzas fahren. Sie liefen zur Bushaltestelle und mischten sich dort unter die Wartenden. An einer Straßenecke stand ein Mann und beobachtete die Haltestelle. Vicky spürte, daß ihr ein Schauer über den Rücken lief.

Werden wir verfolgt?

Sie tat so, als würde sie ihn gar nicht beachten. Nach einer Stunde bog der bereits überfüllte Bus um die Ecke, fuhr aber ohne anzuhalten an ihnen vorbei.

»Wir werden zur Calle Paseo hinüberlaufen«, sagte Vicky zu den Jungen und faßte sie bei den Händen.

»Wollen wir einen der vorbeikommenden Autofahrer bitten, uns mitzunehmen?« erkundigte sich Reyniel, dem es offenbar peinlich war, einen Wagen anzuhalten.

Als Reaktion auf die Verärgerung in der Bevölkerung über die katastrophalen Verkehrsbedingungen hatte die Regierung die Benutzer staatseigener Autos vor geraumer Zeit angewiesen, auf ihrem Weg zur und von der Arbeit Mitfahrer aufzunehmen.

An der Ecke drehte sich Vicky um. Der Mann stand noch immer da und blickte ihnen hinterher.

Ganz sicher werden wir verfolgt, sagte sie sich entsetzt und überlegte, wie sie den Mann loswerden konnte.

Schließlich hielt ein Auto, und der Fahrer beugte sich aus dem Fenster.

»Ich fahre nur bis zum Platz der Revolution, nicht weiter«,

erklärte er, während die neben ihm sitzende Frau zum Fenster hinausblickte.

»Vielen Dank, das reicht uns«, erwiderte Vicky und öffnete die Tür zum Rücksitz.

Vom Platz der Revolution war es nicht mehr allzu weit bis zum Busbahnhof. Den Rest des Weges konnten sie zu Fuß zurücklegen.

Mit ihnen zusammen stieg auch die Frau auf dem Beifahrersitz aus. Vicky setzte sich schnell in Bewegung und zog die Kinder mit sich, die offensichtlich keine Lust hatten, schneller zu laufen. Als sich Vicky umdrehte, sah sie, daß die Frau die Straße in Richtung auf das Innenministerium überquerte und sich gleichfalls mehrmals zu ihnen umblickte. Dann sah Vicky die Straße hinauf und hinunter, aber der Mann von der Bushaltestelle war nirgendwo zu sehen.

Vielleicht bilde ich mir das alles nur ein, aber sicher ist sicher, sagte sie sich, nahm die Jungen bei der Hand und schlug einen Umweg zum Busbahnhof ein.

Aber sie betrat ihn nicht. In einer Nebenstraße parkten Ärzte, Techniker und Ingenieure mit ihren Wagen, die sie vor längerer Zeit von der Revolution erhalten hatten. Jetzt warteten sie hier auf Passagiere, die bereit waren, den Gegenwert mehrerer Monatslöhne für die Beförderung zu zahlen.

»Wir möchten nach Matanzas«, sagte Vicky zu dem Mann, der am Kühler des ersten Moskwitsch lehnte.

»Das kostet einhundert Pesos pro Person.«

»In Ordnung.«

Der Fahrer gab zwei weiteren Passagieren ein Zeichen, die bereits auf ihn warteten, und öffnete die Wagentüren.

Vicky sah sich noch einmal um, konnte aber keine Verfolger entdecken. Sie setzte sich neben die Jungen und blickte auf ihre Uhr. Es war zehn Uhr. Wir werden frühzeitig dort sein, sagte sie sich befriedigt.

Mit Gary am Steuerknüppel, landete Elenas Flugzeug auf Marathon Key.

»Haben Sie überhaupt geschlafen?« fragte mich Kristina, als wir uns am Fuß der Gangway trafen.

»Unmöglich. Ich habe die Minuten gezählt.«

»Wir haben ebenfalls kein Auge zubekommen.«

»Dann lassen Sie uns doch einen kleinen Spaziergang machen. Ich brenne darauf, mich auf Marathon ein bißchen umzusehen«, fügte Elena fröhlich hinzu, um die Atmosphäre zu entkrampfen.

Also liefen wir im strahlenden Sonnenschein die Straße hinunter, starrten aber immer wieder auf unsere Armbanduhren, deren Zeiger festgefroren zu sein schienen. Als wir an einer Pizzeria vorbeikamen, entschlossen wir uns dazu, einen Bissen zu essen, und trafen drinnen auf Ron und Gary. Mir war nicht entgangen, wie besorgt und unsicher Gary seit seiner Landung auf Marathon wirkte. Seine offenkundige Nervosität setzte mir zu.

»Ich befürchte noch immer, Gary könnte irgend etwas Unüberlegtes tun«, sagte ich leise zu Elena und Kristina, während ich zu dem Tisch hinüberblickte, an dem er mit Ron saß. »Wenn er jemanden alarmiert und meinen Start nur um wenige Minuten verzögert, ist der ganze Plan dahin«, fügte ich erschreckt über seinen Mangel an Beherrschung hinzu.

»Er ist ein guter Junge ... Machen Sie sich über ihn keine Sorgen. Ich werde nachher mit ihm sprechen«, beruhigte mich Elena.

Wieder sah ich zu Gary hinüber, der Ron mit verstörtem Gesichtsausdruck gegenübersaß. Nein, ich würde ihn keine Sekunde aus den Augen lassen. Es war zwölf Uhr mittags.

Als sie nach Matanzas hineinfuhren, kamen sie an einem haltenden Bus vorbei. Vicky drehte sich um und las das Richtungsschild über der Windschutzscheibe: Canímar.

»An der nächsten Bushaltestelle würden wir gern aussteigen«, sagte Vicky zum Fahrer des Moskwitsch.

Jetzt standen sie am Straßenrand und sahen den gutgefüllten Bus auf sich zuschwenken. Andere Fahrzeuge waren nicht zu sehen. Niemand schien ihnen zu folgen.

Durch die hintere Tür drängten sie sich ins Wageninnere. Als der Bus an der Straße am Stadtrand vorbeifuhr, in der mein Bruder wohnte, rief Reyniel aufgeregt: »Wir haben unsere Haltestelle verpaßt!«

»Nein, sie sind noch auf der Arbeit. Wir wollen erst noch ein bißchen an den Strand gehen.«

Reyniel sah sie verwundert an. Dezember war nicht gerade die Jahreszeit, um Strandausflüge zu machen.

Meine Mama ist heute ein bißchen durcheinander, dachte er, hielt es nach einem Blick in Vickys Gesicht aber für ratsamer, ihr nicht zu widersprechen.

Von Canímar aus war es noch einen Kilometer bis zum El-Mamey-Strand. Sie überquerten die Brücke und liefen am Rand der Autobahn entlang.

»Mama, ich will nicht mehr weiterlaufen!« explodierte Alejandro schließlich, der den weiten Weg bisher wundersamerweise schweigend hinter sich gebracht hatte.

Um ihn bei Laune zu halten, trug ihn Vicky für den Rest der Strecke.

Schließlich sahen sie den verlassenen Strand vor sich und stiegen die in die Felsen gehauenen Stufen zur kleinen Bucht hinunter. Am anderen Ende des Strandes saßen vier Männer auf einem Felsen dicht am Wasser und ließen eine Rumflasche kreisen. Vicky fragte sich, wie sie die Kinder beschäftigten sollte. Bis zum vereinbarten Termin waren es noch fünf Stunden hin.

»Mama, was wollen wir eigentlich hier machen? Ich langweile mich«, nörgelte Reyniel.

»Zunächst einmal essen«, erwiderte Vicky und öffnete den Rucksack. »Bis dein Onkel von der Arbeit kommt, können wir nirgendwohin. Die Fahrt war kürzer, als ich angenommen hatte.«

Danach liefen sie am Strand entlang, sammelten Muscheln und jagten winzige Krebse, die sich blitzschnell in ihre Schlupflöcher im Sand zurückzogen.

Besorgt blickte Vicky zu den Männern hinüber, die sie genau beobachtet hatten, als sie die Stufen heruntergekommen waren, und ihr blieb fast das Herz stehen: Die vier unterhielten sich angeregt mit zwei Polizisten.

Sie sollen uns im Auge behalten, weil sie etwas vermuten! Und ich habe keine Möglichkeit, ihn zu warnen! dachte sie und zitterte am ganzen Körper. Sie warf einen Blick auf die Jungen, die im Sand hin- und herliefen, und holte die Bibel aus dem Rucksack, um in ihr Trost zu finden.

»Señora ...«

Die Stimme ließ sie herumfahren.

»Könnten Sie auf meine Sachen achten, während ich im Wasser bin?« fragte der Mann in Badehosen. In einer Hand hielt er eine Harpune und Schwimmflossen, in der anderen seine zusammengerollten Kleidungsstücke.

»Die Sachen sind mir schon einmal gestohlen worden, wissen Sie. Und ich muß fischen ... Das Leben ist hart geworden.«

»Sie können Ihre Sachen gern hierlassen.«

»Mama?« Reyniel und Alejandro kamen auf sie zugerannt. Sie betrachteten sich als Beschützer ihrer Mutter, und ihren wachsamen Augen war nicht entgangen, daß sie ein Fremder angesprochen hatte.

»Alles in Ordnung, Mama?«

»Aber ja. Der Herr hat mich nur gebeten, auf seine Sachen aufzupassen, während er fischen geht.«

Die beiden betrachteten den Mann neugierig und erinnerten sich daran, wie sie mit mir fischen gegangen waren.

»Da drüben sind zwei Polizisten«, sagte Reyniel zu dem Mann und machte eine Kopfbewegung in ihre Richtung.

»Ich habe sie schon gesehen.«

»Tauchen ist aber nur Ausländern gestattet«, erinnerte Reyniel den Mann.

»Ich weiß, aber ich halte mich nicht daran. Sie haben mir bereits zweimal die Ausrüstung weggenommen und mir eine Strafe verpaßt. Aber ich bin stur. Ich muß schließlich essen.« Und damit lief er hastig ins Wasser.

Vicky sah zu den Männern hinüber. Die Polizisten plauderten noch immer mit ihnen.

»Geht auch schwimmen!« sagte sie den Jungen leise.

»Aber Mama, wir haben Dezember ... Es ist ein schöner Tag, aber das Wasser ist widerlich kalt.«

»Bitte, Reyniel.«

Schweigend fügte sich der Junge. In dem Blick seiner Mutter lag etwas Drängendes, Zwingendes. Er drehte sich um und lief in die Wellen – gefolgt von seinem Bruder, dem jede Wassertemperatur angenehm war.

Vicky wandte sich wieder der Bibel zu.

»Señora ...«

Der Mann war zurück. Sein Haar tropfte, und in der Hand hielt er einen riesigen Hummer.

»Das ist das einzige, was ich gefangen habe. Nehmen Sie ihn.«

»Vielen Dank, aber das kann ich nicht annehmen.«

»Was soll das heißen? Ich habe es noch nie erlebt, daß in diesen harten Zeiten jemand einen Hummer ausgeschlagen hätte.«

Das ist doch absurd, dachte Vicky. Es fehlte noch, daß sie mich ausfragen, wie ich zu diesem Hummer gekommen bin! »Ich weiß Ihre Großzügigkeit zu schätzen, aber ich kann ihn wirklich nicht brauchen.«

»Dann geben Sie ihn den Kindern«, beharrte der Mann.

»Langsam ist es mir wirklich peinlich, aber wir sind allergisch gegen Krustentiere. Wir können sie nicht essen.«

Der Mann sah sie überrascht und irgendwie mitleidig an.

»Wenn das so ist ... Dann werde ich ihn wohl selbst essen – oder verkaufen.« Der Mann dankte Vicky, daß sie auf seine Kleidung geachtet hatte und kletterte wieder die Felsen hinauf.

Vicky sah dem freundlichen Burschen nach, und als er oben verschwunden war, warf sie einen Blick zu den Männern hinüber. Sie waren fort. Sie seufzte erleichtert auf und sah auf ihre Uhr. Es war fünf Uhr.

»Reyniel, Alé. Kommt, zieht euch an. Wir gehen!«

Erleichtert stellte ich fest, daß Gary sehr viel gelassener wirkte, nachdem Elena kurz nach unserem Mittagessen mit ihm gesprochen hatte.

Jetzt saßen wir im Flughafengebäude in bequemen Sesseln, blätterten schweigend in Zeitschriften und blickten immer wieder auf die Uhr an der Wand. Ich hatte mich bereits über die Wettervorhersagen informiert, die besser gar nicht sein konnten. Der Himmel war nahezu wolkenlos, und die Sicht schien optimal zu sein. Anhand meiner Windberechnungen würde ich achtunddreißig Minuten brauchen, um den El-Mamey-Strand zu erreichen. Also mußte ich um 17.07 Uhr starten.

»Eine Stunde vor dem Start werde ich zur Maschine hinausgehen«, verkündete ich um halb vier.

»Wir müssen noch Photos machen«, erwiderte Kristina und holte ihre Kamera hervor. »Los, gehen wir. Ich hätte gern ein paar Aufnahmen vom Flugzeug.«

»Auf keinen Fall. Ich möchte nicht die geringste Aufmerksamkeit erregen.«

»Nun haben Sie sich doch nicht so. Nur ein einziges Photo!«

Fast widerwillig stand ich auf und ging mit ihr zur Cessna hinaus.

»Stellen Sie sich neben die Tragfläche ... so ... Und jetzt legen Sie die Hand an den Propeller ...«

»Kristina – bitte, das reicht!«

»Aber was haben Sie denn?«

Sie schien nicht zu begreifen, daß ich unter keinen Umständen auffallen wollte.

»Hier befinden wir uns an der Südspitze der Vereinigten Staaten ... Und ich bin letzte Nacht mit einem Privatflugzeug gelandet. Dann sind Sie alle ebenfalls mit einer Privatmaschine eingetroffen. Den ganzen Vormittag sind wir durch den Ort gelaufen und haben uns mit gedämpften Stimmen in spanischer Sprache unterhalten ...«

»Na und?«

»Das alles ist doch nicht alltäglich. Irgend jemand könnte sehr leicht den Verdacht bekommen, wir hätten mit Rauschgiftgeschäften zu tun!«

»Das ist doch lächerlich!«

»Aber ich fände es absolut nicht lächerlich, wenn jemand kurz vor dem Start mein Flugzeug durchsucht! Also bitte – keine weiteren Photos!«

»Ist ja schon gut. Regen Sie sich nicht auf.«

»Entschuldigen Sie, aber ich habe große Angst, daß irgendeine Lappalie meine Pläne in letzter Minute vereiteln könnte.«

»Aber ich wollte doch nicht ...«

»Kommen Sie, ich möchte Ihnen etwas geben«, unterbrach ich sie, nahm ihren Arm und ging mit ihr ins Gebäude zurück. Dort händigte ich ihr einen Umschlag aus. »Hier drin sind alle meine persönlichen Unterlagen. Führerschein, Sozialversicherungsnummer, alles. Ich möchte nicht, daß es ihnen in die Hände fällt, falls sie mich schnappen. Wer weiß, was sie damit tun würden. Das wenige, das ich habe, gehört Ihnen ...«

Tränen traten in ihre Augen.

Noch einmal überprüften wir die Frequenz des Walkie-talkies, über das wir während meines Rückfluges Kontakt zueinander aufnehmen wollten.

»Schalten Sie es um sechs Uhr ein. Ich rufe Sie über das Kennwort Fahrrad Eins, und ich bin Fahrrad Zwei.«

Sie mußten lächeln. Bei unseren Telephongesprächen über mein Vorhaben hatten wir das Flugzeug stets »Fahrrad« genannt.

Ich ging zu Ron und Gary hinüber, um mich von ihnen zu verabschieden. Nachdem ich Elena und Kristina umarmt hatte, begab ich mich auf das Flugfeld hinaus. In meiner Hand trug ich eine kleine Tasche mit Kopfhörern, der Karte, eine Freedom AF-35-Kamera und einen kleinen ASA CX-1 Flugcomputer.

Im Cockpit kontrollierte ich noch einmal alle wichtigen Schritte, die ich in den nächsten Minuten tun mußte.

Koordianten für Mamey im LORAN-Navigationssystem ... Korrekt. So öffne ich die Tür, und so schließe ich sie ... Nein, nein, ich brauche beide Hände ... So ...

Aus Angst, im entscheidenden Moment eine kostbare Sekunde zu verlieren, wiederholte ich den Vorgang mehrmals.

Höchste Zeit, die Motoren einzuschalten ... Batterien ... Motoren angeworfen!

Ich zitterte am ganzen Leibe, das Herz wollte mir aus der Brust springen. In weniger als einer Stunde würde ich die drei Menschen wiedersehen, die ich mehr als alles auf der Welt liebte!

Das Flugfeld wirkte verlassen. Keine Maschine in Sicht. Ich begann zu rollen, sah Elena und Kristina zum Abschied winken. Am Ende der Rollbahn blieb mir noch genügend Zeit für eine letzte Überprüfung der Motoren.

Um 17.06 Uhr bog ich auf die Startbahn ein. Ich holte den Rosenkranz hervor, den ich unter meinem Jogginganzug um den Hals trug, legte die Hand auf das Amulett von der barmherzigen Madonna und sagte laut:

»Dein Wille geschehe, o Herr!« Dann hob ich die rechte Hand zum Steuerknüppel und rief: »Start!«

»Ist der Onkel von der Arbeit zurück?« fragte Alejandro.

Bekleidet mit ihren organgefarbenen Hemden und Mützen kletterten sie die Felsstufen hinauf.

»Nein, noch nicht. Jetzt gehen wir erst einmal Krebse fangen.«

»Krebse?« rief Reyniel sichtlich verdutzt.

»Ja, Krebse. Im Moment gibt es nichts anderes zu tun.«

Sie kamen an die Autobahn, und Vicky zog die Kinder in die der Stadt entgegengesetzte Richtung.

»Weißt du eigentlich noch, was du tust, Mama? Wohin wollen wir denn?«

»Krebse fangen.«

Reyniel war fest davon überzeugt, daß seine Mutter den Verstand verloren hatte.

»Nein, Mama, da mache ich nicht mit . . . Warum gehen wir denn in diese Richtung, wenn wir den ganzen Weg dann wieder zurücklaufen müssen?«

»Reyniel!« Vicky war stehengeblieben und funkelte ihren Sohn zornig an. Alejandro wartete gleichmütig ab, wie sich die Dinge weiter entwickelten. Ihm war relativ gleichgültig, in welche Richtung sie liefen.

»Hör mir genau zu! Du wirst jetzt ohne Widerworte tun, was ich dir sage! Es ist eine Sache auf Leben und Tod! Es hat mit deinem Papa zu tun!«

Reyniel starrte sie entgeistert an, dann senkte er kurz den Kopf, blickte wieder hoch und sagte: »Gut, Mama, gehen wir weiter.«

Hand in Hand liefen sie am Rand der Autobahn entlang. Dann und wann blickte sich Vicky um. Niemand folgte ihnen. Sie sah auf ihre Uhr. Zwanzig Minuten nach fünf.

»Laßt uns da hinuntergehen und sehen, ob wir Krebse finden«, sagte sie und deutete auf eine Wiese unterhalb der Autobahn.

Sie kletterten die Böschung hinunter und liefen im mannshohen Gras herum, bis Reyniel enttäuscht schrie: »Hier finden wir eher eine Herde Elefanten als einen einzigen Krebs!«

»Dann laßt uns gehen«, erwiderte Vicky und blickte erneut auf die Uhr.

Wieder liefen sie am Rand der Autobahn entlang, und Vikky blickte forschend zum Horizont. Es war 17.40 Uhr.

Elena und Kristina sahen der Cessna nach, bis sie zu einem Pünktchen geworden war, das sich am Horizont über dem Wasser verlor. Dann setzten sie sich an einen Betontisch vor dem Flughafengebäude, das bereits geschlossen hatte, um zu warten. Alle paar Minuten verglichen sie ihre Uhren. Die Zeit schien stillzustehen.

»Jetzt ist es fünf Uhr achtunddreißig«, verkündete Kristina.

Sie wußten, daß ich in dieser Minute auf Kuba landen wollte.

Elena kramte in ihrer Handtasche, ohne zu wissen, wonach sie suchte. »Immer wenn ich nervös bin, verspüre ich den unwiderstehlichen Drang, meine Schränke aufzuräumen«, erklärte sie.

»Ihre Schränke?«

»Ja. Die Zeit vergeht schneller, wenn man Schränke aufräumt.«

Sie begannen nervös zu lachen.

»Schade, daß ich hier keine Häuser sehe. Sonst könnten wir den Leuten hier die Schränke aufräumen.«

In Mexico City war es 16.40 Uhr. Virginia hatte Verwandte und Freunde zu sich eingeladen, darunter auch Azul, la Chaparra und die beiden jungen Mädchen, die sie nach Kuba begleitet hatten. Sie alle setzten sich im größten Zimmer des Hauses im Kreis auf den Boden und gaben einander die Hände. In ihrer Mitte stand eine Flasche. In ihr befanden sich Meerwasser, Sand, ein Paar Muscheln und die Träume, die zwei Tage zuvor in Varadero mit den Muscheln hineingewandert waren. Sie schlossen die Augen und senkten die Köpfe.

»O Gott!« sagte Virginia mit heller Stimme. »Sie lieben sich – hilf ihnen, daß sie es schaffen!«

Nach dem Start stieg ich auf tausend Fuß und flog in dieser Höhe, bis ich zehn Seemeilen vom 24. Breitengrad entfernt war. Dann schaltete ich die Navigationslichter und den automatischen Antwortsender aus. Meine Funkwellen würden jetzt meine Position nicht verraten. Ich hielt mich so tief über dem Meer, wie es meine Augen gestatteten und ignorierte den Höhenmesser. Nur noch drei Instrumente waren für mich wichtig: der Geschwindigkeitsmesser, die LORAN-Daten und der Kompaß.

Sind sie ohne Zwischenfälle nach El Mamey gelangt? Was werde ich an der Autobahn vorfinden? Vielleicht ist zuviel Verkehr? Ich muß beim ersten Versuch landen . . .

Am Horizont tauchten dunkle Umrisse auf. Sind das die Hänge der Pan de Matanzas? Sie müssen mich bereits entdeckt haben. Jetzt greift der Radartechniker zum Telephon und informiert den Befehlsstand . . .

Vor Jahren war ich von diesen Hängen aus mit einer MIG-21 erst in nördlicher, dann in südlicher Richtung geflogen – in sehr geringer Höhe, um ihre geographischen Gegebenheiten mit den Radardaten der Raketenanlagen in der Nähe von Matanzas in Einklang zu bringen. Damals hätte ich mir nicht vorstellen können, daß ich eines Tages versuchen würde, diesen Raketen auszuweichen.

Es ist unverkennbar . . . Es ist die Pan de Matanzas! Die Bucht ist gleich links davon . . . Ich bin auf optimalem Kurs . . . Jetzt brauche ich weder LORAN noch Kompaß!

Nun wissen sie im Divisionshauptquartier Bescheid. Sie informieren Havanna . . .

Nach und nach schoben sich die Berge höher über den Horizont, geringfügig rechts von meinem Kurs. Dann sah ich die hohen Türme des Heizkraftwerks von Matanzas, die Umrisse der Küste.

Die Brücke! Da ist die Brücke von Canímar!

Ich sah auf den Geschwindigkeitsmesser. Dreihundertsechzig Stundenkilometer.

Noch drei Kilometer bis zur Brücke ... anderthalb ... Ich muß die Geschwindigkeit drosseln!

Heftig zerrte ich am Steuerwerk, und die Motoren reagierten mit Vibrationen, die das ganze Flugzeug erschütterten, während ich auf die Höhe der Brücke ging.

Die Motoren, die Motoren! ... Egal!

Ich befand mich bereits über der Brücke und setzte zu einer steilen Linkskurve an. Fast kam es mir so vor, als würde die Tragfläche die Brücke berühren.

Selbst wenn sie jetzt einsatzbereit sein sollten, würden sie nicht auf mich schießen können. Das neue Hotel da hinten steht ihnen im Weg!

Die Autobahn, die Autobahn ...

Ich ging über ihr hinunter, suchte nach dem El-Mamey-Strand. Da rechts lag er. Sie sollten etwa einen Kilometer hinter der Biegung warten ... Zwei Autos bewegten sich in meiner Richtung, ich überflog sie. Die geringe Höhe und die Bäume rechts von mir verwehrten mir den Blick auf die Autobahn hinter der Kurve. Ich folgte der Biegung, als sei ich ein weiteres Auto – in der Luft. Vor mir tauchte ein entgegenkommender Lastzug auf, und ein Bus versuchte ihn zu überholen. Sie hatten bereits die Scheinwerfer eingeschaltet.

Links vor Laster und Bus tauchten drei orangefarbene Punkte auf.

»Da sind sie! Sie sind es wirklich!« schrie ich im Cockpit.

Verdammt, noch ein Auto!

Ein kleiner weißer Wagen sauste in meiner Richtung dahin, direkt zwischen mir und ihnen. Davor kann ich nicht landen! Da ist ja noch weniger Raum als zwischen mir, dem Laster und dem Bus!

Als ich das weiße Auto überflog, berührte mein Fahrwerk fast sein Dach. Mit Schrecken erkannte ich, daß ich noch immer nicht runtergehen konnte. Mitten auf der Autobahn lag ein Felsen! Nach rechts konnte ich nicht ausweichen, denn da stand ein Verkehrsschild! Wenn ich mit dem Flügel dagegenstoße, sind wir alle verloren.

Fast hätte ich vor dem Felsen aufgesetzt. Ein behutsamer Zug an der Steuerung, ein winziger Schwenk nach rechts . . .

Linkes Seitenruder! Linkes Seitenruder! Du verpatzt es!

Da ist der Laster . . . Sie bremsen, sie weichen vor mir aus! Bremsen! Dir bleibt nicht genug Raum! Bremsen!

Die Cessna fiel abrupt auf die Autobahn und ich trat mit aller Macht auf die Bremsen. Vicky und die Jungen befanden sich hinter mir. Ich war ein Nervenbündel. Innerhalb von Sekunden kam die Maschine zum Stehen. Ich stand Nase-an-Nase mit dem Laster und konnte dem Fahrer ins Gesicht sehen. Er beugte sich mit schreckerstarrtem Gesicht nach vorn, und die Augen fielen ihm fast aus dem Kopf.

Vicky hatte gerade den leeren Himmel hinter sich abgesucht. Als sie sich wieder umdrehte, fiel die grünweiße Alu- und Eisenmasse der Cessna »senkrecht wie ein Hubschrauber« vor ihren Augen herab. Hören konnten sie nichts. Dazu war das Geräusch des Lastzuges zu laut gewesen.

»Es ist Papa, es ist Papa! Los!« schrie sie und hielt die Kinder so fest, wie sie konnte.

»Es ist Papa!« jubelte Reyniel.

»Der Rucksack! Reyniel, laß den Rucksack fallen!«

Er ließ ihn von der Schulter rutschen, eilte voraus und zog seine Mutter am Arm mit sich.

»Mein Schuh, Mama, ich habe meinen Schuh verloren!« jammerte Alejandro neben ihr.

»Schleudere den anderen auch weg!«

Kommt die Tragfläche da glatt vorbei? fragte ich mich und behielt den Laster fest im Blick, während ich die Schubkraft des rechten Motors voll kommen ließ und links auf die Bremse trat. Ich muß das hinkriegen! Die Maschine vollführte eine saubere Drehung und stand wieder auf der Autobahn.

Sie kommen, sie kommen! Vicky! Meine Söhne!

Eine Minute! Wir haben nicht mehr als eine Minute!

Hand in Hand und nach vorn gebeugt kamen sie auf mich zugerannt. Jetzt sind sie da . . . Die Propeller, paßt auf die Propeller auf! Die Tür! Zieh den Sitz hoch!

Als ich mit dem Flugzeug wendete, erkannte Reyniel das Gesicht seines Vaters.

»Papa!« schrie er und riß sich von der Hand seiner Mutter los. Er sah, daß sich die Tür öffnete und kletterte behende auf die Tragfläche.

»Papa!«

»Reyniel!«

Ich sah tausend Gefühle auf einmal im Gesicht meines Sohnes. Er schluchzte, zitterte, jubelte . . .

Er sprang auf den Rücksitz, und ich fühlte seine Hand auf meiner Schulter, in meinen Haaren.

»Papa!«

Jetzt war Alejandro an der Tür. Blaß, schockiert, glücklich – versteinert. Vicky schob ihn herein, und er warf seine kleinen Arme um meinen Hals.

»Liebster!« schluchzte Vicky heiser. Ihre weitaufgerissenen Augen waren sehr rot. In ihrem Gesicht stand die Qual der vergangenen zwei Jahre, die nun mit einer Tränenflut von ihr abfiel. Sie bebte, zitterte von Kopf bis Fuß wie wir alle. Sie stieg ein, ergriff meine Hand und rief: »Besser alles riskieren als Sklaven sein!«

»Faß mich nicht an! Sprich nicht mit mir!«

Mit einer Hand griff ich zur Tür, um sie zu schließen. Sie ließ sich nicht schließen. Ich versuchte es noch einmal, aber sie ging einfach nicht zu. Es war, als würde die Zeit stillstehen, als liefe alles, was geschah, in Zeitlupentempo ab.

»Ruhig, ganz ruhig!« schrie ich mir zu.

»Ruhig, Liebster, sei ganz ruhig«, wiederholte Vicky.

Ich griff mit beiden Händen und so gelassen wie möglich nach der Tür. Sie schloß sich!

»Jetzt geht's los!« rief ich, brachte die Motoren auf Hochtouren und steuerte auf die Mitte der Autobahn zu. Die Maschine neigte sich und schwankte dann unsicher hin und her, während ich mich verzweifelt bemühte, sie auf geraden Kurs zu bringen.

Mir kommt es zwar wie ein Jahrhundert vor, aber bisher ist seit meiner Landung noch keine Minute vergangen, rief ich mir energisch ins Bewußtsein. Der Lastzug und der Bus blieben hinter uns zurück. Aber links von mir befand sich das weiße Auto, das ich überflogen hatte. Irgendwie müssen wir aneinander vorbei, dachte ich, während es von meiner Tragfläche fast gerammt wurde.

»Laßt uns beten, laßt uns beten«, sagte Vicky zu den Jungen.

Jetzt kommt die Kurve . . .

Da ist ja gar keine Autobahn mehr!

Neunzig . . . hundert . . .

Ich muß endlich abheben!

Sanft drückte ich den Steuerknüppel ganz durch. Die Maschine hob sich schwerfällig über die Böschung am Rand der Kurve, und ich spürte, daß ihre Flügel hilflos flatterten, als wären wir auf eine Nadel gespießt, die mit ihrer Spitze auf einer Billardkugel ruhte.

Wir fliegen! Wir fliegen! Jetzt nur nicht abrutschen! Behutsam mit der Pedalsteuerung, ganz vorsichtig . . .

Die Motoren dröhnten auf, und unsere Geschwindigkeit nahm schnell zu. Ich fühlte, wir waren in Sicherheit, und schwenkte nach rechts, zog nach Norden und rasierte mit dem Flugzeugbauch fast die Kiefern am Strand von El Mamey ab.

Ohne nachzudenken brach ein Aufschrei aus mir hervor: »Wir haben es geschafft! Wir haben es tatsächlich geschafft!«

Ich konnte die Wasseroberfläche kaum ausmachen, so dunkel war es inzwischen geworden. Ich hörte Vicky und die Jungen hinter mir beten und merkte, daß ich weinte, daß ich mir die Lungen aus dem Leib weinte. Aber es kamen keine Tränen, keine einzige Träne . . . Sie haben bereits die Entscheidung getroffen, uns vom Himmel zu holen. Jetzt übermitteln sie den Befehl an die Raketenbasis . . .

Ich warf einen schnellen Blick auf die Passagiere hinter mir. Alejandro hockte mit weitgeöffneten Augen und zusammengedrückten Knien ohne Schuhe auf seinem Sitz. Reyniel zitterte noch immer am ganzen Leibe und starrte mich so entgeistert an, als könne er das alles nicht glauben.

»Papa . . . Papa . . .«, wiederholte er immer wieder.

»Weine, Reyniel, weine ruhig! Halt deine Tränen nicht zurück«, sagte Vicky zu ihm, und der Junge begann zu schluchzen.

Die Mannschaften eilen schon zu ihren Positionen in den Raketensilos. Abschußrampen und Zielsucher beginnen zu rotieren . . .

Das Flugzeug erbebte, als wollte es sich aufgrund unserer Geschwindigkeit in seine Bestandteile auflösen. Ich sah auf meine Uhr und die LORAN-Daten.

Elf Seemeilen Entfernung zu den Raketen. Elfeinhalb . . .

Sie haben uns im Zielsucher. Sie haben unsere Koordinaten . . .

Zwölf Seemeilen! Die Raketen zielen auf uns . . .

Zwölfeinhalb Seemeilen! Sie können uns nicht mehr treffen! Wir haben es geschafft!

Mittlerweile war es unmöglich, weiterhin so niedrig zu fliegen. Der Himmel war mit dem Meer zu einer pechschwarzen Masse verschmolzen. Ich stieg auf zweihundert Fuß, und schaltete das Kabinenlicht so gedämpft wie möglich ein.

Wenn sie irgendwelche Kampfflieger losgeschickt haben, ist das bereits zu spät . . .

Wir näherten uns dem 24. Breitengrad, und erst da erinnerte ich mich an die Kamera, die ich eigens mitgenommen hatte, um beim Anflug auf Kuba wie auch beim Abflug ein paar Photos zu machen. Doch dazu war es wegen meiner intensiven Anspannung nicht gekommen. Jetzt zog ich sie aus der Tasche, hielt sie mit der rechten Hand über den Kopf und drückte ab. So war die Dramatik des Augenblicks, die sich in den Gesichtern Vickys und der Kinder widerspiegelte, für immer auf Film gebannt. Dann bat ich Vicky, das Gleiche zu tun, und schloß das rechte Auge, damit mich das Blitzlicht nicht blendete. Auch das Instrumentenbrett kam teilweise mit aufs Photo. Seine Uhr zeigte 18.02 Uhr.

Wir haben den 24. Breitengrad passiert . . . In Sicherheit! Ich stieg auf zweitausend Fuß, und streckte den rechten Arm nach hinten. Sechs Hände packten gleichzeitig zu.

»Wir haben es geschafft. Wir sind wieder zusammen . . . für immer!« rief ich.

»Für immer!« wiederholte Vicky.

Ich schaltete die Navigationslichter und den automatischen Antwortsender ein. Es war Zeit, Kristina und Elena zu informieren.

»Fahrrad Eins – hier Fahrrad Zwei.«

Stille.

»Fahrrad Zwei ruft Fahrrad Eins«, wiederholte ich.

Kristina hörte mich bedingt durch atmosphärische Störungen nur schwach und undeutlich. Sie meldete sich, erhielt aber keine Antwort. Für diese Entfernung war das Walkie-talkie nicht stark genug. Sie eilte zum Telephon und rief Armando in Washington an, der inzwischen wieder zu Hause war. Mari Paz, die eigens aus Spanien herbeigeeilt war, wartete dort ebenfalls nervös auf Neuigkeiten.

»Er ist auf dem Rückweg, wir haben seine Stimme gehört. Aber da die Verständigung so schlecht ist, wissen wir nicht, ob er seine Familie dabei hat oder nicht«, sprudelte sie hervor.

»Wenn er auf dem Rückflug ist, bringt er auch seine Familie mit«, erwiderte Armando, und war sich dessen so sicher, daß er sofort nach dem Gespräch mit Kristina die Radio- und

Fernsehsender in Miami benachrichtigte. Mari Paz, die neben ihm gesessen hatte, sprang auf, um Martha zu umarmen, die Gott unter Tränen dankte.

Kristina rannte zu Elenas Flugzeug. Dort hatten Ron und Gary ihr Funkgerät eingeschaltet und winkten ihr von der Kabinentür aus zu. Sie hastete an Bord und hörte ganz deutlich, wie ich der Flugsicherung in Key West Position und Höhe meldete. Sie lief wieder zur Kabinentür und rief Elena zu, die sich mit schnellen Schritten näherte: »Er kommt, er kommt!«

In diesem Augenblick machte sich das Walkie-talkie wieder bemerkbar.

»Sprechen Sie, Fahrrad Zwei. Hier Fahrrad Eins«, rief sie mit fast erstickter Stimme.

»Hier Fahrrad Zwei«, hörte sie meine erregt-heisere Stimme. »Ich bringe ein ganzes Flugzeug voller Liebe, ein Flugzeug voller Liebe!«

Lachend und weinend fielen sie sich in die Arme und tanzten durch die Gegend. Gary und Ron sahen ihnen verblüfft zu, begriffen, stürmten die Gangway herunter und hüpften gleichfalls laut schreiend und jubelnd auf und ab. Falls jemand die vier Menschen sah, wie sie da mitten auf einem verlassenen Flugfeld wie die Wilden herumhüpften, mußte er sie für völlig übergeschnappt halten.

Nelson war allein zu Hause, hatte sich auf der Couch ausgestreckt und sah sich gerade die CNN-Nachrichten an, als das Telephon klingelte.

»Nelson! Nelson!« schrie Armando in den Apparat. »Er kommt mit seiner Familie! Mit der Familie!«

Nelson begriff nichts. »Mit welcher Familie?«

»Er fliegt gerade mit ihnen zurück! Sie werden auf Marathon Key landen!«

Plötzlich ging Nelson ein Licht auf. Wen konnte Armando sonst wohl meinen! Er sauste durchs ganze Haus und wiederholte immer wieder Armandos Worte. Nein, er konnte nicht abwarten, bis seine Frau heimkam. Er schoß auf die Straße hinaus und klingelte bei seinen Nachbarn, die ihn reichlich verdutzt ansahen, als er ihnen die Neuigkeiten zurief. Dann rannte er zu seinem Auto und raste zu Armando.

Onkel Raúl stieg in die Badewanne. Kurz zuvor hatte er das Radio eingeschaltet, das am Badezimmerspiegel hing. Um diese Zeit hörte er immer die Nachrichten des spanischen Senders.

Tante Fela räumte gerade das Wohnzimmer auf, als sie einen Schrei hörte und gleich darauf einen splitterfasernackten und tropfnassen Raúl aus dem Bad stürmen sah.

»Fela, Fela!« schrie er und fuchtelte wild mit den Armen.

»Großer Gott, du hast dich doch nicht etwa verbrüht?« rief sie ängstlich und lief auf ihn zu.

»Fela, Fela!« schrie er wieder, packte ihre Schultern und schüttelte sie.

»Was ist denn nur los?« fragte sie entsetzt.

»Unser Neffe, unser Neffe!«

»Was ist mit unserem Neffen?«

»Er hat Vicky und die Kinder gerettet!« Raúl mußte erst einmal Luft holen, dann fuhr er stammelnd fort: »Es war gerade im Radio. Sie sagen, er sei noch nicht gelandet!«

Am Horizont tauchten die Lichter der Florida-Keys auf, und Vicky sprang von ihrem Sitz hoch.

»Die Vereinigten Staaten!« rief sie.

Wir setzten auf der Landebahn des leeren Flughafens auf. Elena, Kristina, Ron und Gary warteten auf der Rampe auf uns. Vicky sprang als erste aus der Maschine und fiel ihnen in die Arme. Im Cockpit umklammerten Reyniel und Alejandro meinen Hals. Ich fühlte ihre zarte Haut an meinen schweißüberströmten Wangen. Dann kletterten sie vor mir aus dem Flugzeug.

Als ich festen Boden unter den Füßen hatte, kam Vicky auf mich zugerannt und warf sich weinend in meine Arme.

»Endlich sind wir wieder zusammen! Oh, was haben wir gelitten! Was haben wir gelitten!« rief sie immer wieder, und ich küßte ihre Stirn, ihre Augen, ihre Wangen, ihre Lippen.

An meiner Hüfte zerrten Reyniel und Alejandro. Ich beugte mich hinunter, um auch sie in die Arme zu nehmen. Wie lange war es doch her, seit ich sie zum letzten Mal an die Brust drükken durfte! Ich war der glücklichste Mensch des Universums!

Reyniel reckte die Faust und schrie: »Ich bin frei! Ich bin frei!«

Und Alejandro stand seinem Bruder nicht nach: »Ich bin frei! Ich bin frei!«

Nachwort

Am Beispiel meiner Großeltern habe ich den Wert schätzen gelernt, den das Wort eines Menschen hat – nicht nur als Mittel der Verständigung, sondern als Prinzip des Verhaltens. Mein Vater erzählte mir, daß einst ein Fremder zu meinem Großvater kam und seine nächste Tabakernte kaufen wollte. Obwohl er nur eine klägliche Summe offerierte, nahm mein Großvater das Angebot an, weil er dadurch die Gewißheit hatte, zumindest etwas Geld in die Hand zu bekommen, um der verzweifelten Armut zu begegnen, in der er mit seiner großen Familie leben mußte. Monate vergingen. Überall auf Kuba wurden die Tabakpflanzungen durch eine Seuche vernichtet, doch nicht die meines Großvaters, die sich in diesem Jahr durch Gottes Gnade prachtvoller denn je entwickelten. Die Preise schossen in die Höhe, und viele Aufkäufer waren bereit, meinem Großvater das Fünffache der Summe zu zahlen, die ihm der Unbekannte geboten hatte. Aber er lehnte ab und wartete auf den fremden Mann, der es nicht gerade eilig hatte, seine Ernte abzuholen. »Mein Wort ist mehr wert als aller Tabak der Welt«, erklärte mein Großvater.

Heute scheint das Wort eines Menschen seinen Wert verloren zu haben. Nur unsere von Anwälten beglaubigte Unterschrift gilt offenbar noch etwas. Und täglich machen sich mehr schriftliche Vereinbarungen in unseren Beziehungen zu Kollegen, Freunden und sogar Familienangehörigen breit und ersetzen unsere menschlichen Intuitionen und Gottes Lehren. Wir wollen uns auf diese Weise vor Gaunerei und Betrug schützen, vergessen dabei aber, daß von Menschen geschaffene Gesetze niemals die heiligen Werte ersetzen können, die wir verloren haben.

Ich bin davon überzeugt, daß mein Leben sehr viel anders verlaufen wäre, wenn die von meinem Großvater geschätzten Prinzipien nicht so abgewertet worden wären. Denn dann hätte der Kommunismus, unter dem ich aufgewachsen bin, nie eine Chance erhalten, das menschliche Miteinander so entscheidend zu verändern. Immer dann, wenn es zu einer Krise des Wertesystems kommt, schwebt über uns die Gefahr des Kommunismus oder einer anderen Doktrin, die nur darauf wartet, uns als denkende Wesen zu vernichten, obwohl wir doch nur durch die Liebe und für die Liebe geschaffen wurden.

Von diesen Gedanken bewegt, habe ich mich dazu entschlossen, meine Erinnerungen aufzuschreiben. Doch als ich dann in schlaflosen Nächten vor dem Computer saß, entdeckte ich mit der Zeit den ungeheuren Unterschied zwischen Empfindungen und Schilderungen. Diese herbe Erkenntnis aller Autoren blieb auch mir nicht erspart. Nur ganz allmählich nahmen die Erinnerungen die Form eines Buches an, vor allem durch das Verständnis meiner Frau, meiner Kinder und meiner Freunde, die mich auch in den schwierigsten Augenblicken ermutigten und unterstützten. Ohne den Rat und die Hilfe meines Literaturagenten Thomas Colchier, meines Übersetzers E. K. Max sowie meines Lektors Michael Denneny wäre es mir darüber hinaus kaum gelungen, die nötige Harmonie zwischen dem, was ich fühlte und was ich zu Papier brachte, herzustellen. Sehr dankbar bin ich auch allen, die mir Details einzelner hier geschilderter Episoden anvertrauten, bei denen ich nicht anwesend war.

Noch entscheidender war jedoch der Beistand all derer, die die Freiheit meiner Familie ermöglicht haben. Die meisten von ihnen sind in diesem Buch nicht einmal erwähnt, weil ihre Zahl unendlich ist. Da sind die vielen, die mich auf meiner Suche nach Hilfe in ihr Haus einluden und ihr Brot mit mir teilten, die

Zehntausende auf allen fünf Kontinenten, die in ihren Briefen die Freilassung meiner Frau und meiner Söhne forderten, sowie die Menschen, die rund um die Welt für uns beteten. Sie haben mir bewiesen, daß die menschliche Solidarität noch immer eine entscheidende Kraft ist, und mir meinen Glauben an eine Welt wiedergegeben, die von der Liebe für den Mitmenschen bestimmt wird. Ihnen allen gilt mein ewiger Dank.

Band 61301

Sandra Fei

Für immer verloren?

Sieben Jahre lang hat Sandra Fei keinen Kontakt zu ihren Töchtern Princy und Piccis, die bei ihrem Ex-Ehemann in Kolumbien leben, haben können. Trotz des Leids und des Schmerzes, den ihr die Trennung von den geliebten Kindern bereitet, kämpft Sandra all die Jahre unbeirrt darum, ihre Kinder sehen zu dürfen. Denn sie will nicht, daß die Mädchen ohne Mutterliebe aufwachsen müssen. Schließlich erhält sie Unterstützung durch das italienische Außenministerium und reist unter diplomatischem Schutz nach Bogotà. Dort sieht sie Princy und Piccis, inzwischen 13 und 11 Jahre, endlich wieder. Doch die Kinder stehen total unter dem Einfluß des Vaters und behandeln die Mutter wie eine Fremde. Trotzdem gibt Sandra nicht auf: Ihre Töchter sollen wissen, daß die Liebe ihrer Mutter stärker ist als die Macht ihres Vaters.

BASTEI
LÜBBE

Band 61306

Jenny Cockell

Unsterbliche Erinnerung

Von frühester Kindheit an konnte sich Jenny Cockell an ihr voriges Leben erinnern: Als Mary hatte sie in einem kleinen Ort in Irland gelebt und bei ihrem frühen Tod mehrere kleine Kinder zurücklassen müssen. Als sie in ihrem jetzigen Leben wieder Mutter wird, verstärkt sich die Sorge um ihre früheren Kinder, und sie will unbedingt wissen, was aus ihnen geworden ist. Sie setzt Puzzleteilchen aus Träumen und Erinnerungen zusammen und findet schließlich nicht nur das Dorf, sondern auch ihre einstige Familie. Jennys unglaubliche, faszinierende Geschichte beweist, was sie schon immer wußte: Sie hat schon einmal gelebt!

BASTEI LÜBBE